사회복지경영론

길태영 · 이상도 · 김현진

창지사

머리말

기업의 이윤이 '돈'이라면, 사회복지조직의 이윤은 '클라이언트의 변화과정'이라고 한다. 즉, 클라이언트의 삶을 더 나은 방향으로 변화시키는 것은 사회복지조직의 숙명과도 같다. 따라서 사회복지조직은 근거(evidence)에 기반하여 개입하고 이에 따른 변화를 객관적으로 입증해야 할 의무가 생긴다. 그러나 공적기금 집행을 통해 공공재를 생산하고 있는 대부분의 사회복지조직은 효과 또는 이익을 측정하기 어려운 특성도 가지고 있다. 이로 인해 공적기금의 투입에 대한 부정적 여론이 형성되기도 한다.

더구나 고령화 · 저출산에 따른 가족구조의 변화와 불안정한 고용으로 인한 노동시장의 양극화, 사회적 배제의 확대 등으로 나타나는 신사회적 위험(New Social Risks)에 기존의 사회복지조직이 능동적으로 대응하지 못하면서 복지서비스 공급체계에 대한 사회적 의구심은 더욱 강화되었다. 정부 역시 복지체감도를 향상시키기 위해 사회복지시설 평가제도를 도입하고 복지전달체계를 개편하는 등 다양한 노력을 하였고, 그 사이 사회적기업과 협동조합 등 사회적 경제를 포함한 다양한 사회서비스 조직들이 탄생했지만 변화하는 사회복지환경에 적극적으로 대응하기에는 여전히 한계가 존재했기에 복지공급시스템에 대대적인 변화가 필요하다는 의견이 지배적이었다.

이에 따라, 2007년 8월 사회서비스 바우처가 도입되었고, 2008년 7월 노인장기요양보험제도가 실시되면서 '복지다원화'라는 명분으로 사회복지영역에 시장원리가 도입되었다. 그리고 자연스럽게 민간사업자가 복지시장에 참여하게 되었다. 이것은 기존 공급자 중심에서 수요자 중심으로 서비스 제공방식이 변화했음을 의미한다. 그러나 이러한 변화는 서비스 제공기관의 급속한 확대로 인한 소셜 덤핑과 출혈 경쟁, 이에 따른 휴업과 폐업 증가의 부작용도 함께 가져왔다. 정부보조금으로 인건비와 운영비를 충당하는 사회복지시설을 중심으로 시설평가에 대응하기 위해 효율적인 경영기법에 대한 논의가 시작되었고, 바우처를 재원으로 하는 사회서비스 제공기관이나 장기요양보험 수가를 재원으로 하는 노인장기요양기관 등은 이용자 수에 따라 수입이 달라지다 보니 무한경쟁 속에서 생존을 위해 경영기법을 찾기 시작했다.

여기에서 딜레마(dilemma)가 시작된다. 사회적 가치를 중시하고 클라이언트의 변화과정에 집중한다면 생존경쟁에서 살아남기 힘들고, 효율성을 높여 수익을 내는 경제적 가치 창출에 집중하면 비난의 화살이 날아온다. 복지경영은 이러한 딜레마를 어떻게 해결할 것인가에 대한 인식에서 출발한다. 사회적 가치와 경제적 가치를 균형적으로 창출하면서 시너지 효과(synergy effect)를 발생시키기 위해서는 경영 마인드와 전략의 도입이 필요하며 이에 대한 체계적인 이론적 틀과 실천적 지식 및 기술이 제공되어야 한다. 그러나 이에 대한 학술적 연구의 성과는 부족하고, 실천적 지침을 제공할 매뉴얼도 체계화되어 있지 않다.

미국에서는 1976년 예일대학에서 비영리조직에 대한 프로그램(Program on Non-Profit Organization: PONPO)을 개설하면서부터 비영리조직에 대한 연구가 체계적으로 진행되기 시작했다. 이후 점차 비영리조직 경영의 일반이론을 경영대학원에서 연구하며 가르치게 되었고 비영리조직 경영에 대한 체계화된 시스템이 가동되고 있다. 우리나라에서도 전국적으로 '사회복지경영' 또는 '복지경영'의 명칭으로 20여 개의 대학과 3곳의 대학원에 설치되어 점차 확대되어 가고 있는 추세이다. 그러나 아직까지 복지경영의 개념이 체계적으로 정리되지 못하였고, 커리큘럼의 표준화도 이루어지지 못했다. 따라서 무엇보다도 사회복지서비스를 제공하는 모든 조직들에게 적용할 수 있는 이론적 틀을 확립해야 할 필요성이 제기된다. 이 책은 사회복지분야에 적용될 수 있는 경영기법들을 제시하고 실무에 활용할 수 있는 교재가 필요하다는 생각에서 집필되었다. 가급적 이론적 논의들은 최소화하고 실무적으로 어떻게 적용할 수 있는지 고민할 수 있도록 방향을 잡았다.

본 교재의 제1장에서는 사회복지경영이 무엇이며 복지경영이 등장하게 된 배경과 필요성, 복지경영의 가치와 윤리 등 사회복지경영에 대한 이해를 갖추는 데 목적을 두었고, 제2장에서는 사회복지시설 운영에 대한 내용으로 사회복지법인, 사회복지시설, 사회적 경제에 대해서 다룬다. 제3장에서는 사회복지조직의 구조

분석, 미시적 · 거시적 환경분석을 다루며, 제4장에서는 사회복지조직과 기업가정신에 대한 이해로 기업가정신의 개념과 이론적 근거, 사회복지분야와 기업가정신, 기업가정신 실천방안에 대해 다룬다. 제5장에서는 비영리조직의 미션과 비전 수립에 대한 수립방안과 전략을 다루고, 제6장에서는 사회복지조직의 기획으로 기획의 개념, 기획이론과 접근방법, 프로세스, 프로포절 기획을 다루며, 제7장에서는 사회복지현장실무로 문서작성과 관리, 정보관리, 법인 및 시설의 재무회계규칙, 지역사회 자원개발 및 네트워크를 포괄적으로 다룬다. 제8장에서는 사회복지조직의 마케팅과 전략, 마케팅 전략 활용방안을 다루고, 제9장에서는 사회복지조직의 인사관리영역으로 인사관리, 직원채용, 직무능력 개발, 슈퍼비전, 실습지도, 사회복지사의 직무 태도를 다루며, 제10장에서는 보고서 작성의 실제를 자세하게 수록하였다. 제11장에서는 사회복지시설평가와 과제로 시설평가 전반에 대한 내용을 실무중심으로 다루고, 제12장에서는 사회복지시설의 윤리경영에 대한 이해와 ESG 경영, 성공적인 윤리경영의 조건을 다루며, 제13장에서는 사회복지조직의 경영혁신으로 미래 사회복지 환경변화, 사회복지조직의 혁신과 미래과제, 경영혁신을 다룬다.

사회복지경영에 대한 전반적인 이해를 갖추는 데 꼭 필요한 내용을 본 교재에 알차게 담기 위해 저자 모두가 최선을 다해 집필하였다. 또한 이 책이 사회복지경영 입문서로 유용하게 활용되기를 바라는 간절한 마음으로 이 책을 쓰기로 계획하고 완성할 수 있었다. 아울러 집필진은 현직 대학교수이며, 사회복지현장실무 경험이 풍부한 멤버들로 구성했다는 점을 밝혀둔다. 끝으로 이 책이 활자화되어 나오기까지 최선의 도움을 주신 도서출판 창지사 대표님, 김영식 상무님, 편집부 직원분들께 깊은 감사의 마음을 전한다.

2023년 8월

거칠고 빛나는 마음과 함께하는

새로운 모험, 복지경영을 기대하며

저자 일동

차 례

제5장 미션과 비전 수립방법

제6장 사회복지조직의 기획

제7장 사회복지현장실무

제8장 사회복지조직 마케팅

제9장 사회복지조직의 인사관리

제10장 보고서 작성의 실제

제11장 사회복지시설평가와 과제

제12장 사회복지시설의 윤리경영

제13장 사회복지조직의 경영혁신

1장

사회복지경영의 이해

학습목표

1. 사회복지경영의 개념을 이해하고 설명할 수 있다.
2. 복지경영의 등장과 환경변화를 이해하고 설명할 수 있다.
3. 복지경영의 필요성을 이해하고 설명할 수 있다.
4. 사회복지경영의 가치와 윤리에 대해 이해하고 설명할 수 있다.

1. 사회복지경영의 개념

복지행정은 일반행정 중 복지관련 업무의 행정을 의미한다. 행정학이 공공부문 영역과 관련된 관리분야를 다룬다는 면에서 복지행정도 그 범주를 넘지 못한다. 이에 반해 경영학은 민간부문의 관리분야를 다루며 개별기관의 이윤극대화 등을 통해 효율성을 강조한다. 'Business Management'의 영어 어원에서 '경영'이란 조직(경제주체)의 목표를 효과적 · 효율적으로 달성하기 위해 생산, 인사, 조직, 재무, 회계, 마케팅 등과 관련된 활동을 계획, 실행, 통제하는 연속적인 과정으로 정의할 수 있다. 이처럼 현대의 경영학이 영리 및 비영리조직의 관리적 접근을 모두 포함하고 있다는 측면을 고려하여 각 복지기관(민간위탁 및 민영기관 등)에서는 '복지행정'이라는 용어보다는 '복지경영'이라는 개념이 더 적합할 것으로 보인다. 이는 각 기관별로 경영관리적 접근과 효율성을 제고해야하기 때문이다.

복지경영(welfare management)은 복지(welfare)와 경영(management)이 합쳐져 이루어진 합성어이다. 복지경영은 사회복지서비스를 제공하는 환경에서 복지수요와 공급을 예측하고, 서비스공급체계를 관리하는 공공부문과 효율적인 기관 운영 및 서비스의 질 제고를 통해 수요자의 만족도를 높이는 민간부문을 함께 아우르는 것을 의미하는 용어이다. 또한 공공부문의 복지서비스 공급을 위한 정책에서 사용되며 동시에 직접적복지서비스를 제공하는 실천현장에서도 사용되는 용어로 중앙정부와 지방정부, 사회서비스 제공기관의 역할분담과 효율적인 운영, 맞춤형복지서비스 제공을 포괄하는 새로운 복지패러다임을 의미한다(고경환 · 김보영 · 강지원, 2020).

오늘날 사회적 위험(social risks)은 1986년 독일의 사회학자 울리히 벡(Ulrich Beck)의 『위험사회』를 통해 현대사회를 진단하고 분석하는 중요한 이론적 개념이 되었다. 위험사회에서는 산업재해, 각종공해, 대량실업, 대형사고, 신종질병, 이혼율증가, 노후빈곤 등 산업화 이전의 사회에서는 쉽사리 찾아볼 수 없었던 새로운 위험들이 증가하고 있다. 특히 이전에는 상상할 수 없었던 불확실하고 예측불가능하며, 새로운 불투명성으로 규정되는 사회적 위험들이 우리의 삶 속으로 파고들었다. 21세기에 들어서면서 세계화가 심화되고 경제위기가 잦아지면서 새로운 그리고 새롭게 강화되는 사회적 위험이 부상되고 있다. 즉 노동시장의 유연화, 가족의 위험 증가와 함께 고용불안정에 따른 실업, 노령, 고령화, 질병, 이혼 등 관련된 위험들이 새롭게 강화되고 있다(김영란, 2014).

1980년대 이후 인구고령화와 낮은 출산율, 여성의 경제활동참여 증가, 노동시장과 가족구조의 변화 등으로 황금기시대의 복지국가 위상과 역할 및 가치를 둘러싼 재편의 압력이 거세어지자 복지국가들은 신사회적 위험에 대한 논의에 주목하게 되었다. 질병 · 실업 · 산업재해 등은 전통적으로 구사회적위험(old social risks)으로 인식되었지만, 최근 들어 전 세계적으로 인구고령화와 가족구조가 변화되면서 구사회적 위험과 구분되는 신사회적 위험(new social risks)이 제기되고 있다. 신사회적 위험이란 '탈산업사회로의 이행에 따른 경제 · 사회적 변화의 결과로 사람들이 생애경로에서 새롭게 직면하게 되는 사회적 위험들'을 말한다. 구체적으로 신사회적 위험은 구사회적 위험과 달리 아동보육과 노인돌봄, 그리고 불안정한 고용으로 인한 노동시장의 양극화와 사회적 배제 등을 말한다(박은하, 2013).

신사회적 위험으로 간주되는 새로운 양상의 사회문제들은 기존의 사회복지제도의 한계를 드러나게 했고, 공급중심의 기존 전달체계는 복지를 둘러싼 정책 환경과 서비스공급방식을 완전히 변화시켰다. 중앙정부에서 지방정부로의 권한과 책임이 이양되고 있는 사회복지분야의 공공부문 정책의 변화와 다양한 시장 기제를 활용한 복지서비스 전달체계의 효율성 강화, 공급자중심에서 수요자중심으로 변화하고 있는 복지서비스 공급체계의 움직임을 설명할 수 있는 새로운 접근방법이 필요하게 되었다. 따라서 이러한 사회서비스 공급을 둘러싼 공공부문과 민간부문의 역할과 정책변화에 따라 복지서비스 공급방식의 변화를 포괄하는 '복지경영'이라는 용어가 등장하였다.

그동안 사회복지현장에서는 복지시설 유지관리, 프로그램운영, 복지행정, 사례관리 등 유지 · 운영 · 행정 · 관리라는 차원에서 많은 부분 다루어져 오다가 최근에는 현장에서 필요한 실제적인 지식과 기술을 갖추고, 경쟁력과 차별화된 서비스를 효율적이고 효과적인 내용으로 창조해 내는 복지경영의 차원에서 다양한 접근을 시도하고 있다. 또한 사회복지이론을 배우고 학문을 연구하는 교육현장을 보더라도 전국적으로 '사회복지경영' 또는 '복지경영'의 명칭으로 4년제 대학교, 2년제 대학교 등에 20개, 대학원에는 3개가 설치되어 있으며, 그 추세는 점점 증가하고 있다.

복지경영이라는 용어는 복지서비스 공급기관을 다양화하고 서비스의 질적 제고에 효과적일 것이라고 예측한 것에서 비롯된 것으로 직접서비스를 제공하는 실천현장에서 먼저 제기되었다. 또한 2008년 7월 노인장기요양보험제도 시행, 사회서비스 바우처 도입 등 시장기제의 변화는 서비스 공급기관의 경쟁과 생존을 위한 효율적 운영을 강조하게 되었고, 서비스 공급기관들이 사기업의 경영기법들을 배우고자 사회복지와 경영기법들을 접목하게 되면서 '복지경영'이라는 용어가 제안되었다.

최근 사회복지실무현장에서 경쟁구조와 고객요구의 다양화에 대처하기 위한 복지서비스 패러다임의 혁신적인 변화가 요구되고 있으며, 일반적이고 임상적인 사회복지 전공지식과 복지마인드만으로는 살아남기 어렵다는 위기의식과 함께 사회복지경영에 적합한 경영기법이 절실히 필요한 시점이 되었다. 복지경영에 대한 정의는 학자에 따라 경영학자와 사회복지전공자의 입장이 각각 다르다. 사회복지전공자들은 인간의 가치, 존엄성과 함께 기관과 조직을 어떻게 효율적으로 운영할 것인가로 복지경영을 보고 있다. 경영학에서는 경영적 마인드로 접근하다 보니 이윤적 측면이 가미되는 부분이 있어서 상충적이다. 현대적 사회복지의 경쟁체제 관점에서 경영과 복지가 융합되는 추세이며, 학문적 부분에서 복지경영은 '융합적인 학문'이다. 이에 학자별 사회복지경영의 정의를 살펴보면 〈표 1-1〉과 같다.

〈표 1-1〉 사회복지경영의 주요 정의

주요 학자	복지경영의 정의
김동환 (2008)	비영리단체와 관련된 동기부여, 후원개발, 의사결정, 목표와 성취, 조직 인사관리, 자원봉사관리, 효율적인 재단이사회, 인사관리와 인간관계, 자기계발 등의 '복지경영'에 대한 직접적인 용어 사용이나 개념에 대한 정의
박현식 등 (2009)	사회복지에 관한 정책형성과 이를 실행하는 임상적 실천이 이루어지는 사회복지기관 차원에서의 관리와 운영을 모두 포괄하는 전반적 과정으로, 복지 소비자의 욕구(needs)에 대한 서비스를 창출하고 서비스를 이루어 내는 자원의 확보 · 활용 등을 포괄하는 사회복지에 대한 수요와 공급을 정해진 목표 내에서 합리적으로 조정하는 경영관리의 의미를 내포
이재선 (2012)	사회구성원의 사회적 욕구를 충족시키고 복지증진과 조직의 목표를 효과적이고 효율적으로 달성하며 경제적 이익도 창출하기 위하여 생산, 인사, 조직, 재무, 회계, 마케팅 등과 관련된 활동을 계획, 실행, 통제하는 제반관리
한성수 (2012)	사회문제의 예방과 해결을 위하여 인적 · 물적 자원을 활용하여 좋은 산출이 나오도록 계획하고 필요한 조직을 짜고 구성원들을 지휘 · 조정하면서 결과를 검토하고 통제해 나가는 일련의 효율적인 운영
홍기용 (2012)	민간부문의 관리분야를 다루며 개별기관의 이윤극대화를 통해 효율성을 강조함. 즉, 복지관련 기관의 경영관리적 접근을 의미
김성철 (2018)	복지 소비자의 욕구에 대한 서비스를 창출하고 서비스를 이루어 내는 자원의 확보 · 활용 등을 포괄하는 사회복지에 대한 수요와 공급을 정해진 목표 내에서 합리적으로 조정하고 경영 · 관리하는 의미
고경환 등 (2020)	공공부문의 복지서비스 공급을 위한 정책 환경에서 사용되는 동시에 직접 제공하는 실천 환경에서도 사용되는 용어로 중앙정부와 지방정부, 사회서비스 제공기관의 효율적인 운영, 맞춤형복지서비스 제공을 포괄하는 새로운 복지패러다임

이러한 복지경영의 정의에서 나타난 공통적인 특성을 살펴보면, 사회복지조직의 운영 및 관리는 일반 영리조직의 운영목적과 차이가 없다는 것을 알 수 있다. 물론 사회복지조직은 기관이나 시설마다 집단성을 갖추고 다음과 같은 각각의 독특한 문화를 형성하고 있다. 첫째, 사회복지조직별 클라이언트의 자격을 구체적으로 규정하고 참여율을 높여야 하며, 클라이언트가 사회복지기관 및 시설에서 제공하는 서비스를 지속적으로 활용할 수 있도록 서비스의 질을 높여야 한다. 둘

째, 급변하는 환경에 사회복지조직이 좀 더 유연하게 대처하기 위해서는 조직 고유의 특성과 더불어 대내외 전문적 · 재정적 지원이 마련되어야 한다. 셋째, 사회복지조직의 응집력 제고를 위하여 조직 내 든든한 규범 하에 조직구성원과 클라이언트 간의 지속적인 관계관리 및 동료의식과 같은 응집력을 높여야 한다. 넷째, 복지수요자의 특성과 지속적인 진단을 통하여 맞춤형 복지프로그램 개발 및 운영 등을 통한 복지수준 향상이 제고되어야 한다(염성수 · 이도희, 2019).

사회복지조직 고유의 추구하고자 하는 실천철학적 차원과 영리조직의 결과론적 차원의 이윤창출이라는 운영성과적 차원과는 다를 수밖에 없다. 그러나 영리조직의 '계속기업의 가정'이나 비영리조직인 사회복지조직의 '지속가능한 운영의 가능'은 근본적으로는 같은 맥락으로 해석된다. 따라서 비영리조직인 사회복지조직 역시 영리조직의 기본 운영마인드를 전제한 전략적 경영(business)이 강조된다. 결국 진정한 복지실현을 위한 복지경영은 조직의 리더십, 조직의 운영철학, 일련의 중추적 역할인 조직의 목적, 실천철학 등을 제고함은 물론 전문적이고 효율적인 기관 운영, 감동적인 복지서비스 제공, 실리적인 복지실현, 지속적인 자원개발 등을 바탕으로 한 실천경영이라고 할 수 있다.

복지경영에 대한 개념을 확장해서 정의해보면, 사회복지경영이란 '중앙과 지방정부, 서비스 제공기관의 역할분담과 효율적 운영 및 맞춤형사회복지서비스 제공을 포괄하는 새로운 복지패러다임으로, 사회복지정책 형성과 조직차원에서 이루어지는 생산 · 인사 · 재무 · 회계 · 마케팅 등과 관련된 활동을 계획 · 실행 · 통제하는 전반적인 제반관리이며, 복지증진과 사회복지조직의 이윤극대화를 강조하는 복지관련 기관의 효율적인 경영관리적 접근'이라고 할 수 있다.

2. 복지경영의 등장과 환경변화

사회복지를 전공하는 입장에서 '복지경영'이라는 단어는 낯설 수밖에 없다. 사회복지는 기본적으로 평등을 최우선의 가치로 두고 사회문제의 예방과 해결을 담당하는 사회적제도이고, 경영은 조직의 효율적인 운영을 추구하기 때문에 '경영' 하면 주로 기업경영을 연상하게 되지만 실제로 효율적인 경영이 필요한 분야는 기업 외에 군대, 학교, 종교단체 등과 같은 비영리조직이 포함된다. 따라서 사회복지조직의 효율적인 경영은 투입 대비 최대의 사회문제 예방과 해결이라고 할 수 있다. 즉, 사회문제 예방과 해결을 위해서 사회적제도를 수행하는 조직의 효율적인 운영을 뜻하는 것이다.

사회복지학적 관점에서 복지경영의 개념은 사회복지조직의 운영에 효율성을 중시하는 경영원리의 도입을 통하여 보다 효과적인 사회복지서비스의 전달을 추구하는 것이다. 우리나라의 경우 사회서비스 바우처 공급방식과 같은 시장기제 도입 등 사회복지 공급체계의 변화로 사회복지시설에서의 복지경영 도입이 더욱 가속화될 전망이다. 복지경영의 개념은 사회복지조직의 운영을 다루는 것과 밀접하게 관계되며, 사회복지분야에서도 사회복지행정, 사회복지시설운영, 사회복지 조직관리 분야에서 경영개념의 도입이 활발하게 이루어져 왔다.

1950년대 미국사회복지협의회가 제시한 사회복지커리큘럼 연구에서는 사회복지행정에 경영의 개념이 도입되는 현상에 따른 사회복지행정과 기업경영의 공통점과 차이점을 분석하였다(Spencer, 1959; Skidmore, 1995). 사회복지행정과 기업경영의 공통점은 〈표 1-2〉에 제시하였다.

〈표 1-2〉 사회복지행정과 기업경영의 공통점

- 문제해결의 과정이다. 문제해결 과정은 문제의 확인, 문제의 분석, 문제해결을 위한 실현 가능한 계획의 개발, 계획의 수행, 그리고 수행된 내용의 효과성 평가 등 일련의 체계로 이루어진다.
- 서로 연계되고 상호작용하는 부분들의 체계 또는 집합체이다.
- 대안의 선택은 결국 가치판단에 기반 하게 된다.
- 개인과 집단이 보다 효과적으로 기능할 수 있도록 활성화하는 과정이다.
- 관례화된 지식이나 기술의 사용보다는 창조성을 강조한다.
- 최대의 효율성과 산출물의 생산을 위하여 프로그램, 서비스, 직원을 어떻게 구조화할 것인지 고민한다.
- 공공의 의지를 얼마간 반영한다.
- 객관적인 경영조직과 인간관계 활용 간의 적절한 균형을 유지하고자 한다.
- 개별 직원들에게 조직의 목적, 가치, 수행방법에 대한 동조를 강조하고 직원들의 지위와 인정에 관심을 둔다.
- 의사소통, 직원집단 내 인간관계, 조직의 행정에 참여하는 것이 직업적인 관심이다.

또한 사회복지행정과 기업경영의 차이점은 〈표 1-3〉에 제시한 바와 같다.

〈표 1-3〉 사회복지행정과 기업경영의 차이점

- 사회복지행정은 지역사회의 욕구를 충족시키기 위해 존재한다.
- 사회복지조직이 제공하는 서비스는 손상된 사회적 기능의 회복, 보다 효과적인 사회적 기능을 위한 개인적 또는 사회적 자원의 제공, 사회적 역기능 예방의 세 가지 범주로 나뉜다.
- 사회복지조직은 보통 지역사회를 대표하는 이사회를 갖는다.
- 사회복지조직은 규모, 범위, 조직, 형태 등에서 상당히 다양한 폭과 종류의 프로그램들을 포함한다.
- 사회복지조직의 행정담당자는 조직 내부의 운영을 지역사회와 연관시킬 책임이 있다.
- 자원의 사용에 대한 결정이 끊임없이 필요하다.
- 사회복지조직은 필요 이상의 자원을 조직의 생존을 위해서 사용해서는 안 된다.
- 사회복지조직의 서비스는 상당 부분 전문적인 사회복지 개입방법으로 이루어진다.
- 모든 조직원들이 조직의 운영과정에 참여하고 전체 조직의 운영에 일정 부분 영향을 미친다.

이와 같이 사회복지행정과 기업경영의 고찰을 통한 복지경영의 개념은 사회복지조직의 운영에 효율성을 중시하는 경영원리의 도입을 통하여 보다 효과적인 사회복지서비스의 전달을 추구하는 것이다. 지금까지 우리나라는 총체적인 행정개혁을 통한 복지서비스 전달체계의 급격한 변화는 오지 않았지만, 재정지원방식의 변화, 시장기제 도입 등을 통해 복지경영 패러다임 도입의 환경을 조성하고 있다. 또한 노인장기요양보험 관련 기관들은 재정지원방식의 변화로 기관 운영에 큰 변화를 맞이하고 있다.

특히 신사회적 위험에 따른 사회문제들은 기존 사회복지제도의 한계를 드러나게 했고, 현대가족의 상황과 정책적 맥락의 차이로 야기되는 다양한 복지욕구는 공급자중심의 기존 전달체계로 하여금 유연성을 촉구하고 있다. 이러한 시기에 사회서비스의 도입과 확대는 사회복지를 둘러싼 정책 환경과 서비스 공급방식을 완전히 변화시키고 있다. 따라서 급변하는 복지환경의 변화와 지방정부의 책임 강화, 지역사회 다양한 복지주체들 간 연계 등 복지경영 패러다임으로의 전환을 위한 공공부문과 사회서비스 공급기관의 다양한 정책방안이 요구되고 있다.

복지경영 패러다임으로서 광의의 개념은 지역사회를 기반으로 한 지방정부와 사회서비스 공급기관의 행정과 재정, 서비스계획과 서비스제공에 관한 각 주체들의 역할분담과 협력에 관한 것이다. 협의의 개념은 지역사회와 공공부문, 민간부문의 네트워크를 통해 욕구를 가진 대상자의 사정, 진단, 욕구파악, 신청 가능한 급여 및 서비스 확인, 기타 일상생활에 도움을 주는 정보들을 대상별 · 분야별로 제공하는 지역사회복지시스템 수립을 의미한다(고경환 · 김보영 · 강지원, 2020). 복지경영 패러다임 모델은 [그림 1-1]에 제시한 바와 같다. 복지경영 패러다임은 중앙정부와 지방정부의 역할분담과 책임 소재를 더욱 명확하게 한다. 지방정부는 지역복지계획 설립, 사회서비스 공급기관의 공급량 결정, 기관 규제, 서비스의 질 관리를 담당하고, 사회서비스 공급기관은 지방정부에 제출한 서비스공급계획과 기관 운영계획을 바탕으로 클라이언트에게 양질의 서비스를 제공하며, 클라이언트의 접근이 용이한 지역사회복지시스템을 구축하기 위해 중앙정부 차원에서는 사회서비스위원회의 역할이, 지방정부 차원에서는 지역사회협의체의 네트워킹 역할이 중요하게 대두된다.

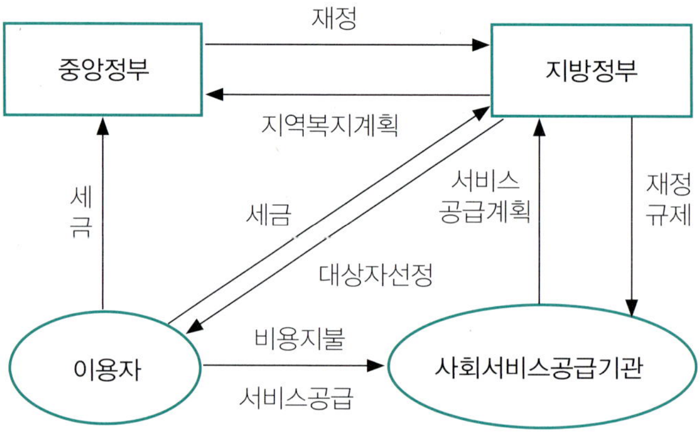

[그림 1-1] 복지경영패러다임 모형

출처: 고경환·김보영·강지원(2020).

사회서비스 공급기관 간 경쟁이 가속화되고 영리업체로의 전환은 전통적인 비영리사회복지조직 운영방식을 어렵게 하고 있다. 사회서비스 공급기관에 복지경영 패러다임의 도입은 사회복지자원뿐만 아니라 비복지자원으로 분류되는 법률서비스, 재무서비스, 경영기법 도입 등의 다양한 지역사회 자원을 연계하여 서비스 구매방식의 변경으로 시장화 추세가 강해진 복지환경에서 사회복지기관 및 시설의 효율적 운영을 제고하는데 주안점을 두고 있다. 이러한 복지경영 패러다임이 성공적으로 도입되기 위해서는 지방정부가 지역사회의 복지서비스를 정확하게 예측하고 이에 따른 합리적인 지역복지계획 수립, 서비스공급기관들을 규제할 수 있는 자율성이 요구된다. 이러한 복지경영 패러다임의 도입은 지방정부가 제한된 자원으로 최대한의 자율성을 발휘하여 지역주민의 복지욕구에 맞는 복지서비스를 공급할 수 있게 한다. 또한 재정지원방식과 서비스 및 기관평가를 통해 양질의 서비스 공급이 효율적으로 이루어질 수 있도록 지역사회 서비스공급기관을 관리할 수 있다. 마지막으로 지방정부는 지역사회와 공공부문, 민간부문의 네트워크(지역사회협의체)를 통해 욕구를 가진 대상자의 사정, 진단, 욕구파악, 신청 가능한 급여 및 서비스의 확인, 도움을 주는 정보들을 목록별로 제공할 수 있는 지역사회복지시스템을 구축할 수 있게 된다.

3. 복지경영의 필요성

우리나라는 1997년 외환위기 이후 20여 년간 지속적인 소득보장제도의 확충에도 불구하고 빈곤지표가 장기적인 증가추이를 보이고 있다. 소득보장정책을 둘러싼 경제사회적 환경의 변화, 저출산과 고령화, 빈곤과 기본소득 감소, 양극화의 확대, 여성의 사회참여 확대, 가족의 해체 등 새로운 사회적 위험이 가속화 되었다. 이에 따른 복지사각지대의 등장으로 인한 복지수요의 지속적 증가, 지방자치와 지방분권에 따른 사회복지부분에서 지방정부의 책임 증가 등으로 사회복지에 대한 국민적 수요가 급증하였다. 특히 코로나19 위기로 재난 불평등, 위험 불평등과 같은 코로나19 관련 복지욕구가 생겨나면서 산업별, 집단별, 계층별로 상이한 파급효과에 따른 사회보장정책과 복지시설경영에서 패러다임의 전환이 요구되고 있다.

사회복지조직은 설립배경과 운영의 목적을 분명하게 갖고 있는 조직이다. 그렇기 때문에 조직설계에 기본이 되는 전문성과 부서별 기능도 타 유형의 조직에 비해 목적성이 뚜렷하다고 할 수 있다. 동시에 각각의 조직마다 자원과 환경이 다른 만큼 모든 유형의 기관이나 시설들이 동일한 조직의 형태를 가질 수 없는 배경도 동시에 존재한다. 그러나 주변에서 흔히 볼 수 있는 것은 동일한 유형의 복지기관이나 시설이며 유사한 목적사업이 많음에도 불구하고 각각의 사회복지조직마다 동일한 조직목표와 성과를 내지 못하고 있다. 따라서 효율적인 자원배분의 요구는 사회복지조직의 책무성(accountability) 요구로 구체화하게 되었으며 책무성에 대한 요구가 거세짐에 따라 효율적인 조직운영을 위하여 사회복지기관

행정에 경영적 요소들의 도입이 가속화되었다. 특히 우리나라의 경우는 최근 대두되고 있는 사회복지전달체계의 개선방안과 사회서비스 바우처 공급방식이 복지경영 개념의 도입을 더욱 가속화할 것으로 보인다.

사회복지시설은 「사회복지사업법」 제2조에 따라 사회복지사업을 할 목적으로 설치된 시설을 의미하며, 사회복지사업에 관한 기본법으로 「노인복지법」, 「아동복지법」 등 개별 법령에 별도의 규정이 있을 경우 개별 우선을 적용하고 있다. 사회복지시설은 민간위탁 또는 지방자치단체 직영 등의 형태로 운영되고 있으며, 2023년 4월 1일 현재기준 우리나라 사회복지시설(시설유형 대분류)은 노인 17,162개, 아동 6,551개, 장애인 4,157개, 정신보건 446개, 노숙인 등 147개, 일반 502개, 저소득 266개, 결핵한센인 6개, 한부모가족 135개, 여성 694개, 다문화가족 225개, 청소년 159개로 전체 30,450개가 설치 · 운영되고 있다(보건복지부 사회복지시설정보시스템, 2023).

우리나라 사회복지조직들도 조직과 환경을 강조하는 관점에서 과업, 사람, 기술, 구조의 4가지 요소를 포함하며 일반적인 사조직과 사회복지를 포함한 공공조직과의 다른 점은 지역사회를 포함하는 환경으로부터 지속적인 지지와 자원을 공급받아야 한다는 점이다. 이러한 사회복지조직의 역할과 특성을 중심으로 사회복지경영의 필요성을 살펴보면 다음과 같다.

첫째, 사회복지조직과 환경과의 관계는 주요한 관계로 형성되는데, 이는 환경이란 조직이 생존하기 위해 자원을 동원해야 할 대상인 동시에 서비스 제공의 목표를 정하는데 조직이 적응해야 하는 일련의 제약이 존재하기 때문이다.

둘째, 급속히 증가하는 복지에 대한 욕구에 맞추어 이제는 시혜적 접근을 넘어 전문성 있는 서비스를 전달하고 또 수요자 중심의 맞춤형 복지서비스를 전달해야 하는 환경적 변화가 현재 사회복지조직에서 직면하고 있는 외부적 환경요인이며 이에 대한 효율적 대응이 필요하기 때문이다.

셋째, 사회복지조직은 단순히 복지서비스에 대한 욕구가 증가함에 대응하기 위한 혁신이 필요한 것을 넘어, 전문적이고 효율적인 서비스 개발과 제공을 위한 노력이 필요한 시기이기 때문이다.

넷째, 외부적 환경변화에 대한 대응적 노력과 함께 수반되어야 할 것은 내부환경과 하부시스템을 구성하는 과업과 개인에 대한 조정이다. 즉, 복잡한 주위 환경에 효과적으로 대응하기 위해 사회복지조직을 몇 개의 하부시스템으로 분화시킨 다음, 그 각각의 하부시스템을 구성하는 조직구성원들의 목표가 외부환경의 사회복지서비스 욕구를 해결하면서 달성될 수 있도록 하여 조직과 개인이 윈–윈(win–win)하는 노력이 필요하다.

다섯째, 각기 분화와 통합되는 이러한 변화과정에서 가장 중요한 것은 사회복지조직의 공유가치를 생성 및 유지하는 것이며, 조직구성 및 과업도 이 공유가치를 실현할 수 있도록 전략적으로 구성되어야 한다. 결과적으로 사회복지조직의 4가지 요소인 과업, 사람, 기술, 구조를 중심으로 조직의 목표달성 및 외부 환경적 요구에 따라 적절히 대응하기 위해서 조직 하부시스템의 분화와 통합을 전략적으로 혁신적 노력을 실시하라는 시대적 요구에 의해 복지경영이 필요한 것이다.

사회복지행정 분야에 경영원리의 도입은 19세기 말 미국에서 사회복지가 전문분야로 분류될 때부터 적용되어 왔다. 그렇지만 사회복지에서 경영원리의 도입이 가속화된 것은 최근 약 30년 사이의 일이다. 1970년대 복지에 투입되는 자원의 축소를 주창하는 복지국가위기론의 대두와 함께 신자유주의의 물결은 복지분야에서 더욱 효율적인 자원의 배분을 요구하게 되었다. 이러한 효율적인 자원배분의 요구는 사회복지조직의 책무성(accountability) 요구로 구체화되었고, 사회복지조직은 수행하고 있는 사업의 효율성과 효과성을 제대로 입증하지 못하면 생존조차 힘들다는 인식이 생겨났다. 그에 따라 보다 효율적인 조직운영을 위하여 사회복지기관 행정에 경영적 요소들의 도입이 가속화된 것이다.

미국의 경우는 1993년 연방정부차원에서 정부성과 및 결과에 관한 법률(Government Performance and Results Act)을 제정하여 모든 정부조직에서 연방정부 예산지원을 받고 있는 사업들은 성과측정지표를 수립하도록 의무화하였다. 연방정부의 이러한 움직임은 사회복지를 지원하는 민간복지재단의 사업운영방법에도 영향을 미쳐 성과측정지표를 통한 자원의 배분이 강조되고 있다. 우리나라도 사회복지조직의 책무성에 대한 요구가 거세지면서 대표적인 민간복지재단인 사회복지공동모금회는 예산지원을 받는 프로그램들의 성과를 구체적으로 측정할 수 있는 500개의 지표들을 개발하여 발표하였다. 특히 최근에 대두되고 있는 사회복지전달체계의 개선방안이 사회복지시설에서의 복지경영 도입을 더욱 가속화할 전망이다.

사회복지영역은 교육, 의료, 교정 등 인간의 삶의 질과 관련된 광범위한 분야가 포함된다. 2023년 우리나라의 복지예산은 취약계층의 두터운 보호, 고령화인구 구조를 반영하여 105조9천918억 원으로 100조를 처음으로 넘었다. 국가 간 공공사회복지보장 수준을 비교하는 지표로 활용되는 OECD 주요국의 사회복지지출 통계는(social expenditure database: SOCX)은 9대 정책영역으로 분류하여 각 영역별 급여유형을 현물과 현금으로 〈표 1-4〉와 같이 구분하고 있다.

〈표 1-4〉 OECD 사회복지지출 분류항목 및 내용

정책영역	주요 내용
노인(old-age)	- 노동시장 은퇴자에 대해 소득을 제공하는 급여(국민연금 등) - 노인대상 돌봄 및 재활 등의 서비스 관련지출
유족(survivors)	- 배우자나 부양자가 사망한 사람들에 대한 유족연금 등 급여
근로무능력(incapacity related benefits)	- 노동시장에 참여하다가 선천적 또는 질병 · 사고로 인한 장애로 노동시장에 완전 · 부분적으로 참여할 수 없는 근로무능력을 가질 때 지급하는 급여
보건(health)	- 의료 및 예방 등 공공보건(건강보험) 지출
가족(family)	- 자녀양육 및 기타 부양가족을 지원하기 위한 비용 - 영유아, 아동, 청소년, 여성 및 가족 관련 돌봄 등 서비스 급여
적극적노동시장프로그램(active Labour Market Programmes: ALMP)	- 수급자의 노동시장에서의 가능성을 개선하고 소득능력을 증가시키는 데에 목적이 있는 모든 사회적 지출(교육 제외)
실업(unemployment)	- 실업자에게 지급되는 소득보상과 해고수당 등 관련 급여
주거(housing)	- 임대료 및 주거비용 지원을 위한 정부의 직접 보조금 - 사회취약계층(노인 · 장애인)에 주택공급 등
기타 사회정책(other social policy areas)	- 다양한 사유로 관련 프로그램의 영역에서 배제된 사람들(이민자, 새터민, 토착민 등)을 위한 사회적 지출 - 다른 급여들이 수급자의 욕구를 충족시키지 못할 때 제공하는 기타 지출

현재 우리나라 사회복지서비스 공급을 위한 공공의 재정지원은 민간부문이 운영하는 사회복지기관 및 시설에 대한 보조금지원방식을 채택하고 있다. 지역사회 이용시설을 중심으로 위탁계약방식이 도입되었으나 단위서비스 비용에 근거하여 사후에 비용을 정산하는 엄밀한 의미의 구매계약서비스 형식을 취하지는 않고 있다. 이와 같은 보조금 중심의 재정지원은 다음과 같은 문제점을 안고 있다. 첫째, 사회복지사업을 수행하는 정부의 보조금 지급은 1970년에 제정된 사회복지사업법 제13조에 법적근거를 두고 있다. 사회복지법인의 자격을 부여하여 보조금을 지급하기 시작하다가 1983년 사회복지사업법을 개정하여 비영리법인에게까지 사

회복지관의 설치자격을 확대하였고, 2012년 보건복지부 국고보조금의 규모는 약 16조 원에 이르렀으며 전체 국고보조금 예산의 절반 수준인 43.8%를 차지하였다. 그러나 중앙정부와 지방자치단체에서 사회복지시설과 단체 등에 지원하는 사회복지보조금(법정운영비보조, 사업보조)은 사회복지시설 운영에 필요한 비용을 충당할 정도의 지원이 이루어지지 않고 있다.

둘째, 사회복지서비스 공급확대는 불가피한 시대적 요구에 부응하기 위해 적절한 제공방식과 이에 상응하는 재정지원방식을 도출해야 하는 과제를 요구받고 있다. 따라서 서비스 제공자에게 보조금을 지원하는 재정방식도 서비스, 대상, 그리고 유형에 적합한 재정지원방식을 모색하여 적용되어야 한다. 특히 현재 주를 이루는 보조금 방식이 가지는 내재적 한계점을 보완하고 대체할 수 있는 제공자지원의 재정지원방식 모색이 필요하다. 그렇지만 민간사회복지시설에 재원을 지원하는 현재의 보조금방식은 합리적인 서비스 공급비용 산정과 서비스제공 양에 근거하여 이루어지지 않고 있다. 통상 보조금 지원은 생활시설의 경우 입소생활인원당 정액지원하고 있으며, 지역사회 이용시설은 시설규모에 따라 지원하고 있다.

셋째, 사회복지시설에 재정을 지원하는 방식은 국가 및 지방자치단체의 보조금과 법인전입금, 후원금, 입소자 부담금으로 이루어지는데, 특별히 지원되는 보조금 및 시설의 후원금, 법인전입금, 입소자 부담금 등은 지방자치단체나 시설에 따라 상이하다. 따라서 사회복지시설에 대한 보조금 지원은 공공부문의 자유재량에 의존한다. 공공부문은 예산의 범위 내에서 가능한 경우에만 보조금을 지원하므로 보조금 지원은 공공과 민간사회복지시설 간 계약관계에 의한 상호 책무성을 공식화하지 못하고 있다.

넷째, 서비스 공급자인 사회복지시설에 대한 보조금의 사전 일괄지원방식은 이용자의 사회복지서비스를 받을 권리나 서비스 선택권을 보장하기 어렵다. 제공자중심의 재정지원방식은 서비스의 질적 및 양적수준에 대한 국가의 책임성을 전제로 하고 있다. 그렇지만 보조금방식의 사회서비스 공급은 정부가 서비스의 수요를 미리 측정하고 정확한 공급을 계획하기 어렵다는 특징을 가진다. 거주시설을 제외하고는 지역사회 이용시설에 대한 보조금은 서비스의 대상과 구체적인 내용, 질 관리에 대한 상당부분은 서비스 제공기관의 재량적 영역이다. 따라서 이용자는 서비스 제공기관의 제공역량과 프로그램에 따라서만 서비스를 받을 수 있고 서비스 이용자의 권리와 욕구중심으로 서비스를 받을 수 없게 된다.

다섯째, 범주적 보조금(categorical grant) 지원방식은 사회복지시설의 예산활용의 효율성을 떨어뜨리며, 불충분한 보조금을 희석시키기 위한 포괄적 보조금지원은 서비스의 질을 떨어뜨리기 쉽다. 이러한 방식은 지방정부가 일정 정도의 대응자금(matching fund)을 마련하는 것을 조건으로 제공하는 경우가 대부분이어서 조건적 보조금(conditional grant)이라고 할 수 있다. 범주적 보조금 지원방식은 정부의 보조금 프로그램 중에서 규모가 가장 큰 보조금으로 중앙정부는 이 재원이 사용되는 세부적인 항목(수혜자의 대상, 지급내용, 지급방식)을 지정한다. 이 경우 지방정부는 중앙정부가 상세히 정한 보조금의 운용방식을 단순히 집행하는 역할만 수행한다. 또한 중앙정부가 보조금의 운용과 관련하여 규제를 적용하기 때문에 중앙집권적 성격을 띠고 있다. 따라서 다양하고 지역에 맞는 프로그램을 실시하지 못하고 중앙정부의 감독 때문에 지방정부의 행정업무가 가중되는 단점이 지적되기도 한다.

이러한 사회복지시설에 대한 일괄적인 보조금지원방식이 갖는 한계점을 극복하기 위하여 사회복지서비스의 표준화를 통해 서비스의 표준비용 또는 표준가격 산정모델을 개발하여 서비스에 기초한 재정지원방식의 도입이 요구되고 있다. 서비스 표준의 설정과 서비스 비용 산정방식의 개발과 더불어 현행 보조금지원 방식에서 서비스 구매계약(purchase of service contract)에 의한 재정지원방식으로의 전환이 점진적으로 이루어질 것으로 기대된다. 최근 도입되기 시작한 사회서비스 바우처 공급방식도 사회복지기관에서 복지경영 개념의 도입을 가속화할 것으로 보인다. 바우처 방식은 현물의 높은 정책목표 효율성과 현금의 높은 소비자의 자율적 선택권이라는 상반된 두 가지 급여형태의 특징적 장점만을 결합한 제3의 급여형태로도 불린다. 이러한 바우처를 통한 수요자 지원방식으로의 변화는 지역사회 내에서 사회복지기관들 간의 경쟁을 유발하게 될 것이며, 기관의 입장에서는 보다 효율적인 서비스 제공을 통하여 이용자로부터 선택을 받아야만 생존이 가능한 환경에 진입하게 된 것이다.

따라서 사회복지조직은 지속가능경영을 위한 미션 및 비전 산출, 환경분석, 성과측정 등 조직의 합리화를 도모할 전략을 구축할 필요가 있고, 사회적 가치와 책무를 창출하고 수행할 수 있는 내부적 프로세스를 개발하고 강화해야 하며, 사회복지조직의 유효성 증진을 위한 노력으로 인력관리체계를 중요시하는 전문직, 현장인력의 개발과 관리가 최우선 과제가 되어야 한다. 그리고 사회복지조직의 지속가능경영 5가지 실천과제로 비전(Core value), 실천매뉴얼(Codification), 모니터링/평가/보상(Control system), 실행조직(Compliance organization), 교육/훈련/홍보(Consensus) 등과 같은 5가지 프레임워크(framework, 5C)를 구축하고 이러한 실천과제가 충족되어져야 할 것이다(경기복지재단, 2011).

4. 사회복지경영의 가치와 윤리

경영의 핵심은 가치 창조, 비즈니스모델, 전략, 조직이며, 경영의 핵심 중 가치는 조직의 목적과 그 목적을 이루려는 사명 중에서도 가장 첫 번째 핵심이며, 가치 창조라는 용어는 현대 경영학에서도 중요한 용어로 사용되고 있다. 회사경영에서 가치란 기업이 하는 일에 의해서 결정되는 것이 아니라 그 기업의 상품이나 서비스를 구매하는 고객에 의해서 정의되는 것으로, 결국 고객들이 돈을 내고 살 것인지 말 것인지에 따라 그 가치가 있고 없고가 결정되기 때문에 가치는 고객이 정하는 점이 중요하다고 할 수 있다. 이러한 가치를 창조하려면 항상 기업 바깥에서부터 내부로 보는 시각을 갖는 것이 중요하다.

복지경영에서 이러한 가치를 창조하려면 고객의 입장에서 내가 하는 일에 의존하고 있는 사람은 누구인가, 나의 일을 그들은 어떻게 이용하고 있는가, 고객이 가치 있다고 생각하는 것은 무엇인가에 대한 질문을 조직이 스스로에게 던져보는 것이 중요하다. 즉, 클라이언트가 사회복지경영의 가치를 결정하는 것이라는 점을 명심하고 항상 클라이언트 관점에서 가치를 생각해야 하며, 경영자의 중요한 과제는 참여자 모두를 위한 가치를 창조할 수 있는 시스템에 주요 참여자들을 동참시키는 것이라고 할 수 있다.

성공한 사회복지조직에서 공통으로 발견되는 가치 창조의 시스템과 요소는 다음과 같다. 첫째, 새로운 직원에 대한 신중한 선발관리. 둘째, 조직설계를 위한 기본원리로서의 자율관리팀과 의사결정의 분권화. 셋째, 조직성과에 연계된 보상지급. 넷째, 광범위한 교육훈련, 다섯째, 고용보장. 여섯째, 복장, 호칭, 사무실 배치, 임금격차 등에서의 차별과 기타 장애요인 완화. 일곱째, 조직의 성과, 재무 정보 등에 대한 조직 전체의 광범위한 공유이다. 이와 같이 조직의 경쟁력과 목적을 창출해내기 위한 수행기준으로 일과 사람을 어떻게 묶고 나눌 것인가를 고려하는 것은 영리조직과 비영리조직이 구분된다고 보기보다는 공통사항이 더 많다고 볼 수 있다.

사회복지경영의 주요 역량은 의사소통과 대인관계 능력, 거버넌스, 인적자원관리와 개발, 리더십, 기획력, 프로그램 개발과 조직 관리, 정보기술 역량, 공공정책에 대한 이해, 홍보와 마케팅, 재원 확보와 관리, 평가, 옹호, 윤리라고 할 수 있다. 이 중 사회복지와 윤리는 불가분의 관계이며, 사회복지를 구성하는 핵심요소로 대다수 사회복지기관 및 시설들은 윤리적 실천을 기본가치로 삼고 이를 추구해왔다. 그럼에도 불구하고 사회복지기관이나 시설의 비윤리적 현상이 생겨나는 이유는 윤리성을 강조하고 이를 확보하려는 사회복지계의 지속적인 노력에도 불구하고 그 노력이 개별적 차원에 머무른 채 어떤 체계나 구조를 갖추지 못하고 있기 때문이다. 이러한 문제의식을 토대로 사회복지계에서도 점차 윤리경영의 도입에 관심을 기울이게 되었다.

우리나라는 윤리경영에 대한 노력을 보다 구조화시키고 발전시키기 위한 노력의 일환으로 '사회복지윤리경영 선도기관 육성사업'이 2007년부터 시작되었다. 사회복지윤리경영은 '사회복지기관의 사회적 책임, 지속가능경영과 같은 광의의 개념까지 포괄하는 것으로 사회복지기관이 지속가능한 기관으로 성장하는 것을 목표로 하며, '클라이언트를 비롯하여 사회복지기관을 둘러싼 다양한 이해관계자와의 좋은 관계형성 및 유지를 통해 장기적으로 사회적 책임을 다하는 계속기관이 되기 위해 경제 · 사회 · 환경적 책임을 전략적으로 활용하여 경쟁우위를 창출하는 것'으로 정의할 수 있다(양옥경 · 최명민, 2010).

사회복지기관은 비영리조직이며, 근본적으로 가치지향적인 조직이기 때문에 윤리가 그 기본사명이자 존재 이유이다. 우리사회는 사회복지기관 및 시설과 그 사업의 가치와 윤리에 대한 신뢰에 근거하여 사업을 위탁하고 기금을 지원하고 있다. 또한 기관 및 시설 활동에 필요한 자본은 사회적 자본으로서 곧 도덕적 자원으로 일컬어진다. 무엇보다도 사회복지기관의 주요 구성원인 사회복지사들이 전문직 가치와 윤리에 기반을 두고 활동하는 존재라는 점에서도 윤리성은 더욱 강조될 수밖에 없다. 따라서 사회복지사의 윤리철학과 기준으로서 도덕성과 책임성, 서비스 개발과 전문성 증진, 지역사회와 지구촌 관계, 인권문제, 클라이언트와의 관계, 윤리성 확보 등을 명시하고 있는 사회복지사 윤리강령은 사회복지기관 역량의 원천과 총합이 '윤리'임을 천명하고 있다. 그러므로 사회복지 윤리경영은 기관의 모든 측면에 윤리성을 확보하는 것뿐만 아니라 그 깊이와 질적인 차원에서보다 더 높은 수준의 윤리성이 요구된다고 할 수 있다. 더 나아가 인권보장, 사회정의 실현, 복지증진, 조화와 상생 등과 같이 우리 사회가 추구해가야 할 가치와 윤리적 측면을 적극적으로 선도해가는 역할까지 포함하는 것이어야 한다.

참고할 만한 정보

- 서울복지재단(2010). 경영실무도움 시리즈: 제1권 〈미션과 비전세우기〉, 제2권 〈사회복지인력의 조직관리〉, 제3권 〈전략수립과 성과평가〉, 제4권 〈이용자 고객관리〉, 제5권 〈지역사회 네트워크 관리〉, 제6권 〈브랜드마케팅〉
- 리드앤리더(2007). 급부상하는 Social venture. www.emars.co.kr

생각해 보기

- 최근 비영리단체의 사회복지법인, 기관, 시설이나 사회적기업에 경쟁의 개념이 도입됨에 따른 복지경영 적용사례에 대해 토론해 봅시다.
- 복지경영의 새로운 범주로서 미래지향적 BoP(The Fortune at The Bottom of The pyramid) 연구모델이 무엇인지 토론해 봅시다.
- 사회복지시설 운영의 효율성 및 투명성, 전문성을 높일 수 있는 합리적 복지경영 도입의 필요성에 대해 토론해 봅시다.

2장

사회복지시설의 운영

학습목표

1. 사회복지법인을 이해하고 설명할 수 있다.
2. 사회복지시설을 이해하고 설명할 수 있다.
3. 사회복지법인의 사회복지시설 운영을 이해하고 설명할 수 있다.

1. 사회복지법인의 이해

1) 사회복지법인의 법적 정의와 종류

사회복지법인은 「사회복지사업법」 제2조[1]의 '사회복지사업'을 행할 목적으로 설립된 법인을 의미한다. 즉, 휴먼서비스를 제공하기 위하여 정부와 사회로부터 공정성과 공익성을 확보하여 사회복지가 지향하는 목적을 달성하기 위하여 위임된 자원을 책임성과 권리성을 가지고 활용하는 사단법인과 재단법인의 성격과 비영리 공익법인의 성격을 동시에 가지고 설립된 법인을 말한다. 따라서 사회복지법인이 수행할 수 있는 목적사업은 '사회복지사업'에 한정되므로 사회복지사업 이외의 목적사업은 수행할 수 없다. 법인은 법률의 규정에 의해서만 성립되므로(「민법」 제31조), 사회복지법인도 반드시 「사회복지사업법」에 의해서만 성립되며, 사회복지사업의 수행을 위한 사회복지법인의 설립, 정관, 임원, 재산, 설립허가 취소, 합병 등에 관한 사항은 「사회복지사업법」 등에서 상세히 규정하고 있다.

사회복지법인의 설립 및 시설을 운영하는데 있어서 법률적 문제가 발생했을 경우, 이에 대한 효과적인 대응은 물론 예방을 위해서 관련법령의 적용순위를 이해하는 것은 매우 중요하다. 사회복지법인과 관련된 법 적용의 우선순위는 다음과 같다.

---

1) ① 「국민기초생활 보장법」, ② 「아동복지법」, ③ 「노인복지법」, ④ 「장애인복지법」, ⑤ 「한부모가족지원법」, ⑥ 「영유아보육법」, ⑦ 「성매매방지 및 피해자보호 등에 관한 법률」, ⑧ 「정신건강증진 및 정신질환자 복지서비스 지원에 관한 법률」, ⑨ 「성폭력방지 및 피해자보호 등에 관한 법률」, ⑩ 「입양특례법」, ⑪ 「일제하 일본군위안부 피해자에 대한 생활안정지원 및 기념사업 등에 관한 법률」, ⑫ 「사회복지공동모금회법」, ⑬ 「장애인·노인·임산부 등의 편의증진 보장에 관한 법률」, ⑭ 「가정폭력방지 및 피해자보호 등에 관한 법률」, ⑮ 「농어촌주민의 보건복지증진을 위한 특별법」, ⑯ 「식품 등 기부 활성화에 관한 법률」, ⑰ 「의료급여법」, ⑱ 「기초연금법」, ⑲ 「긴급복지지원법」, ⑳ 「다문화가족지원법」, ㉑ 「장애인연금법」, ㉒ 「장애인활동 지원에 관한 법률」, ㉓ 「노숙인 등의 복지 및 자립지원에 관한 법률」, ㉔ 「보호관찰 등에 관한 법률」, ㉕ 「장애아동 복지지원법」, ㉖ 「발달장애인 권리보장 및 지원에 관한 법률」, ㉗ 「청소년복지지원법」, ㉘ 그 밖에 대통령령으로 정하는 법률

① 특정 개별 사회복지법 (「노인복지법」, 「아동복지법」 등)

② 「사회복지사업법」

③ 「공익법인의 설립 · 운영에 관한 법률」

④ 「민법」

사회복지법인은 「사회복지사업법」 제2조제4호에 따른 사회복지시설을 설치 · 운영할 목적으로 설립된 시설법인과 시설의 설치 · 운영을 목적으로 하지 않고 사회복지사업을 지원하는 것을 목적으로 하는 지원법인으로 구별된다. 시설법인이 지원법인이 되거나, 지원법인이 시설법인이 되는 것은 사업변경(추가)에 대한 정관변경 절차를 통해 가능하며, 이 경우 출연자의 의도, 사업계획서, 재원확보 여부 등을 면밀히 검토해야 한다. 2022년 6월 기준 우리나라의 사회복지법인 현황은 시설법인 2,730개, 지원법인 285개로 총 3,015개가 있다(보건복지부, 2023).

2) 사회복지법인의 역사

우리나라의 사회복지사업은 한국전쟁을 시작으로 외원단체를 중심으로 한 시설구호를 중심으로 출발하였으며, 시설이 먼저 생기고 법인설립을 나중에 한 경우로 사회복지서비스가 먼저 시행되고 이후에 정부의 관리가 이루어졌다. 사회복지시설의 법인화 작업은 1952년 사회사업을 목적으로 법인설립허가신청에 관한 사회부장관의 훈령에 의해 사회복지시설을 재단법인으로 설립하도록 규정화하면서부터이다. 이후 「사회복지사업법」이 1970년에 개정되면서 사회복지시설의 법인화가 이루어졌다. 사회복지시설 법인화로 민간이 경영하고 있는 사회복지사업의 공공성이 확보되었고, 사회복지서비스 전달체계의 독특한 민 · 관 관계를 제도화하면서 사회복지법인은 권리의무의 주제가 되었다. 따라서 사회복지법인의 발달과정은 「사회복지사업법」제 · 개정의 입법과정을 통해서 살펴보고자 한다.

1970년 보건사회부에서 「사회복지사업법」을 제정(1970. 1. 1. 제정, 1970. 4. 2. 시행)하여 사회복지시설의 설치 · 운영에 대한 법률적 근거를 처음으로 마련하였다. 1983년 「사회복지사업법」을 일부개정(1983. 5. 21. 개정 · 시행)하여 사회복지시설 설치 · 운영 주체를 비영리법인으로 확대하였다. 사회복지시설 설치 · 운영 주체는 ① 국가 또는 지방자치단체, ② 관할 도지사의 승인을 얻은 시 · 군, ③ 시 · 도지사의 허가를 받은 사회복지법인 기타 비영리법인으로 사회복지시설 설치 시 지역주민 이용의 편의를 고려하도록 하였다.

1992년 「사회복지사업법」을 전부개정(1992. 12. 8. 개정, 1993. 6. 9. 시행)하여 사회복지법인 기타 비영리법인 외의 경우에도 허가를 받으면 사회복지시설을 설치 · 운영할 수 있도록 하였다. 따라서 사회복지시설 설치 · 운영 주체가 ① 국가 또는 지방자치단체, ② 관할 도지사의 승인을 얻은 시 · 군, ③ 시 · 도지사의 허가를 받은 사회복지법인 기타 비영리법인, ④ 「영유아보육법」에 의한 시설로 시장 · 구청장 · 군수의 허가를 받은 자이며, 사회복지시설 설치 · 운영의 허가권자는 시장 · 구청장 · 군수로 변경하였다.

1997년 보건복지부에서 「사회복지사업법」을 전부개정(1997. 8. 22. 개정, 1998. 7. 1. 시행)하여 사회복지법인 및 기타 비영리법인과 개인이 사회복지시설을 설치 · 운영 있도록 하였으며, 시장 · 구청장 · 군수의 허가를 받도록 하던 것을 신고제로 전환하였다. 또한 법인에 운영위원회를 두도록 하여 이사회를 견제하도록 하여 사회복지법인에 대한 외부의 통제 또는 관여가 가능하게 되었다. 그리고 「사회복지사업법」 제43조에 보건복지부장관 및 시 · 도지사는 보건복지부령이 정하는 바에 따라 시설을 정기적으로 평가할 수 있으며, 이를 시설의 감독 또는 지원 등에 반영하도록 하였다. 「사회복지사업법 시행규칙」 제27조제1항에 주무관청은 법 제43조의 규정에 의하여 3년마다 1회 이상 시설에 대한 평가를 실시하여야 한다고 각각 규정하였다.

2003년 「사회복지사업법」을 일부개정(2003. 7. 30. 개정, 2004. 7. 31. 시행)하여 위탁 운영의 기준 · 기간 및 방법 등에 관한 사항을 추가하여 위탁기준 및 방법에 대한 제도를 도입하였다. 또한 해산한 법인의 이사 또는 그와 특별한 관계가 있는 자는 국가 또는 지방자치에 귀속된 법인재산을 대부하거나 무상으로 사용할 수 없다고 명시하였다. 2004년 「사회복지사업법 시행규칙」 일부개정(2004. 9. 6. 개정 · 시행)을 통해서 민간위탁 계약 체결 시 시설종사자의 고용승계에 관한 사항을 포함하도록 하였고, 계약기간 갱신 시 수탁자선정심의위원회의 심의를 거치도록 제도화하였다.

2007년 「사회복지사업법」을 일부개정(2007. 12. 14. 개정 · 시행)하여 사회복지시설의 효율적 운영과 지도 · 감독을 보완하였다. 2011년 「사회복지사업법 시행규칙」 개정(2011. 8. 4. 개정, 2012. 8. 5. 시행)을 통해서 보건복지부장관과 시 · 도지사는 보건복지부령으로 정하는 바에 따라 시설을 정기적으로 평가하고 그 결과를 공표하거나 시설의 감독 · 지원 등에 반영할 수 있으며, 시설거주자를 다른 시설로 보내는 등의 조치를 할 수 있다고 규정하였다. 2016년 「사회복지사업법」을 개정(2016. 2. 3. 개정, 2016. 8. 4. 시행)하여 사회복지시설 운영비 지원 및 보조금 집행의 투명성을 확보하도록 하였다.

이상과 같이 사회복지사업의 제 · 개정에 따른 변화를 통해서 사회복지법인은 법의 공식적 테두리 안에서 법인의 설립목적을 책임성 있게 시행하고 있는지에 대한 평가와 사회로부터 위임받은 재원의 투명성을 요구받고 있다.

3) 사회복지법인 설립절차의 개요 및 설립요건

(1) 사회복지법인 설립절차의 개요

사회복지법인 업무편람은 사회복지법인 업무를 담당하고 있는 시 · 도 및 시 · 군 · 구 공무원과 법인의 실무자가 관련 법령 및 사업의 내용을 정확하게 이해하는데 도움을 줌으로써 관련 업무를 효율적으로 처리하는데 도움이 되도록 법인의 설립허가 및 관리 · 운영 등에 관하여 안내하는 지침서이다. 사회복지법인 설립의 실제는 2022년 사회복지법인 관리안내의 내용에서 발췌한 것이며, 여기에 근거하여 사회복지법인의 설립과 관리를 할 수 있기 때문에 매우 중요하다고 할 수 있다.

사회복지법인의 설립절차 1단계는 신청인의 법인 설립 신청(신청인 → 시 · 군 · 구), 2단계는 검토의견 등 첨부하여 시 · 도 제출(시 · 군 · 구 → 시 · 도), 3단계는 시 · 도에서 최종 허가 여부를 결정한다. 이러한 설립절차 과정을 〈표 2-1〉에 제시하였다.

〈표 2-1〉 사회복지법인 설립절차의 개요

1단계	신청인의 법인설립 신청 (신청인 → 시 · 군 · 구)
조치사항	• 사회복지법인을 설립하고자 하는 자는 「사회복지사업법 시행규칙」 제7조에 규정되어 있는 사회복지법인 설립허가 신청서와 구비서류를 완비하여 시 · 군 · 구에 제출
참고사항	• 시 · 도 및 시 · 군 · 구는 신청인이 신청서 제출 전 법인 주사무소가 소재할 시 시 · 도 및 시 · 군 · 구와 법인설립 필요성 등에 대해 충분하게 협의하여 추후 절차가 원만하게 수행되도록 지도 • 시 · 도 및 시 · 군 · 구는 사회복지법인 설립에 대한 문의가 있을 경우 신속하고 정확하게 안내할 것
2단계	검토의견 등 첨부하여 시 · 도 제출 (시 · 군 · 구 → 시 · 도)
조치사항	• 시 · 군 · 구는 설립허가를 신청한 법인에 대한 기초자료(예: 자산에 관한 실지조사 결과, 법인설립 필요성에 관한 검토의견서 등)를 첨부하여 시 · 도에 신청서를 제출
참고사항	• 신청서를 접수한 시 · 군 · 구는 해당 법인이 소재할 사무소 및 기본재산 등을 직접 엄격하게 확인할 것(필요시 방문) • 시 · 도에서 조례 및 규칙 등으로 법인 업무와 관련한 시 · 군 · 구의 권한 및 위임사항을 정하였을 경우 그에 따르되 법인의 허가 등 법인관리 업무의 중요사항은 반드시 시 · 도지사가 행할 것
3단계	시 · 도에서 최종 허가여부 결정
조치사항	• 시 · 도는 법인설립 신청서와 시 · 군 · 구의 기초자료, 시 · 도의 복지여건 등을 종합적으로 검토하여 법인설립허가 최종 결정 • 설립허가 신청서 처리기한: 17일 ※ 주무관청에서 신청서의 보완을 요청한 경우 보완기관은 처리기한에 산입하지 않으며, 신청서를 반려한 경우 처리기한은 종료되고 재접수 시점부터 다시 기산하는 것을 원칙으로 함(「행정절차법 시행령」 제11조 제1호)
참고사항	• 법인허가 시 법인의 목적사업에 해당하는 기본재산을 갖추었는지 여부를 엄격하게 심사할 것 • 목적사업이 2 이상의 시 · 도에 걸쳐있는 법인에 대해서는 관련 시 · 도의 의견을 충분히 수렴한 후 결정

(2) 사회복지법인의 설립요건

① 설립자의 설립허가 신청(「사회복지사업법」제16조, 시행령 제8조, 시행규칙 제7조)

사회복지법인을 설립하고자 하는 자는 사회복지법인 설립허가신청서 등 관련 서류를 주된 사무소를 관할하는 시 · 군 · 구청장을 거쳐 시 · 도지사에게 제출하여야 한다. 구비서류는 〈표 2-2〉에 제시한 바와 같다.

〈표 2-2〉 사회복지법인 설립 구비서류

양식	내용	비고
설립허가신청서		붙임 2
설립취지서	• 법인설립 취지를 6하 원칙에 의해 기재	붙임 3
발기인총회회의록	• 회의록에는 재산출연사항, 임원선출, 정관의 심의의결, 사업계획 및 수지예산 등에 관한 의결사항을 포함하며, 발기인 전원이 인감 날인	붙임 4
설립발기인명단	• 직위, 성명, 주민등록번호, 주소 및 약력 등을 간략하게 기재	붙임 5
정관	• 법 제17조 정관기재사항은 반드시 기재하고, 기타 관련법규에 어긋남이 없도록 하며, 발기인 전원이 인감 날인	붙임 6
기본재산목록		붙임 8
임원명단		붙임 9
법인이 사용할 인장		붙임 10
재산출연증서	• 출연재산의 구체적 내용과(소재지, 지목, 지적, 평가가액 등) 출연인의 인적사항, 출연일자 기재 후 인감 날인 • 주식, 예금 등의 출연행위에 대하여는 공증인의 공증 필요	
재산소유증명서류	• 부동산 등기부등본, 주식의 주주명부사본, 현금의 경우 예금 잔고 증명, 유가증권의 사본, 각종 무체재산권의 등록필증 사본 등 첨부 • 「전자정부법」 제36조제1항에 따른 행정정보의 공동이용을 통하여 소유권에 대한 정보를 확인할 수 있는 경우에는 그 확인으로 첨부 서류를 갈음	

양식	내용	비고
재산의 평가조서	• 기본재산과 보통재산으로 구분 • 기본재산은 목적사업용과 수익용으로 구분하여 평가가액을 일목요연하게 파악할 수 있도록 작성 • 부동산은 「감정평가 및 감정평가사에 관한 법률」에 의한 감정평가법인의 감정평가서 또는 표준지의 공시지가를 기준으로 산정한 지가확인서 첨부 • 예금 등은 그 현재액을 증명할 수 있는 잔고증명서, 기타 각종 재산을 평가할 수 있는 증빙서류 첨부 • 개별공시지가 확인서로 첨부서류에 대한 정보를 확인할 수 있는 경우에는 그 확인으로 첨부서류를 갈음	
재산의 수익조서	• 수익용 기본재산을 갖춘 경우에 한하여 수익을 파악할 수 있도록 작성하고 수익산출 근거를 명시	
임원의 취임승낙서 및 이력서	• 임원취임자의 취임승낙의사 표시와 인적사항(주소, 성명, 주민등록번호, 주요경력 등)기재 • 이사 및 감사 등의 직위와 취임기간을 명시하고 인감날인 • 이력서 첨부	붙임 11 붙임 12
이사추천서	• 법 제18조제2항 각 호의 어느 하나에 해당하는 기관으로부터 받은 이사추천서 1부 1. 위 기관이 법인이 성립되지 않았음을 사유로 추천을 하지 않을 경우 외부추천이사 추천요청공문으로 갈음 가능 2. 이 경우 지방자치단체가 법인설립을 허가할 때 "법인설립허가 후 법인설립등기 전 기간에 반드시 추천을 받아, 이사를 선임하고 그 결과를 지체 없이 보고할 것"이라는 취지의 부관을 붙일 것	
특수관계 부존재 각서	• 법 제18조제2항의 규정(특별한 관계에 있는 자)에 저촉되지 않음을 입증하는 각서 1부	붙임 13
결격사유 부존재 각서	• 법 제19조제1항의 규정(임원의 결격사유)에 저촉되지 않음을 입증하는 각서 1부 ('19.6.12 시행)	붙임 14
사업계획서 및 예산서		

② 설립목적의 비영리성

사회복지법인은 반드시 「사회복지사업법」 제2조의 "사회복지사업"을 수행할 목적으로 설립되어야 하며 사회복지사업을 수행함에 있어 이윤추구를 위한 영리목적이 아닌 사회복지라는 비영리목적을 위해 존재해야 한다. 비영리사업의 목적을 달성하기 위해 필요한 한도에서 비영리사업의 본질에 반하지 않을 정도의 수익사업을 하는 것은 가능하나, 수익사업으로 인한 수익은 언제나 사업목적의 수행에 충당되어야 한다. 예를 들어, 유료시설에서 생활비를 받는 경우, 운영비 보조를 위해 일정 수익사업을 하는 경우 등은 가능하나 이로 인한 수익은 시설기능보강, 운영비보조, 생활자 복지수준 향상 등을 위해 사용해야 한다.

「사회복지사업법」 제28조에서는 "법인은 목적사업의 경비에 충당하기 위하여 필요한 때에는 법인의 설립목적 수행에 지장이 없는 범위 안에서 수익사업을 할 수 있다"고 규정하고 있는데, 그 수익사업의 범위 및 종류에 대해서는 주무관청에서 개별사안별로 비영리법인 본질 위배 여부, 법인 설립목적 달성을 위한 법인 내 인적, 물적 상황 등 제반여건을 충분히 고려하여 판단하여야 한다. 사회복지법인을 설립하고자 하는 자는 수행하고자 하는 목적사업을 구체적으로 확정하여 신청해야 한다. '「사회복지사업법」 제2조의 사회복지사업 수행'과 같은 형태의 추상적인 목적사업은 불가능하므로 수행하고자 하는 목적사업을 세부적이고 구체적으로 규정해야 한다. 허가심사 시 설립자의 재정능력 및 의도, 목적사업의 비영리성, 수익사업의 성격 등을 엄격하게 하여 조세회피 등 순수하지 않은 목적의 법인설립을 미연에 방지한다.

③ 설립행위(재산의 출연과 정관작성)

사회복지법인의 설립행위는 설립자가 기본재산 등을 출연하는 재산의 출연과 설립자의 법인 설립 의도를 정관에 기재하는 정관의 작성으로 구분된다.

가. 재산의 출연

가) 출연재산의 종류

법인의 설립자는 목적사업에 필요한 재산을 출연하여야 하며, 재산의 종류는 동산, 부동산 등 다양한 형태가 가능하고, 일정 신용평가등급 이상의 채권도 가능하다. 다만, 출연하고자 하는 재산에 제한물권(지상권, 근저당권, 가등기)이 설정되어 있거나, 가압류, 가처분 등이 되어있어 법인이 채무를 부담하거나 재산권 행사가 제한되어서는 안 된다. 기본재산이 현금일 경우에는 「예금자보호법」에 의한 보호 등을 확인하여 기본재산 잠식 위험성이 있는 보관방법은 지양한다.

나) 출연재산의 귀속

생전처분으로 법인을 설립하는 때에는 출연재산은 법인이 성립된 때로부터 법인의 재산이 된다(「민법」 제48조제1항). 단, 법인이 성립된 때는 설립등기가 완료된 때이다(「민법」 제33조). 유언으로 법인을 설립할 때, 출연재산은 유언의 효력이 발생한 때로부터 법인에 귀속한 것으로 본다(「민법」 제48조제2항). 단, 유언의 효력이 발생하는 시기는 유언자가 사망한 때(「민법」 제1073조)이므로 유언으로 법인을 설립하는 때에는 법인의 설립등기가 완료된 때가 아닌 유언자가 사망한 때에 소급하여 법인에게 귀속한다.

다) 법인재산의 구분(「사회복지사업법」 제23조, 시행규칙 제12조)

(가) 기본재산

기본재산은 목적사업 및 수익사업의 수행을 위해 기본적으로 필요한 재산으로 부동산, 정관에서 기본재산으로 정한 재산, 이사회의 결의에 의하여 기본재산으로 편인된 재산이 해당된다. 또한 기본재산은 그 목록과 가액을 정관에 기재해야 한다. 기본재산의 종류에는 목적사업용 기본재산과 수익용 기본재산이 있다. 목적사업용 기본재산은 목적사업 및 수익사업의 수행을 위해 기본적으로 필요한 재산으로 부동산, 정관에서 기본재산으로 정한 재산, 이사회의 결의에 의하여 기본재산으로 편인된 재산을 말한다. 수익용 기본재산은 법인이 그 수익으로 목적사업의 수행에 필요한 경비를 충당하기 위한 재산을 말한다. 단, 지원법인은 구분하지 않을 수 있다.

(나) 보통재산

보통재산은 기본재산 이외의 재산으로, 예를 들어 자동차, 컴퓨터, 집기, 비품 등 감가상각 하는 재산은 보통재산에 해당한다. 시설운영을 위한 보통재산의 규모는 시설의 종류 및 규모, 기본재산의 과실금, 보조금 확보방안 등을 종합적으로 검토하여 판단한다.

라) 기본재산의 기준(「사회복지사업법」 시행규칙 제13조)

(가) 시설법인

시설종류별 설치기준에 적합한 시설(건축물)과 부지를 갖추거나 갖출 수 있는 목적사업용 기본재산 및 시설운영을 위한 보통재산을 갖춰야 하고 시설 설치 부지는 시설설치가 가능한 지역이어야 한다. 그린벨트, 군사구역, 환경규제구역, 절대농지 여부 등을 파악해야 하며, 목적사업용 기본재산의 규모는 다음과 같다.

- 시설(건축물): 총소요면적×정부건축공사비 기준단가
- 부지: 총소요면적×시가 등 매매적정가
- 이 외에도 개별공시지가, 감정평가서 등 사용 가능

시설운영을 위한 보통재산의 규모는 시설의 종류 및 규모, 기본재산의 과실금, 보조금 확보방안 등을 종합적으로 검토하여 판단한다.

㉮ 생활시설

생활시설은 상시 10인 이상 시설거주자를 보호할 수 있는 목적사업용 기본재산을 갖추되, 개별법령에서 10인 미만의 소규모시설을 따로 정하고 있는 경우에는 당해 법령에 의한 시설의 설치기준에 해당하는 목적사업용 기본재산을 갖추어야 한다. 단, 「사회복지사업법」 제2조제1호 각목의 법률에 따른 시설 및 법 제34조제4항의 규정에 의한 시설은 각 개별법령의 시설의 설치기분에 해당하는 목적사업용 기본재산을 갖추어야 한다. 또한 결핵 및 한센병요양시설은 입소정원에 13.2㎡를 곱한 시설면적 이상에 해당하는 목적사업용 기본재산을 갖추어야 한다(「사회복지사업법」 시행규칙 제13조제1호 나목). 시설법인 거주시설 구분은 〈표 2-3〉에 제시한 바와 같다.

〈표 2-3〉 시설법인 거주시설 구분

구분	10인 미만 가능	상시 5인 이상	상시 10인 이상
시설	아동복지시설 노숙인복지시설	노인복지시설	장애인복지시설 정신요양시설

㉯ 이용시설

당해 법인이 설치 · 운영하고자 하는 시설을 갖출 수 있는 목적사업용 기본재산을 갖추어야 한다.

(나) 지원법인

지원법인은 출연된 기본재산으로부터 발생하는 수익으로 인건비, 사업비 등 법인 운영경비의 전액을 충당할 수 있는 기본재산을 갖추어야 한다(이자율 등을 고려할 것).

나. 정관(定款)의 작성(「사회복지사업법」 제17조)

설립자는 법인의 기본규칙을 정하여 이를 서면에 기재하고 기명 · 인감 날인한다(「민법」 제43조). 단, 유언으로 설립행위를 하는 경우에는 유증에 관한 규정을 준용한다(「민법」 제47조제2항). 정관의 기재사항(필요적 기재사항)은 다음과 같다.

㉮ 목적
㉯ 명칭
㉰ 주된 사무소의 소재지
㉱ 사업의 종류(목적사업을 구체적으로 기재)
㉲ 자산 및 회계에 관한 사항
㉳ 임원의 임면 등에 관한 사항
㉴ 회의에 관한 사항
㉵ 수익을 목적으로 하는 사업이 있는 경우 그에 관한 사항
㉶ 정관의 변경에 관한 사항
㉷ 존립시기와 해산사유를 정한 때에는 그 시기와 사유 및 잔여재산의 처리방법
㉸ 공고 및 그 방법에 관한 사항

정관 작성 시 참고사항으로 정관은 법 제17조에서 정한 사항을 모두 기재하고 있는 때에만 유효하며, 그 가운데 하나라도 빠지면 정관으로서 효력이 생기지 않는다. 단, 설립자가 정관에서 가장 중요한 목적과 자산만을 정하고 그 명칭, 사무소 주소지, 이사 임면의 방법과 같은 가벼운 사항을 정하지 않고서 사망한 경우에 이해관계인 또는 검사의 청구에 의하여 법원이 이들 사항을 정할 수 있다(「민법」 제44조).

④ 시도지사의 설립허가(「사회복지사업법」 제16조)

법인을 설립하고자 하는 자는 시·도지사의 허가를 받아야 한다.

가. 시·군·구 검토 의견 작성(「사회복지사업법」 시행령 제8조)

시 · 군 · 구가 법인설립허가신청서를 접수하면 자산에 관한 실지조사결과서와 법인설립의 필요성에 관한 검토의견 등을 작성한 후 이를 법인설립허가신청서와 함께 시 · 도지사에게 송부하여야 한다.

나. 시·도지사의 설립허가

가) 허가기준(「공인법인의 설립 운영에 관한 법률」 제4조, 시행령 제5조)

시 · 군 · 구가 법인설립허가신청서를 접수하면 자산에 관한 실지조사결과서와 법인설립의 필요성에 관한 검토의견 등을 작성한 후 이를 법인설립허가신청서와 함께 시 · 도지사에게 송부하여야 한다. 시 · 도지사는 법인설립허가 신청내용이 다음의 기준에 적합한 경우에 한하여 허가한다.

- 목적사업이 구체적이며 실현가능하다고 인정되는 경우
- 출연재산의 수입으로 목적사업을 원활히 달성할 수 있다고 인정되는 경우
- 목적사업이 적극적으로 사회복지를 유지 · 증진하는 것이라고 인정되는 경우

시 · 도지사는 상기내용에 적합하다고 해서 반드시 허가할 의무는 없으나(재량행위), 상기내용을 충족하지 못하였을 경우에는 허가하여서는 안 되며, 타 사업(의료, 교육, 수익목적의 사업 등)을 위한 법인 설립 등 사회복지사업의 범위를 벗어난 법인 설립은 미연에 방지한다.

나) 허가조건(「공인법인의 설립 운영에 관한 법률」 제4조, 시행령 제6조)

시 · 도지사는 법인설립 허가 시 다음의 조건을 붙일 수 있다.

- 수혜자의 출생지, 출신학교, 직업, 근무처, 기타 사회적 지위나 당해 법인과 특수관계 등에 의해 수혜자의 범위를 제한할 수 없다는 뜻(반드시 붙여야 함)

- 「사회복지사업법」, 「민법」 및 「공익법인의 설립 · 운영에 관한 법률」 등 관련 법령과 정관에서 정한 내용을 준수할 것. 단, 시 · 도지사가 수혜자의 범위를 특히 한정할 필요가 있다고 인정되는 때에는 그 한정할 범위에 관하여 미리 법인의 주된 사무소의 소재지를 관할하는 세무서장과 합의하여야 함
- 목적사업의 무상성 기타 목적사업의 운영에 관한 사항
- 기타 목적사업의 원활한 달성을 위하여 필요한 사항

다) 타 시도와의 협의

목적사업이 2 이상의 시 · 도의 소관에 속하는 경우에는 법인의 주된 사무소가 위치하는 시 · 도에서 설립허가 여부를 결정하되, 관련 시 · 도간 협의하여야 한다. 또한 목적사업이 2 이상 시 · 도의 소관에 속할 경우 정관변경절차를 거쳐 정관상 분사무소 조항을 두어야 할 것이며, 주무관청은 분사무소를 설치하고자 하는 시 · 도지사와 반드시 협의하여야 한다.

⑤ 법인설립등기

시 · 도지사의 허가를 받은 법인은 주된 사무소 소재지(등기소)에서 설립등기를 함으로써 성립된다(「민법」 제33조).

가. 설립등기(「민법」 제49조, 「공인법인의 설립 운영에 관한 법률」 제9조)

법인설립의 허가가 있는 때에는 3주내에 주된 사무소의 소재지(등기소)에서 설립등기를 한 후, 7일 이내 시 · 도지사에게 보고한다. 등기사항은 다음과 같다.

가) 목적

나) 명칭

다) 사무소

라) 설립허가의 연월일

마) 존립 시기나 해산사유를 정한 때에는 그 시기 또는 이유

바) 자산의 총액

사) 출자의 방법을 정한 때에는 그 방법

아) 이사의 성명, 주소

자) 이사의 대표권을 제한한 때에는 그 제한

정해진 기간 안에 등기하지 않으면 제3자에 대항하지 못하며, 등기의무를 해태할 경우 과태료의 처벌을 받는다(「민법」 제97조). 또한 주무관청은 설립허가 후 설립등기 및 기본재산출연여부 등을 반드시 확인한다(기본재산 미출연이 확인되면 법인설립허가를 취소하여야 함, 법 개정 2012. 8. 5. 시행).

(3) 사회복지법인의 기관

사회복지법인은 임원으로서 이사(理事)와 감사(監事)를 두고, 법인의 의사결정기관인 이사회(理事會)를 반드시 두어야 한다.

① 이사 및 이사회

이사회는 이사로 구성되며(감사는 제외) 이사장은 정관이 정하는 바에 따라 이사 중에서 호선한다(「공익법인의 설립 · 운영에 관한 법률」 제6조). 이사 정수의 1/3(소수점 이하는 버림) 이상을 시 · 도 사회보장위원회 또는 지역사회보장협의체(근거법령: 「사회보장급여의 이용 · 제공 및 수급권자 발굴에 관한 법률」)에서 3배수 추천한 사람 중에서 선임한다. 이때에는 설립허가 후 법인등기 이전까지 외부추천이사의 선임을 완료해야 하며, 각 지방자치단체의 사회복지법인 관리담당자는 사회복지법인 이사가 교체될 때 외부추천이사제의 적용 여부를 반드시 확인해야 한다. 또한 이사는 7인 이상 두어야 하며(외국인 이사는 이사 현원의 1/2 미만이어야 함) 이사회의 구성에 있어 시행령 제9조에 의한 "특별한 관계에 있는 자"[2] 는 이사 현원의 1/5를 초과할 수 없다. 외부추천 이사는 추천기관인 시 · 도

2) 1. 출연자
2. 출연자 또는 이사와의 관계가 다음 각목의 어느 하나에 해당하는 사람
가. 6촌 이내의 혈족
나. 4촌 이내의 인척
다. 배우자(사실상 혼인관계에 있는 사람을 포함한다)

사회보장위원회 또는 지역사회보장협의체는 이사를 추천하기 위하여 매년 다음 중 어느 하나에 해당하는 사람으로 이사 후보군을 구성하여 공고하여야 한다. 법인이 이사를 임면하는 경우에는 보건복지부령으로 정하는 바에 따라 지체 없이 시·도지사에게 보고해야 한다.

- 사회복지 또는 보건의료에 관한 학식과 경험이 풍부한 사람
- 사회복지를 필요로 하는 사람의 이익 등을 대표하는 사람
- 「비영리민간단체지원법」 제2조에 따른 비영리민간단체에서 추천한 사람
- 「사회복지공동모금회법」 제14조에 따른 사회복지공동모금지회에서 추천한 사람

이사회는 이사로 구성되어 대외적으로 법인을 대표하고 대내적으로 법인의 업무를 집행하는데, 특히 그 기능을 보면 아래와 같다. 사회복지법인은 재단법인의 성격을 띠어 사단법인의 사원총회와 같은 의사결정기관이 없으므로 이사회가 의사결정기관의 역할을 수행한다.

- 법인의 예산, 결산, 차입금 및 재산의 취득·처분과 관리에 관한 사항
- 정관의 변경에 관한 사항
- 법인의 합병·해산에 관한 사항

라. 친생자로서 다른 사람에게 친양자로 입양된 사람 및 그 배우자와 직계비속

3. 출연자 또는 이사의 사용인 그 밖에 고용관계에 있는 자(출연자 또는 이사가 "출자에 의하여 사실상 지배하고 있는 법인"의 이용인 그 밖에 고용관계에 있는 자를 포함)
4. 출연자 또는 이사의 금전 그 밖에 재산에 의하여 생계를 유지하는 자 및 그와 생계를 함께 하는 자
5. 출연자 또는 이사가 재산을 출연한 다른 법인의 이사

* 3의 "출자에 의하여 사실상 지배하고 있는 법인"의 의미

가. 법인의 발행주식 총액 또는 출자총액의 100분의 30 이상을 출자자 1인과 그와 상기 "2", "4" 및 사용인 그 밖에 고용관계에 있는 자(이하 "지배주주")가 소유하고 있는 경우

나. 법인의 발행주식총액 또는 출자총액의 100분의 50 이상을 "가"의 법인과 그의 지배주주가 소유하고 있는 경우

다. 법인의 발행주식 또는 출자총액의 100분의 50 이상을 "가"의 법인과 그의 지배주주 및 "나"의 법인이 소유하고 있는 경우

- 임원의 임면에 관한 사항
- 수익사업에 관한 사항
- 기타 법령이나 정관에 의하여 그 권한에 속하는 사항

② 감사

감사는 법인의 재산이나 업무집행상태의 적정 여부를 조사 · 감독하는 기관으로 필수기관이다. 감사의 정수는 2인 이상이어야 하며 그 임기는 2년으로 연임할 수 있다(「사회복지사업법」 제18조). 감사는 이사와 시행령 제9조의 "특별한 관계에 있는 자"가 아니어야 하며 감사 중 1명은 법률 또는 회계에 관한 지식이 있는 사람 중에서 선임하여야 한다. 감사 선임 당시 법인(법인이 설치 · 운영하는 사회복지시설을 포함함)의 직전 3회계연도의 세입 금액(기본재산 및 출연금 제외) 평균이 30억 원 이상인 법인은 감사 중 1명을 시 · 도지사의 추천을 받아 「주식회사 등의 외부감사에 관한 법률」에 따른 감사인에 속한 사람(이하 '전문가 감사')으로 선임해야 한다(「사회복지사업법」 제18조제7항, 「사회복지사업법」 시행령 제10조).

세입 금액은 「사회복지법인 및 사회복지시설 재무 · 회계규칙」에 따른 세입 결산서상 세입 총액(기본재산 및 출연금 제외)을 기준으로 한다. 또한 「공인회계사법」 제23조에 따른 회계법인에 속한 공인회계사 또는 「공인회계사법」 제41조에 따라 설립된 한국공인회계사회에 총리령으로 정하는 바에 따라 등록을 한 감사반에 속한 공인회계사를 감사로 선임하여야 한다. 법인은 전문가 감사를 선임해야 하는 경우 법인의 주사무소가 소재하는 시 · 도지사에 추천을 요청하고, 요청을 받은 시 · 도지사는 감사를 추천하도록 한다.

「공익법인의 설립 · 운영에 관한 법률」 제10조에 의한 감사의 직무는 다음과 같다.

가. 감사의 대내적 직무

- 법인의 업무와 재산상황을 감사하는 일 및 이사에 대하여 이에 필요한 자료의 제출 또는 의견을 요구하고 이사회에서 발언하는 일
- 이사회의 회의록에 기명날인하는 일
- 법인의 업무와 재산상황에 대하여 이사에게 의견을 진술하는 일
- 법인의 업무와 재산상황을 감사한 결과 불법 또는 부당한 점이 있음을 발견한 때 이를 이사회에 보고하는 일
- 법인의 업무와 재산상황을 감사한 결과 불법 또는 부당한 점이 있음을 발견한 때 이를 이사회에 보고하는 일과 이에 대한 보고를 위하여 필요한 때에는 이사회의 소집을 요구하는 일

나. 감사의 대외적 직무

- 법인의 직무와 재산상황을 감사한 결과 불법 또는 부당한 점이 있음을 발견한 때에는 지체 없이 시 · 도지사에 이를 보고하여야 함
- 이사가 법인의 목적범위 외의 행위를 하거나 기타 이 법 또는 이 법에 의한 명령이나 정관에 위반하는 행위를 하여 법인에게 현저한 손해를 발생하게 할 우려가 있는 때에는 그 이사에 대하여 직무행위를 유지(留止)할 것을 법원에 청구할 수 있음

2. 사회복지시설의 이해

1) 사회복지시설의 정의와 기능

「사회복지사업법」 제2조제1항에 따른 사회복지사업은 재가복지, 사회복지관 운영 등 각종 사회복지사업과 이와 관련된 자원봉사활동 및 복지시설의 운영 또는 지원을 목적으로 하는 사업을 말하고, 제2조제3항에 따른 사회복지시설은 “사회복

지사업"을 행할 목적으로 설치된 시설로 규정하고 있다.

사회복지시설의 정의를 학자별로 살펴보면 다음과 같다. 미국사회복지사협회(NASW, 1987)는 "특수한 사회문제를 가지고 있거나 그러한 사회문제를 갖게 될 위험이 있는 사람에게 일정한 범위 내의 사회복지서비스를 제공하며 사회복지사와 사무직원, 기타의 직원들로 구성되고 이사회에서 운영하는 조직이나 시설"로 정의하였다. 박태영(2000)은 사회복지시설을 "사회문제를 가지고 있거나 그러한 위험에 처한 사람들에게 생활 · 통원 · 기타의 방법으로 일정한 사회복지서비스를 제공하는 물리적 · 기능적인 제자원의 총체"라고 정의하였다.

박용순 등(2012)은 사회복지시설은 "생활거점 공간이며 인격형성의 장으로 사회생활 준비의 터라고 이해하면서 지역사회에서 클라이인트의 어려움에 도움을 제공하기도 하며, 그들에게 보호 · 치료 · 자립 등의 서비스를 제공할 목적으로 통원 · 수용 등의 방법으로 편익을 제공하기 위한 장소 · 설비 · 건축물 등의 외형적인 것과 이용자에게 제공되는 서비스 등을 포함" 한다고 정의하였다. 현외성 등(2014)은 사회복지시설은 "이용자가 공동체의 구성원으로 기능할 수 있는 보호, 육성, 상담, 교육, 훈련, 재활, 연계 등 각종 서비스를 제공하여 개인의 삶의 질을 높이고, 예방과 조화를 통한 사회통합을 지원하는 전문적 · 제도적 장치"라고 정의하였다. 우혜숙 등(2020)은 사회복지시설이란 "사회복지서비스의 일부분으로 심신의 미발달, 장애 또는 노화 등으로 정상적인 활동이 불가능하거나 자립이 곤란한 사람들의 생존권을 보장하기 위해 가족부양기능을 대신하는 서비스를 제공하는 시설이나 설비 및 직원 운영조직"으로 정의하였다.

이상의 내용을 종합해보면, 사회복지시설은 "특별한 문제를 갖고 있거나 사회문제를 갖게 될 위험이 있는 사람들에게 기본적인 공동체 기능을 수행할 수 있도록 생활 · 통원 · 수용 · 기타의 방법으로 일정한 사회복지서비스를 제공하며, 보호 · 치료 · 재활 · 자립 · 연계 등의 각종 서비스를 제공할 목적으로 물리적 · 기능적 제 자원 및 서비스를 운영하는 전문적인 조직"으로 정의할 수 있다.

사회복지 관련법에서는 사회복지시설이라는 용어만 사용하였고, 사회복지현장에서는 사회복지시설 및 기관을 통틀어 사회복지기관으로 사용하고 있다. 사회복지기관은 사회복지분야에서 간접적서비스 제공기관(각종 협의회, 협회, 연합회 등)과 이용시설(각종 사회복지관, 각종 상담소, 보육시설 등)을 지칭한다. 사회복지시설은 영리를 추구하지 않는다는 점에서는 다른 비영리기관과 마찬가지지만 사회복지서비스 제공을 목적으로 한다는 점과 정부나 지방자치단체 보조금, 후원금을 통한 자원조달방법에서는 학교 및 다른 비영리기관에 비해 비영리적 성격이 보다 강하다. 최근에는 탈시설화의 영향으로 클라이언트가 가정에서 생활하면서 사회복지시설로부터 서비스를 제공받는 방식으로 확대되고 있다. 현대는 사회복지시설 특히 입소시설이 가족을 대체하여 생활의 장을 제공하는 것뿐만 아니라 치료, 훈련, 재활 그 외 전문적 원조기능을 갖고 있으며, 더불어 입소시설기능의 지역개방, 시설을 중심으로 한 통원 또는 이용시설 등의 중간시설(half-way house)도 증가하는 경향을 보이고 있다.

사회복지욕구의 변화, 복지처우의 이념 및 방법의 변화로 사회복지시설의 기능은 빠르게 변화해가고 이러한 영향은 또다시 새로운 사회복지시설을 발생시킨다. 그래서 현대적인 사회복지는 모든 국민의 삶의 질 향상을 위해 그들의 가족과 지역사회 욕구를 잘 조화시켜 충분한 능력을 개발하고 행복을 추구하기 위한 사회적 노력을 말하는 경향으로 해석되고 있어서 사회복지시설의 전 영역에 있어 변화를 촉구하고 있다. 따라서 생활시설중심의 분리적 보호서비스에서 당사자의 선택권과 자기결정권을 강조하는 정상화와 탈시설화 이념에 기초한 자립생활 패러다임으로의 전환이 요구되고 있다. 즉, 지역사회에 기반 한 거주와 생활을 이룰 수 있는 새로운 모형의 서비스를 요구하고 있으며, 모든 국민이 복지의 대상이 되는 보편적복지로 변화되어 가고 있다.

이러한 시대적 변화에 따라서 사회복지시설도 단순한 건물, 설비, 기자재 등 외형적인 것과 더불어 입소자에게 제공되는 각종 서비스, 즉, 시설직원이나 자원봉사자, 지역주민이나 각종 단체에 의해 제공되는 다양한 서비스와 지역사회 주민에게 제공되는 사회복지 교육, 상담, 각종 서비스까지 포함된 광의의 의미로 사용되고 있다.

2) 사회복지시설의 발전과정

사회복지시설은 시대의 변화에 따라 시설의 형태와 보호의 내용이 변화되어 오고 있다. 사회복지시설은 12세기 성 요한에 의한 구료시설에 그 기원을 두고 있지만, 전형적 형태는 16세기 영국의 구빈원에서 찾을 수 있다. 우리나라에서는 이웃돕기 차원을 넘어 조직적이고 지속적인 아동복지사업으로 1854년 프랑스 선교사 메스트르(Maistre) 신부에 의한 영해회(嬰孩會) 사업이 근대적 의미의 사회복지시설의 시작이라고 할 수 있다. 영해회는 우리나라 최초의 서구식 수용시설로 1859년까지는 서울에 유모(乳母)를 둔 고아원으로 발전하였으나, 1866년 병인(丙寅)박해로 중단되었다가 1880년에 다시 계속되어 1885년 영해원 설립으로 이어졌다.

블랑(J.Blanc 白圭三)주교는 1885년 서울 곤당골(현 을지로 1가 미대사관 서측)에 기와집 한 채를 사서 영해원(嬰孩院)을 설립하고 교인 몇 명에게는 정부와 사회로부터 버림받은 노인과 병자, 고아들을 보육하게 하였다. 그는 1888년 9월 샬트르 성 바오로수녀회에 '천주교 고아원'의 운영을 맡겼는데, 이것이 우리나라 최초의 근대적 사회복지시설이며, 이후 아동복지사업은 천주교의 영해회-영해원-천주교 고아원으로 이어졌다. 이후 개인과 종교단체 등 민간에 의한 사회복지시설이 활발하게 진행되었다. 그리고 1945년 해방과 6·25전쟁을 겪으면서 수많은 피난민과 전쟁고아들이 발생하여 이들에 대한 구제사업과 시설보호사업 등이 필요하게 되었고, 자연발생적으로 사회사업이 민간에 의해 주도되었다.

사회복지시설이 제도적으로 확립된 시기는 1961년 「생활보호법」, 「아동복리법」이 제정된 이후로 한국전쟁을 전후로 하여 1970년 후반까지이다. 이때까지 한국의 사회복지사업은 아동 및 부녀자, 장애인, 노인분야를 중심으로 대부분 수용시설이었고, 응급구호적 서비스에 치중되었다. 1980년대 들어서면서 대상별 특성에 따라 운영관리의 합리화를 위하여 「아동복리법」을 대폭 개정한데 이어 「노인복지법」 등의 사회복지 관련법의 재정으로 복지서비스의 내용이 개선 및 변화되었다.

이러한 사회복지시설은 1961년 「생활보호법」과 1970년 「사회복지사업법」의 제정으로 법령 절차와 규정에 따라 법인화되었다. 그 변천은 민간 개인시설에서 사회복지법인과 재단법인으로 또는 재단법인이 사회복지법인으로 전환되어 공익법인체로서 정부의 사업을 공공의 목적에 따라 위임받아 운영하게 되면서 정부의 지원금으로 운영되는 초석을 마련하였다.

1980년대 초부터 1980년대 말까지는 사회개발과 사회복지제도의 정비가 대폭적으로 이루어지면서 민간복지부문의 확대와 복지다원화가 본격화되었다. 절대빈곤 문제는 해결되었지만 급속한 경제성장으로 인한 각종 사회문제들이 이슈화되기 시작하였다. 사회복지관이 전국적으로 확대되었고, 재가복지서비스를 통해 지역복지를 강화하는 한편 자활보호가 대폭 강화되었다. 운영주체도 국가나 지방자치단체, 사회복지법인 외에 비영리법인으로 확대되었고 국가주의적 특성이 약화되면서 시민사회부분이 크게 성장하였다. 1980년대 말부터는 민주화의 진전, 경제 및 사회균형 발전을 추구하면서 재가복지서비스를 지역복지로 강화하였고, 탈시설화의 영향으로 이용시설인 사회복지시설사업이 확대되었다.

2000년대 이후 급속한 고령화 현상에 대비한 재가복지서비스의 확대가 이루어졌고, 요양원과 같은 생활시설이 확대되는 추세이다. 또한 2026년 노인인구가 전체 인구의 20%를 차지하는 초고령사회 진입을 앞두고, 돌봄(케어)에 대한 수요가 급증하고 있으며 국민 대다수의 보편적 문제로 등장하게 되었다. 따라서 2018년 11월 지역주도형 사회서비스정책인 지역사회통합돌봄(커뮤니티케어) 기본계획을 수립하였고, 2025년까지 커뮤니티케어에 대한 제공기반을 구축하기 위해 지역 자율형 돌봄모형 개발을 위한 선도사업을 추진하게 되었다.

그동안 우리나라는 경제성장과 핵가족화로 변화되었고, 도시화 및 산업화 과정에서 사회구조의 변화에 따라 사회복지실천서비스 역시 다양화되었다. 특히 2020년 1월부터 전 세계를 휩쓴 코로나19 사태가 사회복지서비스 영역에 미치는 영향은 그 범위나 정도를 가늠할 수 없을 만큼 광범위하고 복잡한 것으로 이해되고 있다. 최근 경험하고 있는 코로나19 사태와 같은 감염병 확산, 기후변화 등에 따른 다양한 자연재해의 발생은 '재난복지서비스'의 중요성을 한층 증가시키고 있다. 전염병, 산불, 홍수 및 가뭄과 같은 비상사태 발생 시 개인의 인권을 보장하고, 사회적 집단 간의 공정성을 확보하기 위해서는 사회복지사들의 한층 전문적인 자격화가 필요하다는 견해도 있다.

3) 사회복지시설의 분류와 종류

사회복지시설은 설립 및 운영주체, 시설 이용형태, 시설이용자 부담에 따라 다음과 같은 종류로 분류된다.

(1) 사회복지시설의 설립과 운영주체에 따른 분류

사회복지시설은 설립 및 운영주체에 따라 국 · 공립시설과 사립시설로 구분된다. 국 · 공립시설은 운영주체에 따라 국가나 지방자체단체가 직접 설립 · 운영하는 국 · 공립 공영시설과 설립은 국가나 지방자치단체가 하고 운영은 법인이나 민간에게 위탁하는 국 · 공립 민영시설로 구분된다. 사립시설은 설립 및 운영주체에 따라 민간이 설립하고 운영하는 사립 국 · 공영시설과 민간이 설립하고 국가 또는 지방자치단체의 지원을 받아 민간이 운영하는 사립운영시설, 민간이 설립하고 민간의 비용으로 운영하는 개인운영시설로 분류할 수 있다.

- 국 · 공립 공영시설: 국가 또는 지방자치단체가 설립하여 직접 운영하는 시설로 민간이 설치 · 운영하기 어려운 국립재활원과 같은 시설이나 시범적인 복지시설
- 국 · 공립 민영시설: 국가 또는 지방자체단체가 설립하고 민간법인에 위탁 운영하는 사회복지시설
- 사립 국 · 공영시설: 민간이 설립하고 국가 또는 지방자치단체에 기증하여 운영하는 사회복지시설
- 사립 민영시설: 민간이 설립하고 국가 또는 지방자치단체의 지원을 받아 직접 운영하는 사회복지시설
- 개인운영시설: 개인이 설립하고 운영하는 사회복지시설

(2) 시설 이용형태에 따른 분류

사회복지시설은 서비스 제공방식에 따라 생활시설과 이용시설로 구분한다. 생활시설은 주거서비스 외에 제반 사회복지서비스를 제공하는 시설로 노인요양원, 장애인복지시설, 아동복지시설 등이 해당된다. 이용시설은 통원시설로서 전문적인 프로그램 및 서비스를 이용할 수 있는 시설로 종합사회복지관, 장애인복지관, 노인복지관, 재가복지센터 등이 해당된다. 이때 통상적으로 생활시설을 사회복지시설이라 하고, 이용시설을 사회복지기관이라고 부른다. 2023년도 4월 기준 사회복지사업 관련법에 의하여 설치된 생활시설 수는 10,180개소, 이용시설은 21,769개소, 기타 1,929개소이다.

- 생활시설: 요보호대상자인 클라이언트를 1일 24시간 일정장소에서 보호하는 시설
- 이용시설: 서비스대상자들이 통원 방법을 통해 서비스를 받는 시설

(3) 시설이용자 부담에 따른 분류

시설이용 시 이용자의 비용부담 여부에 따라 다음과 같은 종류로 구분된다.

- 유료시설: 이용자 또는 부양의무자로부터 모든 요금을 부담하여 운영하는 사회복지시설이다. 수납액에는 시설을 유지하기 위한 생활비와 인건비, 기타 모든 비용이 포함되며, 지방자치단체장의 승인에 의한 정액제 규정에 따라 징수된다.
- 실비시설: 실비를 수납하는 시설로, 시설 이용자에게 직접 투여된 보호비용만 포함되며 기타비용은 포함되지 않는다.
- 무료시설: 이용자로부터 요금을 수납하지 않고 국가 또는 지방자치단체가 일정액을 지원함으로써 전액 무료로 서비스를 제공하는 시설이다.

(4) 이용대상자에 따른 분류

2023년 6월 기준 우리나라 사회복지시설유형별 사회복지시설수는 30,989개소이며, 이 중 노인시설 17,652개소, 아동시설 6,519개소, 장애인시설 4,177개소, 정신보건시설 509개소, 노숙인등시설 147개소, 일반시설 502개소, 저소득시설 266개소, 결핵한센인시설 6개소, 한부모가족시설 135개소, 여성시설 692개소, 다문화가족시설 225개소가 설치 · 운영되고 있다. 사회복지서비스 관련법에 따라 2023년도 기준 보건복지부에서 제시한 사회복지시설의 종류는 〈표 2-4〉와 같이 구분된다. 사회복지시설은 제공되는 사회복지서비스 이용대상에 따라 크게 노인복지시설, 복합노인복지시설, 이동복지시설, 장애인복지시설, 어린이집, 정신건강증진시설, 노숙인시설, 사회복지관, 지역자활센터, 다함께돌봄센터, 결핵 · 한센시설, 성매매피해자지원시설, 성폭력피해자보호시설, 가정폭력보호시설, 한부모가족복지시설, 다문화가족복지시설, 건강가정지원센터, 청소년복지시설로 유형화할 수 있다.

〈표 2-4〉 우리나라 사회복지시설의 종류

<table>
<tr><th rowspan="2">소관
부처</th><th rowspan="2">시설종류</th><th colspan="2">세부종류</th><th rowspan="2">관련법</th></tr>
<tr><th>생활시설</th><th>이용시설</th></tr>
<tr><td rowspan="8">보건
복지부</td><td>노인
복지시설</td><td>• 노인주거복지시설
• 노인의료복지시설
• 학대피해노인전용쉼터</td><td>• 재가노인복지시설
• 노인여가복지시설
• 노인보호전문기관
• 노인일자리지원기관</td><td>「노인복지법」</td></tr>
<tr><td>복합
노인복지
시설</td><td colspan="2">• 농어촌에 지역에 한해 「노인복지법」 제31조 노인복지시설을 종합적으로 배치한 복합노인복지시설을 설치 · 운영 가능</td><td>「농어촌주민의 보건복지 증진을 위한 특별법」</td></tr>
<tr><td>아동복지
시설</td><td>• 아동양육시설
• 아동일시보호시설
• 아동보호치료시설
• 자립지원시설
• 공동생활가정</td><td>• 아동상담소
• 아동전용시설
• 지역아동센터
• 아동보호전문기관
• 가정위탁지원센터
• 자립지원전담기관</td><td>「아동복지법」</td></tr>
<tr><td>장애인
복지시설</td><td>• 장애유형별 거주시설
• 중증장애인 거주시설
• 장애영유아 거주시설
• 장애인단기 거주시설
• 장애인공동생활가정
• 피해장애인쉼터
• 피해장애아동쉼터</td><td>• 장애인지역사회재활시설
• 장애인직업재활시설
• 장애인의료재활시설
• 장애인생산품판매시설</td><td>「장애인복지법」</td></tr>
<tr><td>어린이집</td><td></td><td>• 어린이집</td><td>「영유아보육법」</td></tr>
<tr><td>정신건강
증진시설</td><td>• 정신요양시설
• 정신재활시설 중 생활시설</td><td>• 정신재활시설 중 이용시설</td><td>「정신건강증진 및 정신질환자 복지서비스 지원에 관한 법률」</td></tr>
<tr><td>노숙인
시설</td><td>• 노숙인자활시설
• 노숙인재활시설
• 노숙인요양시설</td><td>• 노숙인종합지원센터
• 노숙인일시보호시설
• 노숙인급식시설
• 노숙인진료시설
• 쪽방상담소</td><td>「노숙인 등의 복지 및 자립지원에 관한 법률」</td></tr>
</table>

<table>
<tr><th rowspan="2">소관 부처</th><th rowspan="2">시설종류</th><th colspan="2">세부종류</th><th rowspan="2">관련법</th></tr>
<tr><th>생활시설</th><th>이용시설</th></tr>
<tr><td rowspan="3">보건복지부</td><td>사회복지관</td><td></td><td>• 사회복지관</td><td>「사회복지사업법」</td></tr>
<tr><td>지역자활센터</td><td></td><td>• 지역자활센터</td><td>「국민기초생활 보장법」</td></tr>
<tr><td>다함께돌봄센터</td><td></td><td>• 다함께돌봄센터(학교돌봄센터 포함)</td><td>「아동복지법」</td></tr>
<tr><td>질병관리청</td><td>결핵 · 한센시설</td><td>• 결핵 · 한센시설</td><td></td><td>「사회복지사업법」</td></tr>
<tr><td rowspan="7">여성가족부</td><td>성매매피해지원시설</td><td>• 일반지원시설
• 청소년지원시설
• 외국인지원시설
• 자립지원공동생활시설</td><td>• 자활지원센터
• 성매매피해상담소</td><td>「성매매방지 및 피해자 보호 등에 관한 법률」</td></tr>
<tr><td>성폭력피해보호시설</td><td>• 성폭력피해자보호시설</td><td>• 성폭력피해상담소</td><td>「성폭력방지 및 피해자 보호 등에 관한 법률」</td></tr>
<tr><td>가정폭력보호시설</td><td>• 가정폭력피해자보호시설</td><td>• 가정폭력상담소
• 긴급전화센터디지털</td><td>「가정폭력방지 및피해자 보호 등에 관한 법률」</td></tr>
<tr><td>한부모가족복지시설</td><td>• 모자가족복지시설(기본, 공동, 자립)
• 부자가족복지시설(기본, 공동, 자립)
• 미혼모자가족복지시설(기본, 공동)
• 일시지원복지시설</td><td>• 한부모가족복지상담소</td><td>「한부모가족지원법」</td></tr>
<tr><td>다문화가족지원센터</td><td></td><td>• 다문화가족지원센터</td><td>「다문화가족지원법」</td></tr>
<tr><td>건강가정지원센터</td><td></td><td>• 건강가정지원센터</td><td>「건강가정기본법」</td></tr>
<tr><td>청소년복지시설</td><td>• 청소년쉼터
• 청소년자립지원관
• 청소년치료재활센터
• 청소년회복지원시설</td><td></td><td>「청소년복지 지원법」</td></tr>
</table>

3. 사회복지법인의 사회복지시설 운영

사회복지시설은 사회복지사업을 실시하는 사회복지제도로서, 사회적 위험(social risks)에 직면한 사회적 약자와 국민전체를 위한 문제해결 및 예방에 필요한 제반 사회복지급여와 서비스를 제공하는 사회적 장치(social arrangement)라고 할 수 있다. 사회변동에 따른 사회적 위험이 다양해지고, 그것에 대처하는 사회복지급여 및 서비스 역시 다양해지고 있어서 사회복지시설은 각종 사회복지분야에 따라 시설종류가 세분화되어 출현하고 있고 다양한 기능을 갖추게 되었다. 또한 사회복지사업과 관련된 내용과 법률은 무수한 제 · 개정을 통해 수정되고 있다.

우리나라의 사회복지시설은 국가 또는 지방자치단체는 물론 사회복지법인, 재단법인, 사단법인, 사회단체, 기업, 개인 등도 설치 · 운영할 수 있다. 사회복지시설의 설치 · 운영은 국내의 사회경제적 여건 변화를 반영하여 1997년 「사회복지사업법」이 개정된 이후 이전에 사회복지법인만이 시설을 운영할 수 있도록 규제하던 방침으로부터 자유롭게 사회복지시설을 운영할 수 있도록 개방되었다. 그렇지만 상대적으로 사회적 파급효과가 크거나 클라이언트의 생명보호에 미치는 영향이 중대하다고 판단되는 정신보호시설 운영(허가사항), 어린이집의 운영(인가사항) 등과 같은 사회복지시설의 경우는 국가정책으로 '허가주의' 또는 '인가주의'를 적용하여 어느 정도 규제를 두고 있다.

따라서 사회복지법인이 사회복지시설을 운영하는 경우 다른 운영주체에 비하여 공공성, 책임성, 전문성이 높다고 신뢰하거나 판단하여 그에 상응하는 재정적 · 행정적 지원을 제공하는 경향을 갖고 있다. 또한 사회복지법인이 사회복지시설을 운영하는 것은 재단법인, 사단법인, 사회단체, 기업, 개인 등과 같은 운영주체에 비하여 국가 · 사회적으로 독특한 차별성을 지니고 있다고 볼 수 있다.

참고할 만한 정보

- 사회복지법인 및 사회복지시설 재무 · 회계규칙-국가법령정보센터(2023.06.24.) https://www.law.go.kr
- 사회복지법인 설립허가-정부24(2023.06.24.). https://www.gov.kr
- 보건복지부 사회복지시설정보시스템-한국사회보장정보원(2023.06.24.). http://www.w4c.go.kr/main/mainPage.do
- 덕성여대신문(2013.03.18.). 복지의 기원과 역사. https://www.dspress.org/news/articleView.html?idxno=4480

생각해 보기

- 사회복지시설 경영컨설팅 표준매뉴얼 활용에 대해 토론해 봅시다.
- 우리나라 사회복지법인 제도의 형성과 변천에 대해 토론해 봅시다.
- 우리나라 사회복지시설의 초기역사와 현대 사회복지시설의 동향에 대해 토론해 봅시다.

3장

사회복지조직의 환경분석

1. 사회복지조직 분석의 필요성을 이해하고 설명할 수 있다.
2. 사회복지조직의 거시적, 미시적 환경 분석 방법을 이해하고 설명할 수 있다.
3. 사회복지조직의 환경 분석을 직접 수행할 수 있다.

1. 사회복지조직 분석의 필요성

사회복지조직은 사회복지 실천에서 다양한 지역사회 공동체에 직접적으로 참여하면서 사회의 가장 복잡한 문제들의 최전선에서 운영된다. 사회경제적 격차와 진화하는 사회적 도전으로 특징지어지는 환경 변화 속에서, 사회복지조직은 사회변화의 주체로서 역할을 하고, 보다 공정하고, 인간적이며, 정의로운 사회를 위해 노력한다. 그러나, 사회복지조직이 수행하는 역할은 지역사회의 직접적인 상호작용을 넘어 확장성을 띈다. 따라서 실천현장의 정책 토론을 구성하고, 의사결정 과정에 영향을 미치며, 궁극적으로 사회 구조를 형성하는 데 도움이 된다.

사회복지조직의 영향력 있는 역할을 고려하기 위해서는 사회복지조직에 대한 이해가 우선되어야 하며 이해를 돕기 위해 사회복지조직 분석이 필요하다. 이 장에서는 사회복지조직 분석의 중요성 뒤에 숨겨진 이유를 탐구하고 사회 전반과 사회복지분야에서 조직분석의 잠재적 함의를 알아본다.

사회복지조직분석이 필요한 이유는 첫째, 조직의 목표와 목적달성에 대한 성과를 평가하기 위함이다. 조직의 구조, 프로그램, 서비스, 재정 관리 및 인적 자원을 포함한 조직의 다양한 측면에 대한 철저한 분석을 통해 조직의 강점과 약점을 파악할 수 있다. 분석 결과에 따라 조직이 정보에 입각한 결정을 내리고 시정조치를 취하여 성과를 개선하고 서비스 커뮤니티에 대한 긍정적인 영향을 극대화하게 될 것이다.

둘째, 사회복지조직 분석은 사회복지조직 내의 책임과 투명성을 촉진한다. 특히, 공공 부문과 민간 및 개인 기부자들은 이러한 조직에 상당한 자원을 투자하며, 종종 사회를 변화시키기 위한 이타적인 동기에 의해 움직인다. 이러한 이해관계자들은 자신의 자금이 어떻게 배분되고 있는지와 자신이 의도한 대로 사용되어 영향을 미치는지를 이해할 권리가 있다. 그러므로, 사회복지조직 분석을 통해 이해관계자는 이러한 조직이 자신의 임무를 수행하고 있으며 명시된 목표에 따라 자원을 조정하고 있는지 확인할 수 있다. 이 과정은 사회복지조직이 그들에게 부여된 신뢰를 정당화하고 그들이 받는 재정적 지원이 잘 활용되고 있음을 보장한다. 이러한 정밀 분석과정은 해당 분야의 무결성을 유지하고 자원의 책임 있는 사용을 촉진하는 데 필수적이다(최소연, 2013).

셋째, 사회복지조직 분석은 전략적 계획 수립을 위하여 필수적이다. 즉, 주요 클라이언트의 요구와 선호도, 현재 프로그램 및 서비스의 효과, 새로운 사회 문제에 대한 통찰력을 제공하며 이러한 정보는 조직이 성장과 개선의 기회를 식별하고, 전략적 목표의 개발과 함께, 자원과 노력을 지역사회의 진화하는 요구에 맞춰 조정하는 실행 계획을 설계하는 데 도움이 된다. 또한, 분석을 기반으로 한 전략적 계획은 조직이 변화하는 사회 환경에 적합한 적응력과 대응력이 뛰어나다는 것을 보장한다.

넷째, 사회복지조직 분석은 사회복지조직 내의 효과적인 자원 할당을 지원한다. 예컨대, 재무 관리를 평가함으로써 조직은 자원이 충분히 활용되지 않거나 잘못 할당될 수 있는 영역을 식별할 수 있는데 자원 할당, 예산 책정 및 재무계획에 대한 분석 결과에 따라 의사 결정을 내릴 수 있다. 또한, 잠재적인 자금 출처를 파악하고, 수익 흐름을 다양화하며, 목표를 달성하고 프로그램과 서비스의 영향을 극대화하기 위해 자원 활용을 최적화할 수 있다.

다섯째, 사회복지조직 분석은 조직의 프로그램 발전 및 관련 문제를 해결하기 위한 계획(initiative)의 효과에 대한 중요한 통찰력을 제공한다. 결과를 평가함으로써, 우리는 무엇이 효과가 있는지, 무엇이 개선이 필요한지, 무엇을 버려야 하는지를 결정할 수 있다. 이 과정은 사회복지에 대한 증거 기반 접근법을 촉진하여 가능한 한 높은 효과로 선을 행하겠다는 의지를 강화한다.

여섯째, 사회복지조직 분석은 조직 내의 학습과 혁신을 자극할 수 있다. 성공과 실패를 경험하면서 학습하고, 유사한 환경에서 성공적으로 입증된 전략을 채택하고 적용할 수 있다. 이러한 과정은 개입과 서비스 제공의 새로운 모델 개발을 초래하여 조직 내에서 가능한 것의 경계를 넓힐 수 있다. 또한, 새로운 실천모델의 개발과 적용은 조직에 혁신 문화를 조성하여 조직이 새로운 접근 방식을 실험하고 영향력을 강화할 수 있도록 한다(이상우, 2018).

일곱째, 사회복지조직 분석과 그에 따른 정보의 보급은 사회복지에 대한 지역사회의 인식과 참여를 향상할 수 있다. 이러한 조직이 다루는 문제들, 실천하는 접근법과 영향력 등을 이해하는 것은 지역사회 구성원이 사회구조적인 원인에 더 깊이 관여하도록 영감을 줄 수 있다. 이렇게 늘어난 지역의 참여는 자원봉사와 기부에서부터 옹호와 정책 지원에 이르기까지 다양한 형태를 취할 수 있으며, 이 모든 것이 사회복지분야의 전반적인 효과를 높일 수 있다.

2. 사회복지조직의 구조분석

사회복지조직의 구조는 운영 및 행정 청사진을 의미한다. 업무가 어떻게 할당되고, 누가 누구에게 보고하고, 어떻게 소통하는지를 결정한다. 이러한 구조는 조직의 민첩성, 의사 결정 속도, 책임성 및 조직이 촉진할 수 있는 혁신의 정도에 상당한 영향을 미칠 수 있다. 따라서, 사회복지조직의 효과, 효율성, 영향 가능성을 평가하기 위해서는 사회복지조직의 구조에 대한 이해가 필수적이다.

1) 조직도

조직도는 보고 라인, 부서 및 직위를 포함한 조직의 공식구조를 보여준다. 조직도를 바탕으로 부서 및 단위(예: 프로그램, 행정, 재정, 기금 모금 및 커뮤니케이션)를 이해할 수 있으며, 각 부서 단위의 계층적 수준과 의사 결정 권한을 분석할 수 있다. 이는 또한 서로 다른 수준과 부서 간에 정보와 의사 결정이 어떻게 흐르는지 이해할 수 있도록 돕는다. 조직도를 분석할 때에는 다음의 사항을 고려해야 한다.

- 명확성: 사회복지조직 효율성을 위해서는 계층 구조의 명확성이 매우 중요하다. 보고 라인과 책임이 명확하고 잘 이해되어 있는가를 고려해야 하며 불분명한 계층 구조는 혼란, 작업 중복 또는 책임성 결여를 초래할 수 있다.

- 균형성: 균형 잡힌 계층 구조는 서로 다른 수준에서 동등하게 힘을 공유하여 의사 결정이 상위 또는 하위에만 집중되지 않도록 보장한다. 불균형은 권력 투쟁, 느린 의사 결정 또는 저하된 통찰력으로 이어질 수 있다.
- 유연성: 계층 구조는 또한 변화하는 상황에 적응할 수 있도록 유연해야 한다. 변화에 직면하여 사회복지조직이 역할을 변경하거나 책임을 조정할 수 있는가에 대한 유연성이 부족한 경직된 계층 구조는 대응력과 혁신을 방해할 수 있다.

2) 미션(Mission) 또는 목적과 비전

사회복지조직의 사명, 비전, 목적은 그 지도원칙을 형성하고 궁극적인 목적을 표현한다. 그들은 사회복지조직의 전략적 목표, 운영 및 문화를 알리는 이정표 역할을 한다. 이러한 측면을 분석하는 것은 사회복지조직의 존재 이유와 행동 및 영향과의 일치를 이해하는 데 매우 중요하다.(세부내용은 제5장 참고).

(1) 미션 또는 목적

미션에는 사회복지조직이 수행하는 작업, 사회복지조직이 서비스를 제공하는 대상 및 방법이 요약되어 있다. 그것은 사회복지조직의 핵심 목적에 대한 즉각적이고 구체적인 선언이다. 미션의 분석에는 다음의 사항을 고려해야 한다.

- 명확성: 명확하고 쉽게 이해되고 있는가? 사회복지조직의 주요 목적과 목표를 효과적으로 전달하고 있는가?
- 부합성: 사회복지조직의 활동이 명시된 사명에 부합하는가? 사회복지조직의 자원과 노력이 사명을 달성하기 위한 것인가?
- 관련성: 임무가 봉사하는 공동체의 필요와 이익과 관련이 있는가? 클라이언트, 직원, 자원봉사자, 기부자 및 파트너를 포함한 이해관계자들에게 공감을 얻고 있는가?

(2) 비전(Vision)

비전은 사회복지조직의 포부가 있는 미래(future) 상태를 설명한다. 사회복지조직의 전략적 계획에 동기를 부여하고 안내하는 장기적인 목표를 제공하기도 한다. 비전을 분석할 때는 다음 사항을 고려해야 한다(김철회 · 조만형 · 김용훈, 2006).

- 질(quality): 비전이 사회복지조직의 이해관계자들에게 영감을 주고 동기를 부여하는가? 미래를 위한 명확한 방향을 제공하면서 달성 가능한 것인가?
- 일관성: 비전과 사회복지조직의 행동 사이에 일관성이 있는가? 사회복지조직은 비전에 부합하고 기여하는 의사결정과 조치를 취하고 있는가?

위의 사항을 분석함으로써 사회복지조직의 전략적 초점, 행동과의 일치, 사회적 영향 가능성을 평가할 수 있다. 이는 사회복지조직의 전략적 계획, 이해관계자 참여 및 영향 측정을 강화하기 위한 노력에 정보를 제공할 수 있다.

3) 사회복지조직 문화

조직 문화는 조직의 고유한 특성을 정의하는 공유된 가치, 신념, 행동 및 상징이다. 그것은 조직 내 사람들이 서로, 그리고 외부 이해관계자들과 상호작용하는 방식을 형성한다. 조직의 문화는 조직의 작업 환경, 의사 결정 과정, 의사소통 방식, 그리고 전반적인 성과에 영향을 미친다(Schein, 2010).

(1) 공유된 가치와 규범

공유된 가치와 규범은 조직 문화의 핵심을 형성한다. 이는 조직의 윤리적 기준, 업무에 대한 신념, 그리고 구성원들의 예상되는 행동을 반영한다. 이러한 가치와 규범은 종종 조직의 사명과 비전에 포함되며 정책, 절차 및 리더십 행동을 통해 전달된다. 공유된 가치와 규범을 분석하기 위해서는 조직의 가치관이 모든 구성원에게 명확하게 전달되고 있는지와 이러한 가치가 정책 및 관행에 반영되는지 관찰해야 한다. 또한, 조직에서 행동을 지도하는 암묵적인 규칙은 무엇인지 확인한다. 이러한 정보는 조직의 일상적인 행동, 상호작용 및 의사 결정을 통해 분석될 수 있다.

(2) 리더의 역할과 자질

조직의 리더십 스타일은 조직의 문화에 큰 영향을 미친다. 리더들은 행동을 모델링하고, 기대를 설정하고, 기존 문화를 강화하거나 도전하기도 한다. 조직의 리더들은 어떻게 명시된 가치와 규범을 구체화하고 있는지 분석되어야 하며 그들의 행동과 결정이 이러한 가치와 일치하는지 여부 또한 중요하다(김은희 · 유영미, 2019).

(3) 의사소통

의사소통 또한 조직의 문화를 반영한다. 의사소통에 관한 분석을 통해 정보가 조직 내에서 어떻게 흐르고 조직이 얼마나 개방적이고 투명한지를 확인할 수 있다. 중요한 정보는 공개적으로 공유되는지 아니면 제한되는지 또한 조직 내에서 피드백은 어떻게 주고받는지(예: 직원에서 경영진까지 상향 피드백을 위한 메커니즘 확립 여부) 등에 관한 분석이 이루어진다.

(4) 인정 및 보상 제도

인정 및 보상 제도는 조직에서 어떤 행동과 결과가 중요한지를 보여주는 강력한 지표이다. 그들은 원하는 문화를 강화하거나 잘못 정렬되면 문화를 훼손할 수 있다. 인정 및 보상 제도를 분석할 때는 그것이 조직의 명시된 가치 및 원하는 문화에 부합하는지 확인해야 한다. 또한, 인정과 보상 제도는 얼마나 공정한지와 직원들은 그것을 공정하고 능력에 기반을 둔 것으로 인식하고 있는지에 관한 분석도 포함된다.

사회복지조직의 문화를 이해하는 것은 사회복지조직의 내부 역학, 적응과 혁신 능력, 그리고 사회복지조직의 사명과 가치와의 일치에 대한 중요한 통찰력을 드러낼 수 있다. 조직의 변화와 발전, 리더십 개발, 그리고 변화 관리를 위한 전략 등도 조직문화와 밀접하게 관련되어 있다.

3. 사회복지조직의 거시적 환경분석

거시 환경을 이해하는 것은 사회복지조직을 포함한 모든 조직에 중요하다. 휴먼서비스로서 사회복지조직은 취약 및 소외계층을 지원함으로써 우리 사회에서 필수적인 역할을 수행한다. 이러한 조직은 가능한 최고의 서비스를 제공하는 것을 목표로 하기 때문에 조직의 운영, 의사 결정 및 효율성에 영향을 미칠 수 있는 광범위한 환경의 영향을 고려해야 한다.

기업 또는 조직의 외부환경 분석은 PESTLE(Political, Economic, Sociological, Technological, Legal, Environmental) 프레임워크(정치, 경제, 사회문화, 기술, 법률 및 환경)에 기초하여 분석되며 이는 조직에 영향을 미칠 수 있는 외부 요인에 대한 전반적인 관점을 제공한다. 이 분석은 Francis Aguilar에 의해 제안된 것으로 다음에서는 PESTLE의 구성요소를 살펴본다(Reding, M., 2023).

1) 정치적(Political) 요소

정치적 환경은 사회복지조직에 상당한 영향을 미친다. 예를 들어, 정부의 변화는 기금, 수혜자의 법적 지위 또는 우선순위가 지정된 사회 서비스 분야에 영향을 미칠 수 있다. 사회복지조직과 그 이해관계자들에게 유익한 결과를 보장하기 위해서는 옹호와 효과적인 의사소통을 바탕으로 한 정치적 분석이 필수적이다.

예를 들면, 국내 및 국제 정책(비즈니스에 적용되는 경우)에 대해 고려해야 하며 사회복지조직에 영향을 미치는 정치 환경의 안정성, 우리 사업에 사용가능한 자금이나 보조금을 어떻게 확보할 것인가에 대한 고려 등이 정치적 환경에 속한다.

2) 경제적(Economic) 요소

경제적 요인으로는 경제성장률, 물가상승률, 금리, 실업률 등이 있다. 이러한 변수들은 사회복지조직의 재정안정과 자금조달에 큰 영향을 미칠 수 있다. 예를 들어, 경기 침체기에는 서비스에 대한 수요는 증가하지만 가용 자원은 감소할 수 있다. 이러한 역학 관계를 이해하면 조직은 자원을 전략적으로 계획하고 관리할 수 있다.

사회복지조직에서의 경제적 환경은 클라이언트의 가처분 소득은 어떻게 변화하고 있는지 살펴보고 서비스 수요에 적합한 프로그램 비용의 적정성 등 서비스에 영향을 미치는 다양한 경제적 요인에 대한 고려가 뒷받침 되어야 한다.

즉, 어떤 경제적 요인이 조직의 사업 전망을 향상시키거나 감소시키는가에 대한 환경 분석이 이루어져야 한다.

3) 사회학적(Sociological) 요소

사회학적 요인은 사회적 경향, 인구 통계, 문화적 태도, 그리고 생활 방식과 행동의 변화를 포함한다. 이러한 요소를 이해하는 것은 사회복지조직의 프로그램 범위와 관련성을 결정할 수 있으므로 매우 중요하다. 여론과 문화적 가치의 변화는 사회복지조직이 지역사회와 기부자들로부터 받는 지원에 영향을 미칠 수 있다.

구체적으로 사회학적 요소는 클라이언트의 행동과 태도가 서비스 이용 습관에 어떤 영향을 미치는가, 이해관계자들의 태도가 변화하고 있는가, 클라이언트들의 연령 분포는 어떻게 되는가 등을 말한다.

4) 기술적(Technological) 요소

기술의 빠른 성장은 사회복지를 포함한 모든 분야에 영향을 미친다. 기술 발전은 서비스 제공, 데이터 수집 및 의사소통에 새로운 방법을 도입할 수 있으나, 데이터 보안, 디지털 불평등, 기술적 기술의 필요성과 같은 문제를 수반한다. 사회복지조직의 경우 잠재적인 단점을 관리하면서 유익한 기술을 수용하는 것이 핵심

과제가 될 것이다.

사회복지실천에 도움이 되는 새로운 소프트웨어를 활용하면서 실천의 방향에 변화를 주거나 방법에 변화를 주도록 해야 하지만 새로운 기술이 직원들의 기술 수준을 위협하지 않도록 유의해야 한다. 또한, 시장(market)에서 자동화는 어떻게 사용되고 있는가 등에 대해 민감하게 인식해야 한다.

5) 법적(Legal) 요소

법적 요인은 사회복지조직에 대한 현행 법률의 영향을 포함한다. 여기에는 사회복지사업법 등 관련 법 이외에도 노동법, 보건 및 안전 규정, 차별금지법 및 데이터 보호 등에 관한 규정 등이 포함될 수 있다. 사회복지조직은 법적 변화에 대응하여 규정을 준수하고 사전 예방적으로 대응하여 처벌을 피하고 법의 범위 내에서 운영되도록 하는 것이 중요하다.

사회복지조직은 가까운 미래에 어떤 법과 규정이 변화하고 있는가에 관한 점뿐만 아니라 사회복지조기의 사업에는 어떤 법률과 규정이 적용되는지에 대해 반드시 알고 있어야 하며 사회복지조직의 정책과 절차가 법을 준수하고 있는가에 대해서도 항상 주의를 기울여야 한다.

6) 환경적(Environmental) 요소

환경적 측면은 지속가능성과 기후변화와 같은 생태적 측면을 포함한다. 기후위기 등은 언뜻 사회복지와 덜 관련되어 보일 수 있지만, 생존과 관련하여 기후변화는 사회복지조직에 간접적으로 영향을 미칠 수 있다. 예를 들어, 자연재해는 서비스에 대한 수요를 증가시킬 수 있는 반면 지속 가능성에 대한 대중의 압력은 기부자의 선택에 영향을 미칠 수 있다. 따라서 환경 영향과 지속가능성 등에 관한 분석을 통하여 사회복지조직이 사회적 기대치에 부합하고 미래에 대비한 운영에 기여할 수 있어야 한다.

사회복지조직을 둘러싼 물리적 환경의 변화, 이에 대한 클라이언트의 대응방법 등을 알아내고 우리가 생산에 사용할 수 있는 더 좋은 재료가 있는가에 대해서도 항상 탐색해야 한다.

4. 사회복지조직의 미시적 환경분석

미시적 환경분석은 사회복지조직의 내부 역학과 즉각적인 통제 하에 있는 요인을 이해하는 작업이다. 사회복지조직 내 자원, 직원 속성, 구조적 뉘앙스 및 서비스 제공의 효과와 같은 중요한 요소를 분석하며 사회복지조직의 영역에서는 이러한 이해가 무엇보다 중요하다.

사회복지조직에서 가장 많이 활용되는 미시적 환경분석은 SWOT 분석이다. 물론, SWOT은 거시적 환경의 OT 전략과 미시적 환경의 SW 전략으로 설명되기도 하지만, 여기서는 사회복지조직이 수행할 수 있는 미시적 환경분석 측면으로 적용하였다.

여기서는 SWOT 분석의 개념을 설명하고 분석을 활용한 전략 및 비전 수립 사례 등은 제5장에서 자세히 다루고 있다.

1) SWOT 분석

(1) SWOT 분석의 이해

강점(Strengths), 약점(Weaknesses), 기회(Opportunities) 및 위협(Threats)의 약자인 SWOT 분석은 사회복지조직의 거시적 환경과 미시적 환경을 모두 탐색할 수 있도록 지원하는 중요한 도구이며 SWOT 분석의 가장 핵심은 '핵심 이슈 도출'에 있다(Foong, 2007).

SWOT 분석의 장점으로 첫째, SWOT 분석은 이해와 구현이 간단하여 조직 내에서 광범위한 개인이 접근할 수 있다. 둘째, SWOT 분석은 비즈니스 전략, 프로젝트 관리, 개인 개발에 이르기까지 다양한 맥락에서 사용할 수 있다. 셋째, 분석을 통해 내부 및 외부 요인을 모두 고려하여 조직을 전체적으로 파악할 수 있다. 넷째, 강점, 약점, 기회 및 위협을 식별함으로써 전략적 사고를 장려하고 계획에 대한 사전 예방적 접근 방식을 촉진한다. 다섯째, SWOT 분석을 수행하는 프로세스는 조직의 강점, 약점, 기회 및 위협에 대한 토론을 포함하기 때문에 팀 내 커뮤니케이션과 협업을 개선할 수 있다.

하지만 SWOT 분석은 다음의 단점을 갖는다. 첫째, 개인마다 강점, 약점, 기회 또는 위협을 구성하는 것에 대해 다른 견해를 가질 수 있기 때문에 주관적일 수 있다. 둘째, 전통적인 SWOT 분석은 식별된 요인의 순위를 매기거나 우선순위를 매기지 않기 때문에 어떤 요인이 가장 중요한지 식별하기 어렵다. 셋째, SWOT 분석은 특정 시점의 스냅샷(snap shot)이며 내부 또는 외부 환경의 변화를 고려하지 않는다. 따라서 관련성을 유지하려면 주기적으로 반복해야 한다. 다섯째, SWOT 분석은 단순성을 고려할 때 복잡한 전략적 문제를 지나치게 단순화하여 부정확하거나 불완전한 이해로 이어질 수 있다. 마지막으로, 전통적인 SWOT 분석은 다른 요인들 사이의 관계를 고려하지 않는다. 예를 들어, 조직의 강점은 다른 맥락에서의 약점일 수도 있다.

정리해보면, SWOT 분석은 전략적 계획을 위한 강력하고 실용적인 도구로, 단순성 및 다용성에서 전략적 사고와 효과적인 커뮤니케이션 촉진에 이르기까지 다양한 이점을 제공한다. 그러나 분명한 한계가 있으므로 이를 염두에 두고 보다 섬세하고 강력한 전략적 분석을 제공하기 위해 다른 도구 및 접근법과 결합하는 것을 고려해 볼 수 있다.

〈표 3-1〉 사회복지조직 분석과 SWOT

구분	요소	내용	예
내부환경 요인	강점(S)	소유하고 있는 장점: 핵심역량, 경쟁우위 등	사업구조 경영자원 경영능력 등
	약점(W)	결여하고 있는 약점: 뒤쳐진 것, 개발이 필요한 것	
외부환경 요인	기회(O)	외부환경의 기회	트렌드, 정치, 경제, 사회, 문화, 기술, 경쟁자, 환경 등
	위협(T)	외부환경의 위협 : 운영의 장애요인	

① 강점

강점은 조직이 가지고 있는 내부 속성, 자원 또는 능력을 나타내며, 이는 조직에 경쟁 우위를 제공한다. 조직이 갖고 있는 우수한 것이며 경쟁자들과 차별화되는 독특한 자질로도 해석된다. 강점을 파악함으로써 조직은 목표를 달성하기 위해 이러한 강점을 효과적으로 활용할 수 있다.

- 경험이 풍부한 직원: 경험이 많고 지식이 풍부한 전문가들로 구성된 팀은 서비스 제공의 중추이기 때문에 사회복지조직에 상당한 강점이다.
- 확립된 평판: 사회복지조직이 지역사회 내 또는 이해관계자들 사이에서 좋은 평판을 얻고 있는 경우, 이는 기부자 관계, 파트너십 및 클라이언트 참여를 촉진할 수 있는 상당한 강점이다.
- 고유한 프로그램 또는 서비스: 특정 지역사회의 요구를 충족하는 고유하거나 전문화된 프로그램이나 서비스는 다른 사회복지조직과 구별할 수 있는 강점이 된다.
- 강력한 재무 상태: 기부자, 보조금 또는 다른 출처로부터 안전한 재정 기반을 갖는 것은 성장을 위한 안정성과 능력을 제공한다.

② 약점

약점은 조직의 성과나 효과적인 경쟁력을 저해하는 내부적 특성, 한계 또는 결함을 의미한다. 이러한 영역은 조직이 목표를 달성하거나 경쟁 환경에서 위치를 유지하기 위해 개선해야 할 영역이다.

- 제한된 자원: 재정적, 인적 또는 물리적 자원의 부족은 서비스를 제공하거나 확장할 수 있는 사회복지조직의 능력을 제한할 수 있다.
- 직원 이직률: 높은 직원 이직률은 불안정, 비용 증가, 서비스 품질 저하로 이어질 수 있다.
- 비효율석인 프로세스: 비효율적인 관리 또는 운영 프로세스는 서비스 제공과 전반적인 성능을 저해할 수 있다.
- 가시성 부족: 사회복지조직이 지역사회나 잠재적 기부자들 사이에서 낮은 인지도를 가지고 있다면, 자금이나 지원을 유치하는 데 어려움을 겪을 수 있다.

③ 기회

기회는 사회복지조직이 유리하게 활용할 수 있는 외부 요인이나 상황을 말한다. 이러한 기회를 인식하면 조직이 영향력을 강화하기 위한 전략을 수립하는 데 도움이 될 수 있다.

- 사회 동향: 중독이나 저출산 등과 같은 특정 이슈에 대한 사회적 태도의 변화나 인식의 증가는 사회복지조직이 서비스를 확대하거나 더 많은 청중에게 다가갈 기회를 제공할 수 있다.
- 정책 변화: 사회 서비스에 대한 자금 지원 증가 또는, 보다 포괄적인 규제와 같은 정부 정책의 변화는 확장 또는 혁신의 기회를 제공할 수 있다.

- 기술 발전: 디지털 플랫폼과 통신 발전의 출현은 온라인 상담이나 가상 지원 그룹과 같은 서비스 제공을 위한 새로운 길을 열 수 있다.
- 파트너십 및 협업: 다른 조직, 학교 또는 기업과의 잠재적인 협력은 자원 공유, 또는 커뮤니티 참여 증가를 위한 기회를 제공할 수 있다.

④ 위협

위협은 사회복지조직에 도전이나 위험을 초래할 수 있는 외부 요인이다. 이러한 위협을 식별함으로써 조직은 잠재적인 부정적 영향을 완화하기 위한 비상 계획을 개발할 수 있다.

- 정책 변화: 정책 변화는 기회를 제공할 수 있는 동시에 위협을 가할 수도 있다. 예를 들어, 사회복지예산의 삭감이나 더 엄격한 규제는 서비스 제공에 장벽을 만들 수 있다.
- 경제 상황: 경기 침체나 예산 삭감은 사회복지조직에 대한 자금 지원 감소로 이어져 서비스를 유지하거나 목표를 달성하는 것이 더 어려워질 수 있다.
- 사회적 태도: 사회복지사업에 의해 해결되는 특정 문제에 대한 부정적이거나 오명을 씌우는 태도는 지원 감소 또는 서비스 제공의 어려움 증가로 이어질 수 있으므로 위협이 될 수 있다.
- 경쟁: 같은 분야에 새로운 조직이 등장하면 자금 지원이나 지역사회 지원을 위한 경쟁이 심화 될 수 있다.

조직의 내 · 외부환경을 이해하는 것은 사회복지조직의 전략적 계획 수립에 매우 중요하다. 기회와 위협을 식별함으로써 긍정적인 외부 조건을 활용하고 잠재적 위험을 완화하는 전략을 고안할 수 있다. 나아가 정기적인 SWOT 분석을 통해 조직이 진화하는 사회, 정치 및 경제 환경에 계속 대응하고 적응할 수 있도록 보장할 수 있다.

(2) 성공적인 SWOT 분석을 위한 고려사항

① 다양한 관점을 지닌 구성원의 참여

다양한 관점은 다양한 경험과 통찰력을 가져옴으로써 분석을 풍부하게 한다. 경영진, 일선 직원, 자원봉사자 등은 물론 가능하다면 이사회 구성원까지 조직의 다양한 수준과 영역의 대표자를 분석과정에 포함한다. 또한, 추가적인 관점을 제공하기 위해 적절한 경우 고객 또는 기타 이해관계자를 포함할 수 있다. 다양한 관점을 가진 팀은 모든 SWOT 구성요소에 대한 포괄적인 적용 범위를 보장할 수 있기 때문이다.

② 구체적인 분석목표 설정

각 SWOT 분석에는 특정 목적이 있어야 한다. 이는 일반적인 전략 계획, 잠재적인 프로그램 또는 파트너십 평가, 서비스 제공 개선 방법 파악 등이 될 수 있다. 명확한 목표를 갖는 것은 분석에 초점을 맞추고 관련성을 보장하며 팀이 가장 적절한 강점, 약점, 기회 및 위협을 식별하는 데 도움이 된다.

③ 체계적인 접근 방식 사용

SWOT 분석은 일반적으로 4사분면 프레임 워크를 사용하여 수행되며, 각 사분면은 SWOT의 한 요소를 나타낸다. 이 구조는 확인된 강점, 약점, 기회 및 위협을 구성하는 데 도움이 되므로 결과를 보다 쉽게 이해하고 전달할 수 있다.

④ 관련 데이터 수집

SWOT 분석은 데이터 중심이어야 한다. 여기에는 관련 문서(예: 전략 계획, 프로그램 평가, 고객 피드백, 재무 보고서) 검토, 인터뷰 또는 포커스 그룹 실시, 설문 조사 배포 등이 포함된다. 데이터는 확인된 강점, 약점, 기회 및 위협에 대한 증거 기반을 제공하여 분석이 정확하고 신뢰할 수 있도록 보장한다.

⑤ 객관성

SWOT 분석에서 객관성은 매우 중요하다. 특정 약점이나 위협을 간과하거나 강점이나 기회를 부풀리는 것은 유혹적일 수 있지만, 그렇게 하면 분석의 유용성이 훼손될 수 있다(Güre & Tat, 2017).

⑥ 우선순위 선정

SWOT 분석이 완료되면 결과의 우선순위를 정하는 것이 중요하다. 모든 강점, 약점, 기회 및 위협이 동일하게 중요한 것은 아니다. 우선순위를 지정하면 가장 중요한 영역에 관심과 자원을 집중할 수 있다. 여기에는 각 항목의 순위를 매기거나 중요도에 따라 범주로 그룹화하는 작업이 포함될 수 있다.

⑦ 정기적 검토 및 업데이트

조직의 내부 및 외부 환경은 동적이다. 사회적, 경제적, 정치적 또는 기술적 맥락의 변화는 조직 내의 변화가 새로운 강점 또는 약점으로 이어질 수 있는 것과 마찬가지로 새로운 기회 또는 위협을 야기 할 수 있다. 따라서, 매년 혹은 정기적인 검토를 통해 SWOT 분석을 최신 상태로 유지하고 최대한 유용하게 활용할 수 있다. 이러한 세부 지침을 따르는 것은 포괄적이고 정확성, 관련성이 있으며 실행 가능한 SWOT 분석을 성공적으로 수행하는 데 도움이 될 것이다.

2) 클라이언트 분석

사회복지조직의 서비스와 프로그램은 다양한 고객층의 요구를 충족시키기 위해 설계되었다. 클라이언트의 인구사회학적 정보, 사회경제적 지위, 건강상태, 문화적 배경, 서비스에 대한 태도, 또는 클라이언트가 가진 특정 요구사항 등을 포함하는 클라이언트에 관한 깊은 이해는 효과적인 서비스를 제공하는 데 필수적이다(이기영 · 임혁, 2008). 설문 조사 또는 구조화된 인터뷰와 같은 방법을 사용하여 클라이언트에 대한 분석을 수행할 수 있다. 수집된 데이터는 사회복지조직 내 맞춤형 개입 및 프로그램 개발을 안내하고, 정책 결정을 알리고, 옹호 노력을 지원할 수 있다.

3) 기부자 분석

사회복지조직은 기부자의 관련 정보를 분석하여 누가 기부를 하고 있는지, 왜 기부를 하는지, 그리고 그들이 기부에서 무엇을 기대하는지 이해할 수 있다. 여기에는 기부자의 데이터를 분석하거나, 주요 기부자와 직접 대화를 나누는 것이 포함될 수 있다. 이 분석을 바탕으로 사회복지조직은 기부자의 기대에 더 잘 부합하도록 조직운영 또는 의사소통 전략 등의 전환을 검토할 수 있다.

4) 자원봉사자 분석

예컨대, 푸드 뱅크는 운영을 위해 자원봉사자들에게 크게 의존한다. 자원봉사 분석을 실시함으로써, 푸드 뱅크는 자원봉사자가 누구인지, 왜 그들이 자원봉사를 하는지, 그리고 그들이 경험으로부터 무엇을 얻는지를 더 잘 이해할 수 있다. 여기에는 자원봉사자 데이터를 분석하거나 떠나기로 결정한 자원봉사자와 출구 인터뷰를 수행하는 것이 포함될 수 있다(김정헌, 2010). 만약 그들이 많은 자원봉사자들이 식(食)과 관련된 정의에 관심이 있는 학생들이라는 것을 알게 된다면, 그들은 이러한 자원봉사자들이 일하는 동안 이 문제에 대해 더 많이 배울 수 있도록 훈련 프로그램을 만들 수 있을 것이다.

5) 직원 분석

직원들의 자질과 헌신은 사회복지조직의 효율성에 상당한 영향을 미친다. 직원에 관한 분석에서는 직원 채용, 유지, 개발 및 복지를 포함한 인력 관리 문제 등이 포함된다. 분석 결과를 바탕으로 직원의 높은 사기 유지, 소진 예방, 긍정적이고 지원적인 업무 환경 조성을 위한 전략이 논의될 수 있다(박영국, 2009).

참고할 만한 정보

- 복지로 홈페이지. https://www.bokjiro.go.kr/ssis-tbu/index.do
- Reding, M. (2023). What is a PESTLE Analysis?. https://cpdonline.co.uk/knowledge-base/business/pestle-analysis/#:~:text=the%20employment%20landscape.-,Who%20created%20a%20PESTLE%20analysis%3F,PESTLE%20tool%20was%20first%20identified.
- 서울시복지재단 서울복지교육센터 홈페이지. https://wish.welfare.seoul.kr/swflmsfront/sharemain.do

생각해 보기

- 실천대상에 따라 달라지는 사회복지조직의 내외부 환경에 대해 이야기해 봅시다.
- 환경분석을 통해 수집된 데이터를 토대로 시설 운영 전략을 수립해 봅시다.

4장

사회복지조직과 기업가정신

학습목표

1. 기업가정신의 정의와 특징을 이해하고 중요성을 설명할 수 있다.
2. 기업가정신의 이론적 근거를 제시할 수 있다.
3. 사회복지분야의 특성과 기업가정신의 관계를 이해하고 설명할 수 있다.

1. 기업가정신의 개념 이해

기업가(entrepreneur)라는 단어는 프랑스어 동사 'entreprendre'에서 유래하였으며 그 뜻은 '시도하다', '모험하다'등을 의미한다. 경영학자 피터 드러커(1985)는 기업가정신(entrepreneurship)이란 '위험을 무릅쓰고 포착한 기회를 사업화하려는 모험과 도전의 정신'이라고 하였다. 기업가정신은 창의적인 아이디어를 발견하고 이를 현실화하기 위해 리스크를 감수하면서도 행동으로 실천하는 기업 리더십의 특성이다. 이것은 기업이 혁신적이고 경쟁력 있는 환경에서 성공하기 위해 필요한 핵심 능력이다. 현대사회에서 기업가 정신이 강조되고 있는데 그 이유는 첫째, 기업가정신을 갖춘 기업가는 불확실한 환경에 신속 · 유연하게 대처할 뿐만 아니라, 혁신적 활동을 할 수 있다고 여겨지기 때문이다. 둘째, 기업가정신을 갖춘 기업가는 리스크를 무릅쓰고 새로운 제품과 서비스로 변화를 시도하기 때문이다. 이러한 변화가 과학과 산업의 발전을 촉진시키는 원동력이 된다. 셋째, 기업가 정신을 갖춘 기업가는 고용을 창출하고 경제를 활성화시켜 국가 경제를 발전시킬 수 있기 때문이다.

기업가정신은 적극적인 태도와 창의적인 사고를 특징으로 한다. 이것은 기업 내에서 독립적인 사고와 결정을 할 수 있는 능력, 리스크를 감수하고 실패를 받아들일 수 있는 용기, 그리고 기회를 창출하고 이를 추구하는 의지를 갖는 것을 의미한다. 기업가정신은 기업이 혁신적인 제품과 서비스를 개발하고, 경쟁력 있는 시장환경에서 성장할 수 있는 능력을 갖추는 데에 중요한 역할을 한다. 또한, 기업가정신은 조직 내부에서 창의적인 문화를 조성하고, 변화에 대응하여 새로운 기회를 발견하는 능력을 키우는 데에 기여한다.

기업가정신의 중요성이 드러나는 사례는 창업이다. 기업가정신은 기업가의 태도, 행동, 창의성, 도전 정신 등을 나타내는 개념으로, 새로운 비즈니스 아이디어를 발견하고 추진하여 경제적 가치를 창출하며, 혁신과 변화를 이끄는 역할을 수행한다. 창업은 기업가정신의 구체화된 형태이다. 창업은 새로운 비즈니스를 시작하고 운영하기 위해 기업가정신을 발휘하는 과정이다. 기업가정신은 창업자가 문제를 발견하고, 기회를 파악하며, 이를 해결하기 위한 창의적인 아이디어를 개발하는 데에 중요한 역할을 한다. 또한, 기업가정신은 기업가가 경험하는 위험과 불확실성을 극복하고 도전정신을 발휘하여 비즈니스를 성공적으로 성장시키는 데에 필요하다. 기업가정신은 비즈니스 아이디어를 현실화하고, 자원을 모집하며, 조직을 구축하고, 경쟁력을 확보하는 데에 도움을 준다. 또한, 기업가정신은 기업가의 성공적인 리더십, 혁신과 변화를 주도하는 능력, 시장의 변화에 적응하는 유연성 등을 강조하여 창업의 성공을 이끌어낸다. 따라서, 기업가정신은 창업의 핵심적인 요소로서 창업자의 태도와 역량을 형성하고 창업 프로세스를 이끄는 역할을 한다. 창업자가 기업가정신을 가지고 비즈니스 아이디어를 구체화하고 실행함으로써 창업의 성공 확률을 높일 수 있다.

기존 기업들이 채용규모를 늘리는 것이 쉽지 않고 새로운 트렌드에 부합하는 사업발굴 및 시장 개척도 어려운 상황이기에 세계 각국은 창업 활성화를 통한 경제 성장을 국가 아젠다로 설정하고 있다. 세계 경제의 중심 역할을 하는 미국도 실리콘밸리의 벤처 생태계를 기반으로 애플과 구글, 페이스북, 에어비앤비 등 다양한 창업이 시도되고 있다.

〈표 4-1〉 기업별 기업가정신

창업기업	기업가정신
Apple	스티브 잡스와 스티브 워즈니악이 함께 창업한 기업으로서, 기업가정신을 중요한 가치로 삼고 있다. Apple은 혁신적인 제품 개발과 디자인, 사용자 경험에 중점을 두며 시장을 선도하는 전략을 추구한다. 기업의 비전과 열정을 통해 새로운 시장을 창출하고 지속적인 성장을 이루어 내는 사례로 기업가정신을 대표한다.
Google	구글은 세르게이 블린과 레리 페이지에 의해 창업된 기업으로, 검색 엔진을 기반으로 다양한 온라인 서비스를 제공하고 있다. 구글은 실패를 두려워하지 않고 도전하며 혁신적인 아이디어를 추구하는 기업문화를 가지고 있다. 또한 사내 창업을 지원하고 직원들에게 기업가정신을 인식시키는 환경을 조성하여 창의적인 아이디어의 실현을 돕고 있다.

창업기업	기업가정신
Facebook	마크 주커버그에 의해 창업된 페이스북은 소셜 미디어 플랫폼으로 세계적인 인기를 얻고 있다. 페이스북은 기업가정신을 통해 혁신적인 소셜 커뮤니케이션 서비스를 제공하고, 글로벌 네트워크와 연결되는 플랫폼을 구축하는데 주력하고 있다. 페이스북은 끊임없는 성장과 변화를 추구하며, 사용자들의 의견을 수렴하여 제품 개발에 반영하는 기업가정신을 지니고 있다.
Airbnb	에어비앤비는 브라이언 체스키와 조게 베드로스키에 의해 창업된 기업으로, 전 세계적으로 인기 있는 숙박 공유 플랫폼을 운영하고 있다. 에어비엔비는 기업가정신을 통해 개인과 기업의 자원을 공유하고 경제적인 가치 창출을 이루어 내는 모델을 구축하였다. 또한, 고객 중심의 서비스와 혁신적인 비즈니스 모델을 통해 성공적인 창업을 이루어냈다.

이러한 실리콘밸리의 창업 기업들은 기업가정신을 토대로 혁신적인 아이디어와 비즈니스 모델을 추구하며, 실패를 두려워하지 않고 도전하는 문화를 가지고 있다. 이러한 실리콘밸리 기업들의 기업가정신 특성은 아래와 같다.

첫째, 실리콘밸리 기업들은 지속적인 혁신과 실험을 추구한다. 기업가정신은 새로운 아이디어와 접근 방식을 통해 시장에 혁신을 가져온다. 실패를 두려워하지 않고 빠른 실험과 학습을 통해 더 나은 제품과 서비스를 개발하는 것이 특징이다.

둘째, 실리콘밸리 기업들은 창의적인 아이디어와 자율성을 존중한다. 직원들은 자신의 아이디어를 제안하고 구현하는데 있어 자유로운 환경을 경험한다. 이는 기업가정신을 통해 창업 문화를 유지하고 직원들의 창의성과 열정을 발휘할 수 있는 기회를 제공한다.

셋째, 실리콘밸리는 지식과 경험을 공유하고 협력하는 문화를 가지고 있다. 기업가정신은 네트워크를 형성하고 지식을 공유하는데 중요한 역할을 한다. 기업들은 팀워크와 협업을 통해 새로운 아이디어를 발전시키며, 비즈니스 생태계의 다양한 주체들과 파트너십을 구축한다.

넷째, 실리콘밸리 기업들은 성장을 목표로 하며 글로벌 시장으로 진출하는 것을 목표로 한다. 기업가정신은 새로운 시장을 개척하고 성장 기회를 찾는데 중요한 역할을 한다. 실리콘밸리 기업들은 글로벌 마켓에 진출하여 혁신적인 제품과 서비스를 제공하여 경쟁력을 확보한다.

다섯째, 기업가정신은 사회적 가치 창출과 책임을 강조한다. 실리콘밸리 기업들은 사회적 문제에 대한 관심을 가지고 사회적 영향을 추구하는 모델을 구축한다. 사회적 기업가정신은 사회문제를 해결하고 지속가능한 발전을 추구하는데 중요한 가치를 제공한다.

이렇듯 기업가정신을 바탕으로 한 창업은 혁신적인 기술과 비즈니스 모델을 개발하여 글로벌 시장에서 주도적인 역할을 하고 있으며 세계 경제에도 다양한 영향을 미치고 있다. 기업가정신을 가진 창업자들은 새로운 기업을 창출하고 성장시킴으로써 경제 성장을 촉진한다. 또한 새로운 제품과 서비스를 개발하고 시장을 창출하여 새로운 일자리를 만들어낸다. 이러한 순환구조는 경제적인 활동을 촉진하고 소비와 투자를 증가시킴으로써 전반적인 경제 활동을 활성화시킨다. 창업은 혁신과 기술 발전을 이끌어내는 중요한 요소로서 새로운 아이디어와 접근방식을 통해 혁신적인 제품, 서비스, 기술을 개발하고, 혁신은 산업 구조와 경쟁환경을 변화시키며, 경제의 성장과 발전을 이루어 낸다. 기업가정신을 가진 창업자들은 새로운 시장을 개척하고 새로운 비즈니스 모델을 구축함으로써 기존 산업구조를 변화시킨다. 이는 경쟁을 격화시키고 기업들의 혁신과 발전을 촉진한다. 이러한 경쟁과 산업 구조 변화는 효율성과 생산성을 향상시키며, 경제의 성장을 지속적으로 견인한다. 즉, 기업가정신은 사회적 가치 창출을 중요시하는 경향이 있으며 사회적인 문제에 대한 인식과 사회적 책임을 가진 창업자들은 사회문제를 해결하고 사회적 영향을 창출하는 기업을 만들어 낸다. 이를 통해 경제의 성장과 사회적 발전을 동시에 추진하는데 기여한다.

2. 기업가정신의 이론적 근거

1) Peter Drucker

Drucker에 따르면 기업가정신은 가치 창출을 위한 새로운 기회를 식별하고 활용하는 것이다(Drucker, 1985). 이러한 기회를 효과적으로 추구하고 활용하기 위한 능동적이고 혁신적인 사고방식이 필요하다. 피터 드러커는 기업가정신의 특징을 다음과 같이 설명하였다.

첫째, 기업가정신은 새로운 기회를 발견하고 이를 탐구하는 능력과 태도에 관련되어 있다. 기업가정신은 현재의 비즈니스 모델을 동반하지 않은 새로운 기회를 찾고 개척하는 능력을 강조한다.

둘째, 기업가정신은 가치 창출에 초점을 두어야 한다. 기업가는 새로운 제품, 서비스, 혁신적인 프로세스 등을 통해 고객에게 가치를 제공하고 경쟁 우위를 확보할 수 있다.

셋째, 드러커는 기업가정신의 핵심 요소로 리스크 감수를 강조했다. 기업가는 불확실한 상황에서도 리스크를 감수하고 실패를 수용할 용기와 자원을 가져야 한다. 이것은 혁신과 성장을 위해 필수적인 요소로 작용한다.

넷째, 기업가정신은 리더십의 한 형태로서 기업가는 조직 내에서 새로운 아이디어를 채택하고 이를 구현하기 위해 리더십 역할을 수행해야 한다고 보았다.

다섯째, 기업가정신과 탐구적 학습(exploratory learning)을 연결시켰다. 기업가는 불확실한 환경에서 적극적으로 탐색하고 배우며, 실험과 경험을 통해 지속적으로 개선하고 발전해야 한다고 보았다.

Drucker의 관점에서 볼 때, 기업가정신은 새로운 기회를 탐구하고 가치를 창출하는 데에 초점을 두며, 리스크를 감수하고 리더십 역할을 수행하는 탐구적 학습 과정을 포함한다.

2) Joseph Schumpeter

Joseph Schumpeter는 기업가정신에 대한 독자적인 이론을 제시하였는데 이것을 다음과 같이 5가지 특성으로 분류할 수 있다(Schumpeter, 1934).

첫째, Schumpeter는 기업가정신을 '창조적 파괴(creative destruction)'라는 개념과 관련시켰다. 이것은 기업가들이 새로운 제품, 서비스, 기술 등을 도입하여 기존의 시장 구조를 파괴하고 경제적 변화와 발전을 이끌어내는 과정을 의미한다.

둘째, 기업가는 기존의 상태나 방식에 도전하고 개선하기 위해 새로운 아이디어와 방법을 개발하며, 이를 통해 경제적인 혁신을 이루는 역할을 수행한다.

셋째, 기업가정신은 기업가들이 새로운 제품, 기술, 시장을 개척하고 경제적 활동을 촉진함으로써 경제성장과 진보를 이루는 것이다.

넷째, 기업가들은 기술적인 발전을 주도하여 생산력을 향상시키고, 새로운 제품과 서비스를 개발하여 시장을 선도하는 역할을 수행한다.

다섯째, 기업가들은 자원을 모으고 조직하며, 기업을 창업하여 경제적인 활동을 이끌어내고 경제 성장을 촉진하는 역할을 한다.

Schumpeter의 관점에서 볼 때, 기업가정신은 창조적 파괴와 혁신을 통해 경제적 발전을 이루는 역할을 수행하며 기술적인 발전과 기업가의 역할이 밀접하게 연관되어 있다.

3) William Baumol

Baumol은 자원 한계를 극복하고 자원을 효율적으로 할당하는 기업가정신의 역할에 중점을 두었다(Baumoal, 1968). 그는 제약과 불확실성에도 불구하고 수익 기회를 식별하고 추구하는 기업가적 행동의 중요성을 강조했으며, 다음과 같이 5가지 특성으로 구분할 수 있다.

첫째, Baumol은 기업가정신을 리소스 할당(resource allocation)의 관점에서 이해한다. 기업가는 제한된 리소스 환경에서 리스크를 감수하고 혁신적인 프로젝트에 투자함으로써 리소스의 효율적인 배분을 추구한다.

둘째, 기업가정신은 '관리적 기술(management skill)'로 설명한다. 기업가는 경영과 조직 관리에 대한 능력을 통해 경쟁력을 확보하고 효율적인 운영을 추구한다.

셋째, 기업가정신은 기회 탐색(opportunity exploration)과 관련되어 있다고 주장한다. 기업가는 시장에서 불완전한 정보를 활용하여 경제적인 기회를 발견하고 활용하기 위해 탐색과 조사를 수행한다.

넷째, 기업가정신은 경제적 발전(economic development)과 긍정적인 관계를 가지고 있다고 본다. 기업가들이 혁신적인 사업 활동을 통해 경제 성장을 이루고 새로운 일자리를 창출하여 경제를 발전시킨다고 설명한다.

다섯째, 기업가정신은 사회적 창조성(social creativity)과 연관되어 있다. 기업가들은 새로운 아이디어와 기업을 통해 사회적인 문제를 해결하고 사회적 가치를 창출하는 역할을 한다.

Baumol의 관점에서 기업가정신은 리소스 할당과 관리적 기술, 기회 탐색, 경제적 발전, 그리고 사회적 창조성과 관련되어 있다. 기업가들은 경제적인 효율성과 혁신을 통해 사회의 발전에 기여하는 역할을 수행한다.

4) Saras Sarasvathy

Sarasvathy는 기존 자원의 사용과 기회 창출의 반복적 프로세스를 강조하는 기업가정신의 효과적인 추론 개념을 도입했다(Sarasvathy, 2001). 기업가들이 새로운 벤처를 창출하기 위해 자신의 전문 지식과 네트워크를 활용하는 '버드 인 핸드(bird-in-hand)'접근 방식을 채택해야 한다고 주장했으며, 다음과 같은 다섯 가지의 특성으로 구분할 수 있다.

첫째, Sarasvathy는 기업가정신을 '효과적 추론(effectual reasoning)'의 개념과 관련시켰다. 효과적 추론은 불확실한 환경에서 기업가들이 가지고 있는 기존의 자원, 경험, 네트워크 등을 활용하여 기회를 발견하고 추구하는 것을 의미한다.

둘째, 기업가정신은 '적응적 실행(adaptive execution)'과 관련되어 있다. 기업가들은 미래를 미리 계획하는 것보다 빠르게 행동하고 실험하며, 결과에 따라 조정하고 적응하는 실행 능력을 가지고 있다고 주장했다.

셋째, 기업가정신은 '미래의 공동체 구축(construction of the future community)'과 연결되어 있으며, 기업가들은 자신의 비전과 목표에 기반하여 사회적, 경제적, 기술적으로 미래의 공동체를 구축하는 역할을 수행한다.

넷째, Sarasvathy는 기업가정신을 실험과 경험의 과정으로 설명했다. 기업가들은 불확실한 환경에서 경험과 실험을 통해 새로운 아이디어를 발굴하고 실현하는 과정을 거친다.

다섯째, 기업가정신은 자원 제한(resource constraints)을 인식하고 이를 창의적으로 극복하는 것과 관련되어 있다. 기업가들은 제한된 자원을 효율적으로 활용하고 협력과 협업을 통해 성공을 이루는 능력을 갖추어야 한다고 했다.

Sarasvathy의 관점에서, 기업가정신은 효과적인 추론과 적응적 실행, 미래의 공동체 구축, 실험과 경험, 그리고 자원 제한의 극복 등과 관련되어 있다. 기업가들은 불확실한 환경에서 창의적인 사고와 실행력을 발휘하여 기회를 찾고 성공을 이루는 역할을 수행하게 된다.

Bird-in-hand의 개념

Bird-in-hand는 Saras Sarasvathy가 개발한 효과적 추론(effctual reasoning) 이론의 핵심개념 중 하나이다. Bird-in-hand는 현재 가지고 있는 자원과 능력에 기반하여 기회를 탐색하고 추구하는 관점을 의미한다.

Bird-in-hand 개념은 기업가들이 불확실한 환경에서 기회를 발견하고 추구할 때 자원의 제약성을 인식하고 기존의 자산과 능력을 효과적으로 활용하는 것을 강조한다. 이 개념에서 'Bird-in-hand'는 현재 소유하고 있는 것들을 의미하며, 이를 통해 실현 가능한 기회를 찾고 발전시키는 것이 중요하다는 것을 나타낸다.

Bird-in-hand의 아이디어는 기업가가 자금이 제한적일 때 자신의 현재 자산과 능력을 최대한 활용하여 새로운 사업 기회를 찾고 추구하는 것이다. 기업가는 이미 가지고 있는 경험, 지식, 네트워크, 기술, 재정 등의 자원을 활용하여 새로운 시장을 개척하거나 기존 시장에서의 성공을 추구한다. 이것은 기업가들이 제한된 자원과 환경에서도 창의적이고 효과적인 실행을 통해 기회를 확보하고 성공을 이끌어내는 전략이다.

Bird-in-hand 개념은 기업가들이 불확실한 환경에서 자원 제한을 인식하고 기존의 자산과 능력을 창의적으로 활용하여 기회를 탐색하고 추구하는 접근법을 강조한다. 이는 기업가 정신을 가진 기업가들이 혁신적인 사업 기회를 창출하고 성공을 이루는 데에 도움을 줄 수 있다.

Bird-in-hand 아이디어 사례

1. Dropbox: Dropbox는 클라우드 저장소와 협업 도구를 제공하는 기업이다. 그들은 초기에 기존의 자산을 활용하여 성장했다. 창업자들은 처음에는 개인용 USB 드라이브를 이용하여 파일을 공유하고 백업하는 데에 어려움을 겪었다. 그러나 자신들이 이미 가지고 있는 기술과 능력을 활용하여 클라우드 기반의 파일 저장 및 공유 서비스인 Dropbox를 개발했다. 이로써 사용자는 언제 어디서나 파일을 저장하고 공유할 수 있었고, Dropbox는 성공적인 기업으로 성장할 수 있었다.

2. Starbucks: 스타벅스는 커피 전문점으로 시작하여 글로벌 커피 기업으로 성장한 사례이다. 창업자들은 자신들의 경험과 열정을 기반으로 커피 문화를 혁신적으로 전파하였다. 초기에는 작은 커피 매장을 운영하면서 지역사회의 커피 소비 문화를 발전시켰다. 그들은 이미 가지고 있던 커피 업계에 대한 지식과 네트워크를 활용하여 지속적이고 창조적인 업데이트와 고객 경험의 혁신을 추구하였고, 이로써 스타벅스는 글로벌 커피 기업으로 성장하였다.

3. Airbnb: Airbnb는 개인들이 자신의 숙소를 여행객에게 공유할 수 있는 플랫폼을 제공하는 기업이다. 창업자들은 기존 호텔 예약 시스템의 한계를 발견하고, 이를 개선하고자 하였다. 그들은 기존의 자산인 개인의 숙소를 활용하여 공유 경제의 개념을 도입하고 성공적인 사업을 구축하였다. 자신들이 이미 보유한 자산인 개인 숙소를 공유함으로써, 여행객들은 저렴하고 독특한 숙박 경험을 할 수 있었고, Airbnb는 글로벌 숙박 예약 플랫폼으로 성장하였다.

4. 네이버: 네이버는 우리나라 대표 플랫폼 기업이다. 최근 미국 금리인상 등으로 주식시장의 거품이 많이 빠졌고, 플랫폼 기업은 고성장 지속에 대한 시장의 의문을 해소시켜야 하는 시점이 되었다. 키움증권에서는 네이버에 대해 "성장 DNA를 되찾을 필요가 있다.", "네이버가 과거 라인출시로 기업 가치 레벨업을 이뤄낸 것처럼 신규 비즈니스 투자 및 출시를 통한성장성 강화가 필요한 시점"이라고 코멘트 한 바 있다. 네이버는 Bird-in-hand 전략으로 이커머스 시장을 선점한 1세대 오픈마켓과 경쟁하여 승리했다. 소비자 입장에서는 구매의 첫 단계 중 한 곳인 "검색"을 네이버가 지배하고 있었고, 이를 활용하여 결국 쿠팡과 Top 2에 올랐다.

이러한 사례에서 Bird-in-hand 개념은 기업가들이 이미 가지고 있는 자원과 능력을 활용하여 새로운 기회를 창출하고 성공을 이루는 것을 보여준다. 이는 기업가들이 자원의 제약성을 인식하고 창의적인 아이디어와 실행력을 발휘하여 기회를 확보하여 전략으로 작용한다.

5) Shane and Venkataraman

Shane과 Venkataraman은 기업가정신의 본질로서 기회의 식별, 평가 및 활용에 중점을 두고 창업 기회의 개념을 제안했다(Shane & Venkataraman, 2000). 그들의 기업가 정신 이론을 정리하면 다음과 같다.

첫째, Shane과 Venkataraman은 기업가정신을 '기업가적 기회(entrepreneurial opportunity)'개념과 관련지어 분석했다. 기업가적 기회는 새로운 가치를 창출할 수 있는 가능성을 의미하며, 기업가는 이러한 기회를 발견하고 식별하여 이를 활용하려는 경향이 있다고 보았다.

둘째, 기업가정신은 기업가가 시장 동향과 변화를 지속적으로 관찰하여 불확실한 환경에서 기회를 인식하고 해당 기회의 가치와 실현 가능성을 평가하는 '기회 발견과 평가'를 강조했다.

셋째, 기업가정신의 중요한 요소로써 기회 활용은 기업가가 식별한 기회에 대한 실행과 행동을 의미한다. 이는 새로운 제품, 서비스, 비즈니스 모델 등을 개발하고 구현하여 기회를 실현하는 과정을 포함한다.

넷째, 기업가정신이 경제 발전(economic development)과 긍정적인 관계를 맺는다고 보았다. 기업가들은 기회를 활용하고 창조적인 경제적 가치를 창출함으로써 경제적 성장과 혁신을 이끌어 낸다.

다섯째, 기업가정신은 조직 내부의 문화, 리더십, 조직 구조 등 기업가적 기회의 인식과 활용에 영향을 줄 수 있다고 보았다. 기업가정신이 조직적 환경에서 자율성과 창의성을 장려하고, 기회 발견과 실행을 지원하는 조건이 필요하다고 주장했다.

Shane과 Venkataraman의 관점에서 볼 때, 기업가정신은 기업가적 기회의 발견과 평가, 활용에 관련되어 있으며, 경제 발전과 조직적 환경과의 상호작용과도 관련이 있다고 할 수 있다. 이 이론은 기업가들이 기회를 찾고 활용하는 과정에서 경제적인 성과와 혁신을 이루는 데에 중요한 역할을 한다는 것을 강조한다.

3. 사회복지분야와 기업가정신

사회복지분야의 조직들은 취약계층의 복지 향상과 사회적 평등을 추구하며, 사회문제에 대한 효과적인 대응 방안을 개발하고 구현함으로써 사회문제를 해결하려고 한다. 사회복지분야에서의 기업가정신은 사회적으로 취약한 그룹의 삶의 질을 향상시키고 평등을 실현하기 위한 혁신적인 서비스와 비즈니스 모델을 개발하는 역할을 한다. 사회복지분야는 협의의 관점에서는 사회복지시설 및 기관, 사회서비스를 제공하는 비영리단체 등을 의미하지만, 광의의 관점에서 보자면 사회적 가치 실현에 중점을 두는 사회적기업과 협동조합 등의 사회적경제 조직을 포함한다.

사회적경제는 구성원 간 협력 · 자조를 바탕으로 재화 · 용역 생산 및 판매를 통해 사회적 가치를 창출하는 민간의 모든 경제적 활동으로 정의된다. 전 세계적으로 빈부격차 · 고용불안 · 고령화 등의 구조적 문제에 직면함에 따라 사회적 가치 실현 및 사회적경제의 중요성이 부각되고 있다. 주요 선진국은 오래된 시민사회 전통과 사회적경제 정책을 토대로 사회적경제 활성화를 적극 추진 중이며, 유럽 내에서 사회적 경제 철학을 표방한 단체와 기업의 수는 약 280만으로 추정되며, 1,360만 명을 고용하고 있다(EU, 2021). 우리나라는 2000년 이후 부처별 사회적경제 지원정책을 마련하여 다양한 사회적경제기업이 활동 중이다. 그러나 정부주도하에 사회적경제기업이 양적 성장을 이루었지만, 고용창출은 1.4% 미만으로 매우 미흡한 수준이다. 사회적경제가 우리사회의 협력성장 · 포용성장을 견인할 수 있도록 사회적경제 생태계 구축을 통한 질적 성장을 준비해야 할 시기이다.

사회적경제기본법 상의 사회적경제기업은 일반 사회적경제기업 및 특별법에 의한 8개 개별협동조합을 모두 포함한다. 개별 협동조합에는 농협, 수협, 신협, 생협, 새마을금고, 중기협, 산림조합, 엽연초생산협동조합이 있다. 일반 사회적경제기업에는 자립지향적이며 상대적으로 비영리성이 강한 사회적기업, 협동조합, 마을기업, 자활기업 등이 있으며, 기타로 영농조합법인, 농업회사법인, 어업회사법인, 사회복지법인, 자활센터 등이 있다. 사회복지사업법에 규정된 사회복지시설들도 거시적 의미에서 사회적경제기업으로 볼 수 있다.

〈표 4-2〉 사회적경제기업의 분류

「사회적경제 기본법」상 사회적경제기업		
개별 협동조합	일반 사회적경제기업	
	주요 사회적경제기업	기타
농협, 수협, 신협, 생협, 새마을금고, 중기협, 산림조합, 엽연초협	(예비)사회적기업, 협동조합, 마을기업, 자활기업	영농조합법인, 농업회사법인, 어업회사법인, 사회복지법인, 자활센터 등

사회적경제 분야는 사회문제에 대한 해결책을 제시하고 사회적 취약계층, 환경 보호, 교육, 보건 등의 분야에서 사회적 가치를 실현하는데 기여하는 조직체이다. 사회적경제 분야에서 기업가정신은 혁신적인 서비스나 제품을 개발하거나 기존의 서비스를 보완하여 사회문제를 해결하며, 동시에 재무적인 지속성과 사회적 영향을 균형 있게 추구한다.

사회복지분야의 조직들을 살펴보면, 사회복지시설은 사회복지사업을 할 목적으로 설치되어 정부의 허가를 받은 시설이며 대부분의 운영주체는 사회복지법인이다. 중앙 및 지방정부의 보조금을 받아 운영하며 서비스 제공을 위해 인건비 및 운영비 등 예산을 집행한다. 소셜벤처는 창의적이고 도전적인 벤처정신으로 사회문제의 솔루션을 제공하는 혁신적인 기업모델이다. 사회적기업, 벤처기업 등과 달리 소셜벤처에 대한 법적 정의는 없으며, 학술적 정의 역시 명확하게 합의되지는 않았다. 그러나 대체로 지속가능성과 성장성이 부족한 사회적기업, 경제적 이윤의 추구를 주요 목적으로 하는 벤처기업의 한계를 보완하는 상대적 개념으로 소셜벤처를 사용한다. 사회적기업은 사회적 가치 실현을 목적으로 영업활동을 하고 취약계층에게 사회서비스 · 일자리 등을 제공한다. 배분가능한 이윤의 2/3 이상을 사회적 목적에 재투자하고 30% 이상 취약계층 고용 등의 요건 충족 시 사회적기업육성법 제8조에 의해 사회적기업으로 인증받는다. 협동조합은 조합원의 자발적 참여 · 민주적 의사결정 등의 특성을 바탕으로 사업을 추진하고 조합원의 고용안정 등 권익향상을 위해 활동한다. 마을기업은 지역주민이 지역 내 인적 · 물적 자원을 활용하여 수익 창출 및 지역 환원을 통해 지역공동체를 활성화하는데 목적이 있으며, 자활기업은 기초수급자 및 차상위자가 사업주체가 되어 자활 근로사업을 추진함으로써 취약계층의 탈수급을 유도하고 사회안전망을 강화한다.

1) 사회복지시설

사회복지사업법 제2조(정의)에 의하면 "사회복지시설"이란 사회복지사업을 할 목적으로 설치된 시설을 뜻한다. 우리나라에서 사회복지시설을 운영하기 위해서는 일반적으로 "사회복지법인"을 먼저 설립해야 한다. 사회복지사업법 2조 3항에 의하면 "사회복지법인"이란 사회복지사업을 할 목적으로 설립된 법인을 말한다. 사회복지시설 운영과 관련하여 비영리 목적을 위하여 개인의 재산에 의해 구성된 법인이다. 사회복지법인의 산하 시설들은 사회복지사업법 제2조 제1호에 규정된 "보호 · 선도 또는 복지에 관한 사업"과 "사회복지상담 · 직업지원 · 무료 숙박 · 지역사회복지 · 의료복지 · 재가복지 · 사회복지관 운영 · 정신질환자 및 한센병력자 사회복귀에 관한 사업" 등 각종 복지사업과 이와 관련된 "자원봉사활동 및 복지시설의 운영 또는 지원을 목적으로 하는 사업"을 운영한다.

우리나라 사회복지시설은 대부분 정부 및 지방자치단체의 재정 지원에 의해서 운영된다. 사회복지시설은 사회복지 대상자의 삶의 질 향상을 위하여 다양한 프로그램을 개발하여야 하며, 평가를 통해 투명성과 공공성을 강화시켜 왔다. 사회복지시설에서 기업가정신은 제한된 자원을 효율적으로 활용하고 관리하도록 돕고 안정적인 재무구조를 통해 지속가능한 모델을 구축하는 데 기여한다. 또한 조직구조와 리더십 개발, 인력관리를 통해 효과적인 조직운영 방안을 마련하고 사회적 문제에 대해 창의적인 해결책을 모색하는 등 사회적 가치를 창출하는 핵심 요인으로 작용한다.(자세한 시설유형은 제2장 참고).

2) 소셜벤처

소셜벤처는 사회적기업가 정신을 지닌 기업가가 기존과는 다른 혁신적인 기술이나 비즈니스 모델을 통해 사회적 가치와 경제적 가치를 동시에 창출하는 기업을 의미한다. 사회 문제에 대해 창의적이고 효과적인 솔루션을 갖고 있는 사회적기업가가 지속 가능한 사회적 목적 달성을 위해 설립한 기업 또는 조직으로서(Wikipedia), 사회적 문제 또는 시장실패를 완화하거나 줄이기 위해 사회적 목적과 경제원리, 혁신성에 기반한 운영을 통해 사회적 가치를 생산해 내는 비즈니스 벤처이다. 이러한 소셜 벤처의 특징은 다음과 같다.

첫째, 사회적 문제 해결이다. 소셜벤처는 사회적 문제를 해결하고 사회적 가치를 창출하는 것을 핵심 목표로 한다. 이들은 사회적으로 취약한 집단이나 사회문제에 대한 창의적이고 효과적인 해결책을 제시한다.

둘째, 사회적 가치 창출이다. 소셜벤처는 재무적인 이익뿐만 아니라 사회적 가치 창출을 목표로 한다. 이들은 사회적 가치를 중요시하며, 이를 통해 사회적인 영향력을 확장시키고 긍정적인 변화를 이끌어낸다.

셋째, 혁신과 지속 가능성이다. 소셜벤처는 사회적 문제 해결을 위해 혁신적인 아이디어와 비즈니스 모델을 적용한다. 이들은 사회적인 목적을 달성하기 위한 지속 가능한 사업 운영과 재정적인 지속성을 추구한다.

넷째, 파트너십과 협력이다. 소셜벤처는 다양한 이해관계자들과의 파트너십과 협력을 강조한다. 이들은 정부, 비영리단체, 기업, 지역사회 등과 협력하여 사회적 영향력을 극대화하고 지속 가능한 사회적 변화를 이루어 낸다.

다섯째, 사회적 경제 발전이다. 소셜벤처는 사회적 경제의 발전에 기여한다.

이들은 경제적인 성공과 사회적 가치 창출을 결합하여 더욱 포용적이고 지속 가능한 경제 모델을 구축한다.

소셜벤처는 단순히 이익 추구가 아닌 사회적 가치 창출을 통해 사회 문제를 해결하고 지속 가능한 변화를 이끌어 낸다. 이를 통해서 사회적인 목표를 달성하고 사회적 영향력을 키우는 중요한 역할을 수행한다. 기업가 측면에서 소셜벤처는 사회적 목적을 위한 기회를 추구하고 혁신적이며 모험적인 사업모델의 도입을 추구한다. 기업 운영 측면에서는 재무적 수익을 창출하면서도 사회적, 환경적 과제들을 해결하는 목적의 투자 방식을 의미하는 임팩트 투자가 가능한 효과적인 사업모델을 실현하고 이를 통한 기업의 성장과 지속가능성을 확보할 수 있다. 기업 성과 측면에서는 재무적 수익과 동시에 사회적 가치를 창출하여 사회적 영향력을 확산시킬 수 있다.

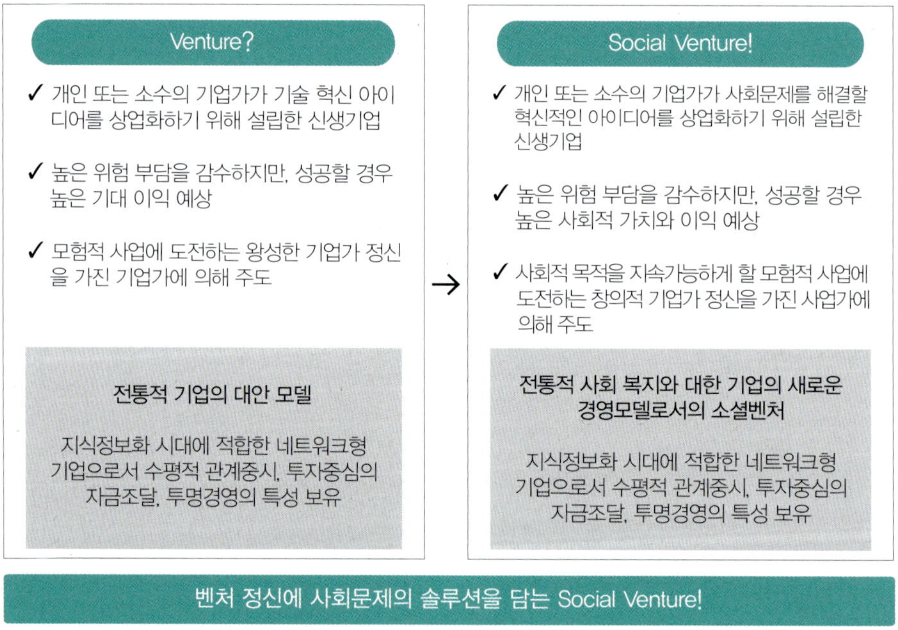

[그림 4-1] 소셜벤처(Social Venture)란?

출처: 한국사회적기업진흥원(www.socialenterprise.or.kr).

한국사회적기업진흥원은 매년 창의적인 소셜벤처 아이디어를 발굴하여 혁신적인 사회적경제기업 모델 발굴 및 창업 저변을 확대하기 위한 소셜벤처 경연대회를 개최한다. 모집부문은 청소년, 대학생, 일반, 글로벌 분야이며 전국대회를 통해 시상과 다양한 기회를 제공한다. 역대 주요 수상자는 다음과 같다.

〈표 4-3〉 역대 소셜벤처 경연대회 수상자 및 내용

년도	프로젝트	내용
2013	URBAN BEES SEOUL 어반비즈서울	Beyond Honey라는 모토 아래 도시양봉을 통해 사라져가는 벌을 지키고, 꿀벌의 가치를 알리며 새로운 도시 문화를 만드는 소셜벤처이다. 도시양봉을 통해 도시 내 꽃의 발화율을 높여 곤충과 소형새의 유입을 증가시켜 도시생태계를 복원시키고, 일자리를 창출한다.
2015	FILL THE FEEL 필더필	'문화와 예술로 세상을 채우다' 필더필은 문화예술(Feel)로 가득 채워진(Fill) 세상을 만드는 것을 목표로, 세상의 다양한 문제를 문화적 관점으로 바라보고 기획하며 일상과 라이프스타일을 바꿔나가는 사회적기업이다. 기부문화 확산을 위한 기부 페스티벌, 온라인 공연예술 유통 플랫폼 개발 · 운영 등 문화예술을 기반으로 사회문제 해결에 기여한다.
2015	DR.NOAH 프로젝트 노아	건강과 지구를 생각하며 옳은 제품을 지향하는 소셜벤처이다. 옳은 제품의 생산과 판매를 통해 대나무 농부와 빈곤지역 여성의 자립을 돕고, 옳지 않은 소재와 제품을 대체하여 우리 환경을 더 지속가능하게 만드는 것이 목표이다. 대나무 칫솔 등 다양한 옳은 상품을 개발하고 있다.
2016	CREATORS LAB 카우카우	아이가 안전하고 행복한 세상을 만들기 위해 세상에 없던 새롭고 다양한 솔루션을 개발하는 소셜벤처이다. 클레이 등 어린이 장난감 속 납, 카드뮴, 환경호르몬과 같은 유해물질이 가득한 것에 문제의식을 가지고 '100%로 식재료로 만들어 아이가 먹어도 안전한 장난감'을 연구하고 개발한다.
2017	kijami table 키자미테이블	사하라 이남 아프리카 청년의 사회적 · 경제적 자립을 위해 훈련과 일자리를 제공하는 외식업 기반의 소셜벤처이다. 아프리카 현지에서 레스토랑을 운영하며 청년 일자리를 창출하면서, 여성 농부가 생산한 농작물을 가공 및 판매하여 취약계층 생산자를 지원한다.

년도	프로젝트	내용
2018	겜브릿지	게임의 본질인 재미를 잃지 않으며, 그 안에 다양한 사회적 메시지를 담은 '임팩트 게임'을 만든다. 게임을 통한 감동적 경험이 사회의 긍정적 변화를 이끌어낼 수 있다고 믿으며, 네팔 대지진 생존자의 이야기, 위안부 등 태평양전쟁 당시 일본군이 저지른 전쟁범죄의 내용을 담은 임팩트 게임을 개발했다.
2019	코리안앳유도어	코리안앳유어도어는 시각장애인의 직업 선택의 한계를 해결하는 소셜벤처이다. 시각장애인의 95% 이상이 후천적 시각장애인인 것에 착안하여 시각장애인이 제공하는 1:1 전화 한국어 회화, 전화 교육 서비스를 개발해 안마 등 단순 육체 노동에 집중된 시각장애인의 직업 선택의 한계를 해결하고 있다.
2020	오롯	청각장애인의 문화 향유를 위해 배리어프리 자막을 제작하는 소셜벤처이다. 오롯은 음성해설과 자막을 분리 제작하여 작은 소리는 들을 수 있는 청각장애인의 영화 몰입도를 높이고, 청각장애인은 물론 조용히 영화를 즐기고 싶은 모두가 편안하게 영화를 읽을 수 있는 경험을 선사한다.

출처: 한국사회적기업진흥원(2022). 2022년 소셜벤처 경연대회 브로슈어.

3) 사회적기업

사회적기업이란 영리기업과 비영리기업의 중간형태로, 사회적 목적을 우선적으로 추구하면서 재화·서비스의 생산·판매 등 영업활동을 수행하는 기업(조직)을 뜻한다. 우리나라의 「사회적기업 육성법」에서는 사회적기업을 "취약계층에게 사회서비스 또는 일자리를 제공하여 지역주민의 삶의 질을 높이는 등의 사회적 목적을 추구하면서 재화 및 서비스의 생산·판매 등 영업활동을 하는 기업으로서 고용노동부 장관의 인증을 받은 기관"으로 정의하고 있다. 이러한 사회적기업의 특징은 다음과 같다.

첫째, 사회적기업은 사회적 문제해결을 핵심 가치로 삼는다. 이들은 환경 문제, 빈곤, 교육, 건강 등과 같은 사회적 문제에 대한 창의적이고 영향력 있는 해결책을 제시하고자 한다.

둘째, 사회적기업은 경제적인 이익뿐만 아니라 사회적 가치 창출을 동시에 추구한다. 이들은 사회적 가치를 창출하면서도 지속 가능한 사업 운영을 통해 경제적인 성공을 추구한다.

셋째, 사회적기업은 장기적인 사회적 영향을 추구하기 위해 지속 가능한 사업 운영을 중요시한다. 이들은 사회적 가치 창출을 지속 가능한 사업 모델과 재정적인 지속성을 바탕으로 추진한다.

넷째, 사회적기업은 다양한 이해관계자들과의 협력적 파트너십을 강조한다. 이들은 정부, 비영리단체, 기업, 지역사회 등과 협력하여 사회적 문제 해결에 힘을 모으고 사회적 영향력을 극대화한다.

다섯째, 사회적기업은 투명성과 책임성을 강조한다. 이들은 자신의 목표와 성과를 공개하고 사회적 가치 창출에 대한 책임을 갖는다.

사회적기업은 단순한 이익 추구가 아닌 사회적인 목적을 달성하고 지속가능한 사회적 변화를 이루어 내는 데에 중요한 역할을 수행한다.

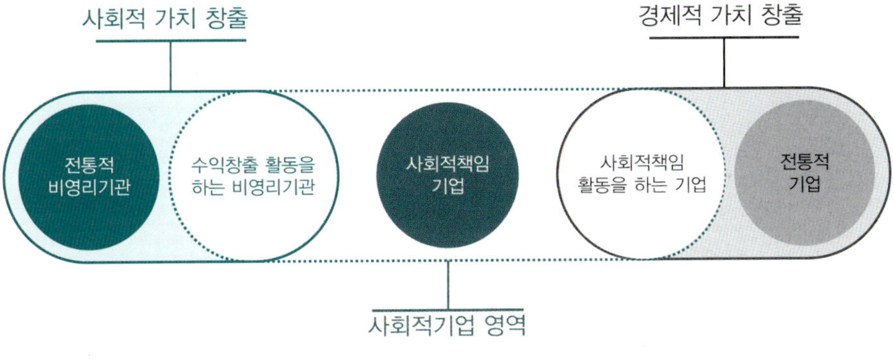

[그림 4-2] 사회적기업의 영역

출처: 한국사회적기업진흥원 홈페이지.

사회적기업의 유형은 일자리제공형, 사회서비스제공형, 혼합형, 기타(창의, 혁신)형, 지역사회공헌형으로 구분할 수 있다. 유형별 사례는 다음과 같다.

〈표 4-4〉 사회적기업 유형별 사례

유형	기관명	내용
일자리 제공형	한빛예술단	시각장애인 연주단의 전문적인 연주를 통하여 장애인 공연 예술을 발전시키고 장애인 예술 인재를 발굴 및 양성한다. 또한 시각장애인 연주단의 다양한 공연을 통하여 일반인들의 장애인식개선을 도모하고, 취약계층에게 지속적인 일자리나 사회서비스를 제공하여 삶의 질 향상에 기여한다.
	뉴시니어 라이프	뉴시니어라이프는 시니어 세계의 색깔을 '노을빛 아름다운 세상'으로 변화시키기 위해 활동하는 사회적기업이다. 시니어 모델 아카데미, 시니어패션쇼 같은 새로운 형식의 프로그램을 세계 최초로 만들어 시니어가 사회에서 당당한 전문인력으로 활동할 수 있도록 돕는다.
사회서비스 제공형	사회적협동조합 휴먼케어	노인과 장애인의 이해와 요구를 우선 배려하면서도 직원의 근무 여건 개선을 위해 노력하는 조정자 역할을 수행하여 지역사회 내 정직하고 질 좋은 사회서비스를 제공하는 기업이다.
	민들레 의료복지 사회적협동조합	대전지역 주민들이 협동조합 형태로 의료기관을 공동으로 소유하고, 의료인과 협동해 운영에 참여하고 이용하는 주민자치의료기관이다. 조합원들이 함께 즐길 수 있는 기체조, 산행, 요가, 마라톤과 같은 건강 소모임을 운영하고 있다.
혼합형	영세프	청소년, 여성결혼이민자, 경력단절여성 등 희망을 가진 사람들이 더불어 성장하는 공동체 회사이다. '가르치면서 배우기', '배우면서 일하기'를 중심으로 외식문문화의 여성친화적인 기업문화를 만들기 위해 노력하고 있다.
	유한회사 행복도시락	행복도시락은 결식이웃에게 무료 도시락을 만들어 배달하고 취약계층에게는 조리와 배송 등의 과정에 참여하게 하여 일자리를 제공한다.
기타(창의, 혁신)형	(재)아름다운 가게	물건의 재사용과 순환을 통해 우리 사회의 생태적/친환경적변화를 추구하고, 나눔을 통해 도움의 손길이 필요한 우리의 이웃들과 단체들의 공익활동을 지원하는 시민단체이다.
	(주)노리단	노리단은 혁신적인 공연, 창의교육, 커뮤니티 디자인 사업과 미디어아트 통합브랜드 'dalog'로 사회 각 분야와 네트워킹을 통해 국내뿐 아니라 일본, 홍콩, 미국, 런던 등 글로벌 커뮤니티를 만나며 삶의 활력을 디자인한다.

유형	기관명	내용
지역사회 공헌형	감천문화마을 주민협의회	감천문화마을은 원래 6.25 전쟁 후 산비탈 경사지에 생긴 부산의 대표적인 달동네였다. 마을미술 프로젝트 '꿈을 꾸는 부산의 마추픽추'를 통한 정부지원금으로 마을 곳곳에 10점의 미술작품들이 만들어져 있다.
	(주)자이엔트	아산 시조 수리부엉이를 모티브로 한 EDM 페스티벌인 '아울페스티벌', 복고컨셉의 원도심 활성화 프로젝트 '디스코아케이드' 등의 사업을 펼치며 문화소외지역민들에게 문화향유의 기회를 제공한다.

출처: 한국사회적기업진흥원 홈페이지.

4) 협동조합

협동조합은 회원들의 경제적 이익을 증진시키기 위해 협동하여 운영되는 경제조직이다. 협동조합기본법 제2조 제1호에는 '재화 또는 용역의 구매 · 생산 · 판매 · 제공 등을 협동으로 영위함으로써 조합원의 권익을 향상하고 지역사회에 공헌하는 사업조직'으로 규정되어 있다. 국제협동조합연맹(ICA)은 협동조합의 7대 원칙을 천명하였는데 구체적인 내용은 다음과 같다.

첫째, 자발적이고 개방적인 조합원 제도이다. 협동조합은 자발적이며, 모든 사람들에게 성(性)적, 사회적, 인종적, 정치적, 종교적 차별없이 열려있는 조직이다.

둘째, 조합원에 의한 민주적 관리이다. 조합원들은 정책수립과 의사 결정에 활발하게 참여하고 선출된 임원들은 조합원에게 책임을 갖고 봉사한다. 조합원마다 동등한 투표권(1인1표)을 가지며, 협동조합연합회도 민주적인 방식으로 조직 및 운영된다.

셋째, 조합원의 경제적 참여이다. 협동조합의 자본은 공정하게 조성되고 민주적으로 통제된다. 자본금의 일부는 조합의 공동재산이며, 출자배당이 있는 경우에 조합원은 출자액에 따라 제한된 배당금을 받는다.

넷째, 자율과 독립이다. 협동조합이 다른 조직과 약정을 맺거나 외부에서 자본을 조달할 때 조합원에 의한 민주적 관리가 보장되고, 협동조합의 자율성이 유지되어야 한다.

다섯째, 조합원, 선출된 임원, 경영자, 직원들에게 교육과 훈련을 제공하고, 젊은 세대와 여론 지도층에게 협동의 본질과 장점에 대한 정보를 제공한다.

여섯째, 협동조합 간의 협동이다. 국내 및 국외에서 공동으로 협력 사업을 전개함으로써 협동조합 운동의 힘을 강화시키고 조합원에게 효과적으로 봉사해야 한다.

일곱째, 지역사회에 대한 기여이다. 조합원의 동의를 토대로 조합이 속한 지역사회의 지속가능한 발전을 위해 노력해야 한다.

이러한 협동조합은 전 세계적으로 다양한 형태와 분야에서 활동하고 있다. 해외 협동조합의 우수 사례를 몇 가지 소개하면 다음과 같다.

〈표 4-5〉 해외 협동조합 운영 사례

협동조합명	운영 사례
Mondragon Corporation (Spain)	스페인의 몬드라곤 코퍼레이션은 협동조합 운동의 전형적인 사례로 알려져 있다. 1956년에 설립된 이 협동조합은 현재까지 성공적으로 운영되며, 다양한 산업 분야에서 활동하고 있다. 이 협동조합은 직원들이 주인이자 경영자로 참여하는 방식을 채택하여 직원들의 참여와 결실을 동시에 이루어 내고 있다.
REI (U.S.A)	REI는 미국의 야외용품 소매업체로, Recreational Equipment Incorporate의 약자이다. REI는 소비자들이 회원으로 가입하여 주주로 참여할 수 있는 협동조합 형태로 운영되고 있습니다. 회원들은 주주로서 회사의 이익을 공유하고, 경영에 참여할 수 있는 기회를 가지고 있다.
The Greenbelt Cooperative (Canada)	캐나다 온타리오주에 위치한 협동조합으로 지역 농업자들과 소비자들을 연결하여 유기농 식품을 생산하고 유통하는데 중점을 두고 있다. 농업자들은 협동조합을 통해 제품을 판매하고 소비자들은 지역 유기농 식품에 접근할 수 있는 장점을 얻고 있다.
Suma Wholefoods (United Kingdom)	영국의 협동조합으로, 유기농 및 친환경 제품을 유통하는 사회적기업이다. 회원들은 주주로서 회사의 이익을 공유하고 의사결정에 참여한다. Suma Wholefoods는 공정거래와 지속 가능한 소비를 장려하며, 사회적 가치를 추구하는 데 주력한다.

이러한 해외의 협동조합 사례들은 회원들의 참여와 협동을 통해 경제적인 성공을 이루고 동시에 사회적 가치 창출을 추구하는 모델을 보여주고 있다. 협동조합 사례들은 지역사회 발전과 사회적인 가치 창출을 위해 다양한 활동을 펼치고 있다. 회원들의 협력과 참여를 통해 지속 가능한 경제 및 사회적 변화를 이끌어내는 모델이라고 할 수 있다.

지금까지 살펴본 바와 같이, 사회적경제 분야와 기업가정신은 서로 깊은 관련이 있다. 기업가정신은 창업자나 기업가의 마인드 셋으로서 창의성, 혁신, 도전정신 등을 강조하며 이것은 사회적경제 분야에도 동일하게 적용된다. 사회적경제 분야에서 활동하는 기업가들은 사회적 문제에 대한 열망과 도전정신을 가지고 사회적 가치 창출에 주력한다. 이를 위해서 혁신적인 접근과 창의적인 사고를 기반으로 사회적 문제에 대한 새로운 접근법과 솔루션을 개발해야 한다. 더구나 사회적 문제를 해결함과 동시에 사업적인 성과도 달성해야 하기에 더욱 창의적인 아이디어로 승부를 보아야 한다. 이러한 열정과 도전정신이 지속 가능하고 사회적으로 의미 있는 영향을 만들어 낼 수 있기에 기업가정신은 매우 중요한 역할을 한다.

국내 사회적기업 창업 사례

■ 제너럴바이오

○ 2007년에 설립된 제너럴바이오(주)는 천연 및 기능성원료, 바이오 신소재 물질 개발과 이 신소재 물질의 생리활성물질을 이용한 기능성 식품, 코스메슈티컬 화장품, 친환경 유아 및 생활 제품 개발에 힘쓰고 있는 BIO R&D 전문 기업

- 주름개선 화장품은 글로벌 시장에서 최고의 판매량 기록
- 창업자인 서정훈 대표는 엘지그룹과 코스모바이오에서 근무한 경험
- 전북 완주군에서 3억 원의 자금으로 제너럴바이오 설립
- 글로벌 사회적기업 인증 제도인 'B-Corp'(Benefit-Corporation) Top 10 선정
- 2018년 11월 미래에셋대우와 기업공개(IPO) 계약 체결, 코스닥 상장 목표

출처: http://www.generalbio.co.kr/

■ 기억발전소

○ 기억발전소는 전시, 출판, 교육을 통해 우리 사회에 기록문화를 창달하려는 문화 분야 소셜벤처로 시작한 사회적기업

- 기억을 정리하고 공유해 개인의 기억이 사회적 가치를 지닌 공공의 자산으로 전환
- 사진을 통해 개인의 기억을 소환해 사회적으로 공유, 젠트리피케이션 등 기록
- 지방자치단체가 지역 재생이나 재개발 사업을 벌일 때 변화가 일어나기 전 공간을 기록
- 50세 이상 베이비부모 시니어들이 참여하는 '기억의 지도' 프로젝트에 청년 투입

출처: http://www.memoryplant.com

■ 동신이향

○ 동신이향은 교육 인형극이 주 수입원인 나주의 사회적기업이며, 문화예술 기획도 진행

- 정부의 지원을 받아 시골의 취약계층 아이들에게 클래식 악기를 가르치는 바우처 진행
- 동신이향은 전남 나주 동신대학교 조교 다섯이 만든 나주의 기업이라는 뜻
- 이향(梨香)은 나주가 유명 산지인 배의 꽃향기라는 의미로 2010년 법인 설립
- 동신이향은 나주의 다양한 사회적기업가, 사회적기업가 지망생, 사회적경제 종사자들이 모이는 일종의 플랫폼 역할을 수행, '사회적경제 허브 더 맵'이라고 명명
- 황현조 대표는 아이들의 친구가 되어 주는 것이 동신이향을 경영하는 목적임

출처: http://www.ehyang.com/

해외 사회적기업 창업 사례

■ Grameen Bank

○ 노벨 평화상 수상자인 무함마드 유누스 박사가 창업한 사회적기업의 대표적 사례

- 저소득층에게 마이크로금융(소액자본대출) 서비스를 제공하여 소액 대출과 저축 지원
- 경제적 포용과 사회적 변화를 이루어 냈다는 평가

■ TOMS Shoes

○ 사회적기업으로서 기업가정신을 바탕으로 한 사례

- 일대일 모델을 통해 한 쌍의 신발 판매 시 사회적 취약아동에게 한 쌍의 신발 기부

■ Ben & Jerry's

○ 아이스크림 제조사인 Ben & Jerry's는 사회적 영향을 추구하는 기업

- 환경, 사회정의, 지역사회에 대한 관심을 갖고 다양한 사회적 프로그램과 이니셔티브 운영

■ Patagonia

ㅇ 아웃도어 의류 브랜드인 Patagonia는 사회적 책임을 중요하게 생각하는 기업

- 제품의 생산과정에서 환경친화적인 방법을 추구하고, 사회 및 환경 문제에 대한 인식을 높이기 위한 캠페인 및 교육 프로그램을 진행

■ BRAC(Bangladesh Rural Advancement Committee)

ㅇ BRAC은 방글라데시에서 창업된 사회적 기업

- 전반적인 사회 및 경제 발전을 위해 다양한 사업 영역에서 활동
- 교육, 보건, 금융, 기술 개발 등 다양한 분야에서 사회적 가치 창출을 추구

해외 협동조합 우수사례

■ Mondragon Corporation (Spain)

ㅇ 스페인의 몬드라곤 코퍼레이션은 협동조합 운동의 전형적인 사례

- 1956년 설립되어 전 세계 261개 사업단위, 15개 기술센터 운영, 81,507명의 고용과 20조 원 전후의 매출
- 직원들이 주인이자 경영자로 참여하는 방식을 채택하여 직원들의 참여와 결실을 동시에 이루어 내고 있음

■ REI (Recreation Equipment Incorporated, United States)

ㅇ 미국의 야외용품 소매업체

- 소비자들이 회원으로 가입하여 주주로 참여할 수 있는 협동조합 형태로 운영
- 회원들은 주주로서 회사의 이익을 공유하고, 경영에 참여할 수 있는 기회 제공

■ The Greenbelt Cooperative (Canada)

ㅇ 캐나다 온타리오주에 위치한 협동조합

- 지역 농업자들과 소비자들을 연결하여 유기농 식품을 생산하고 유통하는데 중점
- 농업자들은 협동조합을 통해 제품을 판매하고 소비자들은 지역 유기농 식품에 접근

■ Suma Wholefoods (United Kingdom)

ㅇ 영국의 협동조합으로, 유기농 및 친환경 제품을 유통하는 사회적 기업

- 회원들은 주주로서 회사의 이익을 공유하고 의사결정에 참여
- 공정거래와 지속 가능한 소비를 장려하며 사회적 가치를 추구하는데 주력

4. 기업가정신을 실천하기 위한 방안

기업가정신을 발휘하는 최고의 관리자를 꿈꾸기 위해서는 우리가 반드시 배우고 익혀야 하는 것들이 존재한다. 여기에서는 잭 웰치의 리더십 이론에 기반하여 CEO가 배워야 할 기업가정신을 제안한다.

첫째, 인격적 통합체로서 솔직함과 정직함에 기반한 신뢰를 형성해야 한다. '조직구성원들이 나를 얼마나 신뢰할까?'를 끊임없이 되묻고 인간관계에서 일관성을 유지해야 한다. 이것은 클라이언트와의 관계 및 조직간의 관계를 포함한다. 솔직함과 일관적 행동을 통해서 자신감있는 신뢰 관계를 구축할 수 있고, 이러한 신뢰를 기반으로 조직을 이끌고 나갈 수 있어야 한다.

둘째, 사회복지분야의 조직들은 일차적인 존재의 이유가 사회적 책임을 수행하기 위함이다. 이를 위해서 모든 CEO는 자신이 속한 조직의 사회적 책임이 무엇인지를 늘 고민해야 한다. 내적으로는 자신이 속한 조직을 건강한 조직으로 만들고, 활동상의 측면에서 정당성을 갖게 해야 한다. 이것이 궁극적으로 지역사회 구성원들의 삶의 질 향상을 위한 활동의 개발, 강화, 확대를 가져올 것이고 지역사회의 결속력을 증대시킬 수 있다. 조직이 전개하는 활동들의 사회적 의미가 무엇인지를 구성원 모두가 분명하게 인식할 수 있도록 만들어야 한다.

셋째, CEO의 행동은 조직의 분위기에 큰 영향을 미친다. 따라서 CEO는 열정을 지닌 모델이 되기를 기꺼이 자처해야 한다. CEO를 모델로 하여 전체 구성원들이 열정을 장착한 분위기를 만들어 가야 한다.

넷째, 조직 구성원의 지혜를 공유하는 시스템을 만들어야 한다. 조직에서 최적의 선택을 할 때 필요한 모든 정보와 경험, 지식 등은 조직 구성원들의 개인 속에, 조직의 과거 속에, 또는 조직의 다른 부서에 존재하는데 우리는 항상 외부 또는 새로운 이론들 속에서 개별적으로 찾아보려고 한다. 하지만 이것은 엄청난 에너지 낭비이며 비효율적이다. 학습조직의 시스템을 구축하는 것도 중요하지만 무엇보다 중요한 것은 모든 일에서 개방성을 갖추고 공유할 수 있는 시스템을 만들어야 한다는 것이다.

다섯째, 전략보다 중요한 것은 사람이라는 것을 인식해야 한다. 아무리 좋은 기획과 프로그램을 개발하여도 이것을 수행할 적절한 인적자원이 없다면 허사가 되기 쉽다. 준비된 사람을 뽑고, 역량을 개발하고, 적재적소에 배치하는 인적자원관리능력을 발전시키는 것이 조직관리의 핵심이다.

여섯째, 조직의 경직성을 파괴하여 자유로운 사고와 행동이 가능한 문화를 만들어야 한다. 직책에 상관없이 모든 구성원이 중요하다는 것을 인식하고, 누구나 자유롭게 생각하고 행동할 수 있게 조직의 분위기를 만드는 것이 중요하다. 대부분 이러한 비형식성이 권위를 손상하고 무례함이나, 원칙을 무시하는 행동을 초래할 것으로 오해할 수 있다. 생각은 치열하게 하되, 표현은 서로를 존중하는 예의를 지키고 다양성에 수용적인 조직문화를 만들어야 한다.

일곱째, 제대로 된 업무성과 평가와 보상체계를 만들어야 한다. 물론, 평가라는 영역은 매우 어려운 부분이다. 업무의 체계와 난이도, 속성을 간파하고, 긴급성과 조직의 미션과도 연계하여 분석되어야 한다. 그럼에도 불구하고 최선의 성과를 거두는 사람과 최악의 성과를 거두는 사람의 등급을 구분하여 조직 구성원들의 전체적인 역량을 지속적으로 강화시키고 개발시키기 위해 노력해야 한다. 동시에 이를 어떤 형태로든 보상과 연결시킬 수 있는 CEO는 존경을 받으며 동기부여를 할 수 있다.

여덟째, 경쟁자들에 대한 이해와 전략의 중요성을 이해할 줄 알아야 한다. 이를 위해서 ① 우리 사업과 경쟁자의 사업이 시장에서 갖는 지위는 어떠한가, ② 경쟁자의 사업이 취했던 전략들 가운데 시장의 판도를 변화시킬 것은 무엇인가, ③ 경쟁의 판도를 바꾸기 위해서 우리는 무엇을 했는가, ④ 경쟁자에 대해서 어떤 점을 두려움으로 생각하고 있는가, ⑤ 경쟁자들을 앞서기 위해서 우리는 무엇을 할 계획인가 등의 전략적 사고가 필요하다.

아홉째, 복잡한 것을 단순화시키는 능력을 키워야 한다. 우리의 머리는 복잡한 것을 이해하는 능력은 있지만, 이것을 실행하는 데에서는 단순함을 요구한다. 따라서 복잡한 것을 단순하게 정리해 내는 능력이 필요하다. 애플의 최고 디자인 책임자(CDO, Chief Design Officer)였던 조나단 아이브(Jonathan Paul Ive)는 아이폰의 새로운 운영체제 'iOS 7'을 소개하면서 "진정한 단순함은 불필요한 장식이 없는 수준을 넘어 '복잡함에 질서를 부여하는 것'이다"라고 표현했다. 핵심을 잡아내고 단순화된 메시지로 전달하는 능력이야말로 CEO에게 가장 필요한 능력이다.

열째, 복잡한 문제에 대해서 함께 사력을 다해서 싸워보는 경험이 필요하다. 문제를 함께 공유하며 직원들과 동등한 파트너로서 문제해결을 해보아야 한다. 이러한 과정을 통해서 ① 조직의 인력 중에서 핵심인재를 발견할 수 있다. ② 함께 한다는 의식을 강화하고 공유할 수 있다. ③ 조직의 개방성과 유연성을 유지할 수 있다. ④ 구성원들의 실질적 내공을 향상시킬 수 있다.

사회복지분야에서 기업가정신은 사회적 가치를 창출하는 것을 목표로 하며, 창의적이고 혁신적인 접근 방식을 취하도록 돕는다. 따라서 기업가정신을 함양한 최고의 관리자가 되고자 한다면 이와같이 기업가정신을 실천하는 훈련을 지속적으로 수행해 보아야 한다.

참고할 만한 정보

- 한국사회적기업진흥원. https://www.socialenterprise.or.kr/index.do
- 제너럴바이오. http://www.generalbio.co.kr/
- 기억발전소. http://www.memoryplant.com
- 동신이향. http://www.ehyang.com/
- 생글생글. https://sgsg.hankyung.com/article/2007062865351
- 교육부(2018). 대학창업 운영 매뉴얼. 3.0 https://www.moe.go.kr/boardCnts/viewRenew.do?boardID=337&boardSeq=74418&lev=0&m=0303

생각해 보기

- 기업가정신이 사회복지분야에서 어떠한 역량을 발휘할지 생각해 봅시다.
- 사회복지조직일수록 기업가정신이 필요한 이유에 대해서 이야기해 봅시다.
- 기업가정신을 함양하기 위해서 갖추어야 할 소양이 무엇인지 생각해 봅시다.

5장

미션과 비전 수립방법

학습목표

1. 미션과 비전의 개념을 이해하고 설명할 수 있다.
2. 미션과 비전을 설정하기 위한 전략을 이해하고 설명할 수 있다.
3. 미션과 비전을 수립하기 위한 다양한 전략을 구사할 수 있다.

1. 비영리조직의 미션 관리

미션이란 무엇인가?

"우리 복지관이 존재하는 이유는 무엇인가요?"라는 질문을 받으면, 어떻게 대답할 건가요?

최근 들어 사회복지시설에서도 미션과 비전을 수립하는 곳이 많아졌습니다. 보건복지부의 사회복지시설평가체계에서도 미션과 비전 수립 여부를 지표에 반영하는 등 미션과 비전 수립에 대한 필요성의 인식이 커지고 있는 것은 사실입니다. 그러나 한편으로는 미션과 비전을 수립하는 것이 하나의 선언적 의미에 그치거나 단순히 업무처럼 치부되지는 않을까 하는 우려도 생깁니다.

미션과 비전을 수립하는 것은 생각보다 쉬운 일이 아닙니다. 우리 조직이 존재해야 하는 이유에 대한 근본적이고 심층적인 논의가 필요하고, 개별 의견을 수렴하여 하나의 방향에 담아야 하기에 더욱 그렇습니다.

사회복지시설의 설립자가 현판에 새겨넣은 그럴듯한 문구가 미션이라고 생각하는 이들도 있고, 어떤 이들은 '지역사회와 함께하는 ○○○기관'이라는 식의 두루뭉술한 미션을 수립하기도 합니다.

제가 경험한 어떤 이는 '우리가 사라지기 위해 존재한다'라는 표현도 했습니다. 물론, 더 이상 복지관의 서비스가 필요 없는 상황들을 만들기 위해 노력한다는 의미였기에 충분히 이해가 가지만, 사라지기 위해 존재한다면 지금 당장 선택할 수도 있는 문제입니다.

이 장에서는 무형의 가치를 기반으로 사람에게 서비스를 제공하는 비영리조직들이 미션을 조직의 존재 이유로 내재화할 수 있도록 돕고자 합니다.

- 사회복지시설의 미션과 비전관리 교육 내용 중

1) 미션 이해하기

미션(mission)은 조직의 존재 이유를 밝히고 조직이 가지는 정체성과 국가, 사회, 고객에게 어떻게 기여하겠다고 선언하는 것이다. 사명은 사명선언문(mission statement)에 표시되며, 사명선언문이 명확해야 조직 전체의 경영자와 개인, 집단을 안내해 줄 수 있다. 비영리조직은 특히 사명을 중요시한다. Drucker도 비영리조직 경영에서 사명이 가장 중요하다고 하였다. 즉, 비영리조직에서 경영자의 핵심과업은 사명선언문에 담긴 내용을 실천으로 옮기는 것을 뜻한다.

비영리조직은 감시(monitoring)가 적고 평가하기 어려운 서비스로 인해서 신뢰(trust)의 문제를 항상 지니고 있기 때문에 고객과 기부자 간의 신뢰를 만들어내는 데 있어 명확한 사명이 필수적이다. 전통적 시장에서 제품의 품질(quality)은 소비자들에 의해 쉽게 판단되며 나쁜 품질을 가진 제품은 시장에서 추방된다. 하지만 많은 비영리조직들은 복잡하고 어려운 재화와 서비스를 생산하며, 서비스 비용을 지불해도 품질을 확인할 방법이 요원하다. 더구나 많은 재화와 비용은 서비스 수혜를 받지 않는 사람들에 의해 지급된다. 예를 들면 '미혼모시설'에 대한 기부자는 전형적으로 부유한 계층인 반면에 수혜자는 대부분 가난한 미혼모들이다. 이렇듯 비용을 지불한 사람들이 직접적인 수혜를 받지 않음에도 재화와 비용을 지불하는 이유는 비영리조직들이 자신의 이익을 재분배할 수 없다는 비분배제약(nondistribution constraint)하에서 운영되기 때문이다. 소비자들이 비영리조직들을 신뢰하는 이유는 비영리조직들은 자신들이 이익을 분배하지 않고, 명성(reputation)과 신뢰(trust)를 중요하게 여겨 경쟁우위를 갖게 되기 때문이다.

미션은 조직 또는 기업의 목적과 목표를 정의하고 전달하는 핵심적인 문장이며, 조직의 존재 이유와 가치를 나타낸다. 미션은 조직의 핵심 가치, 비전, 업무범위 등을 명확하게 표현하여 조직의 방향성을 제시하고 전략과 의사결정에 영향을 미친다. 이를 통해서 구성원들의 공동 목표를 이해하고 조직의 지향성과 일관성을 유지할 수 있다. 미션의 개념을 설명하는 다양한 이론을 살펴보면 다음과 같다.

첫째, 시장–중심(Market–Centered) 접근이다. 시장–중심 접근은 미션을 조직의 시장 가치 제안과 연결시키는 방식이다. Porter와 Kramer(2011)의 '공유가치창출' 이론에서 제안되었는데 이것은 조직의 미션을 경쟁력 있는 고객 가치 제안과 연결시켜 경쟁우위를 확보하는 것을 강조한다. 즉 기업이 사회적 문제를 해결하고 동시에 경제적 가치를 창출하는 미션을 가질 수 있다고 주장한다. 이를 통해 기업은 사회적 문제를 해결하는 것을 비즈니스 기회로 보고, 사회적 가치를 창출하는 비즈니스 모델을 발전시킬 수 있다는 것이다.

둘째, 사회적 목적(Social Purpose) 접근이다. 사회적 목적 접근은 조직의 미션을 사회적 가치와 목표에 맞춰 설정하는 방식이다. 사회적기업이나 사회적 기부를 중시하는 조직들에서 자주 사용되는 방식으로, 조직의 미션을 사회적 문제 해결이나 사회적 가치 창출에 집중하는 것을 강조한다.

셋째, 이상형(Idealistic) 접근이다. 이상형 접근은 미션을 조직의 근본적인 가치와 이상에 맞춰 설정하는 방식이다. 조직의 창립자나 리더의 철학, 가치관을 반영하여 조직의 미션을 정의하는 데 주로 사용된다. 이러한 미션은 조직의 독특한 정체성과 가치관을 강조하고, 조직 구성원들의 동기부여와 조직문화 형성에 기여한다.

이러한 이론에 기반하여, 미션은 조직의 목적과 가치를 명확하게 정의하고, 조직 구성원들에게 방향성을 제시함으로써 조직의 성공과 사회적 가치 창출을 이끌어내는 역할을 한다. 또한, 미션은 조직과 외부 이해관계자들 간의 소통과 상호작용을 원활하게 하고, 조직의 가치제안과 경쟁력을 강화하는 데 기여한다.

미션을 잘 수립한 기업의 사례 중 하나는 "Patagonia"이다. Patagonia는 야외 의류 및 장비 제조업체로서, 환경보호와 지속가능한 생산에 집중한 미션을 가지고 있다. 이들의 미션은 "Build the best product, cause no unnecessary harm, use business to inspire and implement solution to the environmental crisis(최고의 제품을 만들고, 불필요한 피해를 야기하지 않으며, 비즈니스를 활용하여 환경위기에 대한 해결책을 제시하고 구현한다)"로 요약할 수 있다. Patagonia는 제품 생산 과정에서 환경적 영향을 최소화하고, 소비자들에게 지속가능한 선택을 장려하기 위한 다양한 활동과 캠페인을 진행하고 있다.

또 다른 사례로는 "Tesla"가 있다. Tesla는 전기 자동차와 재생 에너지 솔루션을 개발 및 생산하는 기업으로 미션은 "Accelerate the world's transition to sustainable energy"이다. Tesla는 환경친화적이고 지속가능한 에너지 솔루션을 통해 세계의 에너지 전환을 가속화하고자 하는 목표를 가지고 있다. 그들은 전기자동차의 혁신과 충전 인프라의 구축을 통해 지구 온난화와 에너지 문제에 대한 해결책을 제공하고 있다. Tesla의 미션은 기업의 제품 및 비즈니스 전략뿐만 아니라 고객과 이해관계자들의 참여와 지원을 이끌어낸다.

이러한 기업들은 미션을 명확하게 수립하고, 그것을 조직 내부와 외부에 홍보하고 실천함으로써 고객들의 신뢰를 얻고 사회적으로 영향력 있는 기업으로 성장하고 있다. 또한 미션을 실현하기 위해서 기업 내부에서 조직문화와 정책을 형성하고, 적절한 비즈니스 전략과 혁신을 추구하여 경쟁력을 강화하고 있다.

법인의 경우에는 조직의 정관에 목적이 정해져 있는데 이와는 별개로 미션이라는 것을 새로이 정해야 하는가에 대한 의문이 생길 수 있다. 그러나 정관은 단순히 사업을 나열하는 형태이고, 조직 내부의 소수 관계자만 접할 수 있으며 우리의 고객이 누구인지, 어떤 서비스를 제공할지에 대한 정보는 나타나지 않는다. 따라서 조직의 미션을 정립하고, 이를 내부 구성원과 공유하며, 나아가 외부 이해관계자들에게도 홈페이지를 통해 알리는 노력이 필요하다. 이렇게 하는 이유는 미션을 통해 모든 업무와 활동의 지침이 되는 방향 역할을 하게 되며, 고객에 대한 책임을 공개적으로 공표하며, 내부구성원들이 고객에 대한 책임의식을 잊지 않도록 하기 위함이다.

2) 미션의 구성요소 및 특징

미션은 한 두사람의 회의나 전문 카피라이터에 의해 만들어지는 것이 아니라 오랫동안 구성원들의 심층 논의 끝에 만들어지는 것이다. 따라서 미션에는 〈표 5-1〉과 같은 질문을 통해 미션에 담길 내용이 무엇인지 살펴볼 수 있다.

〈표 5-1〉 미션의 구성요소

질문	내용
우리는 왜 존재하는가?	주요 목적에 대한 질문
우리는 누구를 위해 존재하는가?	우리의 주요 고객에 대한 질문
우리는 무엇을 위해 존재하는가?	제공되는 핵심서비스에 대한 질문

출처: 서울복지재단(2008). 미션과 비전세우기.

이러한 질문에 대한 답을 찾아가는 과정 속에서 우리 조직의 철학과 조직문화에 대해 심층적으로 숙고하고, 왜 존재해야 하며, 다른 조직과의 차별점은 무엇인지 등의 생각을 공유하여 '우리'의 공통분모를 만들어 가게 된다. 이러한 고민 없이 단기적인 성과에 집중하게 되면 조직의 내·외부 환경변화에 영향을 받아 사업이 위축되거나 지속적인 성과를 기대하기 힘들어진다. 최근처럼 급변하는 상황 속에서 미션은 방향타의 역할을 하여 '우리가 지금 어디에 있고, 어느 방향으로 나아가고 있는가?'에 대한 답을 찾도록 유도한다.

미션의 역할은 영역기능들에 영향을 미치고, 직원과 기부자들에게 동기부여를 하며, 조직의 평가과정에서 도움을 주는 것이다(심재영, 2002). 첫째, 영역기능(boundary function)이다. 미션은 조직의 사업영역을 기술하고 있다. 신규 프로젝트를 준비하는 영리기업들은 전형적으로 이익을 고려하여 의사결정을 한다. 그러나 비영리조직들은 이익을 측정하기 어렵다. 비영리조직의 성과는 미션과의 일치도가 수익성을 부분 대체한다. 또한 비영리조직들은 주주가 없기 때문에 소유권이 명확하지 못하다. 미션이 명확하면 조직 내 구성원들은 덜 경쟁적이 되며 상호 유사한 사고를 하게 되고 의사결정 기준이 명확해진다.

둘째, 동기부여(motivation)이다. 미션은 조직의 직원, 이사회, 자원봉사자, 후원자들에게 동기부여를 한다. 조직을 규합하는 역할을 하여 조직의 이데올로기를 수행하는 데 도움을 준다.

셋째, 평가기능(evaluation function)이다. 미션은 평가기능에 도움을 준다. 이것은 성공에 대한 기준으로써 이익을 대체한다.

이렇듯 명확한 미션은 세 구성원(constituents) 즉, 직원, 자원봉사자 및 후원자, 서비스 이용자들에게 영향을 준다. 그것은 기부자들을 끌어들이고, 직원에게 업무목표를 제공하며, 고객을 식별하는데 도움을 준다.

■ 뉴욕아동보건프로젝트(New York Children Health Project: NYCHP)의 미션

"NYCHP는 뉴욕시에서 모든 홈리스, 취약한 주택이나 의료혜택을 받지 못하는 아동을 위한 의료제공이나 준비를 의도하고 있다."

NYCHP는 빈곤층 아동을 지향한 프로그램이다. 대상은 '모든 홈리스, 취약한 주택이나 의료혜택을 받지 못하는 아동'이며, 제공하는 것은 '의료' 라는 질문에 답하고 있다. 이것은 영역기능과 평가기준이 명확하지만, 동기부여적 부분은 약한 측면이 있다.

■ 소녀들법인의 미션

"각 소녀가 자신의 긍정적 특성을 개발하고 성공에 방해가 되는 사회적 · 문화적 · 법적 환경하에서 독립성, 리더십, 팀워크를 배우는 것을 돕기 위해"

소녀들법인의 미션에서 핵심가치는 강한 동기부여적 측면을 가지고 있다. 그러나 영역기능 및 평가기능은 구체적이지 못하다.

■ 구세군의 미션

"구세군의 사명은 예수 그리스도의 복음을 전파하며 그분의 이름으로 차별없이 인간의 필요를 충족시키는 데 있다"

구세군의 미션은 복음을 전파하는 것이고, 복음을 전파하기 위해 인간의 욕구에 차별없는 서비스를 제공하는 것이다. 이것은 영역기능과 동기부여는 구체적이지만, 평가기능은 약한 측면이 있다.

그러나 구세군 미션의 실제 적용 사례를 살펴보면 미션이 얼마나 중요한지 알 수 있다.

『구세군이 미국의 ㅇㅇ시로부터 보조금 지원을 받아 노숙인들에게 무료급식을 제공했는데, 무료급식을 하면서 동시에 복음을 전파하였다. 이 사실을 알게 된 ㅇㅇ시 당국은 구세군에게 급식을 하면서 구세군 표시, 식사 전 기도, 찬송가를 부르는 것 등을 중지하라고 행정조치를 취했다. 구세군은 ㅇㅇ시에 '우리의 사명은 복음을 전파하는 것이다. 그런데 복음을 전파하지 말라고 한다면 우리는 무료급식 서비스를 더 이상 진행할 수 없다'고 응답했다. 이로 인해 구세군의 무료급식이 종료된다는 소식이 전해지자, 노숙인들이 '우리는 구세군이 아니면 밥을 먹지 않겠다'고 시위를 하여 구세군이 다시 무료급식을 진행할 수 있었다』

위 사례에서 구세군은 자신들의 미션인 복음을 전파하면서, 노숙인 누구라도 차별받지 않고 무료급식 서비스를 받을 수 있도록 최선을 다했고, 미션과 부합하지 않는 환경에 처하자 존재의 이유에 부합하지 않는 일을 할 수 없다는 명확한 의사결정을 할 수 있었다. 이렇듯 분명한 미션은 모든 의사결정을 가이드하고, 능력 있고 소신 있는 사람들을 모으며, 적은 임금에도 불구하고 자신의 능력을 최대한 발휘하게 한다는 것이다.

출처: 심재영(2002), 비영리조직경영론.

2. 비영리조직의 비전 관리

비전이란 무엇인가?

"눈은 별을 향하되 발은 땅에 두어라."

- 테어도어 루즈벨트(1858~1919), 미국 26대 대통령

"나는 항상 최고가 되는 것을 꿈꾼다. 꿈꾸지 않으면 근처에도 못 간다."

- 헨리 카이저(1882~1967), 카이저 철강 창업자

기업을 중심으로 비전을 설명하면 비전이란 '기업이 미래에 달성하고자 하는 기업상(企業像)입니다. 오늘의 모습에서 미래의 어떤 시점에 기업이 갖고자 하는 형상의 의미를 나타냅니다. 이러한 비전과 현재 모습과의 격차(Gap)를 극복하는 것이 전략(Strategy)이며, 이런 전략이 잘 실현되도록 해주는 변화관리(Change Management)입니다.

기업의 비전 역시 미션처럼 순간적인 발상이나 누군가의 의견에 의해 결정되는 선언적 구호가 아니라 광범위한 정보의 수집과 분석, 다양한 경험과 지식의 습득 및 공유를 통해서 형성되는 것입니다.

비전은 하나의 선언에서 그치는 것이 아닙니다. 미션과 사업목표, 핵심 역량과 연계되어 전체가 유기적으로 움직여 달성가능하고 확연히 시각화할 수 있도록 해야 합니다.

비영리조직의 비전은 조직의 목표와 가치를 반영하는 장기적인 목표이며, 사회적인 변화를 이루기 위한 목표입니다. 따라서 명확한 비전은 조직 내부의 구성원들과 외부 이해관계자들에게 긍정적인 영감과 동기를 제공하며, 조직의 방향성과 목표를 공유하는 데 도움을 줍니다.

- T-PLUS 기업의 비전 수립과 달성 방법 中

1) 비전 이해하기

비전(vision)은 '조직이 열망하는 진정한 미래의 기대 모습'이다. 짧게는 3년, 길게는 10년 후 우리 조직이 어떤 모습이 되기를 원하는가에 대해 문장으로 설정된 개념이다. NASA(미항공우주국)는 1960년대에 '1960년대가 끝나기 전까지 인간을 달에 보낸다'라는 크고 위험하며 대담한 목표를 비전으로 선언했었다. 이러한 비전은 단지 환상을 나타내는 것이 아니라 달성가능한 것이어야 하며, 조직구성원에게 동기를 부여하고 외부의 이해관계자에게도 구체적이며 명료하게 전달되어야 한다.

2) 비전의 구성요소

비전을 수립하기 위해 〈표 5-2〉의 구성요소를 담아야 한다. 조직이 열망하는 진정한 미래의 기대모습으로 조직 내의 분산된 역량을 결집하기 위하여 방향성을 제시해야 할 뿐만 아니라 일정기간 동안 달성가능한 목표를 제시하는 형태의 문장으로 정리되어야 한다. 비전은 간단하게 기억에 남도록 명료한 문장을 사용하여 모든 조직 구성원들이 쉽게 전파하고 공유할 수 있도록 해야 한다. 또한 비전은 '단 하나의 비전'만을 의미하지는 않지만, 두 개 이상의 비전이 상호 연계적이고 누구나 쉽게 이해할 수 있는 형태를 취하는 것이 좋다.

〈표 5-2〉 비전의 구성요소

방향	내용
비전은 방향성을 가져야 한다.	우리가 어떤 사업을 하고 있는 지에 대한 고민의 결과이고 현재의 사업구조에 대하여 장래의 사업전개 의지를 제시하는 것이며, 새로운 신규사업을 포함할 수도 있다.
비전은 목표를 가져야 한다.	조직의 양적 · 질적 성장은 물론 대결적 사고, 조직관리 시스템의 혁신적 변화를 포함한다.
비전은 기간에 대한 의미를 내포해야 한다.	복잡하고 다양한 양상으로 변화하는 현대사회에서 조직의 비전은 지속적으로 변경되기 마련이므로, 일정한 기간 내에 변화의 방향을 설정해야 한다.
비전은 달성가능해야 한다.	비전은 명확하게 제시되어 조직 내부 구성원들을 포함하여 외부 이해관계자들이 보기에도 달성가능한 수준이어야 한다.

출처: 서울복지재단(2008), 미션과 비전 세우기.

3) 우수한 비전의 특징

비전은 개인, 가족, 집단, 조직, 국가 등 다양한 조직이 수립할 수 있다. 컨설팅 전문기업인 T-PLUS가 과거 수많은 기업의 비전 수립 및 운용, 사후 비전 달성수준을 평가하고 관련된 컨설팅 경험에서 도출한 7가지 우수한 비전의 특징은 다음과 같다.

첫째, 우수한 기업들은 쉽고, 명쾌하며, 강력한 비전을 갖고 있다. 세계적인 음료 회사인 코카콜라는 '우리의 비전은 물을 이기는 것이다'라고 비전을 수립했다. 세계 1위 글로벌 여객회사인 보잉의 비전은 '우리의 비전은 항공기 운항의 표준모델이 되는 것이다'라고 했다. 세계 최대 건강식품 전문점인 GNC는 '미국 국민 100%가 우리 점포에서 2마일 안에 있도록 하는 것'을 비전으로 세웠다. 경쟁의 개념을 동일업계 음료수가 아닌 누구나 매일 마시는 물로 확대한 코카콜라, 비행기를 제조하는 동종업계와 경쟁하는 것이 아니라 글로벌 운항의 표준모델을 제시하겠다는 글로벌 스탠다드에 도전하는 보잉, 미국 전체의 커버리지를 비전으로 설정한 GNC 사례는 우리에게 비전이 무엇인지 분명히 시사한다. 이러한 비전들은 쉽고, 명쾌하고, 강력하다. 그러나 우리가 일반적으로 접하는 비전 사례는 '세계 최고의', '아시아 최고의', 또는 '대한민국 대표'로 시작하는 형용사에 이어 'ㅇㅇ제조회사, ㅁㅁ유통회사'등으로 자신의 현재 모습을 서술하는 명사로 끝난다. 그러나 이러한 수식어는 구성원들의 동기를 이끌어내기에 강력하지 않다.

> "우리의 비전은 물을 이기는 것이다" - 코카콜라
> "우리의 비전은 항공기 운항의 표준 모델이 되는 것이다" - 보잉
> "우리의 비전은 미국 국민의 100%가 우리 점포에서 2마일 안에 있도록 하는 것이다" - GNC

둘째, 비전 달성을 위한 핵심관리인자(Value Driver)를 가시화한다. 부가가치의 극대화라는 작은 비전의 구성 요소가 달성되기 위해 어떤 하부인자가 필요하며, 이를 위해서는 또 어떤 하부 동인이 요구되는지를 설명할 수 있어야 한다. 비전 달성의 한 기준이 '부가가치 극대화'일 경우 이 가치의 핵심인자(Key Value Driver) 도출을 통해 비전의 달성 여부를 판단할 수 있는 구체적인 기준이 제시될 수 있다. 만약 '2030년까지 세계 최고의 디지털기업이 된다' 등으로 막연한 비전을 세우면, 어떤 시점에 어느 영역에서 비전을 달성할 수 있는지 판단하기 힘들다. 따라서 우수한 비전이란 비전을 구성하는 개념적인 요소들을 쪼갤 수 없을 때까지 쪼개서 그 마지막 요인이 조직의 동력으로 작동되도록 해야 한다.

셋째, 비전을 실제 기업역량이 집중되어야 하는 과제와 연계한다. 비전은 설정보다 달성이 중요하며, 달성하지 못한 부분은 회사의 과제로 남게 된다. 비전 선언 자체에서 도출되는 핵심인자는 기업의 전략과제로 구현되며 이런 과제들이 모여서 다시 기업의 동력이 된다. GE는 과거 20년간 잭 웰치(Jack Welch)의 리더십 아래 빛나는 성과를 거뒀다. 이때 잭 웰치가 선포한 비전은 'Be Number 1 or Nomber 2'였다. 이것은 적어도 해당 영역에서 1, 2등을 해야 한다는 것이었으며, 이에 해당하지 않으면 가차없이 구조조정을 단행했다. 이런 비전 선언

은 하부 미션인 '관료주의를 지양하고 Small Company를 지향한다'에서도 나타나 '속도(Speed), 단순함(Simply), 자신감(Confidence)'으로 요약되는 3가지의 슬로건(Slogan)에서도 표현된다. 이러한 Mission과 Vision, Slogan의 체계적 구조 아래 시장에서의 성과 창출을 위한 핵심과제를 선정하는 것이 중요하다.

넷째, 비전에 미래 목표치를 내재화한다. 대표적인 것이 간단한 숫자의 조합으로 비전을 구성하는 것이다. 닛산(Nissan)의 CEO 까를로스 곤(Carlos Gohn)은 취임하자마자 조직과 구성원에게 비전을 불러일으켰는데 당시 도출된 비전이 'Nissan 180 by 2004'였다. 즉 주어진 5년(1999~2004) 동안 판매량 100만 대, 영업이익률 8%, 부채비율 0% 확보를 달성하겠다는 것이다. 이러한 수치의 조합으로 5년 뒤에 탈바꿈할 구체적 목표치를 형상화하였다.

다섯째, 비전과 경영계획을 연계한다. 비전을 달성해야 하는 해를 기준으로 현재의 경영계획 기준과 어떻게 목표치를 정합시키는가 하는 것이 관건이다. 이런 문제는 일반적으로 다음의 3가지에 의해 해결된다. ① 해당 목표치를 매년 균등하게 분배하는 선형 배분방식(Linear Interpolation)으로, 필요한 목표치를 균등하게 배분해 해마다 관리하기 용이하다. 그러나 초기 목표치가 과다하게 조직의 부담으로 작용될 수 있다. ② 초기에 완만한 출발을 보이지만 속도의 변곡점을 지날 때부터 목표달성을 가속할 수 있도록 하는 2차 함수적 증가방식(Quadratic Interpolation)이다. 이 방법은 초기 부담이 적어서 구성원들이 쉽게 다가갈 수 있고 역량이 축적되면 비약적 발전이 가능한 모델이다. 그러나 충족시점이 비교적 멀어 도덕적 해이(Moral Hazard)현상이 발생할 여지가 있다. ③ 속도의 발전을 크게 3단계로 구분하여 변곡점을 두 군데 절정하는 S-Curve방식이다. 학습효과를 통해 중기 변곡점 시기부터 조직의 성과를 비약적으로 발전시킬 수 있으며, 장기시점에서 목표치 달성을 다소 완만하게 하여 새로운 목표에 도전할 수 있다는 장점이 있다.

여섯째, 비전 달성을 위한 필요조건을 정의하고 연계한다. 비전은 선언적 의미에서 그치는 것이 아니라 비전을 달성하기 위하여 미션, 사업목표, 핵심 성공 요소 등의 복잡한 구조가 뒤따르게 된다. 각각의 구성 요소는 유기적으로 연결되어 있으며 요소들 간의 분명한 의미를 지니고 있다. 비전을 달성하기 위한 사업 목표를 수립하고, 사업 목표를 달성하기 위해 업(業)의 성공요소가 정의되어야 하며, 성공 요소 대비 요구되는 역량(Competency)이 무엇이고, 이것이 조직 내부에서 조달가능한 것인지, 어떻게 조달해야 하는지, 없다면 어떤 방식으로 조달할 것인지를 정의해야 한다.

일곱째, 성취하기 위한 무한한 열정을 투입한다. 열정페이를 받고 일하라는 것이 아니라 스스로 열정을 투입해야 한다는 것이다. 최근에는 비전 달성뿐만 아니라 창의적 사고 역시 '태도'에서 출발한다는 이론들이 제기되고 있다. 사물을 다른 시각으로 보려고 하는 태도, 고객의 입장에서 생각하는 태도 등은 열정에서부터 시작한다. 열정을 소개하는데 자주 등장하는 사례는 '총각네 야채가게'이다. 오직 열정 관점에서만 보자면, 대표가 매일 새벽에 가락동 농산물 시장에서 과일을 구매하고 이때 맨 밑바닥 과일을 검수하며, 시식할 때에는 새벽 공복상태가 아니라 일부러 샌드위치 하나를 먹고 나서 시식을 한다. 시식을 위해 술과 담배를 하지 않고 1일 재고처리를 하여 신선도가 생명인 과일을 위해 그날 상품은 반드시 그날 소비하는 방식으로 연 매출 400억 원의 신화를 달성하였는데 이것은 모두 열정을 기반으로 이루어진 문화였다.

3. 미션과 비전 수립 전략

1) 미션과 비전 체계도

사전적 정의에 따르면 미션(Mission)은 'any work that someone believes it is their duty to do(의무라고 믿고 행하는 일)'이며, 비전(Vision)은 'an idea or mental image of something(어떤 것에 대한 생각이나 심상 이미지)'라고 되어 있다. 즉, 미션은 '조직의 존재 이유'이며 '더 나은 세상을 만들기 위해서 해야 하는 것'을 의미한다. 그래서 미션 수립을 위해서는 "우리의 존재 이유는 무엇인가?"를 질문해야 한다. 반면에, 비전은 '조직이 되고 싶은 상태'를 의미하며, '조직의 미션을 올바르게 실현하기 위해서 달성하고자 하는 수준이나 지향점, 또는 미래의 모습'을 의미한다. 따라서 비전 수립을 위해서는 "우리가 진정으로 갈망하는 것은 무엇인가?"를 질문해야 한다. 결국 미션과 비전은 조직의 존재 이유이자 되고자 하는 목표점이며, 지속가능한 조직일수록 조직의 전략방향성이 부합되어야 한다.

비전은 '우리 조직의 미션이 실현된 모습은 어떤 상태일까?'에 대한 해답이기 때문이다. 미션은 대개 한 가지로 정해지고 좀처럼 변하지 않는 반면, 비전은 상황과 시기에 따라서 변할 수 있다. 즉 미션과 비전은 함께 공존함으로써 미션에 의해 조직의 가치를 규정하고, 비전을 통해 성장과 발전을 계속하는 에너지원을 보유하게 된다. 이것을 간단한 그림으로 나타내면 다음과 같다.

[그림 5-1] 미션과 비전의 관계

출처: 중앙인사위원회(2008). MISSION & VISION.

미션과 비전 수립 후에는 비전에 부합하는 목표(Goal)를 설정하고 이를 효과적으로 달성하기 위한 전략(Strategy)을 세우는 과정을 거치게 된다. 이때에는 조직의 핵심가치와 핵심역량에 대해서 심층적으로 분석해야 한다. 미션부터 전략에 이르기까지의 프로세스를 그림으로 나타내면 [그림 5-2]와 같다.

[그림 5-2] 미션과 비전 체계도

출처: 서울복지재단(2008). 미션과 비전 세우기.

2) 미션과 비전 수립 프로세스

우수한 미션과 비전은 조직의 현재 상태를 정확히 측정한 후 미래의 조직이 궁극적으로 지향하는 목적지와 도달 방법을 명확하게 제시할 수 있어야 한다. 비전 수립은 경영환경의 변화에 따른 경우가 많다. 주로 내·외부 환경변화 및 최고경영자의 교체, 사업 구성의 변경 등으로 인해 이루어진다. 비전체계를 수립함에 있어서 본원적인 구성 요소에는 하고 싶은 일(조직 의지), 할 수 있는 일(내부환경 분석), 해야 할 일(외부환경 분석), 그리고 이를 종합 조정(벤치마킹) 등이 있으며 [그림 5-3]과 같다.

하고 싶은 일에 해당하는 조직의지에는 조직(창업)이념과 경영층의 의지 및 희망, 직원 의지와 희망 등이 포함된다. 할 수 있는 일에 해당하는 내부환경 분석에는 경쟁위치, 경영성과, 재무환경, 핵심역량 등이 있다. 해야 할 일에 해당하는 외부환경 분석에는 정치/법/제도환경, 경제환경, 사회/문화 환경, 기술환경 등이 포함된다. 종합 조정의 벤치마킹은 사업영역, Vision Statement, 조직 문화, 해외 사례 분석 등이 포함된다.

특히, 외부환경 변화에는 조직에 영향을 주는 거시환경, 산업구조, 경쟁환경 등의 변화가 기존 조직에 미치는 영향이 크고 기존의 비전이 현재의 상황을 제대로 반영하지 못하는 경우에 영향을 미치게 된다. 내부환경 변화는 기존 조직의 사업 내용 및 규모가 성장 또는 반대로 축소되었거나 하는 경우에 기존 비전의 변경이 필요하다. 내부조직관리 요인 중에는 일반적으로 최고경영자가 바뀌는 경우 기존의 비전체계 하에서 전략을 바꾸는 경우가 많지만 일부는 경영철학의 주요 변화가 있는 경우 비전을 바꾸는 경우도 있다.

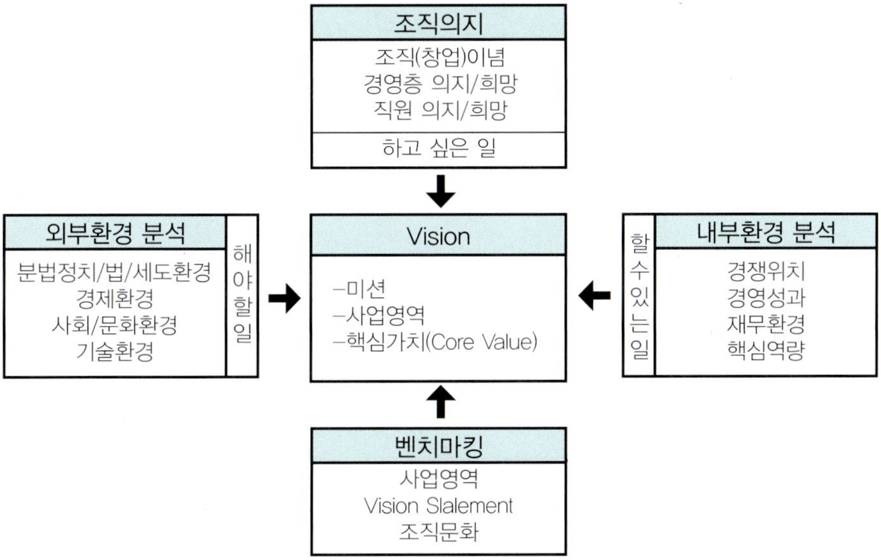

[그림 5–3] 본원적 비전의 구성 요소

출처: 김동철·서영우(2008), 경영전략 수립 방법론.

비전체계 설정을 위해서는 비전 구성 요소를 이해하고 조직의 사업 구조 등의 특성을 파악과 함께 벤치마킹을 통해 [그림 5–3]과같이 비전체계를 설정해야 한다. 비전을 수립함에 있어서는 다음의 점검사항을 체크할 필요가 있다.

첫째, 비전의 원칙과 관련하여 ① 명확하고 간결한가, ② 구체적 결과를 지향하고 있는가, ③ 미래상을 제시하고 있는가, ④ 조직원들이 실행하지 않을 수 없는 동기를 제공하고 있는가, ⑤ 비전과 전략의 정합성이 확보되었는가 등을 확인하여야 한다.

둘째, 주요 고려사항으로 ① 조직의 전략적 목표는 무엇인가, ② 현재 조직전략 및 운영상 주요 개선분야는 무엇인가, ③ 변화를 가능하게 하는 요인은 무엇인가, ④ 변화를 가로막는 요인은 파악되었는가, ⑤ 올바른 범위에서 정의되었는가를 살펴보아야 한다.

셋째, 주요 성공요소로써 ① 임직원의 적극적 참여, ② 적극적인 전사지원, ③ 미래지향적 방향 제시, ④ 창조적 가치 반영, ⑤ 현실적 실행가능성, ⑥ 내용의 용이성, 명료성, ⑦ 이해관계자 그룹별 욕구 반영 등을 확인하여야 한다.

비전의 일반적인 효과는 구성원들에게 명확한 목적의식을 심는 것이지만 비전 설정이 모호하거나 전략과의 연계가 미흡한 경우 '선언적 의미'로만 머물러 의미를 상실하는 경우가 많다. 따라서 비전의 비전의 수정이나 신규 수립의 경우에는 간결성과 명확성 등을 원칙적 기준에 의해 철저하게 지킬 필요가 있으며, 비전의 수정이나 신규 수립은 조심스럽게 접근해야 한다. 비전 수립 체계도 수립은 〈표 5-3〉과 같은 순서로 진행한다.

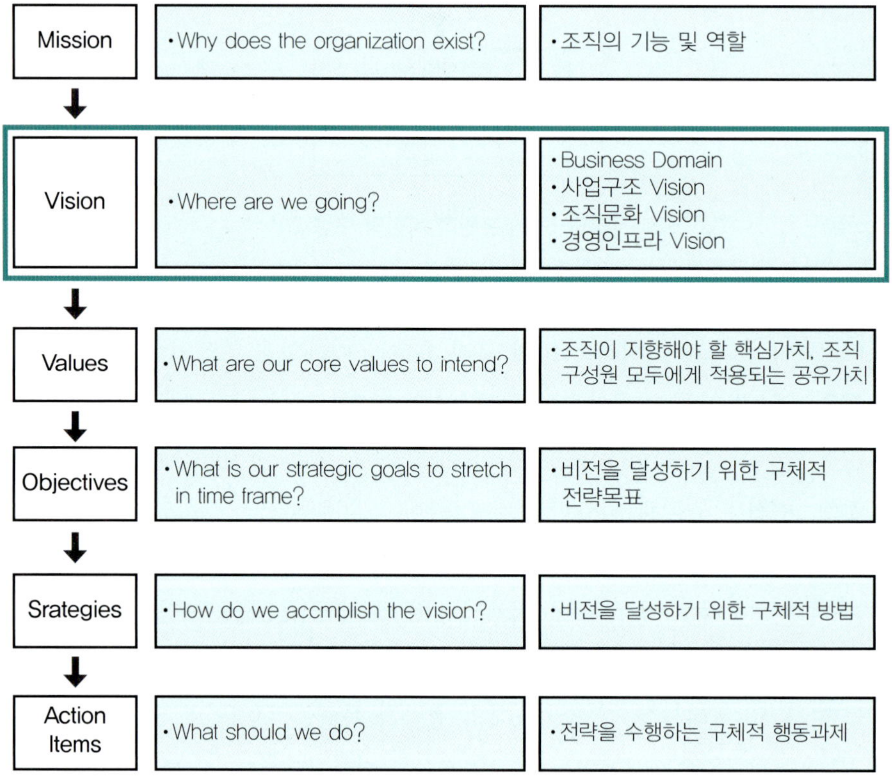

[그림 5-4] 비전 수립 체계도

출처: 김동철·서영우(2008), 경영전략 수립 방법론.

〈표 5-3〉 비전 실행 단계

순서	주제	내용
1	필요성에 대한 공감대 형성	현 경영환경에 대한 심도 있는 분석을 통한 위기감 조성 변화의 필요성 전파
2	추진 지도부 구성	영향력 있는 사람들로 지도부 구성
3	비전 및 전략 개발	기업의 방향을 제시할 수 있는 비전 개발 이를 실행할 수 있는 구체적 전략 개발
4	새로운 비전의 전파	새로운 비전과 전략 전파를 통한 전 구성원들의 비전 공유
5	비전 실현을 위한 동기 부여	장애물 제거, 새로운 비전에 맞는 아이디어와 행동 권한 보장
6	단기적 성공사례 만들기	가시적인 성공 사례를 계획하여 성공한 이에게 포상
7	기업 통합 및 혁신 가속화	시스템, 조직 구조, 운영지침 등 개선
8	기업문화로의 정착	새로운 비전에 맞는 새로운 기업문화 장착

VIM(Visioning with Interpolation-based Management) 방법론

○ T-PLUS(http://www.t-p.co.kr/) 전략 컨설팅펌이 제안한 독창적 모델

- 중장기 비전을 형상화(Visioning)해 그 내재된 목표치를 Interpolation 방식으로 연계
- 이를, 중장기 경영 계획 및 경영 전략에 반영(Shaping)해 비전 성취 확실하고 용이(Ensuring)하게 하는 VSE(Visioning, Shaping, Ensuring) Tool에 의해 완성

○ Phase 1: Vision의 구성(Visioning)

- 기업의 핵심가치를 표방하며 중장기 방향을 제시하는 비전을 선정하기 위한 첫 번째 단계임
- 이 단계에서는 내부의 의견조사 및 외부의 선진사례 벤치마킹을 통해 이상적인 비전의 모습을 제시해 조직이 나아갈 방향을 선정
- 전략과 자원의 통제 기준을 마련하고 기업 내부 조정 및 합의를 통해 전체 구성원의 공유를 이끌어내야 하는 단계라 할 수 있음
- Visioning은 총 7단계 프로세스를 통해 도출할 수 있음

(1단계) BSC(Balanced Score Cards) 4대 과제별 KVD(Key Value Driver) 정의 → (2단계) KVD 속성분석 및 통합 → (3단계) 비전 구성인자 도출을 위한 내부의식 평가 → (4단계) 비전 관련 국내외 벤치마킹 → (5단계) 비전 Laundry List 도출 → (6단계) 비전 Laundry List 평가 → (7단계) 경영진 워크샵을 통한 비전 확정

○ Phase 2: Vision의 형상화(Shaping)

- 설정된 기업의 비전을 달성하기 위해 측정하고 관리하기 위한 Formula 및 Formula별 타깃을 설정하는 두 번째 단계
- 비전을 계량화한 후 도전적이지만 달성 가능한 타깃 제시를 필요로 함
- KVD에 의한 Formula를 선정하고 Formula별 목표를 설정한 후 필요 전략과제를 규명하여 내부적인 조정 및 합의를 통해 최종적으로 비전 형상화
- Shaping은 총 7단계 프로세스를 통해 도출할 수 있음

(1단계) Vision Shaping Formula의 Laundry List → (2단계) Vision Shaping Formula 벤치마킹 → (3단계) Formula의 평가, 검증 및 선정 → (4단계) Vision Formula 기준 시장예측 → (5단계) Vision Formula 기준 경쟁구도 분석 및 예측 → (6단계) Vision Formula 목표치 도출 → (7단계) 그룹 및 계열사 Vision Formula 목표치의 조정 및 확정

○ Phase 3: Vision의 구현(Ensuring)

- 전략과제의 세부 실천과제를 구체화하고 각 임원별 목표치 및 과제를 할당
- 주로 Interpolation Path를 설정하고 현황과의 갭 극복을 위한 전략대안 및 세부 실행과제를 수립하는 작업을 진행하게 됨
- Ensuring은 총 7단계의 프로세스를 통해 도출할 수 있음

(1단계) Vision Formula별 목표 달성을 위한 Interpolation Path 선정 → (2단계) 현황 및 Vision Gap 세부 평가 → (3단계) Gap 극복을 위한 전략대안의 개발, 평가 및 선정 → (4단계) 전략대안의 De-grouping을 통한 세부 추진과제 정의 → (5단계) 차년도 경영 계획 연계 및 KPI(Key Performance Index) 목표 설정 → (6단계) Vision Formula 목표치 도출 → (7단계) 그룹 및 계열사 Vision Formula 목표치의 조정 및 확정

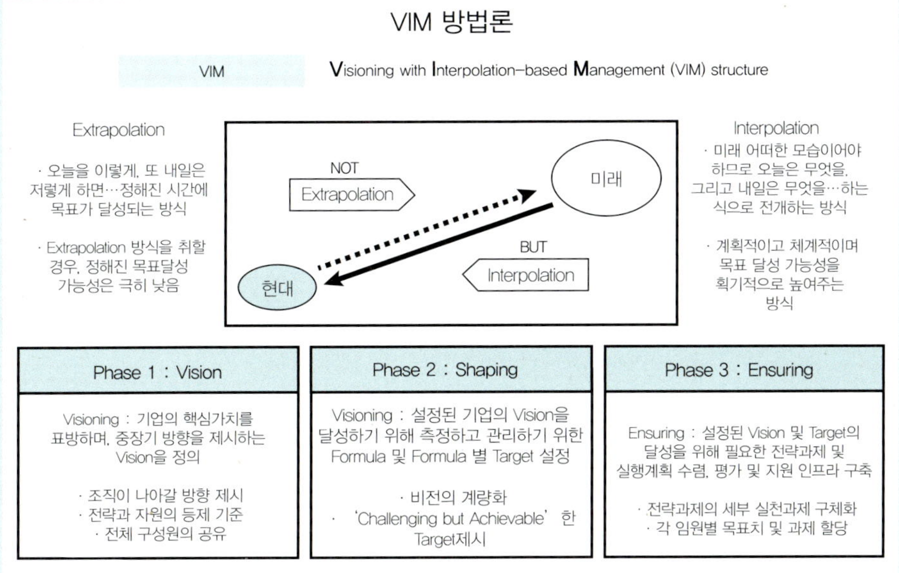

○ Vision Architecture

- 1990년대 후반에서 2000년대 초반은 비전을 최상위 개념으로 판단해 비전 아래에 Mission과 Value를 동등한 레벨로 여겼지만 2000년대 초 · 중반 이후부터 기업의 Mission을 기업이 존재하는 근본적인 이유로 최상위 개념으로 적용하였음

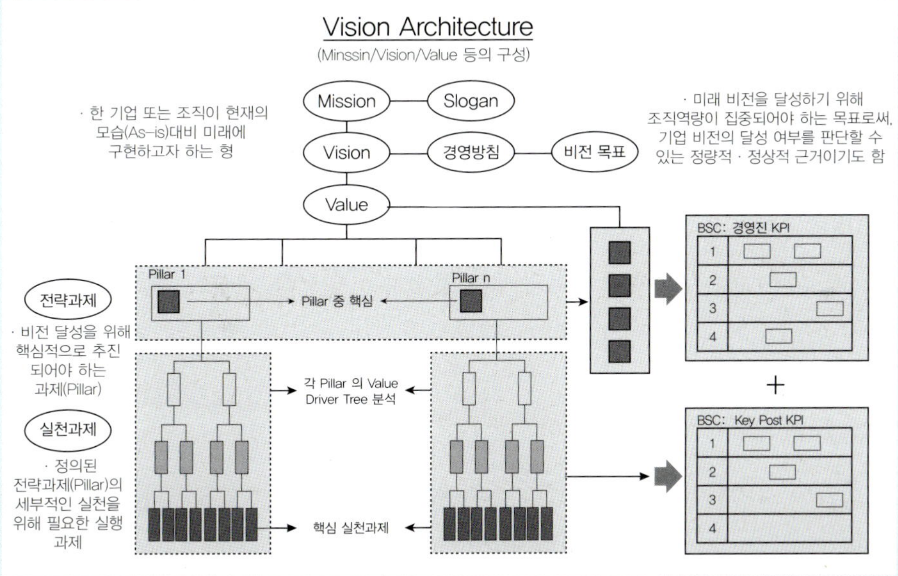

4. 비영리조직의 미션과 비전 수립방안

1) 사명선언문 (Mission Statement)의 중요성

Druker는 "사명(Mission)보다 더 중요한 것은 없다"고 했다. 또한 비영리기관은 한 사회와 그 사회 개개인의 삶에 변화를 주기 위하여 존재하기 때문에 효과도 없이 귀중한 자원만 낭비하고 있는 것은 아닌지, 시도했던 목적을 모두 완수했기 때문에 더 이상 일을 계속하지 않아도 되는 것은 아닌지 하는 생각을 해야한다고 한다. 왜냐하면 비영리기관의 경우 재무제표상에 즉각적으로 나타나는 이익이 없을 뿐 아니라 조직 존재의 당위성이 봉사한다는 데에 있기 때문이다. 따라서 모두가 더 높은 비전과 더 높은 자신감으로서 각자가 몸담은 조직에 더 큰 성과를 가져오도록 해야 한다. 그것의 원동력이 바로 미션이다(Drucker, 2003).

조직 존재의 이유로서 미션을 선명하게 한다는 것은 조직의 존재의 이유와 조직이 추구하는 가치를 선명하게 하는 것이다. 대부분의 조직은 사회적 미션을 가지고 있는데, 이것은 조직의 설립자와 최고 경영자의 비전과 약속이다. 미션은 사명선언문에 기록되며, 사명선언문은 명확해야만 조직 전체의 경영자, 개인, 집단을 잘 안내해 줄 수 있다(심재영, 2002).

미션은 조직이 추구하는 가장 큰 목적으로서 사명에 대한 관리는 무엇보다 중요하다. Oster(1995)는 사명선언문은 조직 내 구성원들이 유사한 사고를 하도록 하고, 의사결정 기준을 명확하게 하기 때문에 조직 내 영역문제들을 일부 해결하여 영역기능들에 영향을 미치고, 직원과 기부자들에게 조직을 규합할 수 있도록 동기를 부여하며, 조직의 평가과정을 지원하는 역할을 한다고 했다. 이에 대해 강철희(2003)는 미션이 조직의 관리방향을 이끄는 기능, 직원의 동기부여 기능, 자원봉사 모집의 기능, 재정적인 자원을 이끌어 내는 기능을 수행한다고 하였다. 따라서 미션은 조직의 모든 곳에 존재하고 있어야 한다.

명확한 사명선언문이 가져다주는 이점(benefit)은 첫째, 조직 전반의 가장 핵심적인 것을 중심으로 운영되어져 나갈 수 있게 도움을 제공하고 둘째, 조직이 지금껏 가져온 갈등들을 해결하는 실마리를 제공하며 셋째, 조직의 사명을 명확하게 하는 작업은 곧 조직의 핵심가치를 파악하도록 하는 데 도움을 제공하는 것이다(강철희, 2003). 비영리기관의 사명선언문은 쉽고 간결하여야 하며 실행가능한 것이어야 한다. 기부자에 의존하는 비영리기관에 있어서 좀 더 일반적인 사명선언문은 일정 범위의 기부자들에게 호소할 수 있도록 해준다. 그러나 너무 광범위한 사명선언문은 동기부여와 평가기능에서 상당한 위험을 가지고 있으며, 사명선언문이 협소할수록 이해관계자 사이에 나타나는 불일치가 적어지고 프로그램을 평가하기가 쉬워진다. 또한 구성원들이 프로그램에 참여하는 동안 다른 조직에 한눈팔지 않고 집중할 수 있도록 해 준다(Oster, 1995).

2) 미션과 비전 수립을 위한 전략

어느 사회복지사의 딜레마

사회복지전공자가 아닌 누군가가 사회복지관이 무슨 일을 하는 곳이냐고 물으면 뭐라고 대답해야 할까? 사회복지관이 이 지역에서 꼭 필요한 존재일까? 사회복지관이 없어진다고 해서 이곳에 거주하는 지역주민들이 안타까워할까? 내가 하는 일이 과연 지역주민들을 위해서 도움을 제공하는 것일까? 아니면 나는 지역주민들이 스스로 해결할 수 있는 일조차도 대신 해주고 있어 그들의 문제해결능력을 오히려 약화시키고 있는 것은 아닐까? 등등….

미션과 비전 수립을 위해서는 반드시 시설의 현재 모습에 대한 객관적 분석이 선행되어야 한다. 시설 분석은 크게 조직의 외부환경 분석과 내부환경 분석으로 나누어질 수 있다. 서울복지재단에서 발행한 미션과 비전세우기에서는 외부환경 분석과 내부환경 분석에서 다루어야 할 내용을 소개하고 있다. 먼저, 외부환경 분석에 구체적으로 포함되어야 할 내용은 다음과 같은 것들이 있다.

첫째, '거시환경(일반환경)분석'은 현재와 미래의 시설활동에 영향을 미칠 수 있는 사회인구학적 조건, 정치적 · 법적 조건, 기술적 조건, 문화적 조건, 경제적 조건 등의 변화 동향에 대한 분석을 의미한다. 거시환경은 사회복지조직에 직접적인 영향을 미치는 미시환경 요소들에 영향을 미치게 되므로 간접적이지만 막대한 중요성을 갖는다.

둘째, '미시환경(과업환경)분석'은 사회복지조직의 사업수행에 직접적인 영향을 미치는 요소로써 서비스 제공자, 이용자, 합법성 및 권위의 제공자, 보충적 서비스 제공자, 재정자원 제공자 등에 대한 분석을 의미한다.

셋째, '경쟁환경 분석'은 해당 사회복지시설과 같은 지역사회 안에서 운영되고 있는 동종 복지시설 및 조직의 자원과 이용자에 대해 경쟁관계에 있는 유사한 사회복지시설들에 대한 현황 분석을 의미한다.

넷째, '지역사회 사정'은 해당 사회복지시설이 위치한 지역사회의 역사와 문화, 인구사회힉적 특싱, 지리적 특성, 주민들의 욕구, 지역사회 문제, 지배적 가치, 인적 · 물적 자원 목록 등과 같은 지역사회의 특성을 분석하는 것을 의미한다.

다음으로, 조직 내부환경 분석은 조직의 현재 상황을 파악하여 조직의 내부역량을 분석하는 것으로 이 과정에서 시설의 문제점 및 조직문화를 파악할 수 있는데 주로 SWOT분석을 활용하여 해당 사회복지시설의 내부자원에 대한 강점과 약점을 분석하고 또한 외부환경의 변화로부터 파악되는 기회와 위협요소들에 대한 요인들을 분석해야 한다. 더불어 시설의 운영주체인 법인의 설립이념과 연혁 등을 분석하여 시설의 기원이 무엇인지, 어떤 목적으로 설립되었는지를 분석하는 것도 미션과 비전 수립에 도움이 될 수 있다.

어느 비영리기관이든지 다른 기관과의 경쟁관계는 존재한다. 비영리기관이 영리를 추구하지 않고 선한 사업을 한다고 하여 아예 경쟁이 없다거나, 또는 경쟁하는 것 자체가 선하지 않다고 주장할 수 있지만 현실은 반드시 그렇지는 않다. 정책개발이나, 비판, 사회복지프로그램의 실행, 교육, 의료, 선교 등 어느 현장에나 경쟁자는 존재하기 마련이며(황호찬, 2001) 이러한 비영리기관들 역시 경쟁자들 사이에서 생존하기 위하여 혹은 자신의 존재를 위협하는 여러 가지 환경들에 대하여 꾸준히 변화하고 대응책을 모색해야 한다.

특히, 사회복지기관은 사회로부터 공익을 수행하도록 인가를 받은 조직으로서 활동에 필요한 물질적 및 비물질적 후원을 받는 조직이고, 사회 속에 있는 인간의 바람직하지 못한 상태를 예방하거나 현상유지, 개선, 또는 악화를 지연시키는 활동을 하는 조직이므로 다른 어떤 종류의 조직보다도 조직을 둘러싸고 있는 사회적 환경과 밀접한 관계를 유지하고 있다. 만일 어떤 사회복지기관이 사회환경의 변화에 따른 관계를 등한시 하거나 의식하지 않는다면, 그 기관은 조직의 사명이나 목표를 효과적으로 달성하지 못하게 된다(최일섭, 2003).

이렇듯 변화에 적응하고 타 기관과의 경쟁관계 속에서 살아남기 위한 전략경영의 출발은 자신을 정직하게 평가하고 분석하는데서 출발한다. 즉 외부환경을 분석하여 우리 기관이 갖는 기회(Opportunities)와 위협(Threats)이 무엇인지 파악하고, 내부환경의 분석을 통하여 스스로의 강점(Strengths)과 약점(Weaknesses)을 정확히 파악할 줄 알아야 하는 것이다. 강점(Strengths)과 약점(Weaknesses), 기회(Opportunities)와 위협(Threats)의 머리글자를 따서 SWOT분석이라고 불리는 상황분석은, 외부의 기회와 내부의 강점간에 전략적인 적합성을 찾아내는 동시에 외부적인 위협에 대처하고 내부적인 약점을 보완하는 길을 모색하는 과정이라고 할 수 있다.

SWOT분석을 통하여 경쟁우위의 원천이 될 수 있을 기관의 독특한 역량을 찾아내는 것도 중요하지만, 적절한 자원의 부족으로 인하여 현재는 활용을 하지 못하는 기회요소를 파악하는 것도 중요하다. 현재 주어진 내부능력으로만 달성 가능한 기회를 찾게 되면 장기적이고 전향적인 발전을 꾀할 수 없게 되는 문제가 있기 때문이다(김언수, 2002). 일단 SWOT 요소를 파악하고 나면 어느 정도의 방향성을 제시해 줄 수 있다. 〈표 5-4〉는 이에 대한 SWOT 매트릭스를 나타낸 것이다.

〈표 5-4〉 SWOT 매트릭스

	Strengths	Weaknesses
Opportunities	SO전략 (강점을 이용하여 기회를 포착)	WO전략 (약점을 보완하여 기회를 포착)
Threats	ST전략 (강점을 이용하여 위협을 회피)	WT전략 (약점을 보완하고 위협은 회피)

출처: 김언수(2002), TOP을 위한 전략경영 2.2.

◎ SWOT 분석을 통한 전략 구성(예시)

<table>
<tr><td>내부 분석 / 외부 분석</td><td>강점 Strangths</td><td>약점 Weaknesses</td></tr>
<tr><td></td><td>· 변화와 혁신을 위한 혁신운영진 마인드와 전문성
· 강력한 혁신비전의 존재
· ○○재단의 산하기관 네트워크 –Arts–Group
· 1만 2천평 규모의 마을 공간 확보
· 6평 이상의 공유공간 조성
· 지역사회로부터의 접근성 용이
· 신체 건강한 시민들의 존재
· 지역의 대학 및 인적자원 풍부
· 다양한 기자재 보유</td><td>· 오랜 관행에 의한 매너리즘 존재
· 시설에 대한 부정적 주변 인식
· 미흡한 홍보전략
· 과거편향적 언론보도 행태
· 낡고 노후된 건물구조
· 건물(多), 인력(小)로 인한 케어 어려움
· 입소자들의 무기력함과 액팅
· 입소자들의 소통기회 부족
· 입부시설 폐쇄에 대한 외부인식</td></tr>
<tr><td>기회 Opportunities</td><td>[SO] 강점–기회 전략 : 시너지 창출</td><td>[WO] 약점–기회 전략 : 약점 보완</td></tr>
<tr><td>· 운영진에 대한 기대감
· 오케스트라와의 협약
· 지역 정신병원 등과 협약
· 법인 사무총장의 활동
· 도시재생 뉴딜정책 활성화
· 사회적기업 정책 지원 확대
· 시민들의 소비 성향
· 음식물쓰레기를 활용한 퇴비 생산 기계 개발
· 웰니스 공원 조성</td><td>· 원칙중심의 리더십 준수
· 아르떼 창단– 오케스트라, 합창단, 밴드
· 선한이웃(자원봉사자) 확보
– 자원봉사센터 설립
· 장애인 스포츠단 운영
– 장애인 테니스팀, 장애인 농구팀 등
· 다양한 사회적 기업 육성
– 태양광 발전 사회적 기업
– 제과제빵 사회적 기업
– 퇴비생산 사회적 기업
· 시설→마을 전환 프로젝트
– 도시재생 뉴딜정책 접목
– 시설을 웰니스공원으로 전환
– 지역 대학 네트워크 구축
– 웰컴센터/공유공간 조성사업 확대</td><td>· 직원 역량강화 교육
· 차별화된 홍보전략 수립
– 보도자료 작성 및 배포
– 온라인 홍보시스템 구축
· 공간구조의 변화
– 슬럼화에 따른 생활공간 이동
· 즐길거리(문화예술) 확대
– 입소자 정신건강 활력증진 PG 등
– 이용자 주도의 마을축제
– 다양한 문화예술 공연 확대
· 방송국(HBC 희망방송)개국
– 시민소통광장의 확대 개편
· 시설 폐쇄에 대한 능동적 대처
– 입소자들의 위험부담 최소화 전략</td></tr>
<tr><td>위협 Threats</td><td>[ST] 강점–위협 전략 : 리스크 최소화</td><td>[WT] 약점–위협 전략 : 극복 요인</td></tr>
<tr><td>· 지자체의 혁신의지 미흡
· 이해관계자의 편협한 혁신방향
· 전국적인 이슈 부각
· 혁신 성공에 대한 미온적 태도</td><td>· 00년만의 수호천사 안정적 유지
· 00년만의 급신혁신
· 연대를 통한 복지 헤게모니 구축
· 혁신비전 공유 캠페인
– 거리 캠페인/희망원 방문의 날</td><td>· 혁신대책에 따른 혁신위원회 구성
– 일방적 논의방식 제어
– 혁신의지 활성화
· 와일드 카드 – 인권후원회 구성
– 인권이슈 및 인권정책 자문</td></tr>
</table>

⬇

혁신비전 달성

소통+교류, 생산+소비가 공존하는 시설 →마을로의 성공적 전환

◎ 미션 및 비전 수립 사례

1) 유린원광종합사회복지관

미션(MISSION)	· 원불교의 삼동윤리(三同倫理)와 덕불고필유린(德不孤必有隣)의 정신으로 모두가 은혜로운 하나의 세상을 만든다. **1)삼동윤리란?** · 삼동윤리(三同倫理)는 원불교 일원주의(一圓主義)에 입각하여 세계의 모든 종교·민족·국가·사회가 다함께 실천해야 할 윤리의 방향이다. · 동원도리(同源道理) : 이 세상 모든 이치의 근본은 하나 · 동기연계(同氣連契) : 전 인류는 한 가족, 한 형제 · 동척사업(同拓事業) : 모든 사업의 목적은 하나 **2)덕불고필유린이란?** 덕불고필유린(德不孤必有隣)은 "덕이 있는 사람은 외롭지 않고 반드시 이웃이 있다." <논어(論語)> 이인(里仁)편에 나오는 말로, 설립자 의당(議堂) 한철호(韓喆鎬) 선생의 좌우명이며 1937년 「개성유린관」으로부터 시작된 유린보은동산의 설립이념이다.
비전(VISION)	**윤리경영**으로 신뢰받고, 함께 성장하는 유린원광종합사회복지관 · 이웃과 함께 나눔을 실천하는 복지관 · 이웃과 함께 지역돌봄을 확산하는 복지관 · 이웃과 함께 배우고 성장하는 복지관
핵심가치 (Values)	· 공감, 존중, 협력, 발전
사업전략 (STRATEGY)	· 변화하는 환경을 반영한 지역밀착 맞춤형 복지서비스 확대 · 주민의 삶의 질 향상을 위한 지역사회와의 협력 · 복지이슈 대응을 위한 차별화된 복지사업 확대 · 인재상에 기반한 직원 육성 및 기술발전에 대응하는 성장 · 지속발전하는 복지관을 위한 환경개선 및 안정적인 자원확보

2) 번동2단지종합사회복지관

은혜와 나눔으로 하나되는 세상

MISSION
우리 마을안에서 함께 성장하는 복지관

VISION
번동2단지 종합사회복지관

복지관
지역주민과 소통하는 복지관

지역주민
스스로의 삶을 디자인하는 지역주민

관계망
관계망을 통해 어우러지는 우리

핵심가치

01	02	03

열린소통	서로신뢰	함께 존중

실천전략

01 주민만나기를 통한 소통활성화
02 열린 소통의 장 구축
03 자기결정권 존중
04 소통 내용 공유를 통한 내재화
05 주민-복지관-지역사회 네트워크 구축
06 지역주민의 역량강화 지원

참고할 만한 정보

- 서울복지재단. https://welfare.seoul.kr/web/main/index.do
- 전략컨설팅펌. http://www.t-p.co.kr/
- 유린원광종합사회복지관. http://www.yurin.or.kr/yurin/
- 번동2단지종합사회복지관. http://www.saeun.com/
- 조직의 미션과 비전수립. https://blog.naver.com/PostView.naver?blogId=flash0518&logNo=150139573934
- 미션과 비전 이해하기. https://acquiredentrepreneur.tistory.com/29
- 비전수립 방법 및 절차. https://run2plan.kr/82

생각해 보기

- 비영리조직에서 미션과 비전이 왜 중요한지 이야기해 봅시다.
- 미션과 비전을 수립할 때 가장 중요한 요인이 무엇이라고 생각하는지 논의해 봅시다.
- 개인 혹은 가족의 미션과 비전선언문을 작성해 봅시다.

6장

사회복지조직의 기획

1. 기획의 개념을 이해하고 본질과 한계를 설명할 수 있다.
2. 기획의 프로세스를 이해하고 절차별 핵심과제를 실행할 수 있다.
3. 지역사회 문제를 로직모델로 기획하고 프로포절을 작성할 수 있다.

학습목표

1. 기획의 개념과 본질

미래를 예측하고 미리 대비하는 것은 고도의 사고능력을 가진 인간만이 할 수 있는 일이다. 인간은 개인의 일상생활뿐만 아니라 공동의 조직사회에서도 어떤 형태로든 수많은 기획을 하고 그것을 실천하려고 노력한다. 아침에 하루의 일과를 기획하고, 연말연시에는 새해에 성취해야 할 목표를 세운다. 여타 조직이나 회사, 국가도 기획은 필수적인 요소이며, 수많은 계획들을 발표한다.

여기에서 기획과 계획의 용어 차이를 구분해야 할 필요가 있다. 완전한 합의가 이루어진 것은 아니지만 계획하는 과정을 기획이라고 본다. 이것은 영어의 plan을 계획으로 번역하고, planning을 기획으로 번역해서 사용하는 것으로 알 수 있다. 따라서 기획은 계획을 수립 및 집행하는 과정이며, 계획은 기획을 통해 산출(output)되는 결과(end-result)인 것이다. 기획은 절차와 과정을 의미하고, 계획은 활동목표와 수단을 의미하기도 한다.

누구나 기획이란 용어를 심심찮게 사용하거나 주변에서 쉽게 접할 수 있을 것이다. 기업이나 정부, 공공기관 등 다양한 조직에서 기획이라는 용어를 사용한다. 예를 들면 사업기획, 상품기획, 전략기획, 경영기획, 인사기획, 마케팅기획, 광고기획, 출판기획, 방송기획, 공연기획, 영업기획, 생산기획 등 다양한 형태로 사용되고 있다. 따라서 '기획이란 무엇인가?'에 대한 정의를 정리해 보는 것이 필요하다.

1) 기획의 정의

① 대상 수준에 따른 분류

기획은 어느 대상을 수준으로 고려하느냐에 따라 정의가 크게 달라질 수 있다.

첫째, 개인적인 차원에서 기획을 한다면 단순히 문제해결의 과정으로 보는 견해가 많다. Chadwick은 인간이 미래에 대해 미리 사고(forethought)하는 과정을 기획으로 보았다(Chadwick, 1971). 즉, 기획은 머릿속에서 일어나는 사고의 과정으로서 전자두뇌학이 크게 활용되어야 한다고 보았다. Newman은 기획이란 무엇을 할 것인지에 대해 사전에 결정하는 광범위한 인간행태로 보았다(Newman, 1963).

둘째, 기획을 조직 관리기능의 한 단계로 보는 견해가 있다. Stone은 미래를 정확하게 예측하고 통제하려는 신중하게 준비된 노력을 기획이라고 보았다(Stone, 1939). 또한 Koontz와 O'Donnell은 기획이란 여러 대안 중에서 목표, 예산, 절차 및 사업계획 등을 선택하는 관리자의 기능이라고 규정하였다(Koontz & O'Donnell, 1959). 이러한 견해는 기획을 관리능률의 향상을 위한 수단이자 도구로 본 것이다.

셋째, 기획을 사회변화 또는 국가발전의 도구로 보는 견해이다. Merriam은 기획을 국가정책을 결정함에 있어 사회적 예지를 활용하려는 조직적 노력이라고 정의하였다(Merriam, 1941). Waterston은 국가발전목표를 효율적으로 달성하기 위한 수단으로서 기획의 중요성을 공통적으로 인정하고 있다고 지적하였다(Waterston, 1969).

② 강조점에 따른 분류

Dror는 기획에 관한 정의들을 다음과 같이 분류하였다(Dror, 1963). 첫째, 기획의 본질은 미래 행동에 대한 사전결정임을 강조한다. 둘째, 기획의 특징은 합리성과 지적 과정을 강조한다. 셋째, 기획은 사회적 선(social good)을 증진시키는 데 그 목적이 있다. 넷째, 기획은 곧 관리의 여러 가지 요소들을 포함시킨다.

Davidoff와 Reiner는 기획을 일련의 선택을 통해 적절한 장래 행위를 결정짓는 과정으로 규정하였으며(Davidoff & Reiner, 1962), Faludi는 정책결정에 과학적인 방법을 응용하는 것이 곧 기획이라고 정의하였다(Faludi, 1973).

2) 기획의 본질

Waterston은 기획의 공통적인 속성으로 ① 미래를 내다보고(looking ahead), ② 선택을 하며(making choices), ③ 목표달성을 위한 수단을 강구(arranging actions)하면서, ④ 결과에 어떤 한계를 설정(setting limits)하는 점 등을 지적했다(Waterston, 1969). Dror는 기획의 요소들을 다음과 같이 제시하였다(Dror, 1963). ① 기획은 하나의 과정으로서 계속적인 활동이다. ② 기획은 준비과정이다. ③ 기획은 일단의 복합적인 결정을 대상으로 한다. ④ 기획은 행동지향적인 활동이다. ⑤ 기획은 미래지향적인 활동이다. ⑥ 기획은 목표를 성취하기 위한 활동이다. ⑦ 기획은 효율적인 수단을 강구하는 과정이다.

이와 같은 속성을 정리해 보자면, 기획의 본질은 목표를 달성하기 위해 일련의 단계적 절차와 계획을 수립하는 것이다. 기획은 미래의 상황을 예측하고 목표를 설정한 후, 필요한 자원과 활동을 조직화하여 원하는 결과를 이루기 위한 방향을 제시하는 과정이다. 기획은 조직의 비전과 목표를 실현하기 위한 핵심적인 활동으로서, 효율적인 리소스 활용과 일관된 방향성을 제공한다. 즉, 기획은 다양한 요소를 고려하여 목표를 세우고, 자원을 할당하고, 일정을 계획하며, 활동을 조정하고, 결과를 평가하는 과정을 포함한다.

기획의 본질은 다음과 같은 특징이 있다. 첫째, 기획은 목표를 달성하기 위한 방법과 절차를 수립하는 것이다. 목표가 없는 기획은 의미가 없으며, 목표를 설정하고 그에 따른 계획을 세우는 것이 기획의 시작이다.

둘째, 기획은 추상적인 목표를 실현하기 위해 구체적인 계획을 수립하는 과정을 포함한다. 이것은 목표에 도달하기 위해 필요한 활동, 자원, 일정 등을 명확히 정의하는 것을 의미한다.

셋째, 기획은 필요한 자원과 활동을 조직화하여 할당하는 과정을 포함한다. 이는 조직 내부의 역할과 책임을 분명히 하고, 자원을 효율적으로 사용하기 위한 계획을 수립하는 것을 의미한다.

넷째, 기획은 조직의 방향성을 제시하고, 필요에 따라 계획을 조정하는 과정을 포함한다. 이것은 조직 내부 및 외부의 변화에 대응하고, 목표에 도달하기 위한 행동을 조정하며, 원하는 결과를 달성하기 위한 방향을 제시하는 것을 의미한다.

기획은 조직의 효율성과 효과성을 향상시키는 중요한 활동으로서, 목표달성을 위한 핵심적인 도구이다. 따라서 명확한 목표와 계획 수립, 자원 조직화, 방향 제시와 조정 등의 요소를 포함하며 조직의 성공과 성장을 위해 필수적인 역할을 수행한다.

3) 기획의 의의

기획은 조직 또는 개인이 목표를 달성하기 위해 필요한 단계적인 절차와 계획을 수립하는 활동이다. 기획의 의의는 다음과 같이 정리될 수 있다.

첫째, 기획은 목표를 설정하고 그에 따른 행동 방향을 제시하는 역할을 한다. 명확한 목표를 설정하고 그에 따른 계획을 수립함으로써 조직 또는 개인은 목표달성을 위한 방향성을 가질 수 있다.

둘째, 기획은 필요한 자원을 효율적으로 활용하기 위한 방법을 제시한다. 자원은 제한적이며 유한한데, 기획을 통해 자원을 최대한 활용하고 낭비를 최소화할 수 있다. 이것은 조직의 생산성과 효율성을 향상시키는 데 도움을 준다.

셋째, 기획은 목표달성을 위한 실행 계획을 수립하고 필요에 따라 조정하는 과정을 포함한다. 실행계획을 일관성 있게 추진하고 조정함으로써 조직은 목표에 도달하기 위한 일관된 행동을 보장할 수 있다.

넷째, 기획은 미리 예측되는 리스크를 인지하고 대비하는 데 도움을 준다. 계획 수립 단계에서 잠재적인 문제점이나 위험을 파악하고 대응책을 마련함으로써 조직은 더욱 효과적으로 리스크를 관리할 수 있다.

다섯째, 기획은 목표 달성에 대한 성과를 평가하고 개선하기 위한 기회를 제공한다. 목표와 계획을 수립한 후에는 그에 따라 실행되는데, 기획을 통해 성과를 모니터링하고 개선할 수 있다.

기획은 조직의 성공과 성장을 위해 필수적인 역할을 수행한다. 목표의 설정과 계획 수립, 자원활용과 조정, 일관성 있는 실행과 리스크 관리, 성과 평가와 개선 등을 통해 조직은 효율성과 효과성을 극대화할 수 있다.

4) 기획의 한계

기획은 조직 또는 개인이 목표를 달성하기 위한 중요한 절차이지만, 몇 가지 한계가 있을 수 있다. 이러한 한계요인을 살펴보면 다음과 같다.

첫째, 불확실성과 변동성이다. 현대 사회는 변동성이 높고 불확실성이 많은 환경이다. 기획을 미래를 예측하고 계획을 수립하는 것이지만, 불확실한 상황에서는 예상치 못한 요인들이 나타날 수 있다. 따라서 기획은 불확실성을 완전히 제거하거나 예측할 수 없는 요인들을 완전히 통제할 수는 없다.

둘째, 정보의 한계이다. 기획은 정보에 기반하여 이루어진다. 그러나 정보의 수집과 분석에는 한계가 있을 수 있다. 부족한 정보나 잘못된 정보로 인해 기획의 효과성이 저하될 수 있다. 또한, 시간이 지남에 따라 정보의 변화와 업데이트가 필요할 수 있다.

셋째, 계획과 실행 간의 간극이 발생한다. 기획은 목표 달성을 위한 계획을 수립하는 과정이다. 그러나 계획을 수립하는 것과 실제로 실행하는 것 사이에 간극이 발생할 수 있다. 실행 단계에서 예상치 못한 문제가 발생하거나 조직의 변화에 따른 조정이 필요할 수 있다.

넷째, 외부 환경의 영향이다. 기획은 조직 내부 요소뿐만 아니라 외부 환경 요소를 고려해야 한다. 하지만 외부 환경은 예측하기 어려운 요소들을 포함하고 있다. 경제 상황, 정치적 변화, 기술 발전 등 외부 환경의 변화는 기획의 성공에 영향을 미칠 수 있다.

다섯째, 역동적인 상황 대응의 필요성이다. 기획은 정적인 계획 수립에 초점을 맞추기 쉽다. 하지만 현대 조직은 빠르게 변화하는 역동적인 상황에 직면하고 있다. 이에 따라 기획은 유연성을 갖추고 빠르게 상황에 대응할 수 있는 능력이 필요하다.

따라서 기획의 한계를 이해하고 인지함으로써 조직은 유연성을 갖추고 예기치 않은 상황에 대응할 수 있는 능력을 키워야 한다. 이를 통해 기획의 효과성을 극대화하고 조직의 성공을 촉진할 수 있다.

2. 기획이론과 접근방법

기획이론(Planning Theory)은 기획에 대한 이론적인 연구와 개념화를 다룬다. 기획이론은 조직, 정부, 사회, 경제 등 다양한 분야에서 기획 활동을 이론적으로 이해하고 설명하기 위해 연구된다. 이론적으로 기획을 다루는 이유는 효율적인 의사결정과 리소스 관리, 목표 달성을 위한 계획 수립 및 실행, 사회적 문제 해결을 위한 정책 기획 등 다양한 영역에서 기획의 중요성이 강조되기 때문이다. 또한 기획이론은 기획 과정에 참여하는 이해관계자들의 역할과 상호작용, 조직문화와 리더십 등에 대해서도 이론적으로 고려한다.

기획이론은 경영학, 사회과학, 도시 및 지역계획, 공공정책 등 다양한 학문분야에서 연구되고 적용된다. 이론적인 개념과 모형을 바탕으로 기획 활동의 효율성과 효과성을 높이는 방법을 탐구하며, 현실적인 기획 문제들에 대한 해결책을 제시하기 위해 다양한 연구와 논의가 이루어지고 있다. 본 장에서는 기획이론의 범위 중 내용이론과 절차이론, 사회이론으로 구분하여 살펴보겠다.

1) 내용이론(Content Theory)

내용이론(Content Theory)은 기획에서 목표 설정과 성취에 영향을 미치는 개인의 동기와 욕구에 주목하는 이론적 접근이다. 내용이론은 기획 활동에 참여하는 개인들이 어떤 동기와 욕구를 가지고 있는지 이해하고, 이를 바탕으로 효과적인 기획을 위한 전략을 개발하는 데 중점을 둔다. 내용이론은 개인의 동기와 욕구에 관련된 다양한 이론과 모형을 포함한다. 그 중에서도 가장 잘 알려진 내용이론은 Maslow의 욕구계층이론(Hierarchy of Needs Theory)이다. 이 이론은 인간의 욕구를 다섯 가지 계층으로 나누고, 기본 생존 욕구부터 고차 순수 욕구까지 우선순위가 있는 계층적 구조로 설명한다. 기획자는 이러한 욕구 계층을 이해하여 개인의 동기를 파악하고, 기획 과정에서 해당 동기를 충족시킬 수 있는 전략을 수립할 수 있다.

내용이론은 또한 다른 이론들과 조합되어 적용될 수 있다. 예를 들어, 기획이론과 관련된 동기 이론인 Expectancy Theory, Equity Theory, Goal-Setting Theory 등을 활용하여 개인의 동기와 욕구를 이해하고 효과적인 기획 전략을 개발할 수 있다. 또한, 조직 문화와 리더십 이론과 함께 고려함으로써 내용이론은 기획 활동에서 개인의 동기와 욕구를 조직적으로 지원하고 유지하는 데에도 중요한 역할을 한다. 내용이론은 개인의 동기와 욕구에 집중하여 기획 활동의 성과를 향상시키는 데에 도움을 준다. 이를 통해 기획자는 기획 대상자의 동기와 욕구를 파악하고, 그에 맞는 유인과 보상, 목표 설정, 업무 설계 등을 수행하여 개인의 참여와 동기부여를 높일 수 있다. 내용이론은 개인 차원에서의 효과적인 기획 활동을 위한 중요한 이론적 기반을 제공한다.

2) 절차이론(Process Theory)

절차이론(Process Theory)은 기획의 과정과 절차에 주목하는 이론적 접근이다. 이론은 기획 활동의 절차, 의사 결정, 커뮤니케이션, 리더십, 조직적 행동 등을 중심으로 다양한 이론과 모형을 포함한다. 절차이론은 기획의 과정을 분석하고, 기획 활동에서 필요한 절차와 단계, 의사 결정과정, 정보 수집과 분석, 의사소통과 협력, 리더십과 조직적 행동 등을 탐구한다. 이를 통해 효과적인 기획 활동을 위한 절차와 방법을 개발하고, 기획자들이 합리적이고 체계적인 절차를 따르며 목표를 달성할 수 있도록 지원한다. 절차이론의 대표적인 예로는 Simon(1997)의 결정이론(Decision-Making Theory)이 있다. 이 이론은 기획 활동에서 의사 결정 과정을 이해하고, 결정자가 어떻게 정보를 수집하고 분석하며, 어떤 규칙과 절차를 사용하여 합리적인 결정을 내리는지를 설명한다. Simon은 기획자들이 불완전한 정보와 제한된 인지 능력을 가지고 의사 결정을 해야 한다는 현실을 인정하고, 이를 극복하기 위한 절차적인 접근을 제시했다.

절차이론은 또한 프로젝트 관리와 관련된 이론과 기법들을 포함한다. 프로젝트 관리는 기획의 한 분야로, 프로젝트의 계획, 조직, 일정, 자원 할당 등을 효과적으로 관리하여 목표 달성을 위한 프로세스를 설계하는 것이다. 프로젝트 관리 이론과 기법은 기획 활동의 절차적인 측면에 초점을 맞추어 효율성과 효과성을 극대화하기 위해 사용된다. 절차이론은 기획의 절차와 과정에 관한 이해를 통해 효과적인 기획 활동을 지원한다. 이론은 기획자들이 명확한 절차를 따르고 의사 결정과정을 체계적으로 수행하며, 커뮤니케이션과 협력을 강화하고 리더십과 조직적 행동을 통해 기획 과정을 원활하게 진행할 수 있도록 지원한다.

3) 사회이론(Social Theory)

사회이론(Social Theory)은 기획 활동과 사회적 상호작용, 사회적 구조, 사회적 변화 등의 관계를 탐구하는 이론적 접근이다. 이론은 사회적인 차원에서 기획 활동을 이해하고 분석하는 데 중점을 둔다. 사회이론은 기획 활동이 사회적인 문제와 상호작용에 노출되어 있다고 인식한다. 이를 통해 기획자들은 사회적인 변화와 영향을 고려하여 기획을 수행하고, 사회적 관계와 사회적 구조를 이해하여 목표 달성을 위한 전략을 수립한다. 사회이론은 사회적인 문제를 인식하고 해결하기 위한 창의적이고 혁신적인 기획 접근을 제시한다. 사회이론의 대표적인 예로는 구조주의 이론(Structuralism)이 있다. 구조주의 이론은 사회적인 구조와 제도, 규범, 실천 방식 등이 개인의 행동과 기획 활동에 미치는 영향을 연구한다. 구조주의 이론은 기획자들이 사회적인 구조와 상호작용을 이해하고, 구조적인 변화와 제도적 요인을 고려하여 기획 활동을 수행할 수 있도록 지원한다.

사회이론은 사회적인 영향과 변화에 초점을 맞춘 이론들을 포함한다. 사회적 변화 이론(Social Change Theory)은 사회 변화의 원인과 과정, 영향력의 역할 등을 다루며, 기획자들에게 사회적 변화에 대한 이해와 대응력을 제공한다. 또한, 사회적 네트워크 이론(Social Network Theory)은 사회적인 관계와 네트워크의 형성과 영향력을 연구하여 기획자들에게 사회적인 관계망을 활용한 전략적 기획을 제안한다. 사회이론은 기획 활동을 사회적 맥락과 상호작용에서 이해하는 데 도움을 주며, 사회적 변화와 구조, 관계 등을 고려하여 효과적인 기획을 수행할 수 있도록 지원한다.

이 외에도 기획이론은 다양한 관점과 접근법에 따라 여러 종류로 분류될 수 있다. 일반적으로 알려진 몇 가지 기획이론의 종류는 다음과 같다.

첫째, 경제학적 이론(Economic Theory)은 경제적인 측면에서 기획 활동과 관련된 원리와 개념을 다룬다. 이론적인 경제 모형, 수요 및 공급 이론, 비용-수익 분석 등이 이에 해당한다.

둘째, 조직이론(Organizational Theory)은 조직 내에서 기획이 어떻게 이루어지는지에 대한 이해를 탐구한다. 조직 구조, 의사결정 과정, 리더십, 조직문화 등을 다루며, 조직 내부의 역할과 상호작용을 중심으로 기획 활동을 분석한다.

셋째, 정책 이론(Policy Theory)은 공공부문이나 사회적인 분야에서 정책 기획과 관련된 이론과 원리를 다룬다. 정책 프로세스, 정책 분석, 평가 및 시행 등이 이에 해당하며, 사회적 문제를 해결하기 위한 기획과정을 다룬다.

넷째, 도시 및 지역계획 이론(Urban and Regional Planning Theory)은 도시 및 지역 개발과 관련된 기획 활동에 초점을 맞춘다. 도시 및 지역의 발전, 교통체계, 주택정책, 환경보전 등을 다루며, 지역사회의 발전과 지역계획에 대한 이론적 접근을 제공한다.

4) 기획이론의 접근방법

기획이론은 다양한 접근방법과 관점을 통해 기획 활동을 이해하고 분석한다. 다음은 일반적으로 알려진 몇 가지 기획이론의 접근방법이다.

첫째, 정량적 접근방법 (Quantitative Approach)이다. 정량적 접근방법은 숫자와 통계를 활용하여 기획 활동을 분석하고 예측하는 방법이다. 이 방법은 데이터 수집, 모델링, 통계 분석 등을 통해 기획 결정에 대한 정확한 정보를 제공한다.

둘째, 정성적 접근방법 (Qualitative Approach)이다. 정성적 접근방법은 주로 질적인 데이터를 수집하고 분석하여 기획 활동을 이해하고 설명하는 방법이다. 인터뷰, 관찰, 문서 분석 등을 통해 다양한 관점과 경험을 고려하여 기획 결정에 대한 깊은 이해를 제공한다.

셋째, 혼합 접근방법 (Mixed Methods Approach)이다. 혼합 접근방법은 정량적 접근과 질적 접근을 결합하여 기획 활동을 다각도로 분석하는 방법이다. 이 방법은 숫자와 통계로 기획 활동을 측정하고, 동시에 질적인 데이터로 그 의미와 영향력을 이해할 수 있다.

넷째, 시스템 접근방법 (Systems Approach)이다. 시스템 접근방법은 기획 활동을 전체적인 시스템으로 보고 그 상호작용과 영향력을 이해하는 방법이다. 기획 활동을 구성 요소와 관계의 네트워크로 파악하여 상호 의존성과 효과를 고려한다.

다섯째, 사회적 접근방법 (Social Approach)이다. 사회적 접근방법은 기획 활동을 사회적인 맥락과 상호작용으로 이해하는 방법이다. 사회적 구조, 권력 관계, 문화적 요인 등을 고려하여 기획 활동의 사회적 영향과 효과를 분석한다.

이 외에도 기획이론은 다양한 접근방법을 활용하여 기획 활동을 이해하고 분석하는데 사용될 수 있다. 이러한 접근방법들은 기획이론의 다양성과 다양한 관점을 제공하며, 특정한 상황이나 문제에 맞춰 적절한 방법을 선택하여 기획 활동을 지원할 수 있다.

5) 좋은 기획의 조건

① 기획서 프레임 만들기

☞ 전략–실행안 수립 같은 것은 전통적인 기획의 한 영역

☞ 모든 기획을 다 모은 보고서를 사업 계획이라 함

“ 기획이란 어떤 일을 계획하고, 실행이 될 수 있게 하고, 그 실행의 결과를 평가하여 우수한 것에 적절한 보상을 하고, 잘 된 결과는 공유하는 모든 행위를 담고 있어야 한다. ”

1/ 기획작업의 전체를 생각한다
- 기획작업의 단계를 고려
- 필요자료, 정보를 확보
- 고객을 고려

2/ 큰 항목으로 구분하고 배열을 결정한다.
- 기본요소를 추출
- 키워드를 중심으로 전체 구도를 그림

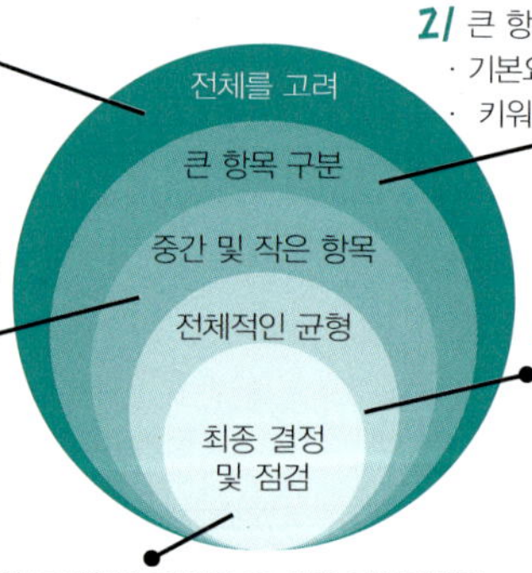

3/ 중간 및 작은 항목을 결정한다
- 큰 항목의 구성요소를 찾음
- 간단하고 명료하게 구성
- 필요시 자료를 추가 삽입

4/ 전체의 균형을 잡는다
- 상세하게 기술해야 할 곳은?
- 생략해도 무방한 것은?
- 요소간의 균형은?

5/ 기획의 프레임을 결정한 후 최종 재점검한다
- 무엇을 제안하는지 명확한가?
- 기획 전 후의 차이가 나타나 있는가?
- (요구)포인트 및 핵심이 명료한가?
  기획의 전체 및 개별사항이 명확히 인식되는가?
  기획은 합리적이고 사실에 근거한 것인가?

② 기획서 작성의 원칙

Why	이유(무엇을 위해)	목적, 왜, 이유나 원인으로 결론에 근거되는 요소, 기대 효과 등
What	목적(무엇을)	무엇을 말하는가? (문서의 핵심으로 사실의 대상)
Who	대상(누구)	누가 행하는가? (행위의 주체, 투입인력 또는 장비)
When	시기(언제)	언제 시행되는가?
Where	장소(어디서)	어디에서 시행되는가?
How	방법(어떻게)	어떻게 진행/수행하는가? (전후 진행상황 설명)
How Much	예산(얼마의 액수로)	어느 정도의 예산, 가격, 경비가 필요한가?
How Long	기간(언제까지)	어느 정도의 기간이 필요한가? (실행에 소요되는 기간)

출처: 보고서 품질향상 연구팀(2007). 대통령 보고서, 서울: 위즈덤 하우스

3. 기획 프로세스

기획은 일련의 단계를 거쳐 진행되는 프로세스이다. 일반적으로 기획의 과정은 다음과 같이 설명될 수 있다

① 문제 정의 (Problem Definition): 기획의 첫 번째 단계는 문제 또는 목표를 명확하게 정의하는 것이다. 이는 기획의 필요성을 인식하고 기획의 목적과 범위를 설정하는 과정을 의미한다.

② 정보 수집 및 분석 (Information Gathering and Analysis): 이 단계에서는 필요한 정보를 수집하고 분석한다. 내부 및 외부 환경에 대한 데이터, 시장 조사 결과, 이해 관계자의 의견 등을 수집하여 문제를 이해하고 기획 결정에 활용한다.

③ 목표 설정 (Goal Setting): 기획의 목적을 구체화하고 구체적인 목표를 설정하는 단계이다. 이 단계에서는 달성 가능한, 측정 가능한, 현실적인 목표를 설정하여 기획의 방향성을 제시한다.

④ 대안 도출 (Alternatives Generation): 이 단계에서는 다양한 대안을 도출한다. 문제 해결이나 목표 달성을 위한 다양한 방법이나 전략을 고려하고, 이를 기획의

대안으로 제시한다.

⑤ 대안 평가 (Alternatives Evaluation): 도출된 대안들을 평가하여 최적의 대안을 선정하는 단계이다. 평가 기준과 가중치를 설정하여 각 대안을 평가하고 비교하여 최종 선택을 하게 된다.

⑥ 계획 수립 (Plan Development): 선택된 대안을 바탕으로 구체적인 계획을 수립한다. 이 단계에서는 목표 달성을 위한 세부적인 활동 계획, 자원 할당, 일정 관리 등을 포함한 구체적인 실행 계획을 수립한다.

⑦ 실행 및 모니터링 (Execution and Monitoring): 수립된 계획을 실행하고 진행 상황을 모니터링한다. 실행 중에는 문제가 발생하거나 조정이 필요한 경우에 대처하며, 모니터링을 통해 목표 달성 상황을 추적하고 성과를 평가한다.

⑧ 평가 및 개선 (Evaluation and Improvement): 기획의 마지막 단계는 실행 결과를 평가하고 개선하는 것이다. 목표 달성 정도를 평가하고 성과를 분석하여 향후 기획에 반영할 수 있도록 개선점을 도출한다.

이러한 과정을 통해 기획은 체계적이고 구조화된 방식으로 진행되며, 목표 달성을 위한 경로를 제시하고 실행 가능한 계획을 수립하는 역할을 수행한다. 본 장에서는 각 단계별 내용을 구체적으로 살펴보겠다.

1) 문제정의

문제 정의 단계는 기획의 출발점이자 가장 중요한 단계 중 하나이다. 이 단계에서는 기획의 목적과 범위를 명확하게 설정하기 위해 다음과 같은 활동을 수행한다.

① 문제 인식 (Problem Identification): 문제 정의의 첫 번째 단계는 현재 상황에서 발생하는 문제를 인식하는 것이다. 이는 조직이나 사회적 맥락에서 발생하는 어려움, 니즈, 불만 등을 파악하는 과정을 의미한다.

② 문제 분석 (Problem Analysis): 문제 정의의 두 번째 단계는 문제를 근본적으

로 이해하기 위해 분석하는 것이다. 이 단계에서는 문제의 원인, 영향, 범위, 관련 이해 관계자 등을 분석하여 문제에 대한 깊은 이해를 도모한다.

③ 목표 설정 (Goal Setting): 문제 정의의 마지막 단계는 명확한 목표를 설정하는 것이다. 이는 문제를 해결하거나 개선하기 위해 달성하고자 하는 목표를 설정하는 과정을 의미한다. 목표는 구체적이고 측정 가능하며 현실적이어야 한다.

문제 정의 단계에서는 다양한 방법과 도구를 활용하여 문제를 파악하고 분석한다. 예를 들어, SWOT 분석, PESTEL 분석, 문제 나무 구조화 등의 분석 도구를 활용하여 문제와 그 영향 요소를 시각화하고 이해하는 데 도움을 줄 수 있다. 또한, 이해 관계자와의 상호 작용을 통해 문제에 대한 다양한 시각과 의견을 수렴하여 문제 정의를 보다 포괄적으로 수행할 수 있다. 문제 정의 단계에서 명확하고 정확한 문제 정의가 이루어지면, 이후 기획 과정에서 필요한 정보 수집, 대안 도출, 평가 및 실행 단계에서 더욱 효과적인 기획을 수행할 수 있다. 따라서 문제 정의 단계는 기획의 품질과 성공에 큰 영향을 미치는 핵심적인 단계라고 할 수 있다.

2) 정보수집 및 분석

정보 수집 및 분석 단계는 문제를 근본적으로 이해하고 해결 방안을 도출하기 위해 필요한 단계이다. 이 단계에서는 다양한 정보를 수집하고 분석하여 문제를 파악하고 해결에 도움이 되는 결정을 내린다. 아래는 정보 수집 및 분석 단계에서 활용되는 주요 방법과 절차이다.

① 정보 수집 방법

- 문헌 연구: 관련된 문서, 보고서, 연구 논문 등과 같은 문헌 자료를 조사하고 분석한다.
- 현장 조사: 실제 현장에 가서 직접 관찰하거나 인터뷰, 설문조사 등을 통해 필요한 정보를 수집한다.

- 데이터 분석: 과거의 데이터나 통계 자료를 수집하여 분석하고 동향을 파악한다.
- 전문가 의견 수렴: 관련 분야의 전문가나 이해 관계자의 의견을 수렴하고 인터뷰를 진행한다.

② 정보 분석 방법:

- SWOT 분석: 조직의 강점, 약점, 기회, 위협을 분석하여 내부와 외부 환경을 파악한다.
- PESTEL 분석: 정치, 경제, 사회, 기술, 환경, 법률 등의 요인을 분석하여 환경적 요소를 이해한다.
- 데이터 분석: 통계적 기법이나 시각화 도구를 활용하여 데이터를 분석하고 패턴이나 상관관계를 파악한다.
- 인과관계 분석: 문제의 원인과 결과 사이의 인과관계를 파악하고 원인 분석을 수행한다.
- 비교 분석: 다른 조직이나 사례와 비교하여 효과적인 사례나 벤치마킹을 실시한다.

정보 수집 및 분석 단계에서는 다양한 정보를 수집하고 이를 체계적으로 분석하여 문제의 원인과 영향을 파악한다. 이를 통해 문제에 대한 깊은 이해를 도모하고 해결 방안을 도출한다. 정보 수집 단계에서는 다양한 정보원을 활용하여 풍부한 데이터를 수집하고, 정보 분석 단계에서는 다양한 분석 도구와 기법을 활용하여 정보를 해석하고 유용한 인사이트를 도출한다. 이를 통해 기획자는 문제 해결에 필요한 정보를 바탕으로 효과적인 전략과 계획을 수립할 수 있다.

3) 목표설정

목표 설정 단계는 문제 해결을 위해 명확하고 구체적인 목표를 수립하는 단계이다. 이 단계에서는 문제 해결을 위한 목표를 설정하고 이를 달성하기 위한 방향성과 기준을 정한다. 아래는 목표 설정 단계에서 고려해야 할 요소와 절차이다.

① 목표 설정 요소

- 목적: 기획의 목적이 무엇인지 명확히 정의한다. 예를 들어, 수익성 향상, 시장 점유율 증가, 고객 만족도 향상 등을 목표로 설정할 수 있다.
- 측정 가능성: 목표를 측정 가능하도록 구체적으로 정의한다. 어떤 지표나 기준을 사용하여 목표의 달성 정도를 평가할 수 있어야 한다.
- 현실적인 성취 가능성: 목표가 현실적으로 달성 가능한지를 고려한다. 기획자의 역량과 조직의 리소스, 외부 환경 등을 고려하여 현실적인 목표를 설정해야 한다.
- 시간적 제약: 목표를 달성하기 위한 기간을 명확히 설정한다. 목표에 따라서는 단기 목표와 장기 목표를 구분하여 설정할 수도 있다.

② 목표 설정 절차

- 문제 분석: 문제를 분석하고 해결을 위한 필요한 목표를 도출한다. 문제의 근본 원인과 영향을 파악하여 목표를 설정하는데 도움이 된다.
- 목표 선정: 문제 해결에 기여할 수 있는 구체적인 목표를 선정한다. 목표는 SMART 기준을 충족해야 하며, 구체적이고 측정 가능하며 현실적인 목표여야 한다.
- 우선순위 결정: 선정한 목표들의 우선순위를 결정한다. 가장 중요하고 긴급한 목표를 우선적으로 수립하고, 중요도와 적합성을 고려하여 순서를 정한다.
- 목표 평가 및 조율: 설정한 목표가 기획의 전반적인 목표와 일치하는지 평가하고 필요한 경우 조율한다. 기획의 일관성과 목표의 상호 연계성을 고려하여 목표를 최종적으로 확정한다.

목표 설정 단계는 기획의 핵심 단계 중 하나로, 명확하고 구체적인 목표를 설정함으로써 효과적인 기획 실행을 도모할 수 있다.

4) 대안도출

대안 도출 단계는 문제 해결을 위해 가능한 다양한 대안을 도출하는 단계이다. 이 단계에서는 문제에 대한 다양한 해결 방법이나 접근법을 고려하여 최적의 대안을 찾아내는 것이 목표이다. 아래는 대안 도출 단계에서 고려해야 할 절차와 방법에 대한 설명이다.

- 정보 수집: 대안 도출을 위해 필요한 정보를 수집한다. 이는 문제에 대한 깊은 이해와 관련된 데이터, 조사 결과, 전문가 의견 등을 포함할 수 있다. 다양한 정보 수집 방법을 사용하여 정확하고 신뢰할 수 있는 정보를 수집한다.
- 창의적 사고: 대안 도출은 창의적 사고를 필요로 한다. 기존의 관행이나 틀에 얽매이지 않고 새로운 아이디어와 접근법을 생각해 봄으로써 다양한 대안을 도출한다. 이를 위해 브레인스토밍, 마인드맵, SWOT 분석 등의 창의적 사고 도구와 기법을 활용할 수 있다.
- 대안의 다각성: 가능한 다양한 대안을 고려한다. 이는 단일한 해결책에만 집중하지 않고, 다양한 시나리오와 방향을 고려하여 여러 가지 대안을 도출하는 것을 의미한다. 이를 통해 보다 풍부하고 유연한 선택지를 확보할 수 있다.
- 평가 기준: 대안을 평가할 기준을 설정한다. 기획의 목표와 우선순위에 따라서 대안을 평가하기 위한 기준을 설정한다. 이는 목표 달성 가능성, 비용 효과성, 지속 가능성 등과 같은 다양한 요소를 고려할 수 있다.
- 대안 우선순위 결정: 도출된 대안들을 우선순위에 따라 정렬하고 선정한다. 이는 대안의 장단점, 위험 요인, 리소스 제약 등을 고려하여 가장 적합하고 우수한 대안을 선택하는 과정을 의미한다.

대안 도출 단계에서는 창의적인 사고와 다양한 시각을 활용하여 가능한 많은 대안을 도출하고 이를 평가하여 최적의 대안을 결정하는 것이 중요하다. 이 단계를 신중하게 수행함으로써 기획의 성공 확률을 높일 수 있다.

5) 대안평가

대안평가 단계는 도출된 다양한 대안들을 종합적으로 평가하고, 가장 적합한 대안을 선정하는 단계이다. 이 단계에서는 도출된 대안들이 기획의 목표와 요구사항을 얼마나 만족시키는지를 평가하여 최종 결정을 내리게 된다. 아래는 대안평가 단계에서 고려해야 할 주요 요소와 절차에 대한 설명이다.

- 평가 기준 설정: 대안평가를 위해 명확하고 일관된 기준을 설정해야 한다. 이는 기획의 목표, 우선순위, 가치관, 이해관계자 요구사항 등에 기반하여 결정된다. 평가 기준은 주로 정량적인 지표와 정성적인 요소를 포함할 수 있으며, 이를 통해 대안들을 비교하고 평가한다.
- 평가 요소: 대안평가에 고려되는 주요 요소는 다양할 수 있다. 예를 들어, 비용 효과성, 수행 가능성, 위험 요인, 기회와 혜택, 지속 가능성, 이해관계자의 만족도 등이 평가 요소로 고려될 수 있다. 평가 요소는 기획의 목적과 특성에 따라 유연하게 조정될 수 있다.
- 평가 방법과 도구: 평가를 위해 사용되는 방법과 도구는 다양하게 활용될 수 있다. 예를 들어, 가중치 평가법, SWOT 분석, 경제적 평가 기법, 다중기준 결정법(MCDM), 시나리오 분석, 이해관계자 분석 등이 대안평가에 활용될 수 있다. 이러한 도구와 방법을 통해 평가 요소들을 측정하고 대안들을 비교하여 상대적인 우수성을 평가한다.
- 대안 비교와 우선순위 결정: 다양한 대안들을 평가하고 비교하여 상대적인 우수성을 파악한다. 이를 통해 가장 적합한 대안을 선정하고 우선순위를 결정한다. 이 과정에서는 평가 기준에 따라 가중치를 부여하거나, 다양한 대

안들을 점수화하여 비교분석할 수 있다.

- 의사결정과 보완적인 분석: 대안평가 결과를 바탕으로 의사결정을 내리고, 선택된 대안에 대한 보완적인 분석을 수행한다. 이는 선택된 대안의 잠재적인 문제점이나 부족한 점을 파악하고 보완하는 과정을 의미한다. 이를 통해 최종적인 기획안을 완성하고 실행 가능성을 높일 수 있다.

대안평가 단계는 기획의 품질과 성공 여부에 큰 영향을 미치는 중요한 단계이다. 신중하고 체계적인 평가과정을 거쳐 최선의 대안을 선택하는 것이 필요하다.

6) 계획수립

계획 수립 단계는 이전 단계에서 도출된 목표와 대안들을 구체화하고 구체적인 계획을 수립하는 단계이다. 이 단계에서는 어떤 목표를 달성하기 위해 어떤 활동을 수행할 것인지, 그리고 어떻게 수행할 것인지를 명확하게 정의하게 된다. 아래는 계획 수립 단계에서 고려해야 할 주요 내용과 절차에 대한 설명이다.

- 목표 설정: 이전 단계에서 도출된 목표를 보다 구체적으로 설정한다. 목표는 SMART 원칙을 따라 구체적(Specific), 측정 가능(Measurable), 도달 가능(Achievable), 관련성(Related), 시기적절(Timely)하게 설정되어야 한다. 목표는 기획의 방향성과 성과를 결정하는 중요한 요소이다.
- 활동 계획: 목표를 달성하기 위해 필요한 활동들을 세부적으로 계획한다. 활동 계획은 누가 언제, 어떤 일을 수행할 것인지를 명확하게 정의하는 것을 의미한다. 이 단계에서는 역할과 책임을 할당하고, 활동의 일정, 우선순위, 시간 및 자원 관리를 고려한다.
- 자원 할당: 수행할 활동에 필요한 자원을 할당한다. 이는 인력, 예산, 장비, 기술, 시설 등을 고려하여 필요한 자원을 적절하게 배분하는 것을 의미한다. 자원 할당은 계획의 실행 가능성을 보장하고, 효율성을 극대화하는데

중요한 역할을 한다.

- 일정 계획: 계획 수립 단계에서는 활동들의 일정을 수립한다. 이는 각 활동의 시작일과 종료일, 선후관계, 마일스톤 등을 포함하여 일정을 계획하는 것을 의미한다. 일정 계획은 작업의 흐름을 관리하고, 작업 간의 의존성을 파악하여 프로젝트나 기획의 성공을 도모한다.
- 위험 관리: 계획 수립 단계에서는 예상되는 위험 요소들을 식별하고 관리하는 것이 중요하다. 이를 통해 위험에 대비하고 대응책을 마련하여 계획의 안정성과 성공 확률을 높일 수 있다. 위험 평가 및 관리는 계획의 신뢰성과 안정성을 강화하는 데 도움이 된다.

계획 수립 단계는 기획의 구체화와 실행 가능성을 보장하는 중요한 단계이다. 목표와 대안에 대한 명확한 계획 수립은 성공적인 기획의 핵심이며, 향후 실행과 모니터링 단계에 영향을 미친다.

7) 실행 및 모니터링

실행 및 모니터링 단계는 계획을 실제로 실행하고 진행 상황을 지속적으로 모니터링하는 단계이다. 아래는 실행 및 모니터링 단계의 주요 내용과 활동에 대한 설명이다.

① 실행: 계획 수립 단계에서 수립한 계획을 실제로 실행하는 단계이다. 이 단계에서는 계획에 따라 활동을 시작하고 진행한다. 실행은 일정에 따라 작업을 수행하고, 필요한 자원을 활용하여 목표를 달성하기 위해 필요한 활동을 추진하는 것을 의미한다.

② 모니터링: 실행된 활동의 진행 상황과 성과를 지속적으로 모니터링하고 평가하는 단계이다. 이는 계획의 진행 상황을 추적하고, 목표 달성에 대한 성과를 측정하며, 문제점을 파악하여 조치를 취하는 것을 의미한다.

모니터링 활동에는 다음과 같은 내용이 포함될 수 있다.

- 성과 측정: 계획의 목표 달성 여부와 성과를 측정하고 평가한다. 정량적인 지표나 품질 평가 등을 사용하여 성과를 평가할 수 있다.
- 문제 파악: 실행 중 발생하는 문제점이나 예외 상황을 파악하고 분석한다. 문제의 원인을 파악하여 즉각적인 대응을 취할 수 있다.
- 조치 및 개선: 모니터링 결과에 따라 필요한 조치와 개선 방안을 도출한다. 문제점을 해결하거나 성과를 향상시키기 위해 필요한 조치를 취한다.
- 리포트 및 커뮤니케이션: 모니터링 결과를 리포트 형태로 작성하고 이해관계자와 공유한다. 이를 통해 계획의 진행 상황과 성과에 대한 투명성을 제공하며, 이해관계자들과의 소통과 협력을 강화한다.

실행 및 모니터링 단계는 계획의 실현과 지속적인 향상을 위해 중요한 역할을 한다. 진행 상황을 지속적으로 파악하고 조치를 취함으로써 계획의 효과성과 효율성을 높일 수 있다.

8) 평가 및 개선

평가 및 개선 단계는 실행 및 모니터링을 통해 얻은 정보와 결과를 평가하고, 필요한 개선 조치를 적용하는 단계이다. 이 단계는 기획 프로세스를 지속적으로 향상시키고 효과적인 결과를 달성하기 위해 중요하다. 아래는 평가 및 개선 단계의 주요 내용과 활동에 대한 설명이다.

① 평가: 실행 및 모니터링을 통해 얻은 정보와 데이터를 분석하여 계획의 성과와 효과성을 평가한다. 평가는 정량적인 지표와 품질 평가, 효율성 분석 등을 활용하여 수행될 수 있다. 이 과정에서 계획의 목표 달성 여부와 실행 과정에서의 성과를 평가하며, 계획의 장점과 단점을 도출한다.

② 개선: 평가 결과를 토대로 필요한 개선 조치를 도출하고 적용하는 단계이다. 문제점이나 개선 가능성이 확인된 경우, 해당 부분에 대한 조치 방안을 개발하고 실행한다. 개선 조치는 계획의 효과성을 향상시키고 문제점을 해결하는 데 목적이 있다. 이를 위해 조직 내 협력과 커뮤니케이션을 강화하여 관련 이해관계자들과의 협업을 추진한다.

평가 및 개선 단계는 계획의 지속적인 향상을 위해 필요한 단계로, 다음과 같은 활동을 수행할 수 있다.

- 평가 결과의 분석과 해석: 수집된 데이터와 정보를 분석하여 계획의 성과와 문제점을 도출하고 해석한다. 데이터 분석 기법과 평가 모델을 활용하여 평가 결과를 정량화하고 통찰력 있는 분석을 수행한다.
- 개선 방안의 도출: 평가 결과를 기반으로 문제점과 개선할 사항을 도출한다. 이를 위해 창의적인 사고와 문제 해결 능력을 발휘하여 다양한 개선 방안을 모색한다.
- 개선 계획의 수립: 도출된 개선 방안을 구체적인 계획으로 정리하고 우선순위를 설정하여 개선 계획을 수립한다. 개선 계획은 목표와 일정, 책임자, 리소스 등을 명확하게 기술하여 실제 실행 가능한 형태로 구성된다.
- 개선 실행과 모니터링: 개선 계획에 따라 실제 개선 조치를 실행하고 이를 모니터링하여 진행 상황과 효과를 추적한다. 개선 조치의 실행은 조직 내 협력과 의사소통을 강화하여 원활하게 이뤄져야 한다.

- 결과 평가와 피드백: 개선 조치의 결과를 평가하고 피드백을 수렴한다. 평가 결과를 통해 개선 조치의 효과를 확인하고 필요한 보완 조치나 수정 사항을 도출한다.

평가 및 개선 단계는 기획 프로세스의 지속적인 개선과 성과 향상을 위해 필수적이다. 이 단계를 거치면서 조직은 문제 해결 능력과 혁신성을 강화하며, 지속적인 발전과 성장을 이룰 수 있다.

9) 경영전략 구성하기(예시)

■ 외부환경

•기업의 경영의사 결정 및 경영성과에 영향을 주는 기업 외적환경으로, 거시환경과 산업환경으로 분류됨
•거시환경은 기업이 속한 산업에 영향을 주는 정치·경제·사회·문화·기술적 요인을 포함하며
•산업환경은 기업이 속한 산업내 고객·경쟁자·공급자의 움직임을 중심으로 하는 환경을 의미함

■ 분석목적

•외부환경 분석을 통하여 기업활동에 큰 영향을 주는 動因(Drivers)들이 어떻게 自社에 있어서 현재와 미래의 기회(Opportunity)와 위협(Threat)요인으로 작용하는 가를 분석하여, 기업전략수립의 기본자료로 활용하기 위함

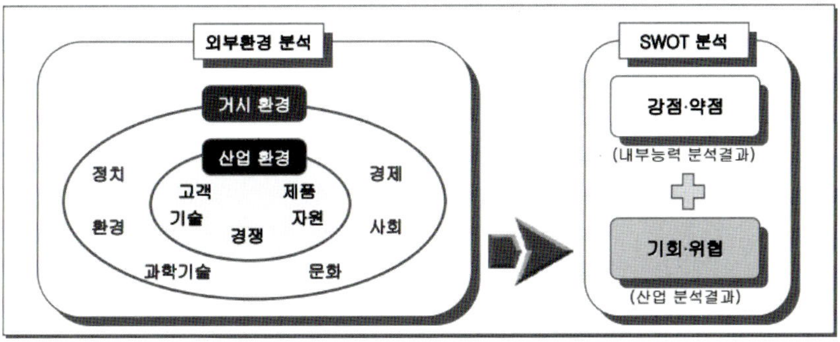

1-1. 거시환경 분석 — *1. 외부환경 분석*

환경요인	주요 항목	현 재	미 래	기 회	위 협
정 치					
경 제					
사 회 문 화					
기 술					
디지털 인터넷					
기 타					

시 사 점

1-2. 산업환경 분석 — *1. 외부환경 분석*

환경요인	주요항목	현 재	미 래	기 회	위 협
고 객 (마케팅)					
제 품 서비스					
자 원					
경 쟁					
기 술					
기 타					

시 사 점

1-3. 경영패러다임 분석 — *1. 외부환경 분석*

▶**산업 패러다임 변화**

	기존 패러다임	새로운 패러다임
경영 전략		
지배 구조		
경쟁 우위		
경영 관리		
인력·조직		
기업 문화		

▶**경쟁사 비교 분석**

	비 전	매출규모	사업구조	주 요 전 략
경쟁사 1				
경쟁사 2				
경쟁사 3				

2) 내부능력 분석

구 분	핵심 요소	강 점	약 점
재 무			
마케팅			
기술/R&D			
생 산			
정보화			
인사조직			
기업문화			
세계화			

시 사 점

•

4. 사회복지 프로포절 기획

프로포절(proposal)을 기획하기 전에…

다음의 사항들을 고민해 봅시다.

1. 문제가 무엇인지?
2. 문제가 해결된 상태는 어떤 상태인지?
3. 문제해결을 위해 무엇을 제공하려고 하는지?
3. 무엇을 근거(evidance)로 제공하려는 것인지?
4. 문제해결을 통해 나타나는 긍정적인 사회적 가치는 무엇인지?
5. 변화된 상태는 무엇으로 알 수 있는지?

이러한 물음에 자기자신을 스스로 납득시킬 수 있어야 합니다. 또한 프로그램은 추측보다는 근거에 기반해야 합니다. 이 모든 것을 위해서 가장 필요한 것은 자신의 창조성을 믿는 것(trust)과 다양한 정보를 수집할 수 있는 능력입니다. 이때 수집할 정보는 프로그램의 내용보다 문제해결을 위해 제공되어지는 근거자료가 중심이 되어야 합니다.

물론, 사회복지조직의 프로포절을 작성할 경우에도 앞서 다뤘던 기획의 프로세스를 거치게 됩니다. 지역사회의 문제를 정의하고, 문제해결을 위한 정보를 수집 및 분석하여, 목표를 설정하고, 대안을 도출/평가함으로써 최적의 계획을 수립하고, 실행 및 모니터링을 거쳐, 평가 및 개선방안까지 마련하게 됩니다. 자, 이제 프로포절을 기획할 때 무엇을 고민해야 하는지 살펴봅시다.

1) 프로그램명

○ 프로그램명은 목적과 대상, 방법을 반드시 기재해야 한다.

발달장애 아동을 둔 아빠의 (대상) 임파워먼트를 통한 (방법) 가족기능 향상 (목적) 프로그램

재가노인의 (대상) 건강한 삶을 위한 (방법) 보건복지 통합서비스 (목적) 프로그램

○ 부제나 약칭을 사용하면 더욱 매력적인(attractive) 사업으로 표현 가능하다.

장애 · 비장애청소년의 또래통합을 위한 지역네트워크 형성 "똑같은 우리"
한부모가정 아동의 긍정적 역할모델 제공을 위한 Dream-up! 멘토링 프로그램
ADHD아동의 주의집중력과 대인관계능력 향상을 위한 집단활동 "파워브레인"
노인들의 우울증 및 치매예방을 위한 지역사회예방 프로그램 "나이야! 가라!"
아동/청소년들의 리더십 및 분노조절능력 향상 프로그램 "가온누리(세상의 중심) 리더십 아카데미"

○ '2020 서울시 사회복지공동모금회' 프로그램 사례를 소개하면 다음과 같다.

노인성 질환(고혈압 · 관절염 · 당뇨) 어르신의 자기건강관리능력 향상을 위한 건강관리프로그램 '달.리.기(달라진 우리어르신들의 이야기)'
저소득 가정의 아동 · 청소년의 꿈과 미래를 지원하는 인재양성사업 "Bravo your Dream"
EXT 희망의 100호 집고치기 나눔 "우리들의 빛나는 영웅"
정신재활시설 당사자(정신장애인) 회복지원 및 종사자 역량강화 프로젝트 Ready Go (나에게 내딛고, 관계에 내딛고, 서로에게 내딛고)
아동 심리 · 정서 발달 지원사업 '미라클 마음토닥'
지역아동센터 아동들의 학습지도 및 정서지원을 위한 대학생 봉사자 파견 사업 "The 가꿈"

2) 논리모델

프로포절 작성을 위한 논리모델(Logic Model)은 투입(Inputs), 활동(Activities), 산출(Outputs), 성과(Outcomes), 영향(Impact)의 다섯 가지 요소에 기반하여 프로그램이나 프로젝트의 목표를 논리적으로 설명하는 모델이다. 각 요소는 서로 연결되어 결과와 영향의 관계를 보여준다.

- 투입(Inputs): 투입은 프로그램이나 프로젝트를 구현하기 위해 필요한 자원이나 요소를 나타낸다. 예를 들면 인력, 자금, 장비, 시설 등이 포함될 수 있다. 투입은 활동을 지원하고 결과를 얻기 위한 출발점으로 작용한다.
- 활동(Activities): 활동은 프로그램이나 프로젝트에서 수행되는 작업이나 행동을 나타낸다. 이는 투입을 활용하여 목표 달성을 위한 구체적인 논리적 행동 계획을 제공한다. 예를 들어 교육 프로그램의 경우 강의, 토론, 워크샵 등이 활동으로 포함될 수 있다.
- 산출(Outputs): 산출은 활동을 통해 생성되는 중간 또는 최종 결과물을 의미한다. 즉, 프로그램이나 프로젝트의 진행 과정에서 나타나는 산출물이다. 예를 들면 교육 프로그램의 경우 교육 교재, 교육 자료, 참가자 등이 산출물로 포함될 수 있다.
- 성과(Outcomes): 성과는 프로그램이나 프로젝트의 목표에 도달하기 위해 산출물이 어떤 영향을 미치는지를 나타낸다. 성과는 보통 단기적, 중기적, 장기적으로 구분될 수 있으며, 예상되는 변화나 개선 사항을 반영한다. 예를 들면 교육 프로그램의 성과로는 참가자의 지식 향상, 기술 습득, 태도 변화 등이 있을 수 있다.
- 영향(Impact): 영향은 프로그램이나 프로젝트가 목표를 달성하여 사회적, 경제적, 환경적인 영향을 어떻게 미치는지를 나타낸다. 영향은 최종 목표인 사회적 변화, 시스템 개선, 지속 가능성 등을 포괄한다. 예를 들면 교육 프로그램의 영향으로는 교육 수준 향상, 직업 기회 확대, 지역 개발 등이 있을 수 있다.

프로포절 작성을 위한 논리모델은 투입, 활동, 산출, 성과, 영향의 다섯 가지 요소를 연결하여 프로그램이나 프로젝트의 목표와 그 영향을 명확하게 설명한다. 이 모델은 프로그램의 논리적인 흐름과 결과물의 관계를 시각적으로 나타내며, 효과적인 프로그램 설계와 평가를 지원한다.

〈예시〉 노인 건강관리 프로그램 논리모델

노인성 질환(고혈압 · 관절염 · 당뇨) 어르신의 자기건강관리능력 향상을 위한 건강관리프로그램 '달.리.기(달라진 우리어르신들의 이야기)'

<table>
<thead>
<tr><th>투입</th><th>활동</th><th>산출</th><th>성과</th><th>영향</th></tr>
</thead>
<tbody>
<tr>
<td rowspan="5">• 자기건강관리 프로그램
• 건강관리 서포터즈 봉사단(중앙대학교 간호학과 45명)
• 평가회</td>
<td>• 고혈압 자기건강관리 실천교육(고혈압 기초 교육 · 건강운동 · 영양관리 · 투약관리 · 심리정서 프로그램)</td>
<td>• 총 21회기 진행(고혈압 진단 어르신 17명)</td>
<td rowspan="3">• 참여어르신 건강관련 삶의 질 90%향상
• 노인성 질환 이해 및 건강관리능력 100% 향상
• 프로그램만족도 94%</td>
<td rowspan="5">• 참가어르신 삶의 질 개선
• 노인성 질환 예방 및 완화</td>
</tr>
<tr>
<td>• 관절염 자기건강관리 실천교육(관절염 기초 교육 · 건강운동 · 영양관리 · 투약관리 · 심리정서 프로그램)</td>
<td>• 총 21회기 진행(관절염 진단 어르신 15명)</td>
</tr>
<tr>
<td>• 당뇨병 자기건강 실천교육(당뇨병 기초 교육 · 건강운동 · 영양관리 · 투약관리 · 심리정서 프로그램</td>
<td>• 총 21회기 진행(당뇨병 진단 어르신 15명)</td>
</tr>
<tr>
<td>• 건강관리 서포터즈 통통봉사단 운영</td>
<td>• 총 2회기 진행(가정방문 매칭활동)</td>
<td>• 노인성 질환 어르신 건강 관리 현황 및 욕구 파악</td>
</tr>
<tr>
<td>• 참여어르신 최종평가회</td>
<td>• 총 2회기 진행(건강관련 삶의 질 사후척도 검사 진행 활동평가 및 소감 나누기)</td>
<td>• 프로그램 효과성 평가
• 사업 개선점 파악</td>
</tr>
</tbody>
</table>

3) 기획배경

기획배경에는 프로그램 대상의 주 문제가 무엇이며, 그래서 어떻게 해야 하는 가를 서술식으로 기재해야 한다. 가급적 타 학회지나 논문, 기타 자료들을 활용하여 기존의 프로그램이 어떤 방식으로 운영되었는지, 프로그램의 이론적 배경이 무엇인지를 기록해야 한다. 이때 반드시 근거중심(evidence-based)으로 기술해야 한다. 가능한 욕구조사의 결과를 바탕으로 프로그램의 타당성을 기록하는 것이 중요하다.

〈예시〉 치매예방 프로그램 기획배경

본 사업 수행기관인 ○○사회복지관이 위치한 ○○동 주공3단지아파트에는 기초생활수급자로 지원이 필요한 주민이 약 830세대, 1500명에 달합니다. 거주하는 다수의 주민은 고령과 장애로 인하여 만성적인 노인성 질환에 노출되어 있고, 약 복용에 대한 의존도가 높은 상황입니다. 어르신들 중 고혈압, 당뇨, 고지혈증과 관절염을 앓고 계신 분들이 200명에 육박하고 건강 관리능력이 낮으며 심리정서적 문제까지 겪는 어르신들을 위한 맞춤형 건강교육 및 심리적지지, 치매예방 프로그램이 필요한 것으로 조사되었습니다.(지역사회욕구조사, 2022).

특히, 치매예방과 관련하여 선행요인으로 유전적 요인과 낮은 사회경제적 지위 등의 요인과 고혈압, 당뇨, 고지혈증 등 혈관성 요인, 두부손상과 직업적 유해물질 노출 등이 원인이 되고 이를 예방하기 위해서는 신체적 활동과 정신적 활동, 사회적 활동이 필수적입니다(Lancet Neurology, 2004). 이에 노인성 질환 교육을 통해 자기건강관리 능력을 배우고, 동년배 모임과 건강관리 봉사단을 통해 심리정서적 지지를 받을 수 있는 ~~~사업을 기획하였습니다.

치매의 위험요인과 예방요인

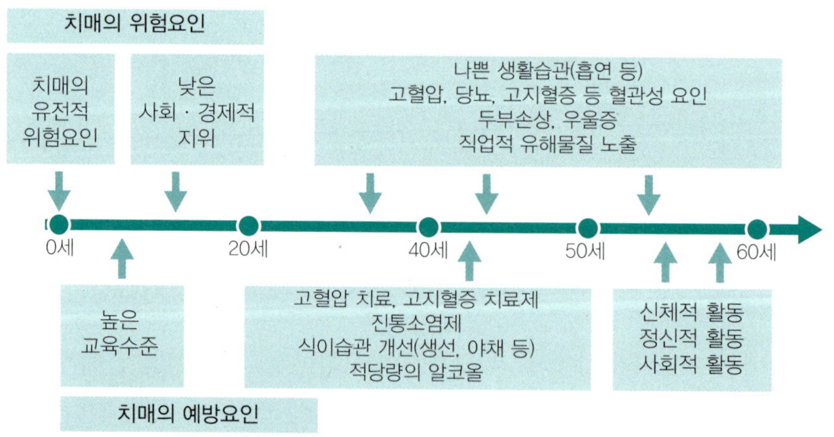

출처: Fratiglioni, Paillard-Borg, & Winblad(2004).

4) 서비스 대상 선정기준 및 인원수

서비스대상 선정은 일반대상, 위기대상, 표적대상, 클라이언트 수를 구하는 방식으로 진행된다. 가장 효과적이고 효율적으로 서비스를 제공하기 위해 선정기준을 제시하는 것이며, 각 대상군을 선정할 때 조건들이 추가되어 최종 클라이언트 수를 정하게 된다.

- 일반대상은 서비스를 제공할 대상이 속해 있는 커다란 인구집단 또는 지역의 일반인구 집단을 말한다. 예로 서울시 ㅇㅇ구 지역주민들을 대상으로 서비스를 제공하고자 할 경우 ㅇㅇ구의 인구를 기록하면 된다.
- 위기대상은 일반대상 중에서 어떤 문제나 욕구를 가지고 있거나 잠재되어 있다고 추정(파악)되는 인구집단을 의미한다.
- 표적대상은 위기대상 중 문제, 욕구가 표출되거나 노출되어 있는 집단으로 예산이 확보된다면 반드시 문제를 해결해 주어야 할 대상이다. 생활시설의 경우 표적대상과 클라이언트 수가 동일하게 산출될 수도 있다.
- 클라이언트 수는 이번 신청사업을 통하여 서비스나 직 · 간접적인 혜택을 제공받게 되는 인원수이다.

〈예시〉 치매예방 프로그램 서비스 대상

대상구분	서비스대상자 산출근거	단위 수(명)
일반 대상	ㅇㅇ구 60세 이상 노인의 수	116,858
위기 대상	ㅇㅇ구 전국가구 월평균수입 120% 이하인 노인의 수	3,326
표적 대상	치매 및 우울발병 위험요인(고혈압/당뇨/흡연) 보유자 수(전체인구의 8.3%)	276
클라이언트 수	선별검사를 통해 고위험군 대상자로 적합한 자 중 프로그램에 참여를 원하는 인원수	40

〈예시〉 사례관리를 통한 당뇨질환 어르신들의 자가관리능력 향상 프로그램 서비스 대상

대상구분	서비스대상자 산출근거	단위 수(명)
일반 대상	성북구 내 65세 이상 노인인구	38,662명
위기 대상	성북구 지역에 거주하는 노인인구 중 수급권자 및 저소득 어르신	7,748여 명
표적 대상	성북구 지역 내 당뇨질환을 앓고 있는 저소득 어르신	774여 명
클라이언트 수	표적대상 중 당뇨특별식 서비스가 필요한 저소득 어르신	65명

5) 사업목적 및 목표

사회복지 프로그램의 목표는 프로그램이 변화시키려고 하는 상황이나 문제에 대한 기준을 설정하는 것이다. 프로그램 활동의 결과로써 기대되는 변화의 정도로서 사회복지공동모금회 프로포절의 경우 목적, 목표, 세부목표라는 용어로 구분된다. 로직모델을 사용하는 경우 산출(output) 및 성과(output)와 관련된 내용이다.

○ 목적(purpose)
- 프로그램의 사명에 대한 의도적인 표현으로 추구하고자 하는 사업방향
- 관념적이고 철학적이며 이상적인 요소가 강함
- 반드시 측정가능하거나 성취가능할 필요는 없음
- 다만, 프로그램의 궁극적 방향을 제시함

○ 목표(goal): 상위목표
- 목적을 보다 구체화한 것이며 프로그램이 궁극적으로 달성하고자 하는 지향점을 의미
- 세부목표에 비해 포괄적이고 추상적임
- 성과(outcome)목표로 기술하는 것이 일반적임

○ 세부목표(objective): 하위목표

– 프로그램을 통해 구체적으로 달성하고자 하는 것에 대한 설명으로 프로그램이 잘 진행되면 결과적으로 세부목표가 달성되어야 함

– 가급적 계량화(수치 이용)시켜 표현하며, 계량화할 수 없는 경우 사업성과를 측정할 수 있는 기준(프로그램 만족도, 변화 상태 등)으로 서술

– 양적인 목표는 당연히 양적으로 측정가능하겠지만, 질적인 목표는 조작적 정의를 통해 양화시켜 측정가능하도록 만들어야 함

– 질적인 목표가 불가능할 경우에도 질적 평가방법을 활용할 수 있는 것만이 목표가 될 수 있음

– 세부목표는 산출목표(활동목표) 또는 성과목표를 모두 활용할 수 있음

☞ 세부목표의 표현방법

- "언제까지, 누구에게, 무엇을, 얼마나 달성하겠다" 식으로 구체적으로 표현되어야 함
- 세부목표의 기준: SMART

● Specific(구체적이고), Measurable(측정 가능하게), Attainable(실현 가능하게), Result-oriented(결과 지향적으로), Time frame(시간 구조를 갖도록)

성과목표	산출목표(활동목표, 과정목표)
– 클라이언트의 '삶의 질'의 변화 – 성과(outcomes)란 서비스 제공후 이용자의 상태와 그 변화 정도 – 지식, 기술, 태도의 변화(초기성과)→ 행동의 변화(중간성과)→ 조건 및 지위의 변화(장기성과)	– 성과목표를 산출해 내기 위해 이용자의 수를 정하거나 프로그램 수행시간을 정하는 것 – 프로그램 과정을 모니터하고 통제하여 과업목표가 달성되는 방향으로 진행되도록 하기 위함. – 투입할 노력의 양으로 볼 수도 있음
• 정신장애인의 취업 • 10대 미혼모의 학교 졸업 • 노숙인의 근로의욕 향상	• 정신장애인의 6개월간 주 2회 2시간 취업훈련프로그램 참여 • 10대 미혼모의 1년간 80%이상의 학교 출석률 • 노숙인의 3개월간 주 2회 근로의욕고취 프로그램 참여

〈예시〉 사례관리를 통한 당뇨질환 어르신들의 자가관리능력 향상 프로그램 목적 및 목표

□ 사업목적

당뇨질환을 앓고 있는 저소득 어르신들에게 성북구 지역 관련기관과의 관계망을 통해 사례관리 실천방법을 통해 당뇨질환 관리를 위한 통합적인 서비스를 제공함으로써 당뇨질환 어르신들이 질병관리를 위한 자가관리능력 기술을 습득하여 심각한 건강상의 위험으로부터 회복하고 건강한 삶을 유지하여 삶의 질이 향상될 수 있도록 한다.

□ 사업목표

■ 목표 1: 당뇨병을 앓고 있는 저소득 어르신 65명에게 통합서비스(보건, 식이, 운동)를 지원하여 자가간호행위 능력을 향상시킨다.

- 하위목표 1-①: 당뇨질환 관리에 필수적인 영양섭취와 식단관리를 위해 서비스 이전보다 식사요법 자가관리능력을 20%이상 향상시킨다.
- 하위목표 1-②: 효과적인 질병관리를 위한 보건서비스를 제공함으로써 당뇨질환 어르신 자신의 질병관리에 대한 관심도를 30% 증가시켜 자가관리를 할 수 있도록 한다.
- 하위목표 1-③: 당뇨질환 관리에 필수적인 운동요법에 대한 교육을 실시하여 운동요령을 습득하여 자가관리를 할 수 있도록 한다.

■ 목표 2: 사회심리적 · 경제적인 개입을 통해 당뇨병 치료동기를 향상시키기 위한 자기효능감을 20%이상 향상시킨다.

■ 목표 3: 목표 1, 2를 위해 10개의 관련기관 및 개인과의 연계를 통한 진행을 통해 당뇨병을 앓고 있는 저소득 어르신에게 전문적이고 집중적인 서비스가 제공될 수 있도록 한다.

〈예시〉 저소득 치매노인의 일상생활 수행능력 향상 프로그램 목적 및 목표

□ 목적: 일상생활과 관련된 활동들을 반복적으로 훈련하여 동작 적응기능을 습득하고 생활감각을 회복함으로써 경증 치매노인이 일상생활 또는 수단적 일상생활 수행능력을 향상시키는 것을 목적으로 한다.

□ 목표

- 목표1: 2000년 12월 7일까지 참여한 치매노인의 일상생활 능력에 유의미한 향상
- 하위목표1. 2000년 12월 7일까지 참여한 치매노인의 70%가 혼자 힘으로 보행이 가능
  2. .... 식사가 가능
  3. .... 옷입기가 가능
  4. .... 배뇨, 배변관리가 가능
  5. .... 목욕이 가능

- 목표2: 2000년 12월 7일까지 참여한 치매노인의 수단적 일상생활능력에 유의미한 향상
- 하위목표1. 2000년 12월 7일까지 참여한 치매노인의 70%가 혼자 힘으로 식사준비가 가능
  2. .... 방 청소(정리)가 가능
  3. .... 차타고 외출하는 것이 가능
  4. .... 전화받기가 가능
  5. .... 돈관리가 가능

6) 사업내용

프로그램을 수행하기 위하여 제기되는 '어떻게(how)'부분을 서술한다. 서비스 제공에 따른 운영과정을 구체적으로 묘사해야 한다.

〈예시〉 사례관리를 통한 당뇨질환 어르신들의 자가관리능력 향상 프로그램 사업내용

서비스명	수행인력	기간/간격	목표량	진행내용
건강 검진	• 사회복지사 • 성북구 보건소 • 고 려 대 학 교 안암병원 • 방문간호사	2월 / 연12회	65건	• 초기건강검진을 통한 대상자별 건강상태 체크 • 체크항목: 공복시 · 식후 혈당, 혈압, 당화혈색소, 합병증, 족부상태, 기타질병 등 • 성북구 보건소에서 대상자 일괄 건강검진 실시 • 서비스 종결시점인 12월 중에 재건강검진을 실시하여 건강상태와 당화혈색소 수치, 합병증 등을 체크하여 초기건강검진 결과와 비교분석 실시
당뇨 관리 상담 및 건강 관리	• 사회복지사 • 방문간호사	1월 ~12월 /격주 실시	65명×12월 =780건	• 기관별 담당 방문간호사(만성질환 관리 담당자)에 의한 당뇨관리 상담, 건강관리 실시 월 1회 만성질환 관리 담당 방문간호사가 기관별 건강상담 일정에 맞추어 연간 교육프로그램을 가지고 거동가능하고 내방 가능 한 대상자를 대상으로 당뇨관리지도 및 건강상담 실시 • 혈당 및 혈압체크, 약물투여방법 및 당뇨질환 관리에 관한 전체적인 상담, 지도 • 대상자별 변화추이 및 상담내용 기록 • 거동불편 대상자에 대해 방문간호사가 가정방문하여 체크하여 기록 • 방문간호사의 교육진행이 없는 주에는 각 기관 자체별로 체크 실시 (혈당 및 혈압, 운동요법 및 식이요법 실천정도) • 대상자별 혈당수첩을 발급하고 병원 및 방문간호사, 사회복지사에 의해 체크된 혈당수치를 연속적으로 기록하도록 유도하여 혈당수치 변화정도에 대해 파악 • 당뇨질병에 대한 이해 및 관리에 대한 교육: 방문간호사와 사회복지사에 의한 수시교육과 집단 교육을 병행하며 실시

서비스명	수행인력	기간/간격	목표량	진행내용
집단운동 프로그램	• 물리치료사 • 사회복지사	3,6,9,12월 /연4회	130건	• 대상자 건강상태에 따른 운동방법 계획 및 적정운동 요령 습득을 위한 프로그램 • 성북노인+생명의전화+장위, 정릉+시각장애인, 길음+월곡 연합하여 분기별로 집단 운동 프로그램 교육 실시
방문운동 프로그램	• 물리치료사 • 사회복지사	3~12월 / 격주 실시	130건	• 거동불편 대상자에 대해 가정방문을 통한 개인별 운동방법 습득 및 실천 • 사회복지사가 정기적으로 실천여부에 대해 체크, 지지
족부관리	• 물리치료사 • 방문간호사	3,6,9,12월 / 연4회	130건	• 당뇨병으로 인한 족부궤양 예방을 위해수시로 발을 살피고 규칙적인 발 검사 실시 • 발 관리 방법에 대해 습득 • 집단운동프로그램 시 병행하여 진행

7) 평가설계

"평가할 수 없는 목표는 목표가 아니다"라는 명제가 있다. 평가는 사업의 세부내용을 계획대로 수행했는지를 확인하는 형성평가 또는 과정평가(inputs, activities 평가)와 사업의 목표를 제대로 달성했는지를 확인하는 총괄평가(outputs, outcomes 평가)로 구분한다. 평가방법에는 양적평가와 질적평가가 있다. 양적 평가방법에는 수치 세기(numeric counts), 표준화된 척도, 기능수준 척도(Level of Functioning Scales), 만족도 조사 등을 통해 대상자의 참여나 변화를 확인할 수 있다. 질적 평가방법에는 심층면접, 참여적 관찰, 비참여적 관찰, 영상매체기록 등을 통한 대상자의 변화를 체크할 수 있다.

〈예시〉 사례관리를 통한 당뇨질환 어르신들의 자가관리능력 향상 프로그램평가

결과목표	하위목표	서비스내용	측정도구
1. 당뇨병을 앓고 있는 저소득 어르신 65명에게 통합서비스(보건, 식이, 운동)를 지원하여 자가간호행위 능력을 향상시킨다.	1-①당뇨질환 관리에 필수적인 영양섭취와 식단관리를 위해 서비스 이전보다 식사요법 자가관리능력을 20%이상 향상시킨다.	• 주1회 당뇨특별식 제공 • 대상자 별 초기 영양상태와 식생활 현황 스크리닝 • 정기적인 영양상담 • 당뇨부페	• 만족도 조사 • 목표달성척도(GAS) • 영양상태 사전-사후 측정 • 대상자 관리대장 • 자가간호행위 사전-사후검사 • 자기효능감 사전-사후검사
	1-②효과적인 질병관리를 위한 보건서비스를 제공함으로써 당뇨질환 어르신 자신의 질병관리에 대한 관심도를30% 증가시켜 자가관리를 할 수 있도록 한다.	• 사업초기, 종결 시점에 건강검진 • 방문간호사의 방문보건 서비스 및 교육	• 자가간호행위사전-사후검사 • 목표달성척도(GAS) • 만족도 조사 • 당화혈색소 수치 • 혈당, 혈압수치 • 개인별 혈당수첩 • 자기효능감 사전-사후검사
	1-③당뇨질환 관리에 필수적인 운동요법에 대한 교육을 실시하여 운동요령을 습득하여 자가관리를 할 수 있도록 한다.	• 연 4회 집단운동 프로그램 • 방문운동 프로그램 족부관리	• 프로그램 일지 • 만족도 조사 • 자가간호행위사전-사후검사 • 자기효능감 사전-사후검사
2. 사회심리적 · 경제적인 개입을 통해 당뇨병 치료동기를 향상시키기 위한 자기효능감을 20%이상 향상시킨다.	-	• 사례관리 - 대상자 초기면접 - 대상자 별 욕구사정, 서비스 계획 - 서비스 개입 - 서비스 점검 및 평가 - 팀 사례회의(분기별) - 정기적 상담	• 자기효능감 사전-사후검사 • 초기면접지 • 서비스 사정 및 계획표 • 서비스 점검 및 평가표 • 사례회의 일지 • 상담일지

결과목표	하위목표	서비스내용	측정도구
3. 목표 1, 2를 위해 10개의 관련기관 및 개인과의 연계를 통한 진행을 통해 당뇨병을 앓고 있는 저소득 어르신에게 전문적이고 집중적인 서비스가 제공될 수 있도록 한다.	–	• 성북구청 연계 • 성북구 보건소 연계 • KT&G복지재단 연계 • 성북자활후견기관 연계 • 복지관(생명의전화, 길음, 성북노인, 성북시각, 월곡, 장위, 정릉복지관) 연계 • 기타 성북구 지역 내 학교 및 단체	• 관련기관 명단 • 관련 회의록 • 모임횟수 • 의결사항 진행유무

〈예시〉 치매예방 프로그램평가

1) 자체 성과 지표

성과 목표	성과 지표	성과달성 목표치
① 전반적 건강수준 향상	혈압, 혈당, 당화혈색소 정상, 체지방 감소	각 대상자의 70%
② 치매 및 우울증 예방	치매 및 우울증 발병율 감소	대상자의 5%이내 발생
③ 질 높은 서비스 제공	서비스 만족도	만족이상 80%
④ 고용창출	신규고용인력 수	20명
⑤ 시장화 촉진	추가서비스 구매액	총매출액 5%

2) 성과지표 측정방법

지표명	측정방법	성과 측정 계획
① 혈압, 혈당, 당화혈색소 정상, 체지방 감소	혈압, 혈당, 당화혈색소, 체중 및 체지방 측정	초기 intake 1차, 매월 평가
② 치매 및 우울증 발병율 감소	HDS-R, K-MMSE, 우울척도	초기 intake 1차, 서비스 종료 시 평가
③ 서비스 만족도	조사기관에 의뢰, 만족도 조사	사후검사(서비스 종료시)
④ 신규고용인력 수	새로이 고용된 인력	신규채용 현황, 임금지급 현황
⑤ 추가서비스 구매액	제공기관총매출액-바우처지원대상자 구매액/제공기관 총매출액	6개월 후 그간 바우처 지원액, 총 매출액 자료 확인

참고할 만한 정보

- 비영리조직의 전략기획. https://www.youtube.com/watch?v=OxldBAZgOMM
- 서울시공익활동지원센터. https://www.seoulpa.kr/npo_about.php
- 비영리단체 모금기획. https://m.blog.naver.com/groway/221872557737
- 신승한 칼럼. https://brunch.co.kr/@ebraim/131

생각해 보기

- 비영리조직에서 기획이 필요한 이유에 대해서 논의해 봅시다.
- 비영리조직의 다양한 기획사례를 조사하여 이야기해 봅시다.
- 자신이 기획한 사례를 찾아서 아이디어와 프로세스에 대해 논의해 봅시다.

7장

사회복지현장실무

학습목표

1. 사회복지현장에서 활용되는 문서작성과 관리를 이해하고 설명할 수 있다.
2. 사회복지법인 및 시설의 예산, 결산 등을 이해하고 설명할 수 있다.
3. 사회복지시설 운영에 필요한 지역사회 자원의 유형과 네트워크를 이해하고 설명할 수 있다.

1. 문서의 작성과 관리

1) 문서의 개념

문서는 사람의 의도나 물체의 상태, 관계, 현상 등을 문자나 대체할 수 있는 기호를 사용해 어떤 매체에 지속적으로 기록한 것을 의미한다. 정부는 문서의 작성과 관리 업무에 관해 「행정업무의 운영 및 혁신에 관한 규정」을 제정하고 있다.

이 규정에 의하면, '공문서'란 행정기관에서 공무상 작성하거나 시행하는 문서(도면 · 사진 · 디스크 · 테이프 · 필름 · 슬라이드 · 전자문서 등의 특수매체기록을 포함)와 행정기관이 접수한 모든 문서를 말한다. 전자문서는 컴퓨터 등 정보처리 능력을 가진 장치에 의하여 전자적인 형태로 작성되거나 송신 · 수신 또는 저장된 문서를 말한다.

2) 문서의 기능

문서는 현대 사회에서 문화적, 법률적, 경제적 측면에서 굉장히 중요한 도구로 작용하고 있다. 행정이나 경영 활동이 효율적으로 이루어지기 위해서는 문서를 통한 거래가 필수적이다. 더욱이, 행정 업무는 대부분 국민의 권리와 의무와 관련되어 있으며, 이들은 대부분 문서에 의해 정확하게 처리된다.

이처럼 문서의 주요 기능은 조직의 의사를 형성하거나 구체화하고, 특정 기관의 의사를 공간적으로 확산하며, 시간적 간격을 극복하는 의사의 보존 등이 포함된다. 결국, 문서의 기능은 정보의 전달, 객관성, 보존, 그리고 신뢰성 등을 포함한다.

3) 문서의 종류

(1) 작성주체에 의한 구분

작성주체에 따라서는 공문서와 사문서로 구분한다. 공문서는 행정기관에서 작성하거나 처리하는 문서로, 행정기관 내부나 상호 간, 또는 외부와의 공무상 문서를 의미한다. 공문서가 유효하게 성립하기 위해서는 해당 기관의 의사표시가 명확하게 드러나야 하며, 내용적으로는 불법적이거나 부당하며 시행 불가능한 사항이 없어야 한다. 또한, 해당 기관의 권한 범위 내에서 작성된 것으로, 법령에 정해진 절차에 따라 형식이 정리되어 있어야 한다.

사문서는 개인이 개인적인 목적으로 작성한 문서를 말한다. 그러나 각종 신청서 등과 같이 행정기관에 제출되어 접수된 경우에는 공문서로 분류되며, 이에 대한 처리도 공문서의 규정에 따라 이루어지고, 해당 문서를 제출한 개인도 임의로 문서를 회수할 수 없다. 사회복지법인이나 시설에서 작성한 문서는 사문서로 분류되지만, 행정기관에 접수된 문서는 공문서로의 효력을 갖는다.

(2) 유통대상에 의한 구분

조직의 내부에서 지시, 명령, 협조, 보고, 통지를 위하여 주고받는 문서로서 능률 위주의 간소한 형식과 절차를 요구하는 것은 대내문서이며, 국민, 단체, 다른 행정기관 간 주고받는 문서는 대외문서를 말한다. 대외문서는 대내문서에 비해 형식이나 취급절차가 비교적 엄격하다.

(3) 성질에 의한 구분

① 법규문서

헌법, 법률, 대통령령, 총리령, 부령, 조례 및 규칙 등에 관한 문서를 말한다. 조문형식으로 작성되어 일련번호를 가진다. 공고 후 20일이 경과한 날부터 효력이 발생한다.

② 지시문서

일정 사항을 하급기관이나 소속공무원에게 지시하는 문서를 말한다. 훈령, 지시, 예규, 일일명령 등이 있다.

③ 공고문서

행정기관이 일정한 사항을 일반에게 고시, 공고하기로 작성한 문서다. 고시는 법령이 정하는 바에 따라 일정한 사항을 일반에게 알리는 문서로서 일단 고시된 사항은 개정이나 폐지가 없는 한 효력이 계속된다. 공고는 일정한 사항을 일반에게 알리는 문서로서 그 내용의 효력이 단기적이거나 일시적인 것을 말한다.

④ 비치문서

일정한 사항을 기록하여 기관 내부에 비치해 두고 사용하는 대장류나 카드류를 말한다.

⑤ 민원문서

민원인이 행정기관에 대하여 허가, 인가, 기타 처분 등 특정한 행위를 요구하는 문서와 그에 대한 처리 문서를 말한다.

⑥ 일반 문서

회보나 보고서 형태로 일반적으로 처리되는 문서를 말한다. 회보는 기관의 장이 하급기관이나 소속 공무원에게 일정한 사항을 알리기 위한 문서이며, 보고서는 특정한 사안을 보고하거나 건의할 때 작성하는 것이다.

(4) 문서 사무처리 절차에 의한 분류

① 접수문서

조직 외부에서 보내와 접수되는 문서로서 문서 주관부서에서 일정한 절차에 의해 접수되는 문서를 말한다.

② 시행문서

시행문서는 발송 문서라고도 하는 데 결재 문서의 내용을 시행하기 위하여 규정된 서식에 의해 작성된 문서를 말한다.

③ 공람문서

접수된 문서를 관련부서나 담당자들 간에 널리 돌려보는 문서를 말한다. 결재권자에게 처리지침을 받을 필요가 있거나 민원문서, 업무협조에 관한 문서, 문서처리를 위해 미리 검토할 필요가 있는 문서 등을 공람하게 된다.

④ 기안문서

결재 문서라고도 하며, 사전에 결재권자의 결재를 얻기 위하여 기안 서식에 따라 사무처리 초안을 기재한 문서를 말한다.

4) 문서의 성립과 효력 발생

(1) 문서의 성립

다른 법령에 특별한 규정이 있는 경우를 제외하고는 당해 문서에 대한 결재권자서명(전자이미지서명, 전자문자서명 및 행정전자서명)의 방식으로 결재함으로써 성립한다. '결재권자'라고 함은 기관의 장 및 위임전결규정에 의하여 기관의 장으로부터 결재권을 위임받은 자를 말한다.

(2) 문서의 효력발생

일반문서는 다른 법령에 특별한 규정이 있는 경우를 제외하고는 수신자에게 도달됨으로써 그 효력이 발생한다. 문서 유형에 따라 공고문서는 공고 후 5일, 전자문서의 경우는 수신자가 관리하거나 지정한 전자적 시스템 등에 입력되는 것을 말한다. 법규문서는 공포한 날로부터 20일이 경과하면 효력이 발생한다.

5) 문서관리의 원칙

(1) 즉일처리의 원칙

문서는 내용 또는 성질에 따라 그 처리 기간, 방법이 다를 수 있으나 효율적인 업무 수행을 위하여 그날로 처리하는 것이 바람직하다.

(2) 책임처리의 원칙

문서는 국민의 권리, 의무에 영향을 주는 경우가 많으므로 정해진 사무분장에 의하여 각자의 직무 범위 안에서 책임을 가지고 관계 규정에 따라 신속, 정확하게 처리하여야 한다.

(3) 법령적합의 원칙

문서는 법령의 규정에 따라 일정한 형식, 요건을 갖추어야 함은 물론 권한 있는 자에 의하여 작성, 처리되어야 한다. 반드시 해당 법규에 적합하도록 처리해야 한다.

(4) 집중관리의 원칙

문서사무는 어느 한 부서에서 전체 문서를 집중 처리해야 하며 집중 처리에서는 문서만을 전담하는 전담처리 원칙이 실현되어야 한다. 대부분 문서 보관은 부서별로 집중 관리하고 보존에 넘기는 문서는 한 곳에서 집중 관리 한다.

6) 문서관리 영역

(1) 문서의 작성 및 시행

① 기안 작성

문서를 접수, 배포, 발송, 작성, 처리, 이동하는 모든 과정을 통칭한다. 기본적으로, 기안은 문서 작성의 첫 번째 단계로, 공식 문서를 생성하기 위한 단계이며, 기관의 의사 결정을 위해 문서를 작성하는 과정을 가리킨다. 문서를 처리하기 위해 접수된 내용을 바탕으로 작성하거나, 상위자의 지시에 따라 처리하거나, 자체적으로 제안하거나, 법률이나 지침 · 규정 등을 근거로 작성한다.

문서의 작성방법

① 문서는 「국어기본법」 제3조제3호에 따른 어문규범에 맞게 한글로 작성하되, 뜻을 정확하게 전달하기 위하여 필요한 경우에는 괄호 안에 한자나 그 밖의 외국어를 함께 적을 수 있으며, 특별한 사유가 없으면 가로로 쓴다.
② 문서의 내용은 간결하고 명확하게 표현하고 일반화되지 않은 약어와 전문용어 등의 사용을 피하여 이해하기 쉽게 작성하여야 한다.
③ 문서에는 음성정보나 영상정보 등이 수록되거나 연계된 바코드 등을 표기할 수 있다.
④ 문서에 쓰는 숫자는 특별한 사유가 없으면 아라비아 숫자를 쓴다.
⑤ 문서에 쓰는 날짜는 숫자로 표기하되, 연 · 월 · 일의 글자는 생략하고 그 자리에 온점을 찍어 표시하며, 시 · 분은 24시각제에 따라 숫자로 표기하되, 시 · 분의 글자는 생략하고 그사이에 쌍점을 찍어 구분한다. 다만, 특별한 사유가 있으면 다른 방법으로 표시할 수 있다.

② 결재

결재는 행정 기관의 의사결정 권한이 있는 사람이 의사결정을 하는 행위를 의미하며, 이는 행정기관의 장이 직위를 명시하고 서명하는 것을 포함한다. 전결이나 대결을 표시하여 정책의 명확성을 강조하고 행정의 투명성과 책임성을 향상시킨다.

전결은 기관의 장이 사무의 성격에 따라 결재 권한을 위임받은 보조기관 또는 보조기관이 실행하는 결재를 의미하며, 이 위임된 전결 사항은 해당 기관의 장이 지시나 규정을 통해 결정한다. 대결은 결재 권한이 있는 사람이 휴가나 출장 등으로 장기간 부재하거나, 급하게 처리해야 하는 문서가 있어 결재를 받을 수 없는 경우, 그 업무를 대신하는 사람(보통은 부하)이 결재하는 것을 의미하며, 내용이 중요한 문서는 사후에 보고하여야 한다.

③ 문서 시행

문서의 시행이란 조직이나 기관의 의사를 외부에 표시하는 단계로서 결재를 받은 문서 가운데 발신하여야 하는 문서는 시행문으로 작성하여 문서의 효력을 발생하게 하는 절차를 말한다.

(2) 문서의 정리

문서의 내용이 완전히 처리되고 나면, 참조 자료와 같은 보관이 필요 없는 문서는 제거하고, 보존하고 활용할 문서들을 모아 문서철을 생성한다. 이렇게 만들어진 문서철은 처리 완료 일자를 포함하는 해당 연도 마지막 날까지 처리 담당 부서의 문서 보관함에 보관해야 한다. 보관을 마친 문서들은 보존문서 기록 대장에 기록되며, 처리 부서에서는 3년 동안 보존된다. 문서의 보존 기간은 영구, 준영구, 10년, 5년, 3년, 1년 등의 카테고리로 나누어진다. 3년 이상 보존되어야 하는 문서들은 인계 및 이관 절차를 거친 후, 보존 기간에 따라 문서 보관실에서 보관한다. 처리 담당 부서와 문서관리 부서는 보존 기간이 만료된 문서를 폐기 처리한다.

2. 사회복지 정보관리

1) 사회보장정보시스템(행복이음)

사회보장정보시스템은 각종 사회복지 급여 및 서비스 지원 대상자의 자격과 이력에 관한 정보를 통합 관리하고, 지방자치단체의 복지업무 처리를 지원하기 위해 기존 시 · 군 · 구별 새올행정시스템의 31개 업무 지원시스템 중 복지분야를 분리하여 개인별 가구별 DB로 중앙에 통합 구축한 정보시스템이다.

복지대상자의 선정 및 사후 관리를 위해, 소득과 재산 정보 그리고 서비스 이용 이력 정보를 결합하여 지방자치단체에 제공함으로써, 수급자 선정의 정확도를 높이고 공무원의 업무 처리 효율성을 향상시킨다.

(1) 복지대상자 자격 및 이력 관리

국민기초생활보장, 기초연금, 영유아 보육, 장애인연금, 긴급복지 등의 다양한 복지 프로그램에 대한 수급자 선정을 위해 지방자치단체에서 신청, 조사, 결정, 그리고 사후 관리 등의 복지 행정 업무를 돕는다.

(2) 복지급여 지급 관리

복지급여의 자격이 있는 사람들에게 생계급여, 주거급여, 기초연금, 다양한 수당 등 각 복지 프로그램에 따른 지급 가능한 급여를 계산하여 제공한다.

(3) 부정수급 차단 및 수급 대상자 발굴

복지 혜택 수혜 대상자의 불합리한 수급을 사전에 방지하거나 사후 점검하고, 필요한 경우 환수 등의 업무를 지원한다. 복지 혜택을 받을 수 있지만 제도에 대해 잘 알지 못해 신청하지 않은 사람들을 찾아내어 복지 혜택을 받을 수 있게 도와주고 더불어 중복 지원을 방지하고, 누락된 서비스를 안내하는 등의 복지 업무를 지원한다.

(4) 시스템 구성도

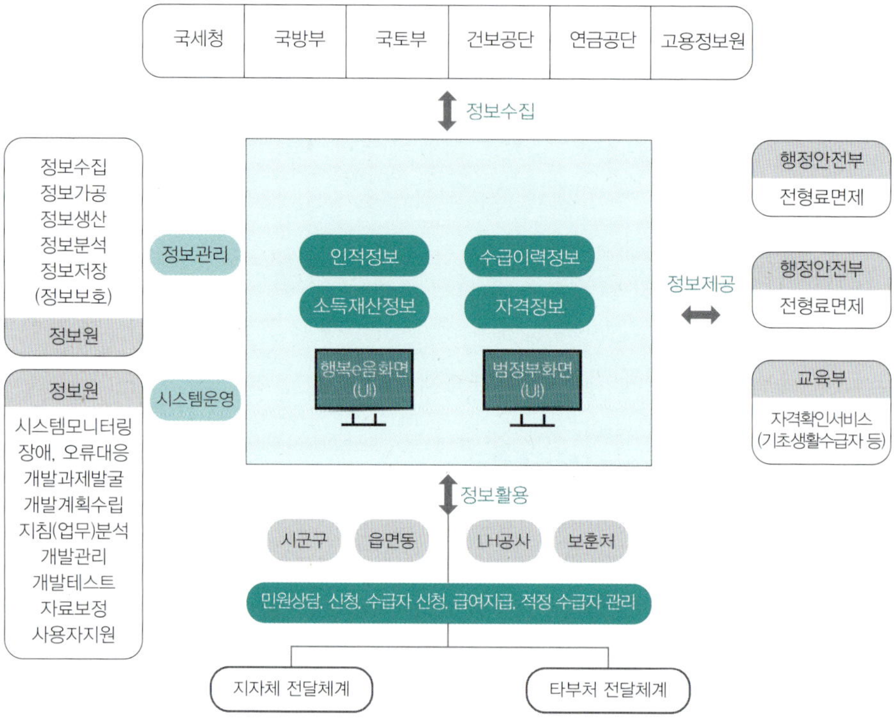

[그림 7-1] 사회보장정보시스템 구성도

출처: http://www.ssis.or.kr

2) 사회서비스 포털(희망이음)

2022년 처음 시행된 사회서비스 포털(www.ssis.go.kr)은 그동안 사회복지시설 및 기관에서 사용하던 사회복지시설정보시스템, 전자바우처 시스템, 아동, 노인, 장애인, 보건, 자활 등 분야별 13개 시스템을 희망이음으로 통합한 것이다.

사회서비스 포털은 사회서비스 제공기관 업무를 효과적으로 지원하고 사회서비스 정보를 통합관리하기 위해 도입되었다. 사회서비스 정보를 통합관리하는 시스템의 부재로 대상과 사업에 따라 분절되어 관리되고 있는 사회서비스 정보관리 체계를 일원화하는 데 목적이 있다.

사회서비스 정보관리체계의 일원화를 통해 수요자 입장에서는 개인 중심의 공공과 민간 서비스 제공 이력을 관리 할 수 있으며 사회복지 종사자의 개인별 경력, 자격, 교육이력 등의 통합관리가 가능해졌다. 또한, 기관이나 사업장 입장에서는 평가나 서비스 내역, 처분 이력의 관리가 수월해지고 각종 복지사업의 실적 및 현황을 한눈에 파악할 수 있다는 장점이 있다.

〈표 7-1〉 희망이음의 주요 기능

구분	주요 기능
기관행정 업무 지원	• 각종 시군구 보고와 후원관리 • 종사자 경력, 자격, 교육 등 이력관리
인사회계(ERP)	• 기관의 재무, 회계, 인사 및 급여관리 • 회계, 인사, 세무, 예산, 급여, 자산 업무지원
그룹웨어	• 기관 내외 의사소통 및 전자문서 관리 • 전자결재, 쪽지, 메일, 커뮤니티, 메신저 업무 지원
사회서비스 제공 관리	• 사업 및 프로그램 관리 온라인을 통한 신청 지원 • 기관별 맞춤서식을 활용하여 서비스 제공기록 관리 • 대상자와 서비스(프로그램)간 제공 이력 관리 • 프로그램관리, 서비스관리, 서비스제공일지, 사회서비스 평가 업무 지원
사례관리 및 민관협력 지원	• 지역사회 내 공공과 민간의 보건복지자원 공유 • 복지 대상자 정보 공유(원스크린) • 사례관리 통한 플랫폼 • 사례관리, 복지자원관리, 대상자 의뢰 업무 지원

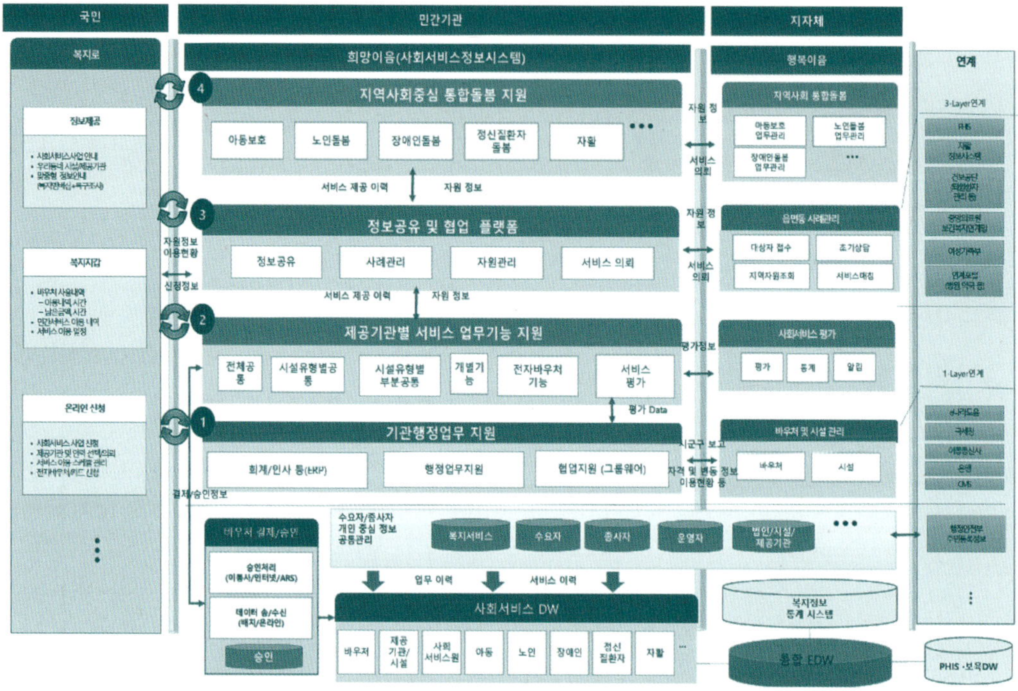

[그림 7-2] 사회서비스 포털 시스템 구성도

출처: www.ssis.go.kr

3. 사회복지법인 및 시설의 재무회계규칙

1) 예산

(1) 예산의 개념

예산은 독립적인 실체에서 특정 기간 동안 계획된 지출과 해당 지출을 위한 자금 조달 계획을 말한다(재정용어사전, 2023). 일반적으로는 다음 1년 동안 조직의 목표를 금전적으로 표현한 것으로, 재정활동을 모니터링하기 위한 도구이다.

사회복지조직에서는 다양한 형태의 사회복지 서비스를 제공하기 위해 많은 비용이 필요하다. 특히 대상자에게는 무상 또는 최소한의 비용으로 서비스를 제공하고, 정부 보조금이나 민간 기부금 및 후원금이 기관의 재정에서 중요한 비중을 차지하므로 예산 운용에 대한 법적인 책임과 도덕적인 책임을 갖게 된다.

사회복지 행정에서의 예산은 사회복지법인과 시설이 1회계 연도 동안 활동에 동반되는 지출 경비와 그 경비의 자금 조달을 계획적으로 수립한 시간적인 재정 계획을 의미한다.

(2) 예산의 기능

예산은 과거에는 통제 기능에 중점을 두었지만, 최근에는 효율과 효과와 관련된 관리 기능 및 기획 기능이 중요시되고 있다. 통제 기능은 서비스의 입력과 변환의 관계를 통해 기관과 서비스의 재정 상황을 검토하고, 계획된 목적 이외의 사용을 제한하는 역할을 한다. 관리 기능은 서비스의 입력과 출력 간의 관계를 통해 기관과 서비스의 재정 상황을 이해하고, 최소한의 예산으로 신속하고 효율적으로 목표를 달성하는 방향을 제시한다. 기획 기능은 프로그램의 입력과 결과 간의 관계를 통해 주로 기관과 프로그램의 효과성을 평가한다. 이는 예산이 목표 달성에 얼마나 효과적인지를 파악하는 기능이다.

(3) 예산의 유형

예산의 유형에는 정부 예산과 공기업 예산, 일반회계예산과 특별회계 예산, 기금, 본예산, 수정예산, 추가경정예산, 준예산 등이 있다.

① 정부예산과 공기업 예산

정부 예산을 일명 국가 예산이라고도 한다. 정부 예산은 반드시 입법부의 심의 · 의결을 통해 확정되는 예산을 가리킨다. 공기업이란 법률에 의하여 정부에서 기금을 투자하여 설립한 정부투자기관으로 공공성(공공이익)과 기업성(이윤추구)을 의미한다. 따라서 공기업 예산은 국가 또는 공공단체의 승인이나 입법부의 심의가 요구되며 또 한편으로는 공기업의 기업성으로 자율성 · 신축성 있는 예산 집행이 함께 요구된다.

② 일반회계 예산과 특별회계 예산

일반회계 예산은 대체로 보편적인 수입과 지출에 관한 예산을 의미한다. 이는 국가의 다양한 활동과 관련된 수입과 지출을 종합적으로 반영한 예산이며, 주로 교육, 사회 및 경제 발전, 국방, 일반 행정, 지방재정 지원, 채무 상환, 예비비, 재정 지원 등에 사용된다.

특별회계 예산은 특정한 수입을 특정한 지출에 할당하는 예산 운용 시스템을 가리킨다. 국가재정법 제4조에 따르면, 국가의 회계는 일반회계와 특별회계로 나누어진다. 특별회계는 일반회계와 별개로 관리되어 사업의 결과와 책임 범위를 명확히 하며, 특정 수입을 특정 지출에 확실히 할당함으로써 수입과 지출을 명확하게 하려는 기본적인 목적이 있다.

③ 기금

국가가 일정한 목적을 위하여 적립하거나 준비하는 자금을 기금이라 한다. 국가재정법 제5조에서 기금설치와 운영에 대하여 명시하고 있으며 세입세출예산에 의하지 아니하고 운용할 수 있다. 국민주택기금, 국민연금기금, 장애인고용촉진기금, 사회복지사업 기금, 산업재해보상보험기금 등 여러 기금이 운용되고 있다.

④ 본예산

헌법 제54조에 명시한 대로 국무회의에서 심의하고 대통령이 승인한 다음 연도 예산안에 대하여 입법부에서 심의 · 확정된 예산을 말한다. 당초예산, 성립예산이라고도 한다. 사회복지 행정에서 본예산은 사회복지법인 및 사회복지시설 재무회계규칙 제10조에 의거 당초 이사회의 심의(운영위원회 보고)를 얻어 확정, 성립된 예산을 말한다.

⑤ 수정예산과 추가경정예산

본 예산이 결정된 후에도 필요에 따라 수정이 필요한 경우 수정예산과 추가경정예산이 준비되어 있다. 정부는 예산안 수정이 필요할 때 국무회의를 거쳐 대통령의 승인을 얻고 수정된 예산안을 국회에 제출한다. 추가경정예산은 법률 입법 이후 예산을 수정하는 방식이다.

사회복지 행정에서도 동일한 방식으로 수정예산을 제출하며, 추가경정예산은 추가적인 비용 또는 기존 예산 항목의 조정을 포함한다. 이들은 보통 동시에 필요하므로 대부분 합쳐서 편성한다.

⑥ 준예산

준예산은 입법부에서 예산안이 확정되지 못하여 전년도 예산에 준하여 경비를 지출하는 것을 말한다. 사회복지 행정에서도 지방재정법 제46조와 재무회계규칙 제12조에 의거하여 예산 불성립시의 예산으로 준예산을 활용한다. 즉, 회계연도 개시 전까지 법인의 예산이 성립되지 아니한 때에는 대표 이사가 시 · 군 · 구청장에게 그 사유를 보고하고 예산이 성립될 때까지 경비를 전년도에 준하여 집행할 수 있는 예산이다. 임직원의 보수나 법인 및 시설운영에 직접 사용되는 필수적인 경비(예: 공공요금, 임대료, 급식비 등), 법령상 지급의무가 있는 경비(예: 사회보험료 등), 이미 예산으로 확정된 경비(명시이월비, 계속비 등) 등이 이에 해당한다.

(4) 예산편성의 과정

사회복지 행정에서 예산을 편성하는 것은 각 기관이나 시설, 재원 지원기관 등이 제공하는 예산 지침서에 따라 수행되어야 한다. 이 지침서는 조직의 목표, 정책 변경, 사용 가능한 자원, 예산 제어 등을 포함해야 한다.

예산은 조직의 목표를 달성하기 위한 핵심 도구이므로, 조직의 목표 검토 및 운영에 필요한 충분한 데이터 수집이 먼저 이루어져야 한다. 이 과정을 통해 예산안은 우선순위에 따라 임시로 결정되고, 예산안이 수정되고 확정되는 과정은 재정 원천과의 연계 및 확인을 통해 이루어진다.

① 조직의 목표 설정: 조직의 목표는 단기적이고 관찰과 측정이 가능해야 하며, 구체적인 세부목표가 장기적인 목표에 부합하는지를 검토하여 수립한다.

② 기관 운영에 관한 사실의 확인: 과거와 현재 기관 운영에 관하여 이용할 수 있는 기본적인 정보를 입수하고 연구하는 과정이다. 조직의 운영에 관해 이용할 수 있는 자료, 즉 부서별, 개인별 업무 내용과 프로그램 실적, 프로그램 평가, 조직 내외의 가용 자원, 재정 현황 등이 기본적인 정보가 될 수 있다.

③ 운영 대안의 검토: 회계연도 내에 가능한 재원을 활용하는 여러 가지 대안을 검토한다.

④ 우선순위의 결정: 조직의 목표와 효과성, 효율성, 시급성, 재정의 가용성 등 기존의 운영방법과 새로 설정된 운영방법을 비교하여 우선순위를 결정하고, 이 과정에서 어느 것이 기관의 정책 및 목표와 일치하는가를 살펴본다.

⑤ 예산에 관한 최종적인 결정: 기관 내에서 활동하는 개인들의 잠재력과 요구를 고려하여 부서들의 요구를 조정하여 최종적인 결정을 내린다.

⑥ 적절한 해석과 홍보: 예산안이 최종적으로 확정되면 민간기관의 경우 이사회, 정부기관의 경우 예산담당 부서에 제시하여 예산 청구의 필요성을 합리적으로 설명하고 홍보하여 최종적인 예산승인을 얻는다.

(5) 사회복지조직의 예산편성 과정

사회복지조직에서는 법인의 대표이사가 예산을 결정하므로, 시설 예산은 시설장이 만들어 대표이사에게 제출해야 한다. 예산은 수입 추정과 지출 한도를 설정하는 것이므로, 과도한 수입 예측이나 수입이 부족한 경우에는 적자가 발생할 수 있으므로 주의가 필요하다.

사회복지조직의 예산은 법인회계, 시설회계, 수익 사업회계로 구분되며 필요에 따라 일반회계 예산과 특별회계 예산으로 나눌 수 있다. 예산 크기는 전년도나 이전 수년간의 실적을 검토한 후, 다음 해의 물가 상승률을 고려하여 추정하게 되며, 이는 점증주의적 성향을 가진다. 예산 편성 과정에서는 편성 절차와 적절성, 예산 형식과 내용의 체계성, 법정 시한 등이 중요하게 다루어진다. 또한, 클라이언트의 재정 요구사항과 욕구를 파악하여 예산에 반영해야 한다.

① 예산편성 지침

사회복지법인의 대표이사는 매 회계연도 개시 1개월 전까지 그 법인과 시설의 예산편성지침을 정하여야 한다. 시 · 군 · 구청장은 특히 필요하다고 인정되는 사항에 대하여 예산편성지침을 정하여 매 회계연도 개시 2월 전까지 법인 및 시설에 통보할 수 있다(규칙 제9조).

② 세입·세출 예산과목

우리나라 사회복지기관에서는 '목'별 분류를 기반으로 한 품목별 예산제를 주로 사용하고 있다. 품목별 예산제는 예산을 기관별, 지출 목적별로 구분하여, 예산의 편성부터 심의, 집행, 회계 검사에 이르는 모든 단계가 각각의 기관과 품목별로 운영되는 제도를 말한다.

이 제도는 예산의 집행에서 효율적이지만, 부정행위를 예방하기 위한 통제 지향적인 예산제도라는 특징을 가지고 있다. 법인과 기관의 수입과 지출 예산은 '사회복지법인 및 사회복지시설 재무회계규칙'에 따라 정해진 수입과 지출 예산과목 분류에 맞춰서 편성되어야 한다는 것이 규정되어 있다(규칙 제10조 제3항).

(6) 예산의 집행

확정된 예산은 재정 상황과 자금조달을 고려하여 목표에 부합하게 합리적이고 효율적으로 사용되어야 한다. 이를 위해 예산 사용 시 법률에 명시된 절차를 따르며, 지정된 목적 외의 사용은 피해야 한다. 재정 사용의 핵심 목표는 재정 통제와 예산의 유연성을 확보하는 것이다.

재정 통제는 지출의 원인과 상세한 지출 계획서를 요구하여 불필요한 지출이나 예산 낭비를 막는 것을 목표로 하며, 적절한 인원과 급여를 조절하고 기관의 부채 부담을 방지한다. 이를 위해 세부화, 의무화, 예외 처리, 보고, 개정, 효율성 등의 원칙이 적용된다.

반면에 예산의 유연성 확보는 통제와는 반대되는 개념으로, 환경 변화에 맞게 예산을 조절하고 효율적인 예산 사용을 위한 것이다. 예산의 사용, 전용, 이동, 이월, 예비비, 연속비, 추가경정예산 등은 예산의 유연성을 보장하는 방법이다.

사회복지 법인회계 및 시설회계의 예산은 세출예산이 정한 목적 외에 이를 사용하지 못한다(규칙 제15조). 그러나 예산 집행에 탄력성을 부여함으로써 사업계획이나 여건변동에 따른 집행의 효율화를 기하기 위하여 예산의 전용과 세출예산의 이월, 예비비, 추가경정 예산, 특정목적사업 예산 등의 제도를 인정하고 있다.

2) 결산

(1) 결산의 의의

세입세출결산은 매 회계연도가 종료하는 시점을 기준으로 한 회계연도에 있어서 시설의 재정활동 전반에 대한 수입과 지출의 실적을 확정적 계수로 표시하는 행위를 의미한다. 법인의 대표이사 및 시설의 장은 세입 · 세출 결산보고서를 작성하여 각각 이사회의 의결 및 시설운영위원회에의 보고를 거친 후 다음 연도 3월 31일까지 시장 · 군수 · 구청장에게 제출하여야 한다.

(2) 결산절차

결산서는 과목별 예산규모의 증감사항과 예산액의 증감을 가져오지 않는 예산의 전용, 예비비의 지출 등을 유의해서 작성해야 한다. 또한, 예산과목 및 사업목적의 위배사항이 없는지, 결산서 작성이 올바르게 작성되었는지, 결산서 부속서류는 갖추고 있는지 등을 확인해야 한다.

법인의 대표이사 및 시설의 장은 다음 연도 3월 31일까지 법인회계와 시설회계의 결산서를 작성하여 법인 이사회의 의결 및 시설 운영위원회에 보고를 거친 후 시 · 군 · 구청장에게 제출하여야 한다.

시 · 군 · 구청장은 결산보고서를 제출받은 때에는 20일 이내에 법인과 시설의 세입세출결산서를 시군구의 게시판과 인터넷 홈페이지에 20일 이상 공고하고, 법인의 대표이사 및 시설의 장으로 하여금 당해 법인과 시설의 게시판과 인터넷 홈페이지에 20일 이상 공고하도록 하고 있다. 결산공고는 「신문 등의 진흥에 관한 법률」 제2조제1호의 규정에 의한 정기 간행물에의 게재로 갈음할 수 있다.

3) 사회복지시설의 재무회계

(1) 재무회계 관련 법규

사회복지사업법 제23조는 법인은 사회복지사업의 운영에 필요한 재산을 소유하여야 하고 그 회계에 관하여 필요한 사항을 보건복지부령으로 정하도록 하고 있다. 또한, 사회복지사업법 제45조는 사회복지법인의 대표이사와 시설의 장은 아무런 대가 없이 무상으로 받은 금품이나 기타 자산(후원금)의 수입 · 지출 내용을 공개하여야 하며, 관리에 명확성이 확보되도록 하여야 한다고 명시하고 있다. 후원금에 관한 영수증 발급, 수입 및 사용 결과보고 그 밖에 후원금 관리 및 공개 절차 등 구체적인 사항은 보건복지부령으로 정하고 있다.

사회복지법인 및 사회복지시설 재무회계규칙 외에도 지방자치단체 재무회계 규칙, 지방자치단체 세출예산 집행기준, 지방자치단체 업무추진비 집행에 관한 규칙, 예산편성 운영에 관한 규칙, 사회단체 보조금 관리지침, 사회복지시설관리 안내 등이 중요 재무회계 관련 지침으로 사용되고 있다.

(2) 회계의 구분

사회복지법인 및 사회복지시설의 재무회계는 법인회계, 시설회계, 수익사업회계로 구분하여 적용한다. 법인회계는 재단회계라고도 하며 당해 법인의 업무 전반에 관한 회계를 말하고, 시설회계는 당해 법인이 설치 · 운영하는 사회복지시설에 관한 회계를 말한다.

법인이 수행하는 수익사업이 있을 경우는 별도의 수익사업회계를 구분하는 데 수익사업의 목적은 법인이 운영하는 사회복지사업에 충당할 목적으로 이윤 동기에 의하여 운영되는 사업을 말하며, 이 경우 수익사업운영에 관한 관계 시군구청장의 사업승인과 세무서에 사업자 등록이 되어야 한다. 수익사업에서 얻어지는 수입은 당해 사업수행 상의 필요한 경비를 제외하고는 전액 당해 시설의 목적사업 수행에 충당되어야 한다. 회계는 단식부기로 하되, 필요한 경우에는 복식부기에 의하도록 하고 있다.

(3) 회계의 기본원칙

① 설립목적에 따른 건전운영 원칙

사회복지법인 및 사회복지시설의 재무회계는 그 설립목적에 따라 건전하게 운영되어야 한다(규칙 제2조, 지방재정법 제3조)

② 예산총계주의 원칙

한 회계연도의 세입과 세출은 누락됨이 없이 모두 예산에 편성·관리 되도록 하기 위한 것으로 제반 예산원칙 중 가장 기본이 되는 원칙이다(규칙 제8조, 지방재정법 제34조).

③ 회계연도 독립의 원칙

'회계연도'란 세입과 세출을 기간적으로 명백히 관리하기 위하여 설정한 예산의 유효기간으로 예산은 당해연도 개시 전에는 물론 회계연도를 경과한 후에는 집행할 수 없으며, 당해 회계연도의 경비는 당해연도 세입으로 충당해야만 하는 원칙이다(규칙 제3조, 지방재정법 제7조). 사회복지시설의 회계연도는 1.1~12.31.까지를 뜻한다.

④ 수입의 직접 사용금지의 원칙

모든 수입은 지정된 수납기관에 납부하여야 하며, 이 법 또는 다른 법률에 달리 정하고 있는 경우를 제외하고는 직접 사용하여서는 안된다(지방재정법 제15조).

⑤ 목적 외 사용금지의 원칙

세출예산이 정한 목적 이외에 경비를 사용하거나, 과목 간 상호이용을 금지하고 있다(규칙 제15조, 지방재정법 제47조).

(4) 회계기관의 분립

회계기관의 명령계통과 집행계통의 직무를 분리시켜 상호 견제토록 하여 회계관리의 엄정성과 직무상의 비위를 방지하기 위하여 수입 및 지출의 사무를 분리하고 있다. 수입 및 지출 사무의 관리는 법인의 대표이사와 시설의 장이 하며 법인의 대표이사와 시설의 장은 수입 및 지출원인행위에 관한 사무를 각각 소속직원에게 위임할 수 있다.

법인과 시설에서의 수입과 지출의 현금출납업무는 수입원과 지출원이 담당하게 되는데 법인과 시설이 소규모인 경우에는 수입원과 지출원을 동일인으로 할 수 있다. 수입원과 지출원은 법인의 경우는 법인의 대표이사, 시설의 경우는 시설의 장이 임면하며, 수입원과 지출원 등 회계담당직원의 재정보증 설정이 필요하다.

(5) 정보통신매체에 의한 재무 · 회계 처리

사회복지법인 및 사회복지시설의 재무 · 회계는 컴퓨터 회계프로그램으로 처리할 수 있다. 국가나 지방자치단체로부터 보조금을 받는 사회복지법인과 사회복지시설의 경우, 보건복지부장관이 검증한 표준연계모듈이 적용된 정보시스템을 사용하여 재무 · 회계를 처리하여야 한다.

4. 지역사회 자원개발

1) 지역사회 자원개발의 의의

사회복지 현장실무에서 지역사회 자원개발은 지역사회문제를 해결하고 주민의 복지를 향상시키기 위해 공동체 내에서 이용 가능한 자원을 파악, 동원, 활용하는 과정을 의미한다. 이는 지역사회의 요구와 자산을 평가하고, 전략과 파트너십을 개발하고, 긍정적인 변화를 촉진하는 프로그램과 계획(initiative)을 구현하는 것으로 설명할 수 있다. 지역사회 자원개발은 다음의 측면에서 의의를 가진다.

첫째, 지역사회 내 자원개발을 통해 개인과 공동체의 요구를 충족시키고 사회문제를 해결할 수 있는 능력을 향상함으로써 개인과 공동체에 역량 강화 기회를 제공할 수 있다(변미리, 2011). 지역사회 자원개발 과정에서 지역사회 구성원들은 그들 자신의 강점, 자원을 식별할 수 있으며 이 과정을 통해 주인의식을 함양함으로써 긍정적인 변화로 나아가게끔 한다.

둘째, 지역사회 자원개발 과정을 통해 사회복지와 관련된 다양한 이해관계자, 즉, 개인, 지역사회 기반 조직, 비영리 단체, 정부 기관 및 기타 관련 단체 간의 협력과 네트워킹을 장려할 수 있다(심재호, 2000). 공동 작업을 통해 자원(resource), 전문 지식 및 기술을 통합하여, 보다 효과적이고 효율적인 서비스 제공을 실현할 수 있다. 네트워킹을 통해 모범 사례를 공유하고, 다른 사람들의 경험으로부터 배우고, 지역사회 내 지원 관계 형성에도 기여한다.

셋째, 지역사회 자원개발은 사회복지 문제를 해결하기 위한 전체론적 접근을 촉진한다. 이러한 문제는 다각적이고 상호 연결되어 있어 포괄적인 해결책이 필요하게 되는데 지역사회 자원개발 과정에서 지역사회 내에서 이용 가능한 광범위한 자원을 식별하고 활용할 수 있게 된다. 금융 및 물적 자산뿐만 아니라 인적 자본(지식, 기술, 인재), 소셜 네트워크, 문화적 강점, 제도적 지원 등에 대한 이해도를 높일 수 있으며 이러한 이해를 바탕으로 개인과 지역사회의 다양한 요구를 포괄적이고 통합적인 방식으로 해결하도록 보장한다. 나아가 지역사회 자원개발은 지역적 맥락을 이해하고 특정 지역사회 요구를 해결하기 위한 개입을 조정할 수 있다는 점에서 중요하다. 지역사회 구성원들의 욕구(needs) 평가, 계획 및 의사 결정 과정에 이해관계자와 함께하면서 지역사회 내 현안에 대응할 수 있도록 한다.

넷째, 지역사회 자원개발은 지역사회 내의 사회적 자본과 사회적 결속력을 강화한다. 사회적 자본은 공동체 구성원들 사이에 존재하는 네트워크, 관계, 그리고 신뢰를 의미한다. 지역사회 자원개발은 개인과 조직을 적극적으로 참여시킴으로써 사회적 연결과 네트워크를 촉진한다. 이는 사회적 결속력, 소속감, 공동체 구성원 간의 상호 지원으로 이어지며, 강력한 사회적 자본과 사회적 결속력은 사회복지를 개선하고, 고립을 줄이며, 도전에 직면했을 때 지역사회의 회복력을 높이는 데 기여한다(진관훈, 2012).

2) 지역사회 자원개발을 위한 요소

(1) 욕구 평가

지역사회 자원개발을 위한 기본 단계는 욕구(needs) 평가이다. 지역사회의 사회적 이슈, 도전, 서비스 격차에 대한 철저한 분석을 비롯하여 정부 및 지방자치단체 보고서, 설문 조사 및 연구 등 기존 자료에서 데이터를 수집한다. 또는 설문 조사, 포커스 그룹 인터뷰(FGI) 등의 연구 방법을 통해 지역사회 구성원 및 이해관계자와 직접 소통하기도 한다. 이러한 정보를 수집하고 분석함으로써 지역사회 요구의 범위와 성격에 대해 명확히 이해할 수 있다.

(2) 자원분석

자원분석은 지역사회 내의 기존 자원 및 자산 즉, 물리적 인프라, 시설 및 자금 출처와 같은 유형의 자원 그리고 커뮤니티 조직, 리더, 소셜 네트워크와 같은 무형의 자원을 식별하고 어떠한 욕구에 연결할 수 있는지 살펴보는 것이다. 이 단계를 거쳐 사회복지전문가는 자원의 위치와 잠재력을 문서화할 수 있으며 이는 잠재적인 지역사회 내 현안 및 클라이언트의 요구사항을 해결하는 데에 도움이 된다.

(3) 협업 및 파트너십 구축

효과적인 지역사회 자원개발을 위해서는 협력과 파트너십 구축이 필수적이다. 공동체 구성원, 조직, 기업, 정부 기관 및 기타 이해관계자를 협력 파트너십에 참여시키는 것이다. 회의, 워크숍, 포럼을 통해 공동의 목표를 파악하고 공동체의 안녕을 위한 공유 비전을 개발할 수 있으며 협업, 자원 공유 및 서로의 전문 지식과 네트워크를 활용하여 지역사회 자원개발을 위한 영향을 극대화하는 기회를 모색하기도 한다.

협업 및 파트너십이 단단하게 구축된다면 자원확보 단계로 나아갈 수 있다. 이 과정을 바탕으로 잠재적인 프로그램을 구현하는 데 필요한 자원을 확인하고 확보할 수 있으며 이외에도 정부 보조금, 재단, 기업 후원 및 개인 기부와 같은 자금 지원 기회를 연구하고 신청하는 것이 포함된다.

(4) 자원동원 및 옹호

잠재적 자원을 파악한 후에는 지역사회의 이익을 위해 이를 동원하는 데 노력을 집중해야 한다. 동원은 물리적 자원에 대한 접근을 협상하거나, 기부나 후원을 구하거나, 지원자를 모으는 것과 같은 행동을 포함할 수 있다. 지지 입법을 위한 정책 입안자들을 설득하거나 지역사회의 필요에 대한 대중의 인식을 높이는 등의 옹호를 수행하여 자원동원을 극대화한다.

(5) 역량 강화

역량 강화는 지역사회의 자원을 효과적으로 활용하고 관리하는 능력을 강화하는 것을 목표로 한다. 여기에는 프로젝트 관리, 허가 획득 또는 충돌 해결과 같은 기술을 위한 교육이 포함될 수 있다. 조직 내 직원의 경우, 전문적인 개발 기회를 통해 자원개발을 촉진할 수 있는 능력을 향상할 수 있다.

3) 지역사회 자원 유형

(1) 기금(Funding)

기금은 사회복지단체의 운영을 촉진하는 중요한 자원이다. 이 자금은 다양한 출처에서 다양한 형태(현물, 현금)를 취한다.

- 정부 보조금: 이것은 종종 특정 프로그램 등을 위하여 지정된다. 정부 자금을 확보하려면 세부적인 신청 절차가 필요할 수 있으며 프로그램 평가 및 보고가 필요하다.
- 지방자치단체 보조금: 정부 보조금과 마찬가지로, 일반적으로 신청을 필요로 하며 사용에 대한 규정이 있을 수 있다.
- 개인의 기여: 개인의 기부는 소액의 일회성 기부에서 중요하고 반복적인 기부에 이르기까지 다양한 형태로 이루어질 수 있다.

(2) 자원봉사(Volunteering)

자원봉사자들은 사회복지조직의 임무를 지원하기 위해 그들의 기술, 시간, 열정을 제공하는 매우 귀중한 자원이다.

- 직접 서비스 지원자: 멘토링, 튜터링 또는 식사 배달 등과 같은 서비스를 제공하면서 클라이언트, 사회복지사와 직접 일한다.
- 간접 서비스 지원자: 서비스 관리, 기금 모금 또는 행사 계획과 같은 업무를

지원하면서 조직의 운영을 지원한다.

- 기술 기반 자원봉사자: 이러한 자원봉사자들은 법률 자문, 마케팅 전문 지식 또는 IT 지원과 같은 전문적인 기술을 제공한다.

(3) 지역사회 자산

지역사회 자산은 지역사회 내 고유한 자원으로 사회복지조직 운영을 지원하는 데 활용할 수 있다(김영종, 1994).

- 공공 공간: 공원, 주민센터, 학교 등이 행사나 프로그램의 장이 될 수 있다.
- 각종 단체: 동호회, 종교 단체, 그리고 다른 지역사회 단체 등은 자원봉사 지원, 파트너십 또는 홍보 기회를 제공할 수 있다.

5. 지역사회 네트워크

1) 지역사회 네트워크의 특징

사회복지 실천에서 지역사회 네트워크는 사회적 결속력을 높이고, 체계적인 문제를 해결하며, 지역사회의 맥락 내에서 개인에게 권한을 부여하는 데 중요한 역할을 한다. 지역사회 네트워크는 주민, 지역사회 기반 조직, 지역 기업 및 정부 기관과 같은 다양한 이해관계자들이 함께 모여 사회적 과제를 집단적으로 파악하고 해결하는 협력적이고 포괄적인 인프라로 정의될 수 있다(Agranoff, 2004). 이러한 네트워크는 커뮤니티 내의 강점과 자원을 활용하여 사회복지 실천을 촉진하고 서비스 제공 수준을 향상시키며 지속 가능한 개발을 촉진한다.

(1) 협력과 파트너십 기반의 네트워크

협력과 파트너십은 사회복지 실천에서 지역사회 네트워크의 핵심에 있다. 이러한 네트워크는 주민, 지역사회 기반 조직, 지역 기업 및 정부 기관을 포함한 다양한 이해 관계자들을 한데 모아 사회적 과제를 집단적으로 해결한다. 협력과 파트너십을 통해 촉진된 공동작업을 바탕으로 지역사회 네트워크는 이해 관계자들이 공동의 목표를 향해 함께 일하고, 책임을 공유하고, 자원을 확보하도록 장려한다(홍선미 · 하경희, 2009). 이 포괄적인 접근 방식은 지역사회의 요구와 강점을 인정받아 보다 효과적이고 지속 가능한 해결책으로 이어지도록 보장한다. 또한 협업은 이해관계자들이 의사결정 과정에 적극적으로 참여함으로써 공동체의 안녕에 대한 공동의 책임감을 더 크게 이끌기 때문에 이해관계자들 간의 소유의식과 상호 지지를 촉진한다.

(2) 지역 자원을 모으는 지역사회 네트워크

지역사회 네트워크는 지역사회 내의 기존 자원을 식별하며 이를 활용하여 지역사회 내 요구를 해결할 수 있도록 한다(류기형 · 류영미 · 박병헌, 2009). 이러한 자원에는 커뮤니티 구성원의 기술, 지식 및 전문 지식과 같은 인적 자본뿐만 아니라 커뮤니티 센터, 공간 또는 장비와 같은 물리적 자산이 포함될 수 있다. 지역사회 네트워크를 통해 지역사회 구성원들에게 서비스나 훈련을 제공하기 위해 시간을 기꺼이 자원하는 특정 기술이나 전문 지식을 가진 개인을 식별할 수 있다(초의수, 2008).

(3) 플랫폼으로서의 지역사회 네트워크

지역사회 네트워크는 이해 관계자 간에 정보, 모범 사례 및 경험을 공유하는 플랫폼 역할을 한다. 이러한 네트워크는 개방적인 커뮤니케이션 채널을 육성함으로써 이해 관계자들이 서로 배우고 성공적인 접근 방식에 대한 통찰력을 얻으며 사회적 과제를 해결하기 위한 혁신적인 솔루션을 식별할 수 있도록 한다(류기형 · 류영미 · 박병헌, 2009). 예를 들어, 네트워크를 통해 이해관계자들이 지식과 전문성을 교환할 수 있는 정기적인 회의, 워크숍 또는 교육 세션을 조직할 수 있으며 정보와 지식을 전파함으로써 이해관계자들이 정보에 입각한 선택을 하고 효과적인 조치를 취할 수 있다.

(4) 권익 옹호를 위한 지역사회 네트워크

지역사회 네트워크는 지역사회 구성원의 권리와 이익을 옹호하는 데 중요한 역할을 한다. 지역사회 네트워크는 소외된 사람들에게 발언권을 주고 그들의 필요와 우려가 의사 결정 과정에 반영되도록 보장한다.

커뮤니티 네트워크는 집단 옹호를 위한 플랫폼을 제공함으로써 간과되거나 들리지 않을 수 있는 사람들의 목소리를 들으며 지역사회 구성원들이 자신의 삶에 영향을 미치는 정책, 프로그램 및 서비스를 형성하는 데 적극적으로 참여할 수 있도록 함으로써 지역사회 구성원들에게 권한을 부여한다.

이는 지역사회 구성원으로 하여금 주인의식과 권한 부여를 촉진하여 지역사회에 긍정적인 변화를 가져올 기관이 있다는 믿음을 심어준다. 권한을 부여받은 개인들은 지역사회 내에서 더욱 적극적인 역할을 수행하고 지역사회의 전반적인 복지에 기여할 가능성이 높다(황주희 등, 2022).

이러한 주요 특징이 구체화된 지역사회 네트워크는 지역사회에 긍정적인 변화를 가져올 수 있다. 그러나 동시에 권력 역학, 지속적인 참여, 자원 제약, 교차성 및 문화적 민감성의 필요성 등 발생할 수 있는 문제를 인식하고 해결하는 것이 필수적이다. 그렇게 함으로써 지역사회 네트워크는 지속적인 긍정적 영향을 창출할 수 있는 잠재력을 극대화할 수 있다.

2) 지역사회 네트워크 구축을 위한 요소

(1) 잠재적 네트워크 구성원 식별

잠재적인 네트워크 구성원을 식별하는 것은 커뮤니티 네트워크를 구축하는 중요한 첫 단계이다. 이 프로세스에는 조직의 미션과 목표에 부합하거나 지원할 수 있는 커뮤니티 내의 다양한 이해관계자를 인식하는 작업이 포함된다.

여기에는 지역 사업체, 비영리 단체, 지방자치단체, 학교 및 대학교, 종교 단체, 지역사회 리더 및 영향력 행사자 등이 고려된다. 잠재적인 네트워크 구성원을 식별할 때는 지역사회의 고유한 문화, 배경, 맥락 등을 고려하는 것이 중요하다. 각 지역사회에는 고유한 자원, 당면 과제 및 기회가 혼합되어 있으며, 다양한 네트워크를 통해 이러한 목표를 효과적으로 탐색하여 네트워크를 구축하도록 한다.

(2) 연락 및 구축 관계 시작

잠재적인 구성원이 확인되면 해당 구성원에게 연락하여 사회복지조직과 조직의 임무를 소개한다. 미팅을 준비하거나, 사회복지조직의 행사에 초대하거나, 커뮤니티 프로젝트에 공동 작업을 제안할 수 있다. 관계를 구축하는 데는 시간과 지속적인 노력이 필요하다. 즉, 즉각적인 이익을 추구하기보다는 의미 있고 상호적인 관계를 구축하는 것이 요구된다.

(3) 정기적인 커뮤니케이션 및 참여

네트워크 구성원과 정기적인 커뮤니케이션을 유지하는 것은 관계를 견고하게 유지하는 데 중요하다(류기형 · 류영미 · 박병헌, 2009). 뉴스레터, 소셜 미디어 또는 미팅을 사용하여 업데이트를 공유하거나, 기여를 인정하거나, 커뮤니티 문제를 논의할 수 있다. 피드백을 제공하고 각 구성원의 성장과 변화를 인식하는 것은 네트워크 내에서 소속감과 가치를 촉진한다.

(4) 네트워크 평가 및 강화

성장하는 네트워크는 정기적인 평가와 조정이 필요하다. 네트워크 구성원의 피드백을 수집하여 강점과 개선해야 할 영역을 파악한다. 또한, 네트워크 구성을 때때로 다시 검토하여 네트워크가 다양하게 유지되고 커뮤니티의 변화하는 요구에 맞게 조정되도록 해야 한다.

3) 사회적 자본으로서의 지역사회 네트워크

(1) 사회적 자본

사회적 자본은 다양한 차원과 복잡한 요소를 가진 개념으로, 추상적이고 불확실한 특성을 지니고 있다. 이런 이유로, 사회 과학의 많은 분야에서 사회적 자본에 대한 연구가 활발하게 진행되고 있지만, 여전히 모든 이가 동의하는 명료하고 간결한 정의는 찾아보기 어렵다.

OECD(2001)에서는 사회적 자본을 집단 내 · 집단 간 협력을 촉진하는 공유된 규범, 가치, 이해의 네트워크로 정의하고 있다. 즉, 사회적 자본의 핵심은 사회적 관계, 네트워크, 사회 구조에서의 구성원 자격에서 파생된 이익과 자원을 의미한다. 그것은 모든 '사회적 네트워크'의 집합적 가치이기도 하다.

사회적 자본의 개념은 사회적 연결의 중요성과 사회적 상호작용과 관계에서 발생할 수 있는 잠재적 이익을 강조하며, 본질적으로 사회적 관계가 경제적 자본(재정 자원)이나 인적 자본(지식과 기술)과 같이 가치를 가지고 있다는 것을 의미한다. 사회적 자본은 건강, 교육, 경제 발전, 통치 등 삶의 많은 분야에서 중요한 역할을 하고 있으며, 개인, 지역사회, 사회를 위한 가치 있는 자원으로 점점 더 인식되고 있다.

(2) 사회적 자본의 측정

네트워크를 포함하고 있는 사회적 자본의 유형 구분은 의미가 있다. 예컨대, 사회자본의 보유 형태에 따라 다양한 사회적 · 조직적 · 개인적 수준의 결과들에 미치는 영향이 달라질 수 있기 때문이다. 정세정 등(2021)의 연구에서는 사회적 자본의 핵심지표를 '네트워크', '신뢰', 그리고 '규범'세 가지로 제시하고 있다.

〈표 7-2〉 사회적 자본의 핵심 지표

구분			측정 문항
사회적자본 핵심지표	네트워크		• 어려움에 처했을 때 도움을 청할 수 있는 가족 및 지인의 규모 · 어려움은 소득, 노동, 건강, 정치 · 사회참여 영역별로 상황을 구체화하여 제시
	신뢰	제도 신뢰	• 청와대, 국회, 헌법재판소, 대법원, 검찰, 지방정부, 언론에 대한 신뢰 정도
		일반 신뢰	• 대부분의 사람들을 신뢰할 수 있다고 보십니까, 아니면 사람들을 대할 때 조심해야 한다고 보십니까? • 대부분의 사람들이 기회가 있을 때 귀하를 이용하려 한다고 생각하십니까, 아니면 공정하기 위해 노력한다고 생각하십니까?
	규범		• 돈을 벌기 위해서라면 때때로 정직하지 않게 행동할 수 있다 • 좋은 기회를 놓치는 결과를 낳더라도 항상 법을 지켜야 한다 • 때때로 법을 무시하고 원하는 대로 하는 것도 괜찮다

출처: 정세정 등(2021).

참고할 만한 정보

- 보건복지부. '사회복지시설관리안내' 연간보고서
- 사회복지법인 및 시설의 재무회계 규칙(보건복지부령)
- 한국사회보장정보원 홈페이지. https://www.ssis.or.kr
- 행정업무의 운영 및 혁신에 관한 규정. https://www.law.go.kr

생각해 보기

- 사회복지 정보관리 영역에서 이루어지는 개인정보보호 정책 및 관리에 대해 알아봅시다.
- 지역사회 자원개발을 위한 다양한 실천 기술을 찾아서 이야기해 봅시다.
- 예비사회복지사로서 갖추고 있는 지역사회 네트워크가 무엇인지 생각해봅시다.

8장

사회복지조직 마케팅

1. 마케팅 개념과 마케팅 믹스를 이해하고 설명할 수 있다.
2. 비영리조직의 마케팅 전략을 이해하고 설명할 수 있다.
3. 사회복지조직의 마케팅 전략을 수립할 수 있다.

학습목표

대부분의 사람들은 경영이라는 단어가 '기업경영'에서만 사용된다고 생각하지만 오히려 이익을 측정하기가 어려운 비영리기관의 특성과 공적기금 집행을 통한 사회적 '공공재의 생산'이라는 책무성을 동시에 수반하며, 수 없이 변화하는 환경 속에서 생존해 나가기 위한 방안으로 이제 비영리기관에서의 경영은 기업조직보다 더 필요한 것이 되었다.

(중략)

미국의 대학에서는 1976년 예일대학에서 비영리기관에 대한 프로그램(Program on Non-Profit Organization: PONPO)을 개설하면서부터 비영리기관에 대한 연구가 체계적으로 진행되기 시작했으며, 점차 비영리기관 경영의 일반이론을 경영대학원에서 연구하며 가르치고 있는 추세이다.

(중략)

비영리기관에 대한 경영의 필요성은 사회복지조직에도 그대로 반영된다. 특히 한국의 사회복지 서비스 전달체계에서 투입인력, 자원동원, 이용자 수 등 단일사업 부문으로 사회복지서비스 총공급량의 큰 부분을 차지하고 있는 사회복지관의 경우에는 급변하는 사회복지 환경의 변화에 따라 새로운 경영기법이 필요하게 되었다.

- 이상도(2003), 비영리기관(NPO)으로서 판암사회복지관의 조직분석 내용 중

1. 서비스 마케팅

1) 마케팅의 본질

기업은 영리추구를 목적으로 인적 · 물적 요소가 유기적으로 결합하여 상호작용하는 하나의 시스템이다. 기업시스템은 재화와 용역을 생산하여 분배하는 기능을 담당한다. 재화와 용역을 생산하여 분배하는 기능을 수행하는 것은 궁극적으로 영리목적을 달성하기 위한 것이므로 분배기능은 판매기능으로 볼 수 있다. 1950년대 이전 미국을 비롯한 선진국의 경제상황은 생산이 수요를 따라가지 못하여 초과수요가 존재하던 시기였다. 이 시기에는 제품을 생산하기만 하면 판매가 보장되었던 판매자시장(seller's market)이었고 기업은 판매보다 생산을 중요시 여겼다. 그러나 2차 세계대전 이후 생산기술이 급격히 발달하자 공급초과 현상이

나타나기 시작했고 판매경쟁이 심화되었다. 이로 인해 구매자시장(buyer's market)으로 바뀌고 소비자 또는 고객이 원하는 제품을 만들어 소비자 욕구를 충족시키겠다는 사고가 태동했다.

이런 상황에서 기존에 사용했던 판매(sales)라는 용어 대신에 마케팅(marketing)이라는 개념이 도입되었다. 단순하게 판다(product-out)라는 의미를 넘어서 고객을 창조한다(market-in)는 의미를 가지게 된 것이다. 마케팅 개념에서 기업목적을 달성하기 위한 출발점인 시장(market)이익은 고객만족을 통해 획득된다.

마케팅의 본질은 고객의 가치를 만들고 제공하여 조직의 목표를 달성하는 활동이다. 마케팅은 제품, 서비스 또는 아이디어를 개발하고, 가격을 책정하며, 홍보 및 판매활동을 통해 고객을 유치하고 유지하는 전략적인 접근방식이다. 이러한 본질적 특징을 정리하면 다음과 같다.

첫째, 마케팅은 고객에게 가치를 제공하는 과정이다. 제품이나 서비스를 개발하고, 고객의 요구와 필요를 충족시키며, 고객 경험을 향상시키는 것을 목표로 한다. 가치창출은 고객에게 유용하고 만족스러운 제품 또는 서비스를 제공함으로써 경쟁 우위를 확보하는데 중요한 역할을 한다.

둘째, 마케팅은 고객을 중심으로 한 접근방식을 갖는다. 고객의 니즈와 요구를 이해하고, 고객 세그먼트를 분석하며, 타깃 마케팅을 통해 고객을 정확히 타겟팅한다. 고객을 이해하고 만족시키는 것은 오랜 기간 동안의 고객 충성도를 유지하고 신규 고객을 유치하는 데 중요한 역할을 한다.

셋째, 마케팅은 고객과의 관계 구축에 초점을 둔다. 고객과의 지속적인 상호작용을 통해 신뢰와 충성도를 구축하고 유지하는 것을 목표로 한다. 이를 통해 장기적인 고객 가치와 재구매율을 높이는 데 도움을 준다.

넷째, 마케팅은 시장 조사와 분석을 통해 고객의 니즈와 욕구, 경쟁 환경, 시장 동향 등을 파악한다. 이를 기반으로 제품 개발, 가격 정책, 마케팅 전략 등을 수립한다.

다섯째, 마케팅은 조직의 목표 달성을 위해 전략적으로 계획하고 실행한다. 목표 달성을 위한 마케팅 활동의 성과를 지속적으로 평가하고 개선하는 것이 중요하다.

2) 비영리조직의 마케팅

마케팅의 개념은 비영리조직에도 적용될 수 있으며 반드시 필요한 활동이다. 모든 비영리조직들은 마케팅과 연관되어 있다. 다양한 시장에 개입되어 있고, 시장에 대응하기 위해 특정한 운영원칙을 사용하고 있다. 1970년대 이전에는 사람들이 비영리조직에 대한 마케팅의 역할에 주목하지 않았다. 그러나 오늘날에는 정부기관뿐만 아니라 공공기관을 포함하여 모든 비영리조직에 적용이 가능한 것으로 인식되고 있다.

비영리조직이 마케팅원리에 관심을 갖는 이유는 조직의 목표를 좀 더 효율적으로 달성하도록 하기 때문이다. 이에 대해 구체적으로 설명하면 다음과 같다.

첫째, 비영리조직은 프로그램 운영과 서비스 제공을 위해 자금, 물자, 인력 등의 자원을 필요로 한다. 마케팅을 통해 조직의 목표와 가치를 이해관계자들에게 전달하고, 자원을 모집하는 데 도움을 줄 수 있다. 또한 기부자와 후원자를 유치하고, 자금 조달과 자원봉사자 모집을 효과적으로 수행할 수 있다.

둘째, 비영리조직은 사회적 문제 해결을 위한 프로그램과 서비스를 제공한다. 마케팅을 통해 프로그램의 가치와 효과성을 알리고, 이해관계자들에게 사회적 영향력을 발휘하는 활동을 보여줄 수 있다. 이를 통해 기부자와 후원자의 참여를 유도하고, 사회적 영향력을 극대화할 수 있다.

셋째, 이해관계자들과의 관계는 비영리조직의 지속적인 성장과 발전에 중요하다. 마케팅은 이해관계자들과의 관계를 구축하고 유지하는 데 도움을 줄 수 있다. 효과적인 커뮤니케이션과 관계관리를 통해 이해관계자들의 지지와 참여를 유도하고, 조직의 목표를 달성할 수 있다.

넷째, 비영리조직은 인식과 평판이 중요하다. 마케팅은 조직의 브랜드 이미지를 형성하고 관리하는 데 도움을 줄 수 있다. 적절한 마케팅 전략과 커뮤니케이션을 통해 조직의 목표와 가치를 명확하게 전달하고, 이해관계자들의 신뢰와 지지를 얻을 수 있다.

마케팅 개념을 비영리조직까지 확대·적용한 것은 Kotler와 Levy로, 그들은 1969년 Journal of Marketing에 "마케팅 개념의 확장"이라는 논문을 발표하였다. 논문에서 마케팅의 핵심을 교환에 두고 영리기업뿐만 아니라 교육기관, 의료기관, 종교시설, 정치기구 등과 관련된 비영리조직까지 확대·적용하였다(Kotler & Levy, 1969). 비영리조직은 다양한 유형의 고객을 보유하고 있다. 기업의 경우에는 주요 고객이 소비자이며, 이때 소비자는 기업의 제품과 서비스의 구매자로써 수혜자인 동시에 자원제공자이다. 그러나 비영리조직은 소비자(서비스 수혜자)와 자원제공자가 다른 경우가 많다. 기부자로부터 자원을 조달하여 서비스 수혜자에게 서비스를 제공하는 경우가 대표적이다. 또한 비영리조직은 자원봉사자로부터 노동력을 제공받아서 서비스를 제공하기도 한다. 따라서 고객의 개념은 기부자 및 자원봉사자와 같은 자원제공자에게까지 확장되어야 한다.

결과적으로 비영리조직의 마케팅은 서비스 수혜자와 관련한 자원배분 문제와 자원제공자와 관련한 자원조달문제로 구분할 수 있다. 자원조달문제는 비영리조직에게 모금(fundraising)이나 자원봉사자의 모집을 위한 마케팅 영역이 발생한다. 이러한 마케팅 개념의 도입으로 모금기술이 구걸(begging)에서 수금(collection), 캠페이닝(campaigning), 기금개발(fund development)의 단계로 발전해 왔다. 또한 비영리조직의 서비스는 무형성, 비분리성(생산과 소비가 동시에 발생), 이질성(품질이 고르지 않음), 소멸성(판매되지 않은 서비스의 소멸) 등의 특징을 가지고 있어서 재고를 쌓아두고 서비스를 제공할 수 없다.

2. 비영리조직 마케팅 전략

1) 마케팅 믹스(marketing mix)

표적 시장이 선택되면 선택한 표적 시장의 욕구를 충족시킬 수 있도록 상품(Product)을 계획하고, 가격(Price)을 책정하고, 유통(Place)시키고, 촉진(Promotion)시키는 일을 해야 한다. 이러한 일련의 과정을 마케팅 믹스라고 하며 단순화해서 4P라고 부른다. 각각의 요소는 제품이나 서비스를 고객에게 성공적으로 판매하기 위해 고려해야 할 핵심적인 영역들을 나타낸다.

(1) 상품(Product)

마케팅 믹스는 상품으로부터 출발한다. 경쟁자의 상품보다 표적시장의 욕구를 더 잘 충족시킬 수 있는 상품을 개발하여 실행할 수 있다면, 매우 큰 기여를 할 수 있다. 상품은 기업이 제공하는 제품 또는 서비스이다. 제품의 특징, 기능, 디자인, 품질, 브랜드 등을 고려하여 고객의 니즈와 요구를 충족시킬 수 있는 제품을 개발하고 제공한다.

상품은 다양한 편익(benefit)의 묶음이다. 원료, 부품, 기술 등보다는 다양한 편익들로 묶여진 것으로 이해해야 하는 이유는 고객은 상품을 원료, 부품, 기술을 보고 구입하는 것이 아니라 편익을 인식하면서 구매하기 때문이다. 따라서 상품의 구성에서 중요한 것은 고객이 상품이 갖는 다양한 편익을 느낄 수 있게 하는 것이다. 편익은 기능적 편익, 심리적 편익, 사회적 편익으로 구분할 수 있다. 기능적 편익은 상품이 직접적으로 제공해 주는 편익으로 '기부하면서 재난 구호 등을 위해 기여하는 것'등이 해당된다. 심리적 편익은 상품을 구입, 소유, 사용하면서 얻는 심리적 만족인데 기부를 하면서 "난 좋은 사람이야"라고 생각하는 것 등이 해당된다. 사회적 편익은 상품을 통하여 다른 사람들에게 자신의 개성을 표현하면서 얻는 편익으로 '자원봉사하면서 또는 헌혈하면서 다른 사람들에게 보여주는 편익' 등이다.

상품에서 무엇보다 중요한 것은 차별화이다. 상품의 차별화를 위해서는 신상품 개발 프로세스의 체계적인 관리를 통해 질적으로 새로운 상품을 만들어 내거나, 고객의 구매 의사결정 과정에 대한 분석을 통해 기존 상품에 새로운 편익을 추가하여 상품개념을 넓히는 것, 브랜드가 창출하는 부가가치에 대한 체계적인 관리에 기반하여 브랜드 자산을 이용하여 상품의 차별화를 만들어 내는 것 등이 있다.

영리조직의 상품 및 서비스와 마찬가지로 비영리조직의 상품 구성도 핵심적인 내용(core), 실체성(tangibility), 증가 및 증대된 서비스(augmented)로 구성된다. 먼저, 핵심적 내용(core)는 상품이나 서비스의 핵심 가치 또는 기능을 나타낸다. 이것은 제품이나 서비스의 실질적인 이점이며, 고객의 요구를 충족시키는 가장 중요한 부분이다. 핵심은 제품이나 서비스의 기본 기능이며, 고객이 제품이나 서비스를 구매하는 주요 이유이다. 기부를 통한 마을 우물만들기, 집수리사업, 후원결연서비스 등이 이에 해당한다.

다음으로 실체성(tangibility)은 물리적인 형태나 측정 가능성을 나타낸다. 상품은 실제로 볼 수 있고 만질 수 있는 물리적인 존재인 반면, 서비스는 비물질적인 형태로 제공되는 경우가 많다. 따라서 상품은 보통 유형적이고 물리적인 특징을 가지며, 서비스는 추상적이고 비물질적인 특징을 가지는 경우가 많다. 비영리조직에서는 기부 프로그램에서 기부에 대해 감사의 동전 혹은 메달을 주는 것 등이 해당된다.

마지막으로 증가 및 증대된 서비스(augmented)는 상품이나 서비스의 추가적인 가치나 요소를 나타낸다. 이것은 고객의 경험을 향상시키거나 부가적인 혜택을 제공하는 것을 의미한다. 보강된 부분은 핵심 가치를 뒷받침하고, 고객의 기대를 초과하거나 특별한 경험을 제공하는 역할을 한다. 예를 들어, 제품의 추가 보증서비스, 서비스의 고객 지원 및 컨설팅 서비스 등이 보강된 요소에 해당한다. 비영리조직에서는 기부 프로그램에서 개별화된 의사소통과 개별화된 편지 등에 의한 감사의 표시 등이 해당한다.

(2) 가격(Price)

가격은 시장에서 제품의 교환가치이다. 구매자들이 제품을 구매할 때 얻게 되는 효용에 부여된 가치가 가격이다. 가격의 적절성은 조직의 성과에 큰 영향을 미친다. 비영리조직에서 가격은 입장료, 수업료, 서비스 charges, 기부금, 후원금 등 다양한 형태를 갖는다. 영리조직과 다르게 비영리조직의 상품가격은 최소 혹은 무료로 형성되는 특징이 있다.

비영리조직에서 어떤 상품에 대해서 가격을 책정할 때 비용의 구조에 대한 이해에 기초하여 체계적인 고려를 하면서 가격을 책정하는 것이 중요하다.비용의 구조는 OOP(Out of Pocket Costs)비용 + 기회 비용 + 다른 비용들로 구성된다. OOP 비용은 자선 경매 입장 비용과 경매에 가기 위해 아이들을 맡겨야 하는 비용 등이 포함된다. 기회 비용은 자선 경매에 참여함으로써 자신이 잃어버리는 기회 비용을 의미한다. 다른 비용들은 자선 경매에 참여하는 것과 관련된 모든 다른 실제적 또는 심리적 비용을 총칭한다. 즉, 자선 경매에 참여하는 입장료가 10만 원일 경우, 참여자가 단지 10만 원만 지출하게 된다고 생각해서는 안 된다. 자선 경매에 참석하기 위해서 아이들을 외부에 맡기는 비용과 자선 경매에 참여하지 않고 다른 일을 해서 얻을 수 있는 가치, 그 외에 자선 경매에 참여해서 다른 사람과 어울려야 하는 심리적 부담감까지 모든 비용을 합산하여 가격을 책정해야 한다. 따라서 비영리조직의 프로그램의 가격을 책정할 때에는 여러 가지 측면을 고려해서 더욱 매력적이고 경제적일 수 있도록 합리적으로 책정하는 노력을 기울여야 한다.

(3) 유통(Place)

유통은 어떤 경로를 거쳐서 상품의 판매를 이루어지게 할 것인가에 초점을 맞춘다. 유통경로는 어떤 상품을 최종 구매자가 쉽게 구매할 수 있도록 만들어주는 과정에 참여하는 모든 조직체나 개인들을 의미한다. 유통경로가 존재하는 이유는 첫째, 시간상의 불일치 때문이다. 생산 시점과 소비 시점에 차이가 발생할 수 있는데 이런 문제의 해결을 위해서 유통경로가 생겨났다. 둘째, 장소상의 불일치 때문이다. 생산 장소와 소비 장소의 불일치가 발생할 수 있기 때문이다. 셋째, 형태상의 불일치 때문이다. 생산의 형태와 소비되는 형태의 불일치가 발생하는 문제를 해결하기 위함이다.

서비스는 일정한 형태를 가지지 않고 생산과 소비가 동시에 발생하며, 판매되지 않으면 재고가 쌓이지 않고 바로 소멸되는 특징을 가지고 있다. 따라서 서비스의 전달은 사람들의 눈으로 볼 수 있는 물리적 증거 아래서 일련의 과정에 함께 참여하는 사람들이 상호작용 하는 접점에서 이루어진다. 서비스는 비분리성에 의해 유통업체에서 저장하거나 운송할 수 없다. 따라서 서비스를 고객에게 제공하기 위해서는 적당한 곳에 점포를 두어야만 한다. 즉, 서비스 유통경로는 고객들이 원하는 시기에 편리한 장소에서 서비스를 이용할 수 있도록 하기 위해 설계되어야 한다.

비영리조직의 마케팅에서 유통의 핵심적인 의미는 고객이 서비스에 접근할 수 있도록 하는 것에 있다. 일반적으로 비영리조직에서는 서비스를 대상 시장과 근접하게 놓는 것 외에 별다른 대안이 없다. 즉, 자원봉사자, 후원자, 모금 지원자 등의 측면에서 이들의 접근성은 프로그램의 개발과 활성화 측면에서 매우 중요하다. 또한 서비스의 직접적인 대상자인 클라이언트의 접근성 역시 프로그램의 존재의 의미와 관련해서 매우 중요하다.

비영리조직은 대부분 영리조직이 갖는 유통구조(소매자, 중매자 등)를 갖지 않는다. 비영리조직은 유통경로를 중간상 없이 직접적으로 구성하게 되는 경우가 많고, 따라서 유통경로의 구성에서 보다 많은 어려움을 겪게 된다. 그럼에도 불구하고 모금 등과 같은 상품은 다양한 유통경로를 확보하여 기부자 및 잠재적 기부자들이 보다 쉽게 접근할 수 있도록 다양하게 구성해야 한다.

디지털 기술의 발달과 더불어 비영리조직도 다양한 형태로 발전하고 있다. SNS, 유튜브, 홈페이지, 소셜 마케팅 등 다양한 유통경로가 발생하고 고객의 요구에 맞춰 유통경로를 다양하게 추가 개설하는 방안을 모색해야 한다.

이렇듯 비영리조직이 고객의 욕구에 민감하게 대응하고 다양한 유통채널을 만들어 두어 접근성을 강화하는 것이 유통에서의 핵심이라고 볼 수 있다.

(4) 촉진(Promotion)

마케팅이 성공하려면 고객의 욕구를 충족시켜 주는 상품을 만들고 적절한 가격을 책정하여 두는 것만으로는 부족하다. 좋은 상품을 개발했다는 것을 고객에게 알리고, 구매하도록 설득하고, 구매를 유인할 수 있게 하는 여러 가지 인센티브를 제공해야 한다. 이러한 기능을 촉진(promotion)이라고 하는데 보통 4가지 수단, 즉 광고, PR, 판매촉진, 인적판매 등을 다루는데 이러한 수단을 촉진 믹스라고 부른다.

광고(Advertising)는 매체를 통해 제품이나 서비스를 대중에게 알리는 활동이다. 신문, 잡지, 텔레비전, 라디오, 인터넷 등 다양한 매체를 이용하여 제품이나 서비스에 대한 정보와 메시지를 전달한다. 광고는 대중의 관심을 끌고 제품에 대한 인식을 형성하며, 브랜드 인지도를 높이고 소비자들을 유치하는 데에 중요한 역할을 한다. 예를 들어, 환경 관련 비영리조직에서는 광고를 통해 환경보호의 중요성을 강조하고 기부나 참여를 독려할 수 있다.

공공관계(Public Relations)는 기업의 이미지와 관계를 관리하는 활동으로, 기업과 대중 간의 상호작용을 촉진하고 긍정적인 인식을 형성하는 데에 초점을 둔다. 공공관계는 보도자료, 기업 이벤트, 스폰서십, 기부활동 등을 통해 기업의 목표와 가치를 대중에게 알리고 신뢰를 구축한다. 이를 통해 기업은 긍정적인 이미지를 형성하고 고객들과의 관계를 강화할 수 있다. 예를 들어, 건강 관련 비영리조직은 보도자료나 기사를 통해 건강 증진에 대한 정보를 전달하고, 사회적 이슈에 대한 인식을 높일 수 있다.

판매촉진(Sales Promotion)은 제품이나 서비스의 판매를 촉진하기 위해 시간적, 금전적인 장점을 제공하는 활동이다. 할인, 세일, 쿠폰, 경품 이벤트, 쇼핑몰 포인트 등 다양한 판매촉진 수단을 활용하여 소비자들의 관심과 구매욕구를 자극한다. 판매촉진은 제한된 기간 동안 특정 이벤트나 혜택을 제공하여 소비자의 구매를 유도하고, 기업은 매출을 증가시키는 데에 기여한다. 예를 들어, 비영리조직은 판매촉진 기법을 활용하여 자원 모금이나 참여를 유도할 수 있다. 할인 혜택이나 이벤트를 통해 교육 프로그램에 대한 관심과 참여를 촉진할 수 있다.

인적판매(Personal Selling)는 영업사원이나 판매 전문가가 개별 고객과 직접 대면하여 제품이나 서비스를 소개하고 판매하는 활동이다. 인적판매는 대상 고객의 요구와 욕구를 파악하고 맞춤형 제안을 제공함으로써 구매 결정에 영향을 미치는 역할을 한다. 이는 주로 대규모나 고가의 제품이나 서비스를 판매하는 과정에서 사용되며, 고객과의 관계 구축과 신뢰도 강화에 도움을 준다.

이러한 Promotion 요소들은 각각의 특성과 장점을 가지고 있으며, 조합하여 마케팅 전략을 구성하고 소비자들에게 제품이나 서비스의 가치를 알리고 구매를 유도하는 데에 활용된다.

2) 서비스 마케팅 믹스의 확장 모형

비영리조직의 마케팅은 서비스 마케팅으로서의 성격을 가지고 있으므로 전통적 4P(Product, Price, Place, Promotion)로 알려진 네 가지 변수에 3P(Process, Physical evidence, People)를 추가하여 확대할 필요가 있다.

(1) 프로세스(Process)

서비스 프로세스란 서비스가 전달되어지는 절차나 매커니즘 또는 활동들의 흐름을 의미한다. 서비스는 일련의 과정과 흐름의 형태로 전달되는데, 이러한 프로세스 자체가 곧 상품일 수도 있다. 그리고 프로세스체서 고객은 일정한 역할을 수행한다. 따라서 서비스 생산의 흐름과 과정은 제품의 마케팅보다 더 중요할 수 있으며 서비스 프로세스 단계와 제공자의 처리 능력은 서비스의 품질을 결정하는데 매우 중요한 역할을 한다.

제품의 생산과 마찬가지로 서비스도 표준화가 가능하다. 서비스에도 규칙과 기준을 부여하여 표준화할 수 있다. 이러한 서비스 표준화는 서비스가 갖는 변수를 줄이고 질 높은 서비스가 전달되도록 하는데 큰 기여를 할 수 있다.

서비스 프로세스는 고객과의 상호작용과 개별화 정도, 노동집중도에 따라 분류할 수 있다. 첫째, 자본 집중적인 서비스 프로세스는 토지, 장비, 설비 등과 관련한 것이 중심적인 위치를 차지한다. 따라서 서비스 생산에서 이러한 것에 영향을 미치는 기술적 진보에 관심을 가져야 한다. 둘째, 노동 집약적인 서비스 프로세스는 노동이 중심적인 위치를 차지하므로 고용, 훈련, 작업 개선과 통제, 종업원 후생복지, 작업 일정 계획 등의 효율적 관리가 필수적이다. 셋째, 고객과 낮은 상호작용을 갖는 서비스 프로세스는 경직된 형태의 서비스이므로 고객이 원하는 개인적인 관심을 주지는 못하더라도 정감있고 흥미롭게 만들려는 노력을 수행해야 하며 표준화된 프로세스를 채택하는 것이 바람직하다. 넷째, 높은 상호작용과 개별화가 필요한 서비스 프로세스는 많은 임금과 재능을 가진 종업원을 통한 서비스로서, 종업원을 통한 적절한 품질관리가 중요하다. 따라서 이직을 방지하는 것과 고객의 참여에 적절하게 반응하는 것이 중요하다.

서비스 프로세스 개선을 위한 기법으로 서비스 청사진(Service Flow Chart)와 품질기능 전개(Quality Function Deployment)가 있다. 서비스 청사진은 핵심서비스 프로세스를 그 특성이 나타나도록 객관적으로 설명해 놓은 것으로, 종업원, 고객, 조직이 서비스 전달과정에서 해야 하는 각자의 역할과 프로세스와 관련된 단계 및 흐름 등 서비스 전반을 이해하도록 묘사해 놓은 것이다. 품질기능 전개는 고객의 욕구와 서비스 디자인의 연결점에 대해서 고려하면서, 고객의 욕구를 만족시킬 수 있는 구체적이고 실행가능한 디자인을 구성해나가는, 서비스 플로세스 개선을 위한 방법이다.

(2) 서비스 물리적 증거(Physical Evidence)

물리적 증거는 고객에게 서비스의 품질과 가치를 실제로 보여주는 요소들을 말한다. 서비스는 비물질적인 특성을 가지지만, 고객은 경험을 통해 서비스의 품질을 판단하고 평가한다. 이때 물리적 증거는 고객에게 서비스의 신뢰성과 전문성을 느끼게 하며, 서비스의 품질을 시각적, 청각적, 촉각적으로 인지할 수 있도록 돕는다. 물리적 증거는 서비스가 전달되어지는 환경, 서비스 조직과 고객의 상호작용이 이루어지는 환경으로 물리적 환경과 기타 유형적 요소로 구성되어 있다. 물리적 환경은 시설의 외형, 간판 등의 안내 표지판, 주차장, 주변 환경 등의 외부 환경과 내부 장식과 벽의 색상, 가구, 시설물 공기의 온도 등과 같은 내부 환경으로 나누어져 있다. 기타 유형적 요소는 종업원 유니폼, 광고 팜플렛, 메모지 등으로 나누어져 있다. 물리적 증거는 다양한 형태로 나타날 수 있으며 몇 가지 예시를 들면 다음과 같다.

첫째, 서비스를 제공하는 시설이나 장비의 상태와 품질이 물리적 증거이다. 깨끗하고 현대적인 시설, 고급스러운 장비는 고객에게 신뢰와 편안함을 전달할 수 있다.

둘째, 서비스 제공자의 외모와 태도는 서비스의 품질을 나타내는 중요한 요소이다. 깔끔한 복장, 친절한 태도, 전문적인 모습은 고객에게 신뢰를 준다.

셋째, 서비스를 제공하는 조직이나 브랜드의 표지판과 로고는 고객에게 신뢰와 인식을 제공한다. 잘 디자인된 로고와 명확한 표지판은 서비스의 전문성과 신뢰도를 나타낼 수 있다.

넷째, 서비스 환경도 물리적 증거의 일부이다. 편안하고 청결한 공간, 적절한 조명과 음악 등은 고객의 경험을 개선하고 서비스의 품질을 높인다.

서비스 물리적 증거는 차별화된 이미지를 확립하는 데 결정적인 기능을 하면서 고객의 구매의사결정에 영향을 미친다. 또한 서비스 품질에 대한 단서로서 고객의 기대와 평가에 영향을 준다. 뿐만 아니라 이는 서비스 종업원의 태도와 생산성에도 영향을 줄 수 있는 요소로 작용한다. 물리적 증거는 고객에게 서비스의 품질과 가치를 실감나게 만들어 주는 역할을 하며 이를 통해 고객의 만족도와 신뢰도를 향상시키고, 서비스 제공자의 경쟁력을 강화할 수 있다.

(3) 사람(People)

조직은 곧 사람이다. 비영리조직과 같은 노동집약적인 조건에서 조직은 곧 서비스 종업원이라고 말할 수 있다. 이런 점으로 인해 서비스 종업원의 중요성을 점차 많이 강조하고 있는 상황이다. 마케팅 믹스에서 종업원은 서비스를 제공하거나 상품을 판매하는 과정에서 관여하는 인력 요소를 의미한다. 이것은 고객과의 상호작용에서 중요한 역할을 한다. 종업원은 고객과의 접점에서 직접적으로 상호작용하며, 고객 경험에 큰 영향을 미치는 요소이다. 사람과 관련된 요소는 여러 가지 차원에서 이해할 수 있다.

첫째, 종업원은 고객과 직접적으로 상호작용하고 서비스를 제공하는 주체이다. 고객은 종업원들과의 경험을 통해 기업이나 조직에 대한 인상을 형성한다. 종업원의 전문성, 친절성, 의사소통 능력 등이 고객의 만족도에 영향을 준다.

둘째, 고객 서비스팀은 고객과의 연락, 문의 응대, 불만 처리 등을 담당한다. 고객 서비스의 품질과 효율성은 고객과의 상호작용에서 중요한 역할을 한다.

셋째, 고객 자원은 고객이 가지고 있는 지식, 경험, 요구사항 등을 의미한다. 고객 자원을 이해하고 활용함으로써 고객에게 맞춤형 서비스를 제공할 수 있다.

넷째, 협력 파트너는 기업이나 조직이 서비스를 제공하거나 상품을 제조, 유통하는 과정에서 협력하는 제휴사, 공급업체 등을 의미한다. 협력 파트너들의 전문성, 신뢰성, 협력 관계의 원활함이 기업의 서비스 품질과 고객 만족도에 영향을 줄 수 있다.

영리조직에서 종업원들이 조직이 선택한 서비스를 최상급의 높은 질을 갖춰 제공하게 하는 것은 중요한 과제이다. 비영리조직의 서비스에서 서비스 생산과 전달, 그리고 생산 및 전달과 제공자의 비분리성 때문에 서비스 종업원에 대한 고려를 심각하게 하지 않을 수 없다. 따라서 종업원을 대상으로 한 내부 마케팅이 필요하다. 내부 마케팅은 조직 내의 종업원을 대상으로 하는 마케팅 활동으로, 직원들의 참여, 만족도, 역량 향상을 통해 조직의 성과 향상을 도모하는 전략이다. 내부 마케팅을 통해 종업원들은 조직의 비전과 가치를 공유하고, 조직의 목표를 달성하기 위해 효과적으로 협력하고 노력한다. 이것은 고객 서비스 품질 향상과 조직의 경쟁력 강화에 직결된다. 서비스의 확장된 마케팅믹스는 [그림 8-1]과 같다.

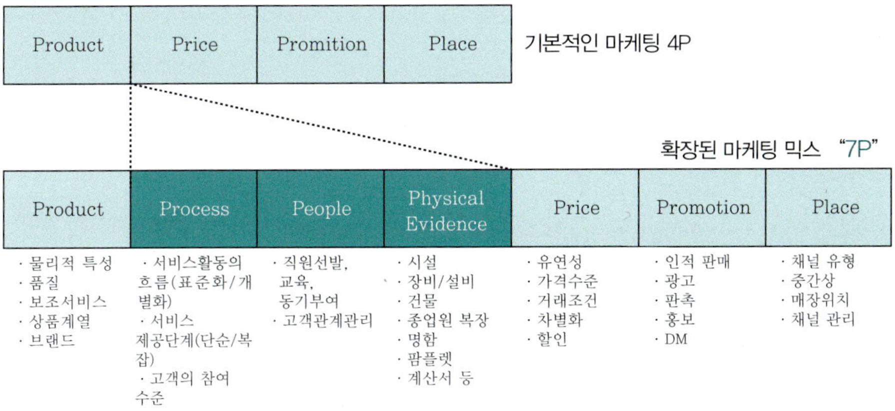

[그림 8-1] 확장된 서비스 마케팅믹스

출처: kjs20370 블로그 (blog.naver.com/kjs20370/220367346410).

3. 사회복지조직의 마케팅 전략 활용방안

4차산업혁명 기술로 인한 첨단과학기술의 발달과 디지털 대전환이 가속화되는 가운데 비영리조직의 역할도 중요해지고 있다. 특히 사회복지조직의 경우에는 자금확보, 서비스 및 프로그램 홍보 등을 위한 마케팅 방안이 논의되고 있다. 사회복지조직에게 마케팅은 다음과 같은 이유로 필요하다.

첫째, 책임성 측면에서 사회복지조직은 정부 보조금이나 기타 단체의 기부금으로 운영되기 때문에 서비스 제공에 있어 효율성과 효과성을 달성할 책임을 진다. 또한 책임성의 요구에 부응하기 위해 사회복지조직의 운영에서도 전략적 마케팅 도입이 필요하다.

둘째, 대상자 관리 측면에서 기관 이용자를 주요 고객으로 인식하고 그들의 욕구를 세분화하여 체계적으로 관리할 필요가 있다. 고객의 만족을 최대한 달성할 수 있도록 전문적 마케팅 접근이 필요하다.

셋째, 서비스 개발 측면에서 사회복지조직은 외부환경에 의한 영향을 크게 받기 때문에 정치적, 경제적, 사회적, 법적, 문화적 환경을 세분화하고 분석하여 서비스의 가치를 높여야 한다.

넷째, 재정 확보 측면에서 사회복지조직은 목표 달성을 위해 필요한 재정자원의 동원과 배분, 효율적 사용과 책임성 있는 관리가 필수적이다. 따라서 모금시장 분석, 다양한 모금상품 개발, 전략적 모금상품의 홍보, 잠재적 후원자 개발, 기존 후원자 관리 등을 통해 모금활동의 성과를 극대화해야 한다.

이러한 마케팅을 통해서 사회복지조직은 고객만족을 향상시킬 수 있다. 클라이언트와 자원봉사자, 후원자들이 지닌 욕구를 마케팅 기획단계부터 반영하여 서비스 전 과정에서 이해집단을 만족시킬 수 있다. 또한 마케팅을 통해 전통적인 모금방법에서부터, SNS, 온라인을 통한 모금까지 사회복지조직의 자원 획득 능력도 증가할 수 있다. 마케팅은 사회복지조직이 지역사회에서 '브랜드'로 자리매김할 수 있는 기회를 제공한다. 브랜드란 외부 시선이 해당 조직에 가지고 있는 이미지를 의미하고 이러한 이미지를 형성하는 과정을 '브랜딩'이라고 한다. 전략적 마케팅은 사회복지기관의 브랜딩에 도움을 준다.

1) 마케팅 과정

(1) 기관환경 분석(SWOT)

마케팅 전략을 위한 1단계는 기관환경을 분석하는 것이다. 본격적인 마케팅에 앞서 기관의 존재이유, 기관 프로그램, 자원, 당위성 등에 대한 분석이 필요하다. 이때 SWOT분석을 활용할 수 있다. 조직의 강점과 약점, 외부환경의 기회와 위협 요인을 분석하여 조직의 준비상태를 확인한다.

(2) 마케팅 조사

마케팅 조사단계에서는 조직이 관심을 갖는 문제에 대해 지역사회가 가지고 있는 인식과 태도를 분석한다. 정확하고 충분한 자료를 얻기 위해 관리자와 소비자를 직접 연결시켜 줄 수 있는 최선의 커뮤니케이션 수단으로 마케팅 조사를 수행한다. 마케팅 조사의 목적은 다양한 요소에 대한 정보를 수집하고 분석하여 다음과 같은 목표를 달성하는 데 있다.

첫째, 마케팅 조사를 통해 시장의 크기, 성장률, 경쟁구조, 소비자 세분화 등 시장에 대한 이해를 높일 수 있다. 이것은 기업이 적절한 마케팅 전략을 수립하기 위해 필요한 정보이다.

둘째, 마케팅 조사를 통해 소비자의 니즈, 선호, 행동패턴, 구매 동기 등 소비자에 대한 인사이트를 파악할 수 있다. 이것은 기업이 제품과 서비스를 소비자의 요구에 맞게 개발하고 마케팅 전략을 세부적으로 수립하는 데에 도움을 준다.

셋째, 마케팅 조사를 통해 경쟁 기업의 제품, 가격, 마케팅 전략 등을 분석할 수 있다. 기업이 경쟁 환경에서 자사의 경쟁 우위를 파악하고 경쟁 전략을 수립하는 데 도움을 준다.

넷째, 마케팅 조사를 통해 기업의 마케팅 활동의 효과를 측정하고 분석할 수 있다. 이것은 기업이 마케팅 예산을 효율적으로 운용하고 전략적인 의사결정을 내리는 데 도움을 준다.

(3) 목표 설정

목표설정을 위해서는 정확한 문제의 진술, 표적집단의 성격과 규모 기관의 정책 자원동원 등의 변수에 의해 범위와 방향을 결정해야 한다. 목적과 목표는 마케팅 과정에서 초기에 설정되어야 하며 세부목표는 중요도에 따라 우선순위가 정해진다. 목표는 상위목표와 하위목표로 나뉘는데 상위목표는 장기적으로 달성해야 할 결과이며, 하위목표는 1년 이내의 단기적 목표이다.

목표는 구체적(Specific), 측정가능(Measurable), 달성 가능(Attainable), 결과지향

적(Result–oriented), 시한성(Time–bounded)의 특성을 가지는 SMART 기준을 충족해야 한다. SMART 목표를 설정함으로써 명확하고 실현 가능한 목표를 정의할 수 있다.

(4) 시장 세분화

마케팅 전략을 수립하는 데 있어 시장을 세분화하여 표적시장을 선정하고 판매하고자 하는 제품을 적절히 포지셔닝 하는 것은 기본적이면서도 중요한 일이다. 시장 세분화는 상품공급과 마케팅 믹스를 시행하기에 앞서 고객을 욕구·특성·행동 기준에 따라 집단으로 구분하는 과정이다. 표적시장은 각 세분화 된 시장 중에서 상품이 진입하기 위해 선택된 시장이며, 시장 포지셔닝은 자사 제품이 경쟁 상품과 구별되고 고객의 마음에 남기고자 하는 이미지를 형성하기 위해 실시하는 과정이다.

시장 세분화는 하나의 시장을 특성에 따라 구분하는 것으로 지리적 변수, 인구사회학적 변수, 심리적 변수, 행동적 변수에 따라 세분화한다. 시장을 세분화하는 이유는 고객의 욕구를 충족하면서 차별화시켜 경쟁우위를 확보하기 위함이다. 사회복지조직은 특성상 두 부류의 고객이 있다. 자원을 제공하는 기부자와 서비스를 제공받는 클라이언트로 구분할 수 있다. 따라서 두 집단 모두를 대상으로 세분화 전략이 필요하다.

모금 마케팅을 전제로 할 때 시장 세분화는 전체 기부시장에서 동질성을 가진 기부자를 집단으로 구분하는 과정이다. 시장 세분화는 다양한 요인을 고려하여 이루어질 수 있으며, 주요 세분화 요인은 다음과 같다.

첫째, 인구적 요인으로 나이, 성별, 지역, 소득수준 등 인구 특성에 따라 기부자를 세분화할 수 있다. 예를 들어 특정 연령대의 기부자를 대상으로 한 마케팅 전략을 구축할 수 있다.

둘째, 기부자의 관심사나 가치관에 따라 세분화할 수 있다. 예를 들어, 환경 보호에 관심있는 기부자와 동물 복지에 관심있는 기부자를 따로 고려하여 전략을 수립할 수 있다.

셋째, 기부자의 기부 빈도, 기부 금액, 기부 유형 등을 고려하여 세분화할 수 있다. 일부 기부자는 정기적인 기부를 선호하고 다른 기부자는 특정 사건이나 캠페인에 반응하는 경향이 있을 수 있다.

넷째, 기부자의 유형에 따라 세분화할 수 있다. 기업 기부자, 개인 기부자, 재단 기부자 등을 구분하여 전략을 수립할 수 있다.

(5) 표적시장

표적시장이란 판매자가 자신의 마케팅 노력을 특별히 기울이는 고객집단을 의미한다. 판매자가 전체 시장을 공략하기보다 특정한 고객층을 한정하여 마케팅 역량을 집중하는 것이다. 표적시장 선정은 시장에 대한 접근방법에 따라 [그림 8-2]와 같이 3가지 타입으로 구분할 수 있다.

첫째, 비차별화 전략은 각 세분시장의 차이를 무시하고 하나의 제품으로 전체 시장을 향해 마케팅 활동을 전개해 나가는 전략을 의미한다. 비차별적 마케팅은 제품 표준화, 대량생산, 대량유통, 대량판매, 대량광고 등으로 인한 규모의 경제성으로 제비용을 절감할 수 있다는 장점이 있다.

둘째, 차별화 전략으로 일명 복수 세분시장전략이라고도 한다. 이질적인 전체 시장을 세분화한 다음 2개 이상의 세분시장을 표적시장으로 삼고 각 세분시장의 상이한 욕구에 대응할 수 있는 마케팅믹스를 개발하여 기업의 마케팅 목표를 달성하고자 하는 전략이다.

셋째, 집중화 전략으로 단일 세분시장전략이라고도 한다. 여러 세분시장 중에서 하나의 세분시장만을 표적시장으로 삼고 기업의 마케팅 노력을 집중하는 전략을 말한다. 통상 단일시장에 기업의 집중된 역량을 투입할 수 있으므로 마케팅 비용이 절약되고, 기업의 자원이 한정된 중소기업에서 선호된다.

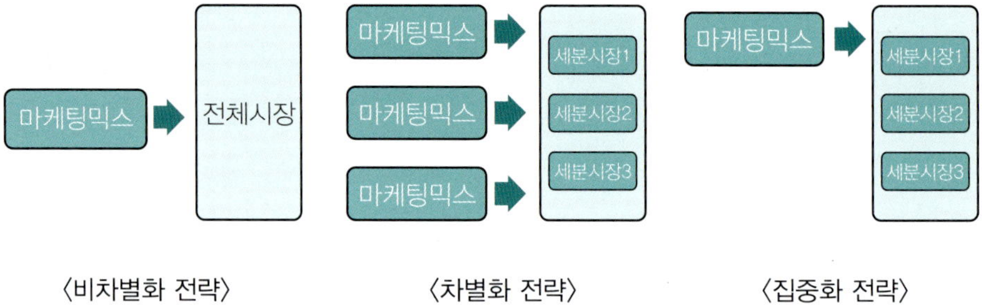

[그림 8-2] 표적시장 선정전략의 유형

(6) 포지셔닝

포지션이란 특정 브랜드가 경쟁 브랜드들과 비교하였을 때 소비자들의 마음을 차지하고 있는 상대적인 위치를 말한다. 따라서 포지셔닝(Positioning)이란 표적고객의 마음속에 마케터가 원하는 위치를 차지하는 과정이라고 할 수 있다. 포지셔닝의 과정은 다음과 같다.

첫째, 포지셔닝을 위해 먼저 목표로 하는 대상 시장을 선정한다. 이는 제품이나 브랜드를 타겟으로 하는 소비자 집단을 결정하는 것을 말한다.

둘째, 선택한 대상 시장에서 경쟁사들의 제품이나 브랜드를 분석한다. 경쟁사들의 강점, 약점, 특징 등을 파악하여 자신의 제품이나 브랜드와의 차별화 요소를 확인한다.

셋째, 포지셔닝을 위해 목표로 하는 고객들의 중요한 핵심 속성을 식별한다. 이는 목표 고객이 가장 중요하게 생각하고 가치를 두는 제품이나 브랜드의 특징이나 장점을 말한다.

넷째, 경쟁사와의 비교를 통해 자신의 제품이나 브랜드의 차별화 요소를 확인한다. 이는 목표 고객이 가장 중요하게 생각하는 핵심속성에서 경쟁사와의 차이를 강조하는 특징이나 장점을 말한다.

다섯째, 경쟁사와의 차별화를 기반으로 포지셔닝 명제를 개발한다. 포지셔닝 명제는 제품이나 브랜드의 가치를 강조하고 목표 고객에게 전달하는 문구나 메시지이다. 고객이 제품이나 브랜드를 어떻게 인식하고 이해할지를 결정한다.

여섯째, 개발한 포지셔닝 명제를 토대로 마케팅 전략을 수립하고 실행한다. 이는 제품 개발, 가격 책정, 프로모션, 유통 등의 요소를 포지셔닝 명제에 부합하도록 계획하고 구체적인 활동을 추진하는 단계이다.

포지셔닝은 제품이나 브랜드의 고유성과 가치를 강조하여 소비자들에게 인식되는 특정한 위치를 확립하는 전략적인 과정이다. 이를 통해 제품이나 브랜드의 경쟁력을 향상시키고 목표 고객과의 맞춤을 이루어 나갈 수 있도록 해야 한다.

(7) 마케팅 실행 및 평가

마케팅 실행은 전략적 마케팅 목표를 달성하기 위해 마케팅 기획활동으로 옮기는 과정이다. 누가, 언제, 어디서, 어떻게 할 것인가에 대한 사항을 결정하고 실행한다. 마케팅 실행은 기부 요청의 핵심적 단계이다. 마케팅 실행은 다음과 같은 단계를 거친다.

첫째, 마케팅 전략에 기반하여 구체적인 전술적 계획을 수립한다. 이는 마케팅 활동의 목표, 대상 시장, 마케팅 믹스 요소 등을 포함한다.

둘째, 필요한 자원을 할당하고 마케팅 활동을 수행할 수 있는 인력, 예산, 장비 등을 확보한다.

셋째, 전술적 계획에 따라 마케팅 활동을 실행하고 진행 상황을 제어한다. 이것은 광고, 판촉활동, 제품개발, 유통 등 다양한 마케팅 활동을 포함한다.

기부행위의 발생에 대한 종합적 평가와 새로운 외부환경에 대한 분석으로 연계하여 마케팅 평가를 해야 한다. 이때 마케팅 평가는 다음과 같은 방식으로 진행할 수 있다.

첫째, 마케팅 활동의 목표를 평가하고 달성 여부를 확인한다. 이때 매출증가, 시장 점유율 상승, 고객 만족도 향상 등을 평가한다.

둘째, 마케팅 활동의 효율성을 평가한다. 예산 사용의 효율성, 자원 할당의 적절성 등을 평가하여 비용 대비 효과를 분석한다.

셋째, 마케팅 활동이 소비자들에게 어떤 반응을 일으키는지를 평가한다. 소비자 인식, 인지도, 선호도 등을 조사하고 분석한다.

넷째, 경쟁사와의 비교를 통해 제품이나 브랜드의 경쟁력을 평가한다. 시장 점유율, 브랜드 인지도, 제품 품질 등을 분석하여 경쟁우위를 파악한다.

이렇듯 마케팅 실행 및 평가는 지속적인 과정으로서 마케팅 전략의 효과성을 파악하고 조정하는 역할을 한다. 이를 통해 기업은 더 나은 마케팅 결과를 도출하고 경쟁력을 강화할 수 있다.

2) 사회복지 마케팅 기법(모금 마케팅을 중심으로)

(1) 다이렉트 마케팅(DM: Direct Marketing)

모금 마케팅에서 다이렉트 마케팅은 개별적인 소비자와 직접적으로 소통하고 상호작용하는 방식으로 활용될 수 있다. 다이렉트 마케팅은 개인화된 접근과 소통을 통해 소비자들과 긴밀한 관계를 형성하고 기부나 참여 등의 목표를 달성하는 데에 도움이 된다. 다음은 모금 마케팅에서 다이렉트 마케팅을 활용할 수 있는 몇 가지 방안이다.

- 개인화된 기부 요청: 개별 소비자에게 맞춤형 기부 요청을 보내어 그들의 관심사와 선호도에 기반하여 기부를 유도한다. 이를 위해 기부 이력이나 관심사에 관한 데이터를 수집하고 활용할 수 있다.
- 구독자 및 회원 프로그램: 모금 마케팅을 위한 구독자나 회원 프로그램을 구성하여 관심 있는 사람들과 지속적인 관계를 유지한다. 이를 통해 특별 혜택이나 정보를 제공하고 모금 활동에 참여할 수 있는 기회를 제공한다.
- 이메일 마케팅: 이메일을 활용하여 기부자들에게 최신 소식, 이벤트 정보, 기부 상황 업데이트 등을 전달한다. 이를 통해 소비자와의 소통을 강화하고 기부 의향을 유지할 수 있다.

- 휴대폰 메시지 마케팅: SMS나 모바일 앱을 활용하여 모금 관련 소식이나 특별 이벤트 등을 소비자들에게 전달한다. 휴대폰은 개인적인 수단으로서 높은 수신률과 빠른 소통 속도를 가지므로 효과적인 다이렉트 마케팅 도구로 활용될 수 있다.
- 개인적인 감사와 인정: 기부자들에게 개별적인 감사 편지, 인증서, 감사 이벤트 등을 제공하여 그들의 기부에 대한 감사와 인정을 표현한다. 이를 통해 기부자들에게 소중한 존재로 여겨지고 연결감을 형성할 수 있다.

다이렉트 마케팅은 모금 마케팅에서 개인화된 접근과 관계 형성을 강화할 수 있는 강력한 도구이다. 소비자들과 직접적인 상호작용을 통해 모금 목표를 달성하는 데에 효과적으로 활용할 수 있다.

(2) 고객관계관리 마케팅(CRM: Customer Relationship Management)

모금 마케팅에서 고객관계관리 마케팅(Customer Relationship Management, CRM)은 기부자들과의 긴밀한 관계를 구축하고 유지하기 위한 전략과 방법론을 의미한다. 다음은 모금 마케팅에서 고객관계관리를 강화하기 위한 몇 가지 방법을 소개한다.

- 기부자 데이터베이스 구축: 기부자들의 정보를 체계적으로 수집하고 관리하는 데이터베이스를 구축한다. 이를 통해 기부자들의 기부 이력, 관심사, 연락처 등을 파악하여 개인화된 접근을 가능하게 한다.
- 개인화된 소통: CRM을 통해 개인화된 소통을 실현한다. 기부자들에게 맞춤형 이메일, 휴대폰 메시지, 소셜 미디어 등을 활용하여 기부 상황 업데이트, 감사 편지, 이벤트 초대 등을 전달한다.
- 기부자 세분화: 기부자들을 세분화하여 각각의 특성과 요구에 맞는 접근 방식을 구성한다. 세분화는 기부자들의 기부 패턴, 관심사, 기부액 등을 고려하여 실시할 수 있다.

- 맞춤형 혜택 제공: 기부자들에게 맞춤형 혜택을 제공하여 그들의 참여와 기부 의지를 높인다. 예를 들어, 특별 이벤트 초대, 독점적 소식 제공, 기부자 감사 이벤트 등을 통해 기부자들의 동기부여를 강화한다.
- 기부자 관리 프로그램: 고객관계관리를 위한 기부자 관리 프로그램을 구축한다. 이를 통해 기부자들과의 관계를 추적하고 관리할 수 있으며, 필요에 따라 개인별로 관리 계획을 수립한다.
- 피드백 수집 및 분석: 기부자들의 의견과 피드백을 수집하고 분석하여 서비스나 기부 활동 개선에 반영한다. 기부자들의 의견을 존중하고 그들과의 소통을 통해 더 나은 서비스를 제공한다.

고객관계관리 마케팅은 모금 마케팅에서 기부자들과의 긴밀한 관계를 형성하고 유지하기 위한 핵심 전략이다. 이를 통해 기부자들의 참여와 기부 의지를 높이고 지속적인 모금 활동을 유지할 수 있다.

(3) 기업연계 마케팅(CRM: Cause-Related Marketing)

모금 마케팅에서 기업연계 마케팅은 기업과 비영리조직 간의 협력을 통해 상호 이익을 추구하는 전략적인 접근 방식이다. 다음은 모금 마케팅에서 기업연계 마케팅을 활용하는 몇 가지 방안을 소개한다.

- 기업 후원 프로그램: 비영리조직이 기업들과 파트너십을 구축하여 기업의 사회적 책임 활동에 참여하도록 유도하는 후원 프로그램을 개발한다. 기업은 비영리조직에 대한 자금 지원 또는 자원 기여를 통해 기부 활동에 참여하고, 비영리조직은 기업의 후원을 통해 자금과 리소스를 확보할 수 있다.
- 공동 마케팅 캠페인: 비영리조직과 기업이 함께하는 공동 마케팅 캠페인을 기획한다. 이를 통해 기부 활동을 홍보하고, 기업은 자사의 브랜드 이미지와 사회적 책임을 강화할 수 있다. 이는 상호 협력을 통해 더 큰 인식과 참여를 유도하는 데 도움이 된다.

- 제품 또는 서비스 기부: 기업이 자사의 제품이나 서비스를 비영리조직에 기부하는 방식을 활용한다. 예를 들어, 제품 판매의 일부 수익을 기부하거나, 서비스를 무료로 제공함으로써 비영리조직을 지원한다. 이는 기업의 제품이나 서비스를 홍보하는 동시에 사회적 가치를 공유하는 방법이다.
- 기업 자원 활용: 기업의 자원을 비영리조직의 모금 활동에 활용하는 방법이다. 이는 기업의 전문 지식, 인력, 기술 등을 활용하여 비영리조직의 마케팅 전략 및 실행에 도움을 줄 수 있다. 예를 들어, 기업의 마케팅 전문가가 비영리조직에 자원봉사로 참여하여 마케팅 전략 수립과 실행에 기여할 수 있다.
- 상호 협력 프로젝트: 비영리조직과 기업이 함께하는 상호 협력 프로젝트를 진행한다. 이는 사회적 가치를 공유하고, 지역사회 또는 사회적 문제에 대한 해결책을 개발하는 데 초점을 둔다. 이를 통해 기부 활동을 더욱 효과적으로 추진할 수 있고, 기업과 비영리조직 간의 긍정적 협력 관계를 구축할 수 있다.

이러한 기업연계 마케팅 방안을 통해 비영리조직은 기업들과 협력하여 모금 활동을 강화하고, 기업은 사회적 책임을 실천하며 자사의 브랜드 이미지를 강화할 수 있다. 상호협력을 통해 더 큰 사회적 영향을 창출하는 데 기여할 수 있다.

(4) 인터넷 마케팅(Internet Marketing)

모금 마케팅에서 인터넷 마케팅은 효과적인 기부 모금을 위해 매우 중요한 역할을 한다. 다음은 인터넷 마케팅을 활용한 모금 마케팅의 몇 가지 방안을 제시한다.

- 웹사이트 개발: 모금을 위한 전용 웹사이트를 개발하여 기부자들에게 정보를 제공하고 모금 활동을 진행한다. 웹사이트는 적절한 디자인과 사용자 친화적인 인터페이스를 갖추어야 하며, 기부 방법과 목표금액 등을 명확하게 표시해야 한다.

- 전자메일 마케팅: 기부자들에게 이메일을 통해 모금 활동에 대한 소식을 알리고 기부를 유도할 수 있다. 이메일을 통해 모금 캠페인 소개, 이벤트 안내, 감사 메시지 등을 전송하여 기부자들과의 소통을 강화할 수 있다.
- 소셜미디어 홍보: 페이스북, 인스타그램, 트위터 등의 소셜미디어 플랫폼을 활용하여 모금 활동을 홍보한다. 소셜미디어를 통해 모금 캠페인의 목표와 진행 상황을 공유하고 기부자들과 상호 작용할 수 있다.
- 검색 엔진 최적화 (SEO): 웹사이트를 검색 엔진 최적화하여 모금 관련 키워드로 검색 결과 상위에 노출되도록 한다. 이를 통해 모금 활동에 관심 있는 사용자들이 쉽게 접근할 수 있고, 기부 활동에 참여할 가능성을 높일 수 있다.
- 온라인 광고: 구글 AdWords, 페이스북 광고 등의 온라인 광고 플랫폼을 활용하여 모금 캠페인을 홍보한다. 특정 키워드나 관심사를 가진 사용자들에게 타겟팅된 광고를 제공하여 기부 활동에 대한 인식을 높일 수 있다.
- 온라인 기부 플랫폼 활용: 인터넷 기반의 온라인 기부 플랫폼을 활용하여 모금 활동을 진행할 수 있다. 이러한 플랫폼은 안전한 결제 시스템과 기부자들의 편의를 고려한 기능을 제공하여 모금 활동을 원활하게 진행할 수 있도록 지원한다.

이러한 인터넷 마케팅 방안을 통해 모금 마케팅을 효과적으로 추진하고 더 많은 기부자들의 참여와 기부를 유도할 수 있다.

(5) 사회 마케팅(Social Marketing)

모금 마케팅에서 사회 마케팅은 사회적 문제를 해결하고 사회적 가치를 창출하는 데에 초점을 맞춘 마케팅 전략이다. 다음은 모금 마케팅에서 사회 마케팅을 활용하는 몇 가지 방안을 제시한다.

사회적 문제 강조: 모금 캠페인에서는 해당 사회적 문제를 강조하고 그 중요성을 알리는 것이 중요하다. 모금 캠페인의 주요 메시지는 사회적 문제의 심각성과 해결을 위한 중요성에 초점을 맞춰야 한다.

- 교육 및 정보 제공: 사회 마케팅의 핵심은 대중의 인식과 행동을 변화시키는 것이다. 모금 마케팅에서는 사회적 문제와 관련된 교육적 콘텐츠를 제공하고, 기부의 중요성과 영향을 설명하는 정보를 제공함으로써 기부 의사 결정을 유도할 수 있다.
- 행동 유도: 모금 캠페인에서는 사회적 문제에 대한 행동을 유도하는 것이 목표이다. 기부 행동을 촉진하기 위해 적절한 동기 부여 및 장려 방안을 마련하고, 기부의 즉각적인 효과를 강조하여 기부자들의 참여와 기부를 유도할 수 있다.
- 파트너십 협력: 사회 마케팅에서는 다양한 이해관계자와의 협력이 중요하다. 모금 마케팅에서는 비영리조직, 기업, 정부 기관 등과의 파트너십을 구축하여 모금 캠페인을 공동으로 진행하고, 사회적 문제 해결에 효과적인 전략을 개발할 수 있다.
- 소셜미디어 활용: 소셜미디어는 사회 마케팅에 효과적인 도구로 활용될 수 있다. 모금 캠페인에서는 소셜미디어 플랫폼을 활용하여 사회적 문제와 관련된 콘텐츠를 홍보하고, 기부자들과의 상호작용 및 참여를 유도할 수 있다.
- 효과 측정과 보고: 사회 마케팅의 효과를 측정하고 보고하는 것이 중요하다. 모금 캠페인에서는 기부 모금액, 참여율, 인식도 등의 지표를 사용하여 효과를 평가하고 결과를 보고함으로써 향후 전략 개선에 활용할 수 있다.

이러한 방안들을 통해 사회 마케팅을 활용한 모금 마케팅은 사회적 가치 창출과 함께 모금 성과를 극대화할 수 있다.

CSR(Coporate Social Responsibility)의 정의

· 기업과 사회와의 공생관계를 성숙시키고 발전시키기 위해 기업이 취하는 행동(OECD)

CSR 개념의 변천

CSV → CSH → CSO → CSR → CSP

- CSV: CREATE SHARED VALLIE
- CSH: COLLABIRATION WITH STRAKEHOLDERS IN HARMONY
- CSO: CORPORATE SOCIAL OPPORTUNITY
- CSR: CORPORATE SOCIAL RESPONSIBILITY
- CSP: CREATE SHARED PROSPERITY

〉유형 1

· 기업의 봉사활동이 한 형태로서 현금이나 인력 기부를 통한 CSR(기업이 보유한 컨텐츠와는 별도로 사회적 약자계층이나 개발도상국에 후원금이나 후원물품을 후원하는 유형)

〉유형 2

· 기업의 제품 기부를 통한 CSR(기업의 고유 컨텐츠나 제품을 기부하는 유형)

출처: TOMS

〉유형 3

· 인플루언서를 활용한 CSR(신뢰도나 인기가 높은 스타 혹은 상징을 활용하는 유형)

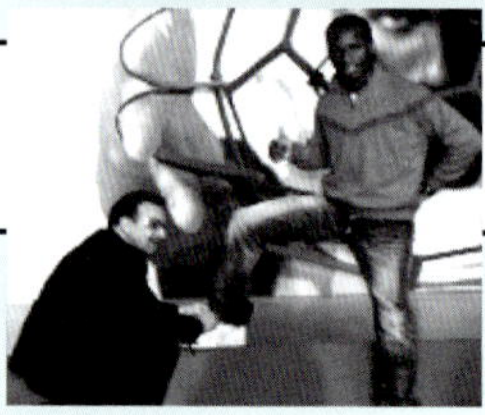

출처: NIKE

CSR이 기업에 미치는 효과에 대한 인식 변화

비용	원인 제공자로서 결과에 대한 책임 : 비용으로 작용 ex〉 환경오염원 배출 화학기업

↓

원가 상승 비용 절감	원인 시스템 개선을 통한 결과에 대한 책임 : 원가로 작용 ex〉 친환경비료 사용 농업 기업

↓

이윤 증대	생산과정 개선 이외에 다른 수단을 통해 기업 이미지를 개선 ; 홍보비용으로 작용 ex〉 신발 1켤레 판매 될 때 마다 아프리카 어린이에게 신발 기부하는 신발 기업

출처: 충북과학문화거점센터(2022). 충북 과학문화와 CSR 실행방안 연구.

■ 해외 주요기업들의 CSR 형태

순번	사업자명	주력 사업 내용	CSR 유형
1	Microsoft	자사 시스템을 통한 컴퓨터 과학 교육	CSR 2
2		인공지능 기술개발 자금 지원	CSR 1
3		비영리 단체에 자금지원	CSR 1
4		디지털 기술 교육	CSR 2
5	termo fisher scientific	과학교육/실험 장비 설명 교육	CSR 2
6		프로그램 툴 제작	CSR 2
7		실험장비 기부	CSR 2
8	Apple	자사 제품과 교육 프로그램 제공	CSR 2
9	Amazon	STEM 교육사업 지원	CSR 2
10		컴퓨터 과학 강의/인터넷 기술 교육 강의 제공	CSR 2
11		과학교육 트럭 제공	CSR 2
12	Oracle	아카데미 운영, 재단 운영, 학교 설립	CSR 2
13	Ford	비영리 단체와 협업하여 공학 분야 교육 제공/기술실습 제공	CSR 2
14	Boeing	항공우주 교육 단체 자금 지원/교육 제공	CSR 2
15	IBM	온라인 강의 제작 무료 제공	CSR 2
16	Tesla	K-12 로봇공학과정 자금 지원	CSR 1
17	GE	교육프로그램 제작 및 제공	CSR 2
18	Vodafone	코딩 교육 프로그램 제공	CSR 2
19	Daimler	툴킷 및 교육 제공	CSR 2
20	Toshiba	자금 지원/미래과학관 운영	CSR 2
21	Mitsubishi	전기 과학교실 운영	CSR 2

출처: 충북과학문화거점센터(2022), 충북 과학문화와 CSR 실행방안 연구.

■ 국내 주요기업 CSR 형태

/청년	사업자명	주력 사업 내용	CSR 유형
1	삼성 SDI	에너지 교육프로그램(온오프라인), 공장 인근 지역아동센터 대상 체험 교육 등	CSR 2
		학교숲 기금조성, 발달장애인 미술작가 지원	CSR 1
2	LS 산전	구미, 안양, 동해 인근 지역 주민들 일자리 지원, 전통시장 전기안전점검	CSR 2
		방학동안 안양, 구미, 동해 인근 초등학생들에게 수업 진행	CSR 2
3	LG 생활건강	환경교육프로그램	CSR 2
		가맹점 월세지원, 재난취약계층/여성 취약계층 물품지원	CSR 2
4	LG 화학	화학교육, 봉사활동, 생태체험관 조성	CSR 2
		사회적 기업 발굴, 희망 그린 발전서 발전기금 조성	CSR 1
5	LG 전자	사회공헌 기금운영	CSR 1
		봉사활동, 농어촌 1사1촌 자매결연	CSR 2
6	한화	4대 사업장(대전, 여수, 보은, 구미 인근 물품 지원)	CSR 1
7	한화 솔루션	합창단, 공연, 한글교실, 에코교실지원	CSR 1
		해외 태양광 설치	CSR 2
8	현대 모비스	봉사활동, 기부	CSR 1
		공학교실, 미르숲, 장애아동 이동 지원, 투명우산, 교통사고 유가족 지원 등	CSR 2
9	SK 하이닉스	실버프렌즈, 행복 GPS, ICT, 사랑방, ICT 교육, 진로상담 리모델링	CSR 2
10	CJ	자원순화 프로그램	CSR 2
		스타트업 발굴 지원	CSR 1
11	두산	캠페인, 물품 보급 기부금	CSR 1
		과학교실	CSR 2

출처: 충북과학문화거점센터(2022), 충북 과학문화와 CSR 실행방안 연구.

참고할 만한 정보

- 비영리조직의 전략기획. https://www.youtube.com/watch?v=OxldBAZgOMM
- 서울시공익활동지원센터. https://www.seoulpa.kr/npo_about.php
- 비영리단체 모금기획. https://m.blog.naver.com/groway/221872557737
- 아름다운재단 기부문화연구소. https://research.beautifulfund.org/4611/
- 가치혼합경영연구소. https://tala.modoo.at/

생각해 보기

- 비영리조직의 마케팅이 적용된 사례를 찾아서 이야기해 봅시다.
- 학습한 내용을 바탕으로 모금 마케팅 제안서를 작성해 봅시다.
- 지역주민들을 대상으로 사회복지조직의 홍보 마케팅 제안을 해 봅시다.

9장

사회복지조직의 인사관리

학습목표

1. 사회복지조직의 인사관리 과정을 이해하고 설명할 수 있다.
2. 사회복지사의 전문성 강화를 위한 슈퍼비전을 이해하고 설명할 수 있다.
3. 사회복지현장실습에 대해 알아보고 직무에 대한 올바른 태도를 함양한다.

인적자원 관리는 조직의 목표를 이루기 위해 미래의 인력 수요를 예측하고, 그에 따라 인력을 확보하고, 개발하고, 배치하고, 평가하는 일련의 과정을 포함한다. 이는 조직의 구성원이 조직의 목표와 그들 자신의 능력에 적합하게 활용될 수 있도록 돕는 것을 의미하며, 물리적 및 정신적 보상과 함께, 조직 구성원의 잠재력 발굴, 개발, 활용 그리고 조직과의 관계 및 효율성을 다루는 것을 포함한다.

사회복지조직에서의 인적자원 관리는 조직의 목표를 효과적으로 달성하기 위해 필요한 인재를 활용하고 관리하는 기능이다. 모든 조직은 사람들로 이루어져 있으며, 그들이 조직의 목표에 맞게 행동하도록 하는 것이 인적자원 관리의 중요한 요소이다.

1. 인사관리의 중요성

1) 자원 최적화

효과적인 인사관리는 조직의 인적 자원의 최고 활용을 보장한다. 이는 직원들의 기술과 자질을 가장 효과적으로 수행할 수 있는 직무와 일치시켜 낭비를 줄이면서 효율성과 생산성을 향상시킨다는 것을 의미한다.

2) 직원 동기부여

인사관리의 핵심 기능 중 하나는 직원들에게 동기를 부여하는 것이다. 이는 경쟁력 있는 보상, 좋은 일에 대한 인정, 승진 기회, 긍정적인 근무 환경 등 다양한 수단을 통해 이루어진다(강철희 · 이상철 · 정상원, 2009). 직원들 사이에 가치와 만족감을 조성함으로써, 인사관리는 사기와 생산성 모두를 향상시킬 수 있다.

3) 갈등 관리

어느 조직에서나 개인이나 부서 간에 갈등이 발생할 수 있다. 이러한 갈등을 공정하고 효율적으로 해결하기 위해서는 인사관리가 중요한 역할을 한다. 여기에는 상위 목표의 제시, 자원의 확장, 공식적 권한 등이 포함된다(권지성 · 이미림, 2009).

2. 직원채용

1) 직무 분석

직무 분석(job analysis)은 직무의 내용에 대한 정보를 수집, 분석, 설정하는 체계적인 과정으로, 채용, 훈련, 직무 평가 및 성과 관리를 위한 직무 기술 및 자료의 기초를 제공한다. 직무 분석은 무엇을 할 것으로 예상되는지에 집중한다. 직무를 구성하는 사항, 직무를 성공적으로 수행하는 데 필요한 기술, 능력 및 자격증명, 조직 내에서 직무가 어떠한 역할을 맡는지에 관한 자세한 정보를 제공한다.

직무 분석은 특정 직업의 역할, 책임, 의무 및 범위를 개략적으로 설명하는 상세한 직업 설명을 개발하는 데 도움이 된다. 직무를 수행하는 데 필요한 기술, 지식 및 능력의 종류를 결정하는 데 도움이 되며, 이는 직무에 적합한 후보자를 선별하고 선택의 기반이 된다. 직원의 성과를 측정할 수 있는 성과 기준을 설정하는 데에도 역할을 하며, 직무에 필요한 핵심 기술과 역량을 파악함으로써 직원의 기술과 역량에 차이가 있는지 파악하고 적절한 교육 및 개발 프로그램을 수립하는 데 도움이 된다(김현진 등, 2021).

2) 모집

모집(recruitment)이란 '조직에 적절한 수의 유자격 지원자들을 끌어오는 것'으로 자격 있는 지원자들을 공석 중의 직위에 유치하는 과정이다. 모집의 목적은 전문적으로 유능하고 클라이언트 및 다른 직원들과 원만한 대인관계를 맺을 수 있는 능력을 지닌 직원을 고용하려는 데 있다.

(1) 직무기술서 작성

모집절차는 우선, 직무 분석을 한 직무명세서를 작성한다. 인사관리 과정에서 직원이나 클라이언트가 원만한 인간관계를 이루어 나갈 수 있는 유능한 사람을 채용하기 위해 해당 직무에 대한 직무 분석이 선행되어야 어떤 업무를 수행하게 되는지를 서술하는 직무 기술서 및 직무명세서를 작성할 수 있다. 이러한 활동은 공석 중인 직위가 요구하는 직무의 내용, 직무의 내용이 요구하는 자격조건을 명확히 해준다.

(2) 모집공고

직무분석이 이루어진 후 공식적인 모집공고를 낸다. 모집은 채용에 대한 정보를 제공하여 관심이 있는 사람들이 지원하도록 유도하는 것을 말한다. 모집의 목적은 채용을 희망하는 사람에게 기회를 부여하는 것과 동시에 적극적으로 유능한 사람들을 응시하게 만들기 위함이다.

모집공고를 작성할 때에는 모집 분야와 지원 자격에 대해 자세히 작성하여 회사가 채용하기 원하는 인재를 선발할 수 있도록 하여야 한다. 이외에도 전형방법, 전형 기간, 제출서류 등을 함께 공지하여 지원자들이 충분히 이해하고 지원할 수 있도록 하여야 한다. 좋은 모집이 되려면 인사담당자 및 기타 관리자가 사전에 채용될 직원의 역할 및 책임에 동의할 필요가 있다.

사회복지조직의 경우 공개모집을 원칙으로 하고 있다. 공개모집이란 자격을 갖춘 누구에게나 응모기회를 제공하여 경쟁을 통해 능력 있는 자를 임용하는 제도로 사회복지법인 또는 사회복지 시설에서 독자적으로 또는 공동으로 채용 시

해당 법인 및 시설 홈페이지, 소식지, 지방자치단체 홈페이지 등에 채용 관련 사항을 15일 이상 공고한 후 법인 및 시설 내규 등에 의해 채용하도록 하고 있다.

(3) 선발

직원선발은 우선 조직의 요구와 기대, 채용될 사람의 요구 이렇게 두 가지 요소가 중요하며 모집에 관한 직무명세서를 바탕으로 지원자의 문서자료를 획득하고 지원동기와 같은 조직에 대한 관심의 진술이 요청된다.

선발의 권한과 책임의 주체는 조직에 따라 다양하다. 어떤 조직은 기관장이 단독으로 직원선발의 권한을 행사하고 그에 대한 책임을 지며, 다른 어떤 조직은 직원선발의 권한과 책임을 인사위원회에 위임하기도 한다. 소규모 사회복지조직의 경우 일선 사회복지사가 직원선발 업무를 담당하기도 한다. 그러나 사회복지조직은 조직의 규모가 매우 작아 특정인에게 선발의 권한과 책임을 부여하는 것보다는 사회복지조직의 구성원 전체가 참여하여 선발하는 것이 더욱 바람직하다.

표준화된 직원선발의 방법은 관리가 용이하고 시간과 경비를 절약할 수 있는 필기시험과 실제 근무하는 경우와 같은 조건 하에 같은 도구나 기구를 써서 일을 해보는 실기시험, 필기시험에서 알아보기 힘든 사람의 태도, 성격, 창의성, 협조성 등을 파악하기 위해 필요한 면접시험 등이 있다.

다만, 적절한 시험방법이 없는 경우에는 관련 직무에 필요한 자격(증)을 가지고 판단한다. 이것도 일종의 시험의 성격을 띠는데, 해당 기관이 직접 시험을 실시하지 않고 공인된 기관의 테스트 결과를 인정하는 것이다. 예를 들어, 영어 능력의 검증에는 TOEIC 점수를 제시하게 하는 것이다. 그러나 무엇보다 중요한 것은 시험과정의 객관도(objectivity), 타당도(validity), 신뢰도(reliability)가 있어야 한다.

(4) 임명

선발과정을 거치고 나면 어떻게 선발되었든 성적순, 직종별로 등급이 매겨진 임명 후보자 명부가 작성되어야 한다. 이를 근거로 최종적으로 지원자 중 가장 능력과 자격이 있다고 판단되는 자를 선발하여 직무를 수행하도록 공석 중인 직위에 임명하게 된다.

사회복지조직에서 직원의 임명은 관리자에게 조직을 해석하고 설명할 기회를 제공한다. 현명한 관리자는 이를 잘 이용해야 하며, 직원의 배경과 경험에 부합되어야 할 뿐 아니라 다른 직원들과 비교해서 공정해야 한다.

최종적으로 선발된 사람들에게는 직무의 성격, 급여 수준, 인사 정책과 절차 등에 대한 정보를 충분히 제공해야 한다. 조직에서의 직원선발은 선발된 사람과 조직이 일련의 합의적 계약 관계를 체결하는 것과 같다. 애초에 이 계약이 명확하면 명확할수록 선발된 사람은 조직에 수월하게 적응할 수 있다. 자신의 일자리에 대한 과도한 혹은 과소한 기대를 막고 현실적인 근무조건들을 명확하게 인지하도록 하는 것은 선발된 사람과 조직 모두를 위해 도움이 되기 때문이다.

3. 직무능력 개발

직무능력개발의 1차적 목적은 사회복지조직이 제공하는 서비스의 효과성을 높이고자 하는 데 있으며, 2차적 목적은 직원 상호 간 이해와 연대감을 높여 조직 효과성을 높이려는 데 있다. 이러한 목적달성을 위해 직원들이 업무를 수행하는 과정에서 어떤 부분이 미흡한지를 파악하고 어떤 변화가 필요할지 진단하여 그에 필요한 적절한 목표를 설정하고 실천 가능한 전략을 선택해야 한다(김현진 등, 2021).

1) 직무능력 개발의 유형

(1) 신규 채용자 훈련

새로운 직원에게 사회복지조직과 조직의 서비스 및 지역사회를 소개하는 과정이다. 신규 채용자 훈련을 적응훈련, 또는 기초훈련이라고도 하는데 조직에 대한 안내를 위해 반드시 실시하는 것이 일반적이다. 사회복지조직의 역사와 서비스 기본정책, 규정 및 절차, 조직구조, 봉급, 작업시간, 휴가, 병가, 승진, 사무실 배열, 특별급여 등에 관한 기본적인 정보를 제공하며 조직의 장 또는 부서의 장에 의해 이루어진다.

(2) 일반직원 훈련

직무수행의 개선을 위한 교육훈련으로 새로운 기법 습득과 사회복지조직 직원으로서의 가치관과 태도 등의 내용을 담고 있다. 주로 현직 훈련의 형태로 실시되며 장기적이고 지속적인 실시가 필요하다.

(3) 감독자 훈련

감독자 훈련은 1인 이상의 부하를 통솔하고 감독할 책임을 진 슈퍼바이저들에 대한 훈련으로 제일선의 지도감독을 맡고 있는 팀장이나 과장을 대상으로 한다. 업무지식, 리더십, 의사전달, 인간관계, 인사관리 등 거의 전 분야의 내용을 교육한다.

(4) 관리자 훈련

슈퍼바이저보다 높은 최고 계층에 속한 중 · 고급 관리자에 대한 훈련을 말한다. 관리자에게 요구되는 능력으로서 정책수립, 리더십에 관한 것으로 구분되며, 사례발표, 회의, 토의방법, 신디케이트(syndicate) 등이 널리 이용된다.

(5) 멘토링

상위 단계의 업무에 대해서 경험이 많지 않은 구성원들에게 경험을 공유시키면서 역량개발을 유도하는 방법이다. 멘토와 멘티의 지속적인 상호작용을 강조한다. 성공적인 멘토링 프로그램을 만들기 위해서는 자발적인 참여와 절차상의 유연성, 능력과 의지를 갖춘 멘토 선택, 목적에 대한 명확한 이해 등이 필요하다.

2) 직무능력개발 방법

(1) 강의

직무능력개발을 위한 가장 공동적인 도구로서 일정한 장소에 직원들을 모아 놓고 전달하는 방법이다. 강의 후 토론시간을 주어야 하며, 경비 절감, 시간 절약 등의 효과가 있으나 강사의 유능함, 참여하는 직원들의 성의 정도에 따라 소기의 효과를 거둘 수 없다는 단점이 있다.

(2) 회의

주제에 관한 논의 내지 토의가 이루어지는 공식적인 모임이다. 1명의 연사가 발표, 토론하거나 구성원 간 상호의견을 통해 학습이 촉진된다. 단, 회의 참여 전에 토의될 주제에 관해 어느 정도의 지식을 갖고 있어야 하며, 소규모 집단에 적용 가능하다.

(3) 토의 / 토론

한 주제에 대해 소수의 사람이 먼저 주제발표를 한 다음 여러 사람이 토론을 벌이는 방법이다. 자유롭고 공개적으로 집단사고를 통해 중지를 모을 수 있지만, 참여자가 많아 각자의 의견 개진이 어려우며 결론 없이 끝날 수 있다. 초점을 잃지 않도록 주의해야 하며, 자유토의, 포럼, 패널, 심포지엄 등과 유사하다.

참가자가 다수일 경우는, 가급적 많은 사람에게 전문적인 정보를 충분히 제공하고, 일정시간 내에 토의에 참가시키기 위한 다음과 같은 방법이 있다.

- 패널 토의(panel discussion): 논제에 관한 전문가 또는 각종 의견의 대표자(패널 구성원)가 먼저 토의하고, 그다음에 청중이 참가해서 사회자를 중심으로 전체토의를 한다.
- 심포지엄(symposium): 몇 사람의 강연자가 논제에 대해서 서로 다른 각도에서 강연을 하고, 그 후에 청중이 참가해서 질문이나 의견을 제시한다.

- 콜로키(colloquy): 몇 사람의 청중 대표가 먼저 문제를 제시하여, 배석한 몇 사람의 전문가의 의견을 구하는 형식을 중심으로 하는데, 필요에 따라 청중도 참가해서 토의를 한다.
- 포럼(forum): 청중의 참가라는 의미가 강한데, 한 사람의 강사에게 강의를 하도록 한 다음에 청중이 토의를 하는 렉처 포럼(lecture forum), 대표자의 토론이 끝난 다음에 청중이 의견을 나누는 디베이트 포럼(debate forum), 영화나 슬라이드를 보고 난 뒤에 의견을 나누는 필름 포럼(film forum) 등의 방법이 있다.

(4) OJT, Off-JT

직장 내부에서 이루어지는 교육으로서 OJT(On the Job Training)는 직장훈련, 현장훈련, 직무상 훈련이라고도 하며, 근무현장 내에서 실제 직무를 수행하면서 선임자로부터 대면지도, 개별지도, 훈련지도 등을 통해 직무수행능력을 개발하는 방법이다.

Off-JT(Off the Job Training)는 직장 외 교육이라고도 하며, 직장 내 · 외의 전문가를 초빙하여 직무현장이 아닌 강의실이나 세미나실 등에서 강의식으로 교육하는 방법으로 실무 중심이 아닌 일반적인 원리나 지식을 교육하는 데에 적합한 방법이다.

(5) 사례발표

직원개발의 공통적인 방법으로 직원들 간에 돌아가면서 한다. 사례를 계획하고 개입기법을 배우는 데 도움을 주며 시간은 30~45분이 허용된 후 평가 및 토의 시간이 몇 분정도 주어진다. 분석적 사고능력과 문제해결 능력 개발에 도움을 주지만 사례 선정에 주의를 기울여야 한다.

(6) 집단행동

집단적으로 격리된 장소에서 합숙훈련을 하는 것이다. 감수성 훈련, 시찰, 시청각교육, 전직, 실습 등이 있으며 직원개발의 목적, 직원들의 특성 및 기타 시설과 경비 등의 제반 사항을 감안하여 결정해야 한다. 구성원의 결속력을 다지는 데 효과적인 방법이다.

(7) 신디케이트(syndicate)

분단연구반, 분임토의로 많이 불린다. 10명 내외의 소집단으로 나누고 각 집단별로 동일한 문제를 토의하여 해결방안을 작성하고 다시 전체가 모인 자리에서 각 집단별로 문제해결방안을 발표하고 토론하여 하나의 합리적인 문제해결방안을 모색하는 방법이다.

(8) 계속교육

학교교육이 끝난 사회복지조직의 직원들을 대상으로 그들의 전문성을 유지하고 향상시키기 위해 계속적으로 필요에 맞게 교육하는 것을 의미한다. 일시적일 염려가 있으므로 철저한 계획이 마련되어야 하며, 교육기관과 일선 사회복지조직 간의 협조가 이루어져야 할 것이다.

(9) 역할연기(role playing)

여러 직원들 앞에서 2인 또는 그 이상의 직원들이 실제로 연기한 후 여러 직원들이 평가, 토론하여 사회자가 결론적인 설명을 하는 방법이다.

(10) 순환보직(rotation)

일정한 시일의 간격을 두고 여러 다른 직위나 직급에 전보 또는 순환보직 등을 통해 훈련하는 방법을 말한다. 여러 가지 보직을 담당하는 과정에서 시야와 경험을 넓히고 관리능력을 향상시키는 장점이 있는 반면에 전보가 빈번히 이루어지는 경우 업무 수행의 전문성과 능률성을 저하시켜 행정의 일관성을 해칠 우려가 있다.

3) 직무능력개발 평가

직무능력개발평가는 특정 직무역할을 효과적으로 수행하는 데 필요한 기술과 지식의 습득과 적용을 평가하는 것을 목표로 하는 중요한 과정이다. 이 과정의 첫 단계는 명확한 기대치를 설정하는 것이며, 여기서 기술, 지식, 능력 및 행동을 포함한 특정 직업에 필요한 역량이 명시적으로 정의되며, 직원들에게 투명하게 전달되어야 한다.

평가는 자체 평가, 동료 평가, 관리자 평가, 성과 검토를 포함하는 다양한 방법을 사용하며, 직원의 기술 수준, 기술 적용 범위 및 전체 성과를 고려한다. 직무능력개발의 핵심은 평가에서 그치는 것이 아니라 지속적인 피드백을 제공하는 것이다. 이 피드백은 구체적이고 건설적이며 직무 역량과 직접적으로 연결되어야 한다.

평가 후, 직원의 현재 역량과 필요한 역량 간의 차이를 파악하는 것이 필요하며, 이를 바탕으로 직원의 직무능력 강화를 위한 맞춤형 개발 계획을 수립한다. 정기적인 직무능력개발 평가(기대 설정, 성과 평가, 피드백 제공, 격차 파악 및 개발 계획 수립)는 유능하고 성과가 높은 인력의 유지를 촉진한다.

4. 슈퍼비전

사회복지분야의 슈퍼비전은 아직 고유한 이론이나 명확한 방법론이 확립되지 않아, '지도감독'과 '슈퍼비전' 사이에서 용어의 선택이 명확하게 이루어지지 않고 있다. 사회복지의 실무 환경은 매우 다양하므로, 슈퍼비전의 적용 방법도 그 환경의 특성에 따라 각각의 특색을 강조하게 되었다.

사회복지조직은 관료제적 특성을 가지고 있어, 실무에서는 지휘계통을 따르기 때문에 슈퍼비전의 중요성이 부각된다. 사회복지조직은 정부, 지역사회, 기부자들로부터 재정적 지원을 받고 있어 그들의 자율성이 제한되고, 사회적 책임이 강조되는 경향이 있다. 이 때문에 상위자의 지도와 슈퍼비전이 필요하게 된다. 마지막으로, 사회복지 실무는 다양한 인구를 대상으로 하기 때문에 조직의 명확한 목표 설정과 업무의 표준화에 어려움이 있으며, 이 문제를 보완하기 위해 슈퍼비전을 통한 업무 조율, 통합, 방향성 설정 등이 필요하게 되었다(김현진 등, 2021).

1) 슈퍼비전의 정의

사회복지의 슈퍼비전은 직원의 업무를 지도, 지원, 감독하는 과정을 말한다. 슈퍼비전은 교육, 지원, 관리 및 성찰의 요소 등을 포함한다. 양질의 서비스 제공, 전문적 기준 및 윤리 준수, 사회복지사의 전문적 성장과 복지를 촉진하는 것이 주요 목표이다. 슈퍼바이저는 실질적인 기술 개발, 스트레스 관리, 기관 정책 탐색, 그리고 비판적인 사고와 의사 결정 능력을 배양하는 데 도움을 준다.

2) 슈퍼비전의 목표

사회복지분야에서 슈퍼비전의 목표는 양질의 서비스 제공을 보장하고, 전문적인 기준과 윤리적 관행을 유지하며, 감독자의 전문적인 발전과 복지를 촉진하는 것이다. 여기에는 기술 및 지식 향상을 위한 교육 지침, 스트레스 관리를 위한 지원 조치, 기관 정책을 준수하기 위한 관리 감독, 비판적 사고와 효과적인 의사 결정을 배양하기 위한 성찰 등이 포함된다. 전반적으로 사회복지 감독은 사회복지 분야의 성장과 지속가능성을 촉진하면서 고객의 요구를 효과적으로 충족시키는 것을 목표로 한다.

3) 슈퍼비전의 원칙

슈퍼비전에 대한 학문적 정립은 미흡하지만, 카두신과 먼슨은 다음과 같이 슈퍼비전의 8대 원칙을 제시하고 있다.

- 공식화: 기관 전체 직원이 공식적으로 이해하고 있어야 한다.
- 구조화: 언제, 어디서, 무엇을, 어떻게 할 것인가 구조화되어 있어야 한다.
- 정규화: 슈퍼비전을 정규적 정식 업무로 인정해야 한다.
- 개별화: 슈퍼바이지 개인의 학습 욕구 및 성향에 따라 실시되어야 한다.
- 맥락화: 사례를 중심으로 구체적으로, 일관성 있게 진행되어야 한다.
- 성장중심화: 긍정적 평가 통해 칭찬, 격려, 지적 등이 이루어져야 한다.

- 욕구중심화: 슈퍼바이지 욕구에 맞춰서 이루어져야 한다.
- 상호교류 중심화: 양방향으로 투명하게 실시하며 언어적 표현을 주로 사용한다.

4) 슈퍼비전의 기능

카두신(Kadushin)에 따르면, 사회복지조직에서 슈퍼바이저의 역할은 크게 세 가지로 나눌 수 있다. 첫 번째는 행정적인 상급자로서, 직원이 기관의 정책, 절차, 규정 등을 준수하고 있는지 확인하고, 조직의 통제와 책임을 유지하는 역할을 한다. 두 번째는 교육자로서, 일선에서 서비스를 제공하는 사회복지사의 전문지식과 기술을 증진시키는 역할을 한다. 마지막으로 상담자의 역할로, 클라이언트의 문제로 인해 감정적으로 피로해진 사회복지사에게 사회적 지지를 제공하며, 사기를 진작시키고, 좌절과 불만을 해소하는 도움을 제공한다. 이를 통해 전문가로서의 가치를 인식하고, 조직에 대한 소속감과 직무에 대한 안정감을 느끼도록 돕는다(김현진 등, 2021).

이러한 슈퍼비전의 역할은 행정적, 교육적, 지지적 기능으로 구분될 수 있다. 행정적 기능은 조직의 목표 달성, 업무 처리, 정책 준수 등을 감독하는 역할을 한다. 교육적 기능은 슈퍼바이저가 사회복지사의 전문성을 증진시키는 데 중점을 두는 것으로, 실질적인 교육과 피드백을 통해 개인의 능력 향상을 도모한다. 지지적 기능은 슈퍼바이저가 사회복지사에게 감정적 지원을 제공하고, 스트레스를 관리하며, 일에 대한 만족감을 유지하도록 돕는 것을 의미한다(김융일 · 양옥경 2011).

(1) 행정적 슈퍼비전

행정적 슈퍼비전은 조직의 구조와 사회복지사의 업무를 도울 수 있는 기관자원에 어떻게 접근하는지에 대한 방법을 제공한다. 슈퍼바이저는 사회복지사에게 지시, 지도, 행정적 업무를 돕는다. 이들은 지원의 채용과 선발 사회복지사의 임명과 배치, 업무의 계획 수립 및 위임, 업무에 대한 모니터링, 의사소통의 촉진, 변화의 매개자, 행정적 수장으로서의 역할을 수행한다.

(2) 교육적 슈퍼비전

사회복지사의 업무능력개선에 목표를 두고 업무에 필요한 지식과 기술을 제공한다. 더불어 학습의 촉진, 훈련 및 교육, 경험과 지식의 공유, 정보제공, 안내, 명확화, 문제해결에 대한 원조, 조언 및 제안 등이 이루어진다.

(3) 지지적 슈퍼비전

일선 사회복지사가 스스로 업무를 진행할 수 있도록 용기를 북돋워 주고 지지해 준다. 업무만족감 고취를 목표로 하여 효과적 업무수행을 위한 심리적 자원을 제공하는 것이다. 스트레스 유발 상황 방지 및 해소, 사회복지사의 신뢰 형성, 관점의 공유, 결정에 대한 책임 공유, 성공을 위한 기회 제공, 심리적 지지, 긴장의 완화 등의 방법이 있다.

〈표 9-1〉 슈퍼비전의 기능별 구분

구분	행정적 슈퍼비전	교육적 슈퍼비전	지지적 슈퍼비전
목표	작업배경 제공	업무능력 개선	업무만족감 지원
장애물	비합리적 조직	무지와 낮은 인지능력	정서 불안정
내용	조직의 구조와 사회복지사의 업무를 도울 수 있는 기관자원에의 접근법 제공	업무에 필요한 지식과 기술 제공	효과적으로 업무를 수행할 수 있도록 심리적 자원 제공
관심 영역	효율적인 조직에 사회복지사를 연결시켜 조직의 구조와 자원을 효율적으로 이용할 수 있도록 하는 것	지식과 기술의 향상을 통해 사회복지사의 효율성을 증대하는 것	업무수행을 방해하는 스트레스를 감소시키고 사기를 증진시켜 사회복지사의 효율성을 증대하는 것

구분	행정적 슈퍼비전	교육적 슈퍼비전	지지적 슈퍼비전
사회복지사 모델	효율적으로 과제를 수행하는 사회복지사	자질 있고 능력 있는 사회복지사	공감적이고 이해심 많은 사회복지사
과제	① 직원의 채용과 선발 ② 직원의 임명과 배치 ③ 업무계획 ④ 업무할당 ⑤ 업무위임 ⑥ 업무모니터링(검토/평가) ⑦ 업무조정 ⑧ 의사소통 촉진 ⑨ 행정적 완충 ⑩ 변화 대행	① 가르침 ② 학습촉진 ③ 훈련 ④ 경험과 지식공유 ⑤ 정보제공 ⑥ 명확화 ⑦ 가이드 제공 ⑧ 사회복지사 원조 ⑨ 전문적 성장 제고 ⑩ 조언, 제안, 문제해결 원조	① 스트레스 유발상황 방지 ② 스트레스 해소 ③ 스트레스 대처 원조 ④ 신뢰형성 ⑤ 관점 공유 ⑥ 결정에 대한 책임 공유 ⑦ 성공 위한 기회 제공 ⑧ 동료를 통한 지지 제공 ⑨ 업무관련 긴장완화

출처: 김융일·양옥경(2011). 사회복지 수퍼비전론.

5) 슈퍼비전의 유형

(1) 개별 슈퍼비전

슈퍼바이저와 슈퍼바이지 간의 일대일 상호작용이다. 일반적으로 구조화된 의제를 따르지만 개별 요구사항을 해결할 수 있는 유연성 또한 갖는다. 사례량, 진행 상황 및 직면할 수 있는 과제는 물론 특정 사례를 검토하고, 다양한 개입 전략을 모색하며, 추가 지원을 위한 자원이나 소개를 제공할 수 있다. 개별슈퍼비전은 직원의 고유한 강점, 성장 영역, 진로 포부 등을 바탕으로 성과 평가, 목표 설정, 전문성 개발 계획 등의 기회를 제공할 수 있다는 점에서 강점을 갖는다.

(2) 집단 슈퍼비전

행정적, 교육적, 지지적인 기능을 수행하기 위해서 소집단을 활용하는 것이다. 집단 슈퍼비전은 배우는 사람에게 문제를 해결할 수 있는 기술과 그가 일하면서 활용해야 하는 기술을 알려줄 수 있다. 정기적인 직원 회의, 사례 회의 또는 동료 학습 모임과 같은 다양한 형식을 취할 수 있으며, 구성원들 간의 협업, 공유 학습 및 공동체 의식을 촉진할 수 있다는 강점을 지닌다. 집단 슈퍼비전을 통해 공통적인 도전에 대해 토론하고, 아이디어를 교환하고, 서로의 경험으로부터 배울 수 있다. 집단 슈퍼비전은 또한 구성원들 간의 팀워크, 의사소통 및 상호 지원을 강화하여 조직 내 집단 학습 문화에 기여한다.

(3) 동료 집단 슈퍼비전

동료들 간의 자발적인 슈퍼비전으로 슈퍼바이저의 참여 없이 동료들이 주기적으로 만나서 주제를 선정하여 함께 토론하고 배우는 방법이다. 동료집단 슈퍼비전을 실시하기 위해서는 참여자들이 사회복지에 충분한 경험과 지식과 기술이 있어야 하고, 필요할 때 도움을 제공할 수 있어야 한다는 전제가 요구된다. 또한, 문제를 집단토론에 안건으로 제출하여 함께 토론하고 이로 인해 얻은 결과를 적절하게 사용할 수 있어야 한다.

(4) 기타 유형

왓슨(Watson)은 개별, 집단, 동료 집단 슈퍼비전 이외에 직렬 슈퍼비전, 팀 슈퍼비전, 케이스 상담 등을 슈퍼비전 유형으로 제시하고 있다. 직렬 슈퍼비전은 두 업무자가 동등한 자격으로 슈퍼비전을 상호 간에 제공하는 것이며, 팀 슈퍼비전은 다양한 성격을 가진 구성원으로 팀을 구성하여 진행한다. 케이스 상담은 업무자와 상담인의 체계로 형성된다.

6) 슈퍼바이저의 조건과 자질

(1) 경험과 지식

슈퍼바이저는 슈퍼비전을 제공하는 데 도움이 되는 실질적인 경험을 가진 사람이 이상적이다. 관련 분야와 관련된 현재의 이론, 관행 및 정책 지침에 대해 잘 알고 있어야 한다. 여기에는 윤리적 및 법적 고려사항에 대한 지식이 포함된다.

(2) 리더십

슈퍼바이저는 직원을 지도하고, 동기를 부여하고, 영감을 줄 수 있어야 한다. 예컨대, 직원에 대한 기대를 효과적으로 전달하고, 건설적인 피드백을 제공하며, 학습과 개발을 장려하는 긍정적인 근무 환경을 조성할 수 있는 능력이 포함된다.

(3) 공감과 지원

사회복지 업무의 정서적으로 어려운 특성을 고려할 때, 감독자들은 공감하고 지원할 필요가 있다. 그들은 감독관들이 그들의 감정과 경험을 토론할 수 있는 안전한 공간을 제공하고 그들이 그들의 일에 대한 감정적인 영향을 관리하도록 도와야 한다.

(4) 문제해결기술

슈퍼바이저는 복잡한 사례와 딜레마를 안내할 수 있어야 한다. 예컨대, 문제해결 능력을 개발하고 그들의 연습에 대해 비판적으로 생각하도록 돕는다.

(5) 갈등관리능력

슈퍼바이저는 조직 내에서 발생할 수 있는 갈등을 처리하고, 균형 있고 공정한 관점을 유지하며, 해결을 촉진하는 데 능숙해야 한다.

〈표 9-2〉 효과적인 슈퍼바이저의 유형

효과적인 슈퍼바이저	비효과적인 슈퍼바이저
• 구조화된 슈퍼비전 • 상담 역할 활용 • 슈퍼바이지에게 적합한 상담 방법 활용 • 훌륭한 교사 • 융통성 있는 역할 선택 • 명확한 계약 • 합의된 기준에 의한 공정한 평가 • 슈퍼바이지의 개별화 • 슈퍼바이저 훈련받음 • 다양한 슈퍼비전 개입방법 활용 • 명확하고 직접적이고 건실적인 피드백	• 비구조화된 슈퍼비전 • 상담과 슈퍼비전 구분 불가능 • 오직 하나의 상담 방법을 고수 • 부적절한 교사 • 특정 역할에 매임 • 부적절한 협상 • 평가에 대한 명료한 기준 미흡 • 동일한 방법으로 모든 슈퍼바이지에게 슈퍼비전제공 • 슈퍼바이저 훈련이 필요한 이유 모름 • 제한적인 슈퍼비전 개입방법 • 피드백이 없거나 모호하거나 처벌적

5. 실습지도

1) 사회복지현장실습의 구체적인 목적

사회복지현장실습은 사회복지의 실천적 가치, 윤리, 지식 및 기술을 학교에서 배운 후, 이를 실제 사회복지 현장에서 적용하며, 전문적인 사회복지사로서의 사명감과 실천능력을 키우는 것이며 사회복지교육의 핵심과정이다.

① 실천현장의 문제해결 및 서비스제공 과정에서 사회복지 가치 및 윤리강령의 내용, 지식 및 기술을 적용할 수 있는 능력 향상

② 클라이언트체계의 문제 확인, 정보수집, 사정, 개입계획 및 개입수행, 그리고 평가과정을 통해 문제해결에 대한 적합한 지식과 기술을 습득

③ 지역사회 내 위험집단 및 표적집단의 특성, 강점, 그리고 자원에 대한 지식을 활용할 수 있는 능력 배양

④ 사회복지시설, 기관 및 조직의 사명, 정책 및 행정에 대한 이해

⑤ 실천현장관련 국가 및 지역사회(지방자치단체)의 사회복지정책 및 전달체계를 분석하고 실천에 적용

⑥ 사회복지사로서의 자아인식을 증진시키고 전문직 정체감을 형성

⑦ 클라이언트인 개인, 가족, 집단, 지역사회를 대상으로 실천가로서의 전문적 기술과능력을 개발

2) 사회복지현장실습의 주요 내용

(1) 사회복지기관에 대한 이해

사회복지 기관의 구조와 운영을 배우고, 실습을 통해 기관에서 제공하는 복지 서비스에 대한 지식을 얻게 된다.

(2) 지역사회에 대한 이해

실습 기관이 위치한 지역사회를 이해하고, 그 지역의 문제를 정의하며, 문제 해결에 적용할 수 있는 지역 자원을 파악하고 활용하는 능력을 키운다.

(3) 사회복지실천과정의 적용

사회복지사로서, 실습을 통해 클라이언트 체계(개인, 가족, 집단, 조직, 지역사회 등)에 서비스를 제공하며, 문제를 파악하고, 관련 정보를 수집하고 분석하며, 개입 계획을 세우고 실행하고, 그 성과를 평가하는 과정을 경험한다.

(4) 사회복지사로서의 전문적 가치관과 의식 함양

실습 기록을 통해, 기관의 실습지도자와 학교의 실습 지도교수로부터 현장 학습 지도를 받음으로써, 사회복지사로서의 전문적 가치관, 역할, 지식, 기술, 자아 인식 및 복지에 대한 인식을 함양하게 된다. 또한, 기관 내 다른 직원이나 다른 학교의 실습생과의 관계를 통해 인간적, 사회적 자원을 연계하는 기회를 얻게 된다.

3) 사회복지현장실습 기관과 실습지도자

사회복지학 전공 필수 과목 중 하나인 사회복지현장실습은 해당 실습을 수행할 수 있는 기관에서 이루어져야 하며, 최소한 2명 이상의 실습지도자가 상근해야 한다. 실습지도자는 실습이 이루어지는 해의 전년에 최소 8시간 이상의 보수교육을 받아야 하며, 사회복지사 1급 자격증을 소지한 자로서 3년 이상 또는 사회복지사 2급 자격증을 소지한 자로서 5년 이상 사회복지사업의 실무경험이 있는 자를 말한다.

실습지도자는 동시에 5명 이내의 학생을 지도해야 하며 보건복지부장관이 지정한 사회복지현장실습 실시기관은, 인사 변경, 실습비 변경, 실습지도자의 추가 등 변동 사항이 발생할 경우, 이를 신청하고 승인을 받은 후에 실습을 진행해야 한다. 이 과정은 보건복지부의 규정에 따라 이루어져야 한다.

4) 사회복지현장실습 진행절차

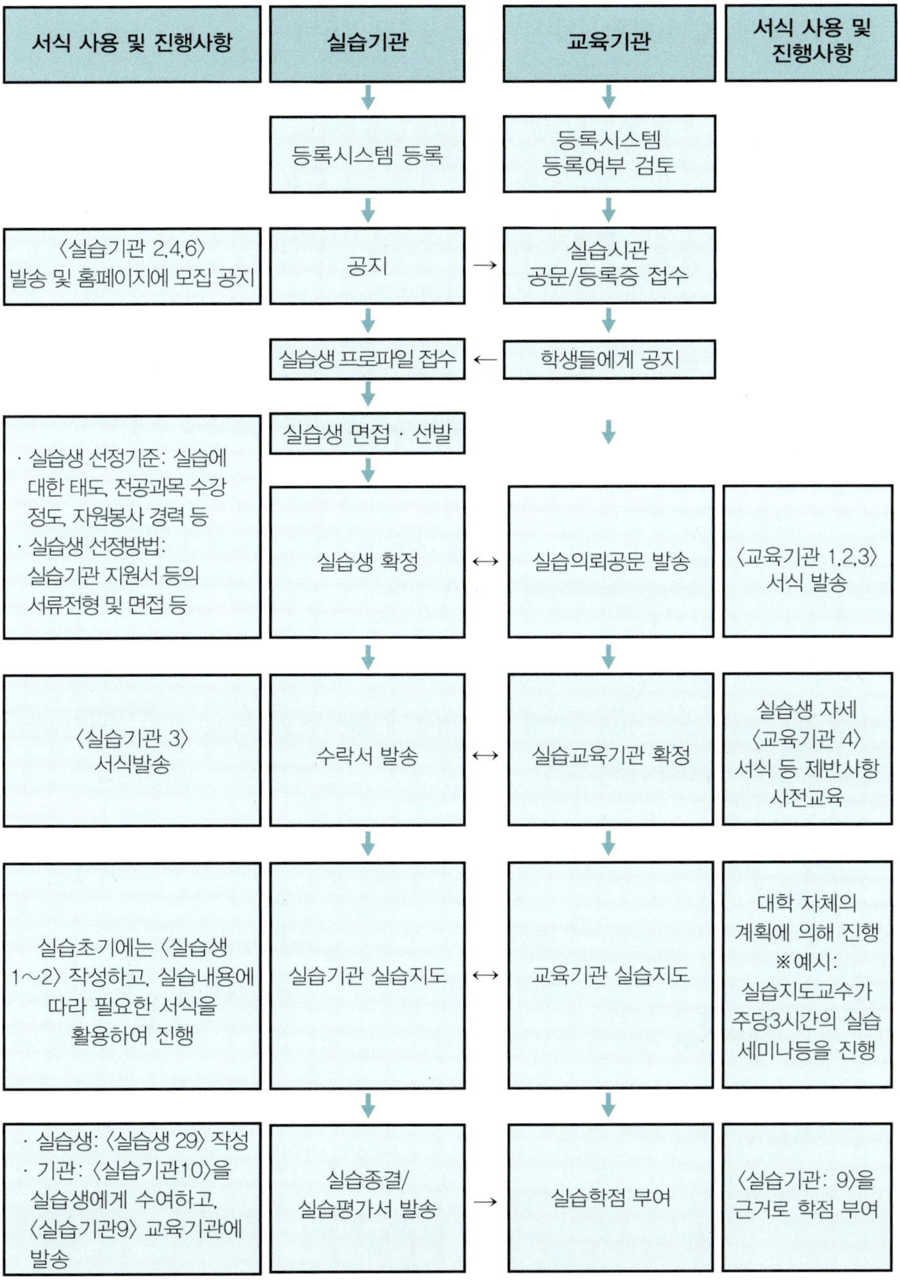

[그림 9-1] 사회복지현장실습 절차

5) 사회복지실습지도의 유의사항

(1) 개인적 이익을 위해 자신의 지위를 남용하지 않는다.

실습지도자는 자신의 권한을 악용하여 실습생에게 자신의 업무를 대행하게 하거나, 개인적인 용무를 맡기는 행위를 해서는 안 된다. 예를 들면, 대학원에 재학 중인 실습지도자가 학교 과제를 하도록 지시하거나 설문조사를 요청하는 경우, 자신의 업무 일부를 실습생에게 위임하는 행위, 실습지도의 범위를 초과하는 행위, 실습지도자가 실습생에게 자신의 은행 용무나 구매 대행 등을 부탁하는 경우 등을 말한다.

(2) 실습생과 이중 관계나 다중 관계를 맺지 않아야 한다.

실습지도자는 실습평가나 추후의 기관 채용에 연관된 금전적 요구나 개인적 관계 형성을 추구해서는 안 되며, 실습 과제로서 후원자 발굴이나 기관 제품의 구매를 과도하게 강요하는 행위도 금지하고 있다.

(3) 전문적인 기준을 준수하여 공평하게 역할을 수행한다.

실습 교육 기관은 사회복지현장실습 지침에 명시된 필수 및 선택 교육 내용을 포함하는 교육 커리큘럼을 구축하여 실습생이 전문적 기준을 따라 교육받을 수 있도록 해야 한다.

전문적인 기준의 교육이란 사회복지의 가치와 윤리, 지식 및 기술이 적용되는 실천현장의 문제 해결 과정에 대한 교육, 문제를 식별하고 정보를 수집하며, 사정평가와 개입계획을 세우고, 문제 해결에 대한 새로운 지식과 기술을 습득할 수 있는 교육, 지역사회 내의 위험 그룹 및 목표 그룹의 장점 및 특성, 그리고 자원을 이해하고 활용할 수 있는 능력, 사회복지 기관 및 조직의 사명, 정책, 행정에 대한 이해를 돕는 교육, 사회복지사로서의 자신의 인식을 높이고 전문적인 정체성을 형성할 수 있는 교육 등을 말한다.

(4) 평가의 과정과 결과를 실습생과 공유한다.

실습을 시작하기 전의 오리엔테이션을 통해 실습 목표에 대한 공통의 인식을 강화한다. 실습생이 평가서를 작성하고, 실습지도자와 실습생이 함께 논의하는 과정이 필요하며 실습생의 실습 활동을 공정하고 과학적인 기준을 통해 평가하고, 평가 결과를 공유하여 실습 교육의 목표를 달성하기 위해 노력해야 한다.

이를 위해 실습지도자는 전문적인 지식을 확보하고, 자신의 지식과 능력 범위 내에서 교육을 진행하고 최신 정보와 지식을 배워야 하며, 이를 실습생에게 전달해야 한다. 자신의 전문분야를 넘어서는 영역은 다른 슈퍼바이저에게 위임해야 한다.

(5) 실습생의 전문적인 업무를 돕는 데에 노력해야 한다.

실습지도자는 실습생이 실습 교육을 충실히 이수할 수 있도록 실습생의 실습일지를 매일 확인하고 즉시 피드백을 제공하여야 하며, 정기적으로 구조화된 실습 감독 계획을 수립하고, 계획에 따라 개별 또는 그룹 감독을 통해 실습 교육 목표를 달성하기 위해 노력한다.

실습생은 실습 교육의 모든 단계에서 실습 감독자의 지시를 따라야 하며 클라이언트와 관련된 정보나 서비스 진행 상황을 실습지도자에게 보고하고 체크해야 한다.

(6) 인격적, 성적으로 수치심을 주는 행위를 해서는 안 된다.

실습교육 기관과 실습지도자는 실습생의 인권을 존중해야 하며, 모욕적인, 성희롱적인, 수치심을 유발하는 행동은 절대로 허용되지 않아야 한다. 실습지도자 및 직원은 실습 기간에 실습교육기관 외의 장소에서 사적인 자리를 마련해서는 안 되며 실습생의 호칭을 사용하거나 실습생 평가 시 모욕적이거나 수치심을 주는 말을 삼가해야 한다. 또한, 실습생에게 감정적인 호감을 표현하거나 애정 행위를 해서는 안 되며 다른 직원이 자신의 실습생에게 이런 행동을 하는 것을 목격하면, 해당 행동을 중단시키고 실습생을 보호해야 한다.

6. 사회복지사의 직무 태도

사회복지사가 되려면 특별한 종류의 헌신이 필요하다. 필요성이 크고 자원이 제한되는 경우가 많으며 당면 과제가 많은 환경에서 작업하기 때문이다. 사회복지조직을 포함한 모든 조직환경에서 올바른 직무 태도는 필수적이다. 이 장에서는 사회복지사의 일에 대한 올바른 태도를 살펴보고, 동료, 고객, 개인의 안녕 등에 이르기까지의 핵심 요소를 간략히 설명한다.

1) 사회복지업무에 대한 태도

(1) 열정

열정은 효과적인 사회복지사의 태도의 핵심 요소이다. 남을 돕는 진정한 열정은 가장 성공적인 사회복지사의 원동력이다. 그것은 어려운 시기에도 동기부여를 높게 유지하는 데 도움이 된다. 동료, 클라이언트 및 커뮤니티와의 상호작용을 통해 작업에 대한 열정을 빛내는 것은 다른 사람들에게 영감을 줄 수 있고 심지어 직장의 사기를 높이는 데 도움을 줄 수 있다.

(2) 적극성

사회복지사로서의 하루는 예측할 수 없는 것일 수 있고, 새로운 상황과 도전이 끊임없이 발생한다. 업무 접근 방식에 적응하고 유연하게 대처하는 것은 매우 중요하다. 변화하는 환경, 새로운 정보 또는 예상치 못한 위기에 따라 계획이나 접근 방식을 조정해야 할 수도 있다. 항상 고객을 위한 최상의 결과에 초점을 맞추고 필요할 때 열린 마음을 유지하고 기꺼이 변화하는 것이 중요하다.

(3) 사전활동

사회복지사들은 솔선수범하고, 잠재적인 문제를 예측하고, 그것들을 예방하기 위한 조치를 취한다. 또한 새로운 솔루션을 찾고, 새로운 전략을 구현하며, 클라이언트에게 혜택을 줄 수 있는 혁신적인 아이디어를 모색한다. 사전활동에는 클라이언트의 요구를 옹호하고, 클라이언트에게 이익이 될 수 있는 자원 또는 정책 변경을 위해 활동하는 것도 포함된다.

(4) 끈기

사회복지사가 경험하는 좌절은 종종 업무의 일부이다. 클라이언트와의 교류, 정책으로 인한 서비스 변경 또는 중단, 보조금에 의한 좌절 또는 실망의 순간이 존재한다. 이 같은 상황에서 끈기는 사회복지사의 일에 대한 긍정적인 태도를 유지하는 데 중요하다.

(5) 책임성

사회복지사는 많은 책임을 지고 있고, 사회복지사로서의 행동에 대해 책임을 지는 것은 매우 중요하다(문영주, 2007). 만약 사회복지사가 실수를 한다면, 그것을 인정하고, 그것으로부터 배우고, 그것을 바로잡기 위한 조치를 취하는 것이 중요하다. 클라이언트, 동료, 그리고 본인에게 책임을 지는 것은 자신에 대한 신뢰를 증진 시킬 뿐만 아니라 사회복지사로서 향상되고 성장하도록 도와준다.

(6) 자기성찰

자기성찰은 일에 대한 긍정적인 태도를 유지하는 데 필수적인 부분이다. 정기적으로 경험, 결정, 성공, 그리고 실패에 대해 반성하는 시간을 갖는 것은 귀중한 통찰력을 제공하고 더 나은 사회복지사가 되도록 도울 수 있다. 또한, 추가적인 훈련이나 지원이 필요한 분야를 파악하고 평생 학습의 토대를 마련하는 데 도움이 될 수 있다.

2) 동료에 대한 태도

(1) 상호존중

사회복지사로서, 여러분은 다양한 팀들과 함께 일하게 될 것이다. 각자가 가지고 있는 고유한 가치를 인정하고 존중하는 것이 중요하다. 이것은 동료의 생각과

의견을 존중하고, 경험을 존중하고, 기여를 인정하는 것을 의미한다. 또한, 적극적으로 동료와 의사소통하며, 사려 깊게 반응하는 방식으로 확장된다.

(2) 협업 정신

협업, 함께 일한다는 것은 사회복지 환경에서 매우 중요하다. 사회복지사는 대부분의 실천 과정에서 다른 분야의 전문적인 혹은 다양한 분야의 팀에서 일하는 이들과 함께하는 자신을 발견하게 될 것이다. 다른 사람들의 아이디어와 의견에 개방적이고, 자신의 지식을 자유롭게 공유하며, 클라이언트에게 최상의 결과를 제공하기 위해 함께 노력해야 한다.

(3) 갈등해결

갈등은 모든 조직의 일부이며, 사회복지업무의 특성상 때때로 갈등이 악화될 수 있다. 업무의 스트레스가 심한 분야로서 갈등을 전문적으로 다룰 준비를 해야 한다. 직접적이지만 정중하게 문제를 해결하고, 사람보다는 문제에 초점을 맞춘다. 상대방의 관점을 이해하고 다수의 당사자에게 이익이 되는 해결책을 찾기 위해 함께 노력한다.

(4) 건설적인 피드백

피드백을 제공하고 받아들이는 것은 전문적인 성장의 필수적인 부분이다. 피드백을 제공할 때는 건설적이고 구체적이며 솔루션 지향적인지 확인한다. 피드백을 받을 때, 마음을 열고 기꺼이 배우며, 피드백의 목표는 개선이지 비판이나 판단이 아니라는 것을 기억한다.

(5) 다양성과 포용성

다양성과 포용을 촉진하는 것은 모든 사회복지사의 일부가 되어야 한다. 다양한 팀이 가져올 수 있는 고유한 경험, 관점 및 기술을 소중히 여기도록 한다. 상호작용과 의사소통이 포괄적이고, 존중하며, 편견이 없는지 확인한다. 조직 내 포괄적인 정책과 관행을 옹호하고, 잠재적인 차별과 편견을 해결한다.

3) 클라이언트에 대한 태도

(1) 공감

사회복지사가 클라이언트에 대해 가져야 할 주요 태도 중 하나는 공감이다. 이것은 그들의 감정을 이해하고 공유하고, 동정심을 보여주며, 진정한 보살핌과 걱정을 전달하는 것을 포함한다. 사회복지사는 클라이언트가 어려운 시기를 겪고 있을 수도 있다는 것을 기억해야 한다. 공감과 친절을 보여주는 것은 감정적인 위안을 제공하고 강력한 관계를 구축할 수 있다(이정서, 이훈희, 황정은, 2012).

(2) 비판단적 태도

사회복지사로서 다양한 삶의 경험과 배경을 가진 클라이언트들을 만나게 될 것이다. 클라이언트의 인종, 종교, 성별, 연령, 사회경제적 지위, 상황에 관계없이 각각의 사건에 고정관념이나 편견 없이 접근하는 것이 중요하다. 모든 사람들은 존경과 양질의 보살핌을 받을 자격이 있고, 사회복지사의 역할은 판단하는 것이 아니라 지원을 제공하는 것이다.

(3) 적극적 경청

적극적인 경청은 사회복지사가 지닌 강력한 도구이다. 그것은 클라이언트에게 완전히 집중하고, 클라이언트의 메시지를 이해하고, 사려 깊게 응답하는 것을 포함한다. 적극적으로 경청함으로써, 사회복지사는 클라이언트의 경험과 감정을 존중하고, 그들이 가치 있고 이해받고 있다고 느끼게 하며, 개입 전략을 안내할 수 있는 귀중한 통찰력을 제공한다(임정기, 2019).

(4) 옹호

옹호에는 클라이언트의 권리와 필요를 옹호하는 것이 포함된다. 이것은 클라이언트가 자원에 접근하는 것을 돕고, 차별적 관행에 맞서 싸우거나, 클라이언트의 상황을 개선할 수 있는 정책 변경을 추진하는 것을 의미할 수 있다(전선영, 2005). 사회복지사로서, 개인적인 차원과 더 넓은 사회적인 차원에서 클라이언트를 강력하게 옹호해야 한다.

(5) 임파워먼트

임파워먼트는 사회복지의 기본 원칙이다. 사회복지사는 클라이언트를 돕는 것뿐만 아니라 클라이언트가 스스로 도울 수 있도록 권한을 부여하는 것이다. 이것은 클라이언트에게 새로운 기술을 가르치고, 클라이언트가 자원에 접근하는 것을 돕거나, 클라이언트가 결정을 내리는 것을 지원하는 것을 포함할 수 있다. 권한부여는 자기 효능감과 독립성을 촉진하여 클라이언트가 자신의 삶을 통제할 수 있도록 한다(김인숙 · 우국희, 2002).

4) 자신에 대한 태도

(1) 정서적 웰빙(Well-being)

사회복지업무는 감정적으로 힘들 수 있다. 스트레스를 관리하고 감정적 피로를 예방하기 위한 전략을 마련하는 것이 필수적이다. 이것은 마음 챙김 연습, 일기 쓰기, 치료사와의 대화, 또는 단순히 휴식을 취하고 즐기는 것들을 하기 위한 시간을 갖는 것을 포함할 수 있다. 동료, 슈퍼바이저 등 필요할 때 지원을 구하는 것은 괜찮다는 것을 기억하자(이정서 · 이훈희 · 황정은, 2012).

(2) 신체 건강

자기 자신의 신체 건강을 돌보는 것도 중요하다. 규칙적인 운동은 스트레스를 줄이고, 기분을 개선하고, 에너지 수치를 높이는 데 도움을 줄 수 있다. 균형 잡힌 식사는 몸이 최적의 기능을 유지하도록 돕는다. 충분한 수면을 취하는 것 또한 중요하다.

(3) 경계

자신의 업무와 관련된 전문적인 경계를 설정하는 것은 자기 관리의 중요한 측면이다. 일과 개인 생활의 균형을 맞추는 것은 피로를 예방하고 휴식과 재충전의 시간을 보장하는 데 도움이 될 수 있다.

(4) 전문성 개발

지속적인 학습과 전문적인 개발은 업무에 대한 열정을 유지하고 업무의 도전에 대처할 준비가 되어 있는지 확인하는 데 도움이 될 수 있다. 여기에는 워크숍 또는 컨퍼런스에 참석하거나, 슈퍼비전 또는 멘토링에 참여하는 것이 포함될 수 있다.

(5) 마음 챙김

자기성찰의 시간을 갖는 것은 자신의 관점을 얻고 스트레스를 관리하는 데 도움이 될 수 있다. 이것은 자신의 경험과 감정을 되돌아보고, 명상을 하거나 마음 챙김을 연습하는 것이다. 이것은 스트레스를 관리하고 직업 만족도를 높이는 데 도움이 될 수 있다.

참고할 만한 정보

- 사랑의열매 서식자료실 홈페이지. https://chest.or.kr/bbs/1023/initPostList.do
- 한국사회복지사협회 현장실습 홈페이지. https://www.welfare.net
- 한국보건복지인재원 학습콘텐츠 보e다 홈페이지. https://csp.kohi.or.kr/index.do

생각해 보기

- 사회복지사로서 어떤 슈퍼바이저가 되고 싶은지 생각해 본다.
- 사회복지사로서 시행착오를 겪었던 경험을 나누고, 올바른 태도에 대해 논의해 본다.
- 감정노동을 겪는 직업인으로서 사회복지사의 직무 스트레스에 대해 알아본다.

10장

보고서 작성의 실제

학습목표

1. 보고서의 개념 및 기본원칙을 이해하고 설명할 수 있다.
2. 보고서의 유형을 구분하고 보고서 양식을 활용할 수 있다.
3. 보고서 전개방식을 기준으로 유형별 보고서를 작성할 수 있다.

1. 보고서 이해하기

1) 보고서 개념 및 종류

보고서는 특정한 사건, 현상, 연구 결과, 분석 등에 대한 정보를 체계적으로 정리하고 전달하는 문서이다. 주로 조직이나 기관 내부 및 외부에 대한 정보 공유, 의사결정을 위한 기반 자료로 사용된다. 보고서는 기획안을 구체화하는 과정의 일부이자 결과물이다. 기획안 등 기관의 의사는 대 · 내외에 문서행위를 통해 표현하므로, 보고서 작성능력은 기본적이고 핵심적인 능력이라고 볼 수 있다. 보고서는 다양한 분야에서 사용되며, 다양한 종류의 보고서가 있다. 일반적으로 사용되는 보고서의 종류에는 다음과 같은 것들이 있다.

- 업무 보고서: 조직 내부에서 업무 진행 상황, 성과, 문제점 등에 대한 보고서이다. 일일, 주간, 월간, 분기별로 작성될 수 있으며, 주로 조직 내 각 부서나 팀에서 작성하여 상위 관리자에게 제출한다.
- 연구 보고서: 특정 주제에 대한 연구 결과, 분석 내용, 결론 등을 담은 보고서이다. 학술 연구, 시장 조사, 정책 분석 등에서 사용되며, 연구 목적과 방법, 데이터 수집과 분석 과정, 결과 해석 등을 포함한다.
- 재무 보고서: 기업의 재무 상태와 성과에 대한 보고서로, 주로 회계기간별로 작성된다. 손익계산서, 재무상태표, 현금흐름표 등을 포함하여 기업의 재무 활동과 성과를 정리하여 외부 이해관계자에게 제출한다.
- 프로젝트 보고서: 특정 프로젝트의 진행 상황, 성과, 문제점, 자금 사용 등에 대한 보고서이다. 프로젝트 목표, 일정, 예산, 성과 목표 등을 포함하여 프로젝트의 진행 상황과 결과를 정리하여 관련 이해관계자에게 제출한다.
- 조사 보고서: 특정 주제에 대한 조사 결과와 분석 내용을 담은 보고서이다. 시장 조사, 고객 만족도 조사, 제품 테스트 등에서 사용되며, 조사 목적, 방법, 데이터 수집과 분석 과정, 결과 해석 등을 포함한다.

이외에도 환경 보고서, 마케팅 보고서, 인사 보고서 등 다양한 종류의 보고서가 있으며, 목적과 대상에 따라 다양한 형식과 내용이 사용될 수 있다.

정부기관 및 공공기관, 사회복지조직 등에서는 정책 및 상황 및 정보보고서, 회의보고서, 전략실행보고서 등을 작성하기도 한다. 이에 대한 설명은 다음과 같다.

- 정책보고서: 정부나 조직 내부에서 특정 정책에 대한 분석, 평가, 제안 등을 담은 보고서이다. 정책 목적, 배경, 현재 상황, 정책 실행 방안, 예상 효과 등을 포함하여 관련 이해관계자에게 제출된다. 정부의 정책 결정이나 기업의 전략 수립을 위해 사용될 수 있다.
- 상황 및 정보보고서: 특정 상황이나 이슈에 대한 정보와 분석 내용을 담은 보고서이다. 주로 조직 내부나 이해관계자에게 특정 사건이나 상황에 대한 이해를 돕고 의사 결정에 활용된다. 상황의 배경, 현재 상태, 트렌드, 예측 등을 정리하여 제출한다.
- 회의보고서: 회의 내용, 토론 내용, 의견 요약, 결정 사항 등을 담은 보고서이다. 회의의 목적, 일정, 참석자, 주요 토론 내용, 결정된 사항, 향후 계획 등을 정리하여 회의 참석자나 이해관계자에게 제출된다. 회의의 기록과 결정 사항의 추적을 위해 중요한 문서이다.
- 행사보고서: 특정 행사나 이벤트의 진행 상황, 참석자, 활동 내용, 성과 등을 담은 보고서이다. 행사의 목적, 일정, 참석자, 주요 활동, 참석자의 피드백, 성과 평가 등을 정리하여 주최자나 이해관계자에게 제출된다. 행사의 성과 평가와 향후 개선을 위해 사용된다.
- 전략실행보고서: 조직의 전략 실행 상황과 결과에 대한 보고서이다. 전략의 목표, 실행 계획, 진행 상황, 성과, 문제점 등을 담고 전략의 효과를 평가한다. 이를 통해 전략의 실행을 추적하고 조직 내외의 이해관계자에게 전략 실행 상황을 보고한다. 전략의 성과 평가와 개선을 위해 사용된다.

각 보고서는 목적과 대상에 따라 다양한 형식과 내용을 가지며, 정확하고 명확한 정보 전달을 위해 체계적으로 작성되어야 한다.

2) 보고서 작성원칙

보고서를 작성할 때에는 고려해야 할 몇 가지 원칙이 있다. 이러한 원칙들은 보고서의 품질과 효과적인 커뮤니케이션을 도모하기 위해 중요하다. 주요한 보고서 작성의 원칙은 다음과 같다.

- 명확성(Clarity): 보고서는 명확하고 이해하기 쉬운 언어로 작성되어야 한다. 문장 구조는 간결하고 논리적이어야 하며, 기술 용어나 약어를 사용할 때는 충분한 설명이 필요하다.
- 구조화(Structure): 보고서는 목차, 섹션, 하위 제목 등을 사용하여 구조화되어야 한다. 이는 독자들이 쉽게 내용을 찾고 이해할 수 있도록 도와준다. 또한, 개요 및 요약 부분을 포함하여 보고서의 핵심 내용을 간결하게 정리하는 것이 좋다.
- 목적성(Purposefulness): 보고서는 명확한 목적을 가지고 작성되어야 한다. 작성자는 보고서의 목적과 독자들의 요구에 맞게 내용을 구성해야 한다. 목적을 달성하기 위해 필요한 정보와 분석을 제공해야 한다.
- 정확성(Accuracy): 보고서는 사실에 근거하여 작성되어야 한다. 용어의 의미를 정확하게 사용하고 지나치게 추상적이거나 원론적인 용어의 사용은 자제해야 한다. 데이터, 통계, 인용문 등은 신뢰할 수 있는 출처에서 가져와야 하며, 필요한 경우 참고문헌이나 참고자료를 첨부해야 한다.
- 객관성(Objectivity): 보고서는 객관적이고 중립적으로 작성되어야 한다. 주관적인 의견이나 편견을 피하고, 사실에 기반한 분석과 평가를 제공해야 한다.
- 간결성(Conciseness): 보고서는 필요한 정보를 포괄하면서도 불필요한 세부사항을 제거하여 간결하게 작성되어야 한다. 핵심적인 내용을 강조하고 읽

기 쉽도록 구성해야 한다. 핵심적인 내용을 우선순위에 따라 구조화하여 표현하되, 구체적 통계 등 참고사항은 본문 기술 중 작은 글씨로 참고표시를 하여 작성해야 한다. 사안에 따라 통계수치나 그래프 등 시각자료를 활용하여 의미 전달력을 최대화하는 방법을 고려해야 한다.

- 타깃 독자 고려(Audience Orientation): 보고서는 독자의 배경, 지식 수준, 관심사 등을 고려하여 작성되어야 한다. 독자들이 쉽게 이해하고 필요한 정보를 얻을 수 있도록 내용을 조정해야 한다.
- 일관성(Consistency): 보고서는 문서를 통해 상대방을 설득하는 것이 목적이므로, 논리성은 보고서의 기본 요건이다. 기안자가 가지고 있는 문제의식을 보고서 전체 맥락에서 일관성 있게 표현해야 하며, 현황 및 문제점에서 문제로 제기된 사항에 대해서는 그에 상응하는 문제해결 방안을 제시해야 한다.
- 문서 디자인(Document Design): 보고서는 명확한 구조와 시각적인 요소를 활용하여 독자들의 이해를 돕는 문서 디자인이 필요하다. 적절한 헤더, 서브헤더, 번호 매기기, 그래프, 표 등을 사용하여 정보를 시각적으로 전달할 수 있다. 전체 보고서의 프레임내에서 항목(목차, 내용)간 균형있게 작성해야 하며 표나 그래프를 적절하게 활용해야 한다.

2. 보고서 기획의 과정

보고서 기획과정은 [그림 10-1]과 같이 문제인지 → 아이디어 체계화 → 보고서 작성 → 보고의 순으로 진행된다. 이때 일부과정은 추가 또는 생략이 가능하다.

기획의 과정	구체적 내용	고려사항
문제인지	· 문제의식을 가지고 현상 파악 · 현상이면의 사항을 구조화 · 범주화	· 이대로 좋은가? · 어디에 문제가 있는가?
아이디어 체계화	· 토론 및 자료수집 · 아이디어 체계화, 구성	· 해결책이 무엇인가? · 어떻게 설명할 것인가? · 실현 가능한가?
보고서 작성	· 문서의 전체적인 틀에 대한 구안 · 초안 작성 및 수정	· 무엇을 어떻게 보여주면 좋을까?
보고	· 구두보고 또는 서면 보고	· 어떻게 명확하고 간결하게 표현하여 전달할 것인가?

[그림 10-1] 보고서 기획의 과정

출처: 충북대학교(2010). 보고서 작성의 실제. 행정직원 교육자료.

1 **문제인지**

ㅇ 현실에서 발생하는 사안들 중 **이상적인 상황과 괴리**된다고 인식하는 것들이 기획의 대상

※ 특정 현실을 문제로 인식하는 순간 기획이 시작됨

ㅇ 문제로 인식한 현상을 **체계적 · 구조적으로 분석**하여, 현상 이면의 **맥락**(context) **및 문제의 근본 원인을 파악**

2 아이디어 체계화

ㅇ 현상을 파악한 후, 본격적으로 문제해결을 위한 아이디어를 창출

- 사안에 대한 **심층적인 이해, 깊이 있는 사고**에서 출발

ㅇ **타인의 사고를 참조**

- 상급자의 의도, 전문가의 견해 등을 민감(sensitivity)하면서도 개방(openness)적으로 받아들이고, 좋은 자료를 수집 · 분석

ㅇ 산발적인 아이디어를 **기획 목적과의 관련성, 실현가능성 등을 기준**으로 체계적으로 정리

3 보고서 작성

○ 아이디어를 체계적으로 정리한 후, **보고서의 전체적인 틀**(frame)**과 논리적 구성**에 대해 고민하고 그 결과를 정리(계속되는 수정과정)

4 보고

○ 조직 구성원 간이나 기관 상호 간에 직무와 관하여 구두 또는 문서를 통하여 의사소통

○ 보고는 조직 업무처리에 있어서 필수적 요소이며 조직이 살아 있는지 죽어 있는지를 결정하는 중요한 척도

오류가 있는 보고서는 일반적으로 다음과 같은 문제점을 가지고 있다. 첫째, 표준화된 보고서 양식이 없고, 보고서 구성도 전체적으로 미흡하다. 둘째, 제목이나 목차에 보고서 내용이 제대로 드러나지 않는다. 셋째, 문장이 장황하며 누가, 언제, 어떤 목적으로 작성하였는지 불명확하다. 넷째, 오탈자나 맞춤법 오류, 수동태와 능동태의 혼재, 시제 불일치 문제가 있다. 다섯째, 기승전결의 논리체계를 갖추지 않았거나 논리전개가 뒤바뀌는 사례가 있다.

3. 보고서 전개방식

1) 기본적 전개방식

보고서는 일반적으로 서론-본론-결론의 순서를 따르며 다음과 같은 전개방식을 사용한다.

- 서론(Introduction): 보고서의 시작 부분으로서, 주제와 목적을 간략히 소개한다. 독자에게 보고서의 내용과 중요성을 이해시키는 역할을 한다. 서론에서는 보고서의 배경, 연구 범위, 조사 방법 등에 대한 간단한 설명을 제공할 수도 있다.

- 분석 및 조사 내용(Analysis and Findings): 본문의 가장 중요한 부분으로서, 주제에 대한 심층적인 분석과 조사 결과를 제시한다. 해당 주제에 관련된 데이터, 통계, 사례 연구 등을 사용하여 정보를 제공하고 분석한다. 이 부분에서는 문제점, 도출된 결론, 추천 사항 등을 포함할 수 있다.
- 결과 및 토의(Results and Discussion): 분석과 조사 결과를 토대로 얻은 주요 결과와 그 의미를 설명한다. 이 부분에서는 결과를 해석하고, 관련 이론이나 기존 연구와의 연계성을 논의할 수도 있다. 결과를 지지하는 증거나 논거를 제시하며, 특정 결론에 도달하기 위한 근거를 제공한다.
- 결론(Conclusion): 보고서의 요약과 결론을 담은 부분이다. 분석과 조사를 통해 도출된 결론을 간결하게 정리하고, 보고서의 목적을 다시 강조한다. 또한, 추후 조치나 연구의 방향성에 대한 제안이나 요약적인 요약문을 제공할 수 있다.
- 추천 사항(Recommendations): 보고서에 따른 구체적인 추천 사항을 제시하는 부분이다. 이 부분에서는 문제 해결을 위해 추천하는 전략, 정책, 개선 방안 등을 제시한다. 추천 사항은 분석 결과를 기반으로 합리적이고 구체적으로 제시되어야 한다.
- 참고문헌(References): 보고서에서 사용된 모든 참고 자료와 출처를 나열한다. 보고서의 신뢰성과 학문적 근거를 확립하기 위해 필요한 부분이다.
- 부록(Appendix): 보고서에 포함되지 않은 보조 자료, 표, 그래프, 설문지, 인터뷰 질문지 등의 부가적인 자료를 첨부할 수 있는 부분이다. 부록은 본문을 보완하거나 자료의 원본을 제공하기 위해 사용된다.

위의 전개방식은 일반적인 보고서 작성 구조이다. 보고서의 특성이나 목적에 따라 조금씩 변형될 수 있으며, 기관 또는 조직의 표준 포맷에 따라 작성될 수도 있다.

1 **서론: 보고취지 및 핵심 내용(문제인식)을 파악**할 수 있도록 기술

〈 보고배경 〉

○ 왜 지금 이런 내용의 보고를 하는지에 대해 보고서의 작성**배경**, 추진**경과** 및 **필요성** 등을 중심으로 작성

※ 필요시 보고배경에 해당하는 내용을 간단히 박스(BOX)처리

○ 그간의 업무 처리 내용이 시간을 가지고 누적되어 있거나 배경이 복잡한 경우 추진경과 작성

〈 현황 및 문제점 〉

○ 정책과 관련한 현황, 현재 상황을 초래한 **원인과 문제점**을 심층적으로 분석하여 **유목화**(categorization)

※ 기안자의 문제인식과 관점이 드러나는 과정, 객관적인 자료 등으로 뒷받침

○ 의사결정자의 의도가 분명하게 하달된 경우 이를 체계적으로 뒷받침할 수 있는 현황자료를 수집하며, 문제의식이 분명히 드러나도록 체계화

※ 의사 결정자와 기안자의 문제의식 또는 처방이 다른 경우도 있을 수 있으므로 이런 경우 사전에 조율하여 입장을 정한 후 작성

2 본론: 유목화된 **문제점에 대응하는 해결방안**을 제시하는 부분으로 **보고서의 성패를 결정**하는 가장 중요한 부분

〈 정책방향과 추진과제 〉

○ **정책방향**은 정책 그 자체는 아니며, 정책내용에 담긴 **정책의 취지**를 한 차원 높은 단계에서 **추상적 · 포괄적**으로 표현

○ **추진과제**는 정책목표에 부합하고 실천 가능한 **정책내용**으로 구성

※ 인력, 예산, 사회적 분위기 등 환경적 요인을 고려할 때 타당한 것이어야 함

〈 추진방법 〉

○ 채택된 정책을 성공적으로 추진하기 위해 **시기, 방법, 자원 배분** 등을 결정

○ 정책을 효과적으로 관리 · 집행하기 위하여 필요한 **조직, 인적자원, 예산, 일정** 등을 검토하여 **정책실행력**을 확보

※ 필요시, 정책의 수용성을 높이기 위해 홍보계획 수립 병행

3 **결론**: 행정적 조치 내용, 추진 일정 등 기술

2) 유형별 전개방식

(1) 정책보고서

정책보고서는 정책에 관련된 중요한 내용을 담고 있는 보고서로, 보통 다음과 같은 전개방식을 따른다.

- 배경 소개: 보고서의 시작 부분으로, 해당 정책의 필요성과 배경을 소개한다. 이 부분에서는 현재의 문제점, 기회 또는 요구 사항에 대해 설명할 수 있다.
- 정책 목표: 보고서에서 다루는 정책의 목표를 명확히 제시한다. 이 목표는 구체적이고 측정 가능해야 하며, 정확한 방향을 제시해야 한다.
- 정책 분석: 해당 정책을 이해하기 위해 정책의 내용과 범위를 분석한다. 이 단계에서는 정책의 목표를 달성하기 위해 필요한 전략, 접근 방식, 제약 사항 등을 고려해야 한다.
- 정책 제안: 이 부분에서는 문제 해결을 위한 구체적인 정책 제안을 제시한다. 제안된 정책은 이전 단계에서 도출된 분석 결과와 적절히 일치하고, 목표 달성을 위해 실현 가능해야 한다.
- 구현 전략: 제안된 정책을 구현하기 위해 필요한 전략과 접근 방식을 설명한다. 이 단계에서는 정책의 실행 계획, 예산 할당, 조직적인 측면 등을 고려해야 한다.
- 평가 및 모니터링: 정책의 효과를 평가하고 모니터링하기 위한 방법과 지표를 제시한다. 이는 정책의 성과를 추적하고 정책의 조정이나 수정이 필요한 경우를 파악하기 위해 중요한 단계이다.
- 결론과 추천 사항: 보고서의 마지막 부분으로, 정책의 요약과 결론을 도출한다. 또한, 향후 정책 실행과 관련된 추천 사항을 제시한다.

정책보고서의 구성은 정책 분야와 기관의 요구 사항에 따라 다를 수 있으며, 정책보고서의 목적과 대상 독자를 고려하여 적절하게 작성되어야 한다.

1 **정책보고서**

- ○ 정책에 대한 **포괄적인 계획**을 수립하기 위한 보고서로 소위 **기본 계획**이 이에 해당
- ○ 기본계획은 일 년 혹은 수년 단위로 시행될 **정책 내용이 담긴 근간**이 되는 보고서
- ○ 정책 결정자는 보고서를 통해 그 문제가 **왜 이슈가 되었으며 문제를 해결하기 위해 무엇을 해야 하는지** 알고 싶어 하므로 이를 염두에 두고 작성

【전 개 방 식】

Ⅰ. **추진배경(보고배경)**
Ⅱ. **현황 및 문제점**
Ⅲ. **정책방향 및 추진과제**
Ⅳ. **추진체제 등**
※ 기타 조직, 인적 · 물적자원 동원계획, 홍보계획, 평가 및 피드백 등 추가
Ⅴ. **향후 추진일정**

(2) 상황보고서

상황보고서는 특정한 상황 또는 사건에 대한 정보와 분석을 제공하는 보고서로, 일반적으로 다음과 같은 전개방식을 따른다.

- 배경 설명: 보고서의 시작 부분으로, 해당 상황 또는 사건의 배경과 관련된 중요한 정보를 제공한다. 이 부분에서는 상황이 발생한 이유, 관련된 이슈 또는 문제점 등을 소개할 수 있다.
- 상황 개요: 상황의 주요 요소와 특징을 개요 형식으로 제시한다. 이 단계에서는 상황의 범위, 관련된 이해 관계자, 중요한 사건 또는 변화 등을 간략히 설명한다.

- 정보 수집 및 분석: 해당 상황에 대한 정보를 수집하고 분석한 결과를 제시한다. 이 단계에서는 다양한 정보원을 활용하여 상황을 분석하고 해석한다. 이는 상황의 원인과 영향, 현재 상황의 상태 및 동향 등을 이해하는 데 도움을 준다.
- 결과 및 영향 분석: 수집한 정보와 분석 결과를 토대로 상황의 결과와 영향을 분석한다. 이 단계에서는 상황이 가지고 있는 중요한 결과, 영향 및 잠재적인 위험을 평가하고 이해 관계자에게 전달한다.
- 대응 및 권고 사항: 상황에 대한 대응 방안과 권고 사항을 제시한다. 이 단계에서는 상황에 대한 대처 전략, 개선 및 예방 조치, 이해 관계자와의 소통 방법 등을 제안한다.
- 결론: 보고서의 마지막 부분으로, 상황의 요약과 결론을 도출합니다. 이는 보고서의 핵심 내용을 간결하게 정리하고, 향후 조치 및 결정에 대한 지침을 제공한다.

상황보고서의 구성은 상황의 복잡성과 목적에 따라 달라질 수 있으며, 보고서의 독자를 고려하여 적절한 정보를 제공하는 것이 중요하다.

2 **상황보고서**

ㅇ 정책결정자에게 **상황 파악과 정책결정을 돕는 배경지식을 적시에 정확하게 제공**하기 위해 작성되므로 요점위주로 작성

ㅇ 보고서 전개 시 읽는 사람이 논리적으로 옳다고 생각하도록 형식논리를 구비하며, 가능한 **6하 원칙**에 의거하여 작성

ㅇ 보고서 **초점을 명료하게** 하기 위해 맨 **처음 문단에 가장 중요한 내용**이 들어가도록 하고, 이어서 그것을 뒷받침하는 내용을 기술

※ 1장 이내 분량으로 작성하며, 필요한 경우 자료를 첨부

【전 개 방 식】

제목: 구체적으로 어떤 일이 있는지를 **동작성 의미를 가진 어휘**(실행 등)로 표현하는 것이 좋음

Ⅰ. **개요**: 보통 박스(box)처리를 하는데, **보고배경**을 2~3줄로 요약하여 작성
Ⅱ. **사실 기술**: 현재 **쟁점사항**을 논점 위주로 정리
Ⅲ. **부연 설명**: 사안을 **법적 · 행정적 관점에서 검토**하여 재정리
Ⅳ. **향후조치계획**: 기안자가 문제해결의 방안에 대한 판단을 하여 의사결정자에게 **행동방향 등을 제시**

(3) 회의보고서

회의보고서는 회의에서 다루었던 주제와 토론 내용을 요약하고 기록하는 보고서이다. 일반적으로 다음과 같은 전개방식을 따른다.

- 회의 정보: 보고서의 시작 부분으로, 회의의 제목, 일자, 장소, 참석자 명단 등 회의에 대한 기본 정보를 기록한다.
- 회의 목적: 회의의 목적과 목표를 명확하게 기술한다. 이는 회의 참석자들에게 회의의 목표를 상기시키고 보고서를 통해 해당 목표에 대한 진행 상황을 전달하기 위함이다.
- 회의 주제 및 안건: 회의에서 다루었던 주제와 안건을 요약하여 제시한다. 이 단계에서는 회의의 주요 내용을 간결하게 소개하고, 각 안건에 대한 토론 및 결정 사항을 기록한다.
- 토론 및 의견 요약: 회의에서 발생한 주요 토론 내용과 참석자들의 의견을 요약한다. 이 단계에서는 다양한 의견과 주장을 공정하게 기록하고, 핵심적인 의견이나 결정 사항을 강조한다.
- 결정 사항: 회의에서 내린 결정 사항과 그에 따른 액션 아이템을 명확하게 기록한다. 이는 회의 참석자들이 회의의 결과와 향후 진행 사항을 이해할

수 있도록 돕는다.

- 향후 계획: 회의 이후의 계획과 동작 항목을 제시한다. 이 단계에서는 회의 결과에 따른 추가 조치 및 향후 일정을 기술하고, 관련된 담당자나 기한을 명시한다.

회의보고서는 회의의 목적과 주요 내용을 정확하게 전달하기 위해 중요한 문서이다. 간결하면서도 명확하게 내용을 기록하는 것이 필요하며, 이해하기 쉽도록 체계적으로 구성하는 것이 좋다.

③ **회의보고서**

ㅇ **회의자료 보고서**는 참석자의 회의에 대한 이해를 도와 회의를 원활하게 진행하기 위해 작성하는 것이므로 참석자(member)의 상황과 이해수준과 회의의 성격을 고려하여 달리 준비

※ 각 과별로 1~2장씩 묶어서 작성 또는 한 주제에 대해 깊이 있게 작성

ㅇ **회의결과 보고서**는 정책결정과정을 기록으로 남긴다는 의미가 강하므로 정책적 함의를 고려하여 작성

- 회의내용 전체를 기록하기보다는 **주요 쟁점사항 위주로 논리정연하게 정리**하는 것이 중요
- 발언한 순서대로 정리할 필요 없이 **주제별로, 발언자별로 회의결과를 정리하는 것도 가능**
- 작성자의 주관이 들어가지 않도록 제3자적인 입장에서 **객관적이고 공평하게 정리**

※ 필요할 경우 상세한 발언요지 또는 녹취록을 작성하여 첨부

【전 개 방 식】

Ⅰ. **회의개요**: 회의명, 일시 및 장소, 안건, 참석자 등

Ⅱ. **회의결과** ※ 안건별로 작성

o 논의사항 요지 등을 요약 및 정리

o 참석자 주요 의견, 필요시 이견 등 간략한 발언내용도 기록

Ⅲ. **향후 조치계획**: 다음 회의 날짜, 결정된 내용과 관련한 집행사항 등

(4) 행사보고서

행사보고서는 특정 행사나 이벤트의 진행 상황과 결과를 정리하고 기록하는 보고서이다. 행사보고서의 전개방식은 다음과 같다.

- 행사 정보: 보고서의 시작 부분으로, 행사의 제목, 일자, 장소, 참석자 명단 등 행사에 대한 기본 정보를 기록한다.
- 행사 목적: 행사의 목적과 목표를 명확하게 기술한다. 이는 행사 참석자들에게 행사의 목표를 상기시키고 보고서를 통해 해당 목표에 대한 달성도를 전달하기 위함이다.
- 행사 내용: 행사의 내용과 진행 상황을 요약하여 제시합니다. 이 단계에서는 행사의 주요 내용을 간결하게 소개하고, 주요 행사 일정과 프로그램을 기록한다.
- 참석자 및 참가자 정보: 행사에 참석한 사람들의 명단과 기관, 회사 등 참가자들의 정보를 기록한다. 이는 향후 연락이나 기타 연계에 필요한 정보를 제공하기 위함이다.
- 행사 결과: 행사에서 달성된 결과와 성과를 정량적 혹은 정성적으로 기록한다. 이 단계에서는 행사의 목표와 계획에 비해 어떤 결과를 얻었는지를 분석하고 평가한다.
- 성과 평가: 행사의 성과를 평가하고 향후 개선 방안을 제시한다. 이 단계에서는 행사가 목표를 달성하였는지를 평가하고, 성공적인 점과 개선이 필요한 부분을 파악한다.
- 사진 및 자료 첨부: 필요에 따라 행사에서 찍은 사진이나 관련 자료를 보고서에 첨부하여 시각적으로 풍부하게 표현한다.

행사보고서는 행사의 성과를 정확하게 전달하기 위해 중요한 문서이다. 행사의 내용을 정확하게 기록하고, 향후 계획과 개선 방안을 제시하는 것이 중요하다. 또한, 사진이나 자료 첨부를 통해 행사의 분위기와 현장 상황을 시각적으로 보여줄 수 있다.

4 **행사보고서**

○ 정책결정자가 **행사의 성격을 파악**하고 **말씀 내용을 정리**하는 데 **도움**을 주기 위해 작성되며 크게 **행사개요, 말씀자료, 참고자료**로 구성

○ **행사개요**는 행사전반에 관한 일반사항으로 **행사목적, 일시 및 장소, 참석자, 진행순서** 등과 같은 항목을 1~2페이지 분량으로 작성

○ **말씀자료**는 행사 시 정책결정자가 행사를 자세히 이해하는데 참고가 될 수 있는 자료를 말함

※ 일반적으로 행사 자체에 대한 소개, 주요 참석자들의 활동사항, 외부 참석자의 예상 발언 및 답변자료, 관련 통계자료를 첨부

【전 개 방 식】

Ⅰ. **행사목적**

Ⅱ. **행사개요**: 일시, 장소, 주관부서 등

Ⅲ. **주요 행사내용**: 필요시 소요예산, 추진체제 등 포함

Ⅳ. **세부 일정**

※ 붙임: 말씀 자료, 관련 통계자료 등

4. 보고서 작성 기술 및 보고서 양식

1) 보고서 작성 기술

□ **전체 디자인**

ㅇ **한 페이지 안에 하나의 완결된 내용**이 모두 들어가는 것이 좋음

- 줄 단위로도 내용이 완결되도록 하는데 한두 글자가 다음 줄로 넘어가 있는 경우 줄 간격을 조절

ㅇ **유관한 항목 간에는 일관된 모양** 유지가 바람직

- 하나의 항목에 두 개의 하위 항목이 들어가 있다면 관련 항목에도 두 개의 하위 항목이 들어가도록 구성

□ **표기법**

ㅇ 한글로 작성하되 **뜻을 정확하게 전달**하기 위하여 필요한 경우에는 괄호 안에 **한자** 또는 그 밖의 **외국어**를 **병기**

ㅇ 숫자는 아라비아 숫자로 쓰고, 날짜는 숫자로 표기하되, 년, 월, 일의 글자는 생략하고 그 자리에 온점을 찍어 표시('10. 8. 23.)

□ **보고서 서식**

ㅇ 용지는 A4 기준으로 **위/아래** 15mm, **좌/우** 20mm, **머리말/꼬리말** 10mm **정도**의 여백

ㅇ **중요한 사항은 굵은**(bold) **글씨**나 밑줄을 그어 강조하되, 강조점이 **너무 많으면 산만**해 보일 수 있으므로 주의

ㅇ 글자체는 **휴먼명조**, 신명조 등을 기본으로 하되, 하나의 문서에 글씨체가 4개 이상이 되지 않도록 주의

- **장평은** 97~100%, **줄 간격은** 160 **정도**로 하되, 제목 등 상위항목의 경우 시인성이 좋게 편집

□ **항목 표시**

ㅇ 보고서의 문단은 번호항목과 **특수기호**(□, ㅇ, **등**)를 사용하여 구분

ㅇ 첫째 항목부호는 문단의 맨 앞에 위치시키고, 다음 항목부호는 앞 항목부호의 1~2칸 오른쪽에 위치시킴

- 항목부호와 그 항목의 내용 사이에도 1~2칸을 띄우며, 항목 수준이 높아질수록 글자 수를 줄이고 줄 간격을 넓게 함

ㅇ **동일 수준의 항목**은 같은 문서 양식이 적용되므로 스타일(style)이나 **모양복사**(alt+c) **기능**을 활용

□ **표 그리기**

ㅇ 글자크기는 **13포인트 정도**로 **본문글씨보다는 조금 작게** 하며, 셀의 **여백은 필요시 왼쪽, 오른쪽 3포인트 정도** 주어야 보기에 좋음

ㅇ 위, 아래, 여백은 상황에 맞게 설정

□ **단축키 활용**

ㅇ 문서 작성 속도를 높이기 위한 필수적 요소이며 **반복적인 활용과 연습**을 통해 숙달 가능

ㅇ Shift + Tab (문단 줄 맞추기, 표 내에서는 Ctrl + Shift + Tab)

ㅇ **Alt + C (모양 복사), Alt + T (문단모양) , Alt + L (글자모양), Alt + I (상용구 준말, 본말)**

ㅇ Ctrl + F10 (문자표 입력), **Ctrl + F3 (상용구)**, Ctrl + C (복사하기), Ctrl + V(붙이기), Ctrl + Z(되돌리기)

ㅇ 기타: Shift + Alt + N(W), Shift + Alt + A(Z), Shift + Alt + R(E), Alt + G, 셀안에서 F5 키를 친 후 L(선)ㆍS(줄, 칸 나누기), Ctrl + F 등

2) 보고서 양식

헤드라인M, 22p
– 글상자색상은 보고서 유형별로 구분주), 글상자 테두리선 0.3mm –

중고딕, 15p, 글상자색상 연녹색, 글상자선 이중테두리
(본문에 문서 취지가 포함될 시 본 글상자는 생략 가능)

1. 헤드라인M, 16p

□ 휴먼명조 또는 헤드라인M, 15p, 1칸 들여쓰기
ㅇ 영문소문자 o, 휴먼명조, 15p, 2칸 들여쓰기
– 하이픈, 휴먼명조, 15p, 3칸 들여쓰기
· 점, 휴먼명조, 15p, 4칸 들여쓰기
※ 중고딕, 13p, 3~7칸 들여쓰기

- 편집여백: 위 · 아래 15mm, 좌 · 우 20mm, 머리말 · 꼬리말 10mm
- 줄간격: 130%
- 기본글자체: 휴먼명조, 15p (제목: 헤드라인M 강조: 중고딕)
- 목차체계: 보고서 내용에 따라 번호체계(1. ㅁ. ㅇ ...) 또는 도형체계 (ㅁ, ㅇ, – ...) 선택
- 문단간격: 임의로 설정
- 중요한 부분은 진하게 또는 파란색 표시

주) 보고서 유형별 제목상자 색상 구분

(연한옥색)	정책보고서
(하늘색)	상황 · 정보보고서
(연노랑)	회의보고서
(오렌지)	행사보고서

붙임 1 : 정책보고서 양식

00000 기본계획

로고

2023. 4

○○대학교
(기획평가과)

차 례

I 추진배경 및 경과

❑ 추진배경(필요성, 목적 등)

○

-

※

❑ 추진경과

○

-

※

II 현황 및 문제점

❑ 현황

○

-

※

❑ 문제점

○

-

※

- 22 -

III 추진방향

1페이지 그림(PPT 등)으로 정리

IV 추진과제

◈

1 000000

○

-

※

2 00000

○

-

※

⇒ 필요시 소요예산 등은 별도 목차로 작성

- 23 -

V 추진체제

○ 그림 한판으로 작성 필요

-

(예시 1)

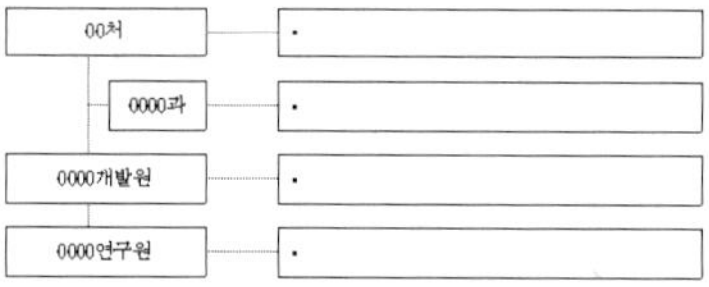

(예시 2)

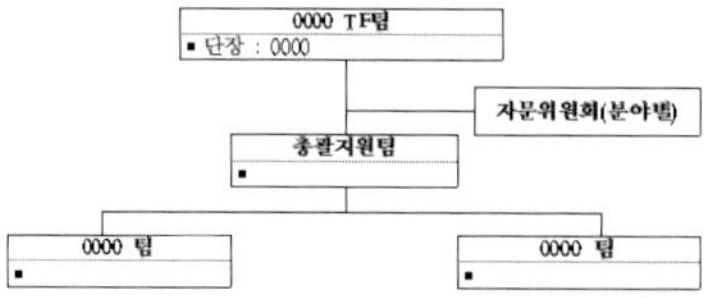

VI 향후 추진일정

○

- 24 -

【붙임 1】

00000000000000000

- 25 -

붙임 2 : 상황보고서 양식

0000000000 상황 보고

< 기획평가과, '10. 0. 0 >

□ 사건 개요

◈ 상황 · 사건의 전반적 내용을 포괄, 간결 · 명료, 육하원칙 등 고려

□ 쟁점사항

○ 실태, 현황 및 문제점, 예상동향, 관련 상황 등

○ 논점 위주 정리(포인트를 잡아라)

□ 향후 조치계획

○ 내책 및 대응방안 : 법적 · 행정적 관점에서 검토한 사항을 포함

○ 고려사항

○ 향후 추진일정

- 26 -

붙임 3 : 회의 개최 계획 보고서 양식

0000000000 회의 개최 계획

< 기획평가과, '10. 0. 0 >

□ 회의 개요

○ 목적 : 필요시 작성

○ 일시/장소 : '10. 4. 5(월), 17:00~18:00, 충북대 대학본부 회의실

○ 참석자 :

○ 안건 :

□ 세부일정

시 간	소요시간	행 사 내 용	비 고
10:00~10:05	(5분)	• 인사말씀	총장

- 27 -

붙임 4 : 회의 결과 보고서 양식

0000000000 회의 결과 보고

< 기획평가과, '10. 0. 0 >

□ 회의 개요

○ 일시/장소 : '10. 4. 5(월), 17:00~18:00, 충북대 대학본부 회의실

○ 참석자 :

○ 안건 :

□ 회의 결과

○ 핵심적인 결과만 정리

- 필요시 참석자 주요 발언요지도 정리

○

□ 향후 조치계획[향후 추진일정]

○

-

○

붙임 : 회의록

- 28 -

붙임 5 : 행사 보고서 양식

0000000000 행사 개최 계획

< 기획평가과, '10. 0. 0 >

□ 행사 목적

○

□ 행사 개요

○ 일시/장소 :

○ 주 관 :

○ 참석자 :

□ 주요 행사내용

○

○ 필요시 홍보계획, 소요예산, 추진체제 등을 포함

□ 세부 일정

시 간	소요시간	행 사 내 용	비 고
10:00~10:05	(5분)	• 국민의례	사회자

붙임 : 00님 말씀자료

- 29 -

참고할 만한 정보

- 교육과학기술부(2009). 사례중심 보고서 작성법
- 보고서 품질향상 연구팀(2007). 대통령 보고서. 서울: 위즈덤하우스
- 이종필(2010). 보고서 잘 쓰는 노하우 총정리
- 충북대학교(2010). 보고서 작성의 실제. 행정직원 교육자료

생각해 보기

- 좋은 보고서의 조건이 무엇인지 생각해 봅시다.
- 보고서 작성의 달인이 되기 위해 갖추어야 할 소양에 대해서 이야기해 봅시다.
- 우수한 보고서를 작성하기 위해 매일 해야 할 습관에 대해서 생각해 봅시다.

11장

사회복지시설평가와 과제

학습목표

1. 사회복지시설평가의 개념을 이해하고 설명할 수 있다.
2. 사회복지시설평가의 목적과 필요성을 이해하고 설명할 수 있다.
3. 사회복지시설평가의 이념과 원리를 이해하고 설명할 수 있다.
4. 사회복지시설의 평가영역과 내용을 이해하고 설명할 수 있다.
5. 사회복지시설평가의 과제와 발전방향을 이해하고 설명할 수 있다.

1. 사회복지시설평가의 개념

일반적으로 평가(evaluation)는 평가가 갖는 목적지향성 때문에 어떤 정책이나 사업의 가치를 판단하는 일반적인 과정을 의미하는 것으로 실천행동을 개선하기 위함을 목적으로 하는 계속적인 과정이고, 계획된 개입이나 설립된 운영과 성과에 대한 체계적인 사정을 말한다. 또한 정책이나 프로그램 개선을 목적으로 일련의 기준에 따라 효과성 또는 운영 상태를 체계적으로 사정하는 작업으로 프로그램, 조직 또는 정책에 대한 가치 판단, 개선 및 효용성 판단, 운영효과성 증진, 책임성 제고, 정보제공 등을 목적으로 이루어진다. 그리고 평가가 이루어지는 맥락에 따라서 그 목적이 달라질 수도 있다(Rossi et al., 2004).

그러나 구체적으로 평가가 무엇을 의미하는가는 학자들마다 강조점과 관점에 따라 다양하게 정의되고 있다. 사회복지행정에서 평가는 행정관리수단으로 서비스 욕구를 지닌 사람들에게 서비스를 정확하게 제공했는지, 대상자들에게 맞는 적절한 서비스가 제공되었는지, 서비스는 효과적이고 효율적이었는지를 반영하는데 초점을 두고 있다. 그리고 공공행정 분야에서는 정책 · 사업이 야기한 효과성과 효율성을 측정하는 것으로 정책 · 사업의 효과성과 효율성 이외에 정책 · 사업의 집행과정과 구조에 대한 검토까지도 평가의 개념에 포함시키고 있다(김명수 · 공병천, 2013). 또한 목적이나 특성 면에서 평가는 사회의 편익을 높이기 위해서 또는 사업이나 정책의 개선이라는 목적을 달성하기 위한 수단을 의미하며(Eliadis et al., 2011), 사업이나 정책을 개선하기 위한 수단으로 보는 관점에서 평가는 과학적인 작업이라는 성격을 지닌 동시에 평가관련 이해관계자들의 가치가 개입되는 정치적 활동이라는 이중적인 성격을 반영한다(Flynn & Hodgkinson, 2001).

사회복지시설평가가 사회복지사업법으로 규정된 배경에는 시설보호의 기본원리를 바탕으로 정부에 대한 사회복지시설 운영의 책임성을 강조함과 동시에 민간위탁 운영의 효과성 · 투명성을 제고할 수 있는 시설평가를 요구함으로써 사회복지시설경영의 합리화와 시설보호 수준을 향상시키려는 의도가 있었다. 사회복지시설평가에 대한 사회복지분야에서의 긍정적 반응은 시설보호의 질적 향상, 운영 및 인력관리 체계화를 통한 시설운영의 전문화, 인권문제에 대한 긍정적 변화, 시설의 개방적 · 효율적 운영 및 사회복지서비스의 전문성 강화, 지도 · 감독의 용이성, 행정의 부당한 개입에 대한 배제 등이 있다.

그러나 사회복지사업법 개정에서 정부나 지방자치단체의 보조금지원은 여전히 임의규정으로 남아있고, 시설평가는 현행법상 강제규정 사항이어서 시설평가에 대한 부작용을 우려하는 목소리가 높아지고 있다. 그럼에도 불구하고 1998년 사회복지사업법이 개정되었고, 2022년 현재 「사회복지사업법」 제43조의2 제1항 및 동법 시행규칙 제27조의2 제1항의 규정에 따라 3년마다 사회복지시설평가가 의무화됨으로써 사회복지분야의 현안으로 떠오르게 되었다.

2. 평가의 목적과 필요성

사회복지에서 평가의 목적은 프로그램의 계획과 운영과정에 필요한 정보를 제공하여 이러한 과정이 바람직하게 추진되도록 하는 것으로 프로그램 과정상의 환류기능을 갖고 있다. 또한 프로그램 운영과정에서 담당자가 실행하는 활동에 대해 프로그램 과정상의 책임성 이행을 강조하는 것이며, 보조적인 목적으로서 프로그램 속에 내재되어 있는 변수들 간의 인과관계를 검증하여 이론 확립에 기여하는 학문적 기능이라고 할 수 있다(성규탁, 1990). 그러나 사회복지시설평가의 목적은 사회복지시설 운영의 투명성과 효율성 향상, 이용생활인에 대한 서비스의 질 제고에 목적을 두고 사회복지시설을 대상으로 실시되는 평가를 의미한다(보건복지부 · 중앙사회서비스원, 2022).

보건복지부와 중앙사회서비스원(2022)에서 제시한 사회복지시설평가의 목적은 다음과 같다.

첫째, 사회복지시설에 대한 평가를 통하여 사회복지시설의 운영 효율화 및 서비스의 질을 제고함으로써 사회복지시설 이용자 · 생활자에 대한 사회복지서비스의 질 향상을 도모한다.

둘째, 합리적 평가지표와 평가체계의 개발을 통해 사회복지시설에 대한 객관적인 평가 틀을 마련한다.

셋째, 전국적으로 사회복지시설평가를 통하여 사회복지시설 운영수준에 대한 지역별 · 시설종별 차이를 파악하고, 이의 개선을 위한 사회복지시설 운영수준의 균형화 대책마련을 위한 기초자료를 확보한다.

넷째, 사회복지 수요 증대에 따른 사회복지시설 운영 상태에 대한 정보제공으로 사회복지시설에 대한 국민의 선택권 확대 및 보장을 강화한다.

다섯째, 국민들에게 직접복지서비스를 제공하는 사회복지시설의 기능 강화를 통해 사회안전망을 강화하고 시설 운영의 선진화를 통하여 국민의 복지수준 향상에 기여한다.

사회복지사업법 제1조의 사회복지사업(社會福祉事業)의 목적은 사회복지사업에 관한 기본적 사항을 규정하여 ① 사회복지를 필요로 하는 사람에 대하여 인간의 존엄성과 인간다운 생활을 할 권리를 보장하고 사회복지의 전문성을 높이며, ② 사회복지사업의 공정 · 투명 · 적정을 도모하고, ③ 지역사회복지의 체계를 구축하고 사회복지서비스의 질을 높여 사회복지의 증진에 이바지함을 목적으로 한다. 이러한 사회복지사업에서 서비스전달체계는 대부분 민간조직에 의존하고 있다. 이는 민간운영조직이 공공조직에 비해 융통성 발휘, 책임성 확보, 참여적 창의성 보장 등에서 뛰어나며 비용적인 측면에서 효과적이기 때문이다. 그러나 사회복지시설의 책임성 문제는 그동안 심각하게 지적되어 '위기의 상태'로 표현되기까지 하는데, 이는 사회복지시설 운영의 비영리형태가 체계적 비효율성을 가져올 가능성이 크기 때문이다. 특히 현대 복지국가에서 비영리부문의 주된 역할이 상대적 효과성 · 효율성 및 경쟁성에서 이해되는 것이 아니라 상징적 또는 이념적 특성에서 이해되기 때문이다. 그리고 비영리조직이 제도화될 경우 축소화 또는 의례화(ritualization) 된 내부평가 과정을 거치는 특성을 지니기 때문이다(Meyer & Rowan, 1997).

현재 우리나라는 저출산 · 고령화 현상이 심화되고 이혼율 및 1인 가구 증가 등 가족구조와 기능이 변화하면서 사회복지서비스에 대한 사회적 수요가 급격히 증가하는 추세를 보이고 있다. 이러한 환경변화에 상응하여 국가, 지방자치단체 또는 비영리법인, 영리법인, 개인 등 다양한 운영주체가 사회서비스 공급에 참여하고 있다. 지역사회 주민들의 복지욕구가 날로 증대되면서 한정된 자원을 통한 자원의 효율적 배분 및 활용이 국가적 관심사로 대두되었고, 이를 실천하는 사회복지시설의 효율적 운영, 서비스의 제공 정도 등을 판단하기 위해 평가제도의 필요성이 제기되었다.

사회복지시설평가는 첫째, 공적 재원의 책임성 담보, 둘째, 사회복지기관 및 시설 간 경쟁유발을 통한 서비스의 질적 수준 제고, 셋째, 이용자의 선택적 서비스 제공 등 3가지 측면에서 가치와 실효성을 기대할 수 있다. 즉, 평가는 평가지표의 문제나 평가위원의 전문성 문제 등을 개선한다는 전제하에서 사회복지시설의 효율적 관리와 서비스 만족도 제고를 위해 반드시 필요한 행정적 도구인 것이다. 이러한 시대적 · 사회적 요구에 따라 모든 사회복지시설은 보건복지부장관 및 시 · 도지사가 3년마다 1회 이상 사회복지시설에 대한 평가를 실시하도록 법제화되었다.

3. 평가의 이념과 원리

한국사회복지협의회가 제시한 사회복지시설평가의 이념은 시설생활자 중심의 서비스 질을 보장해 주는 것으로 다음과 같이 여섯 가지로 구분된다.

첫째, 시설의 기본방향이 획일적인 서비스가 아닌 시설생활자의 욕구에 적절히 대응할 수 있는 다양한 서비스들이 제공되어야 한다. 또한 시설생활자가 서비스를 선택할 수 있어야 하며 의사결정 과정에 참여할 수 있어야 한다.

둘째, 시설생활자들에게 최고의 서비스를 제공하기 위한 것이다. 상식적이고 친절하며 애정 있는 서비스가 제공되어야 한다.

셋째, 시설생활자가 자아존중감 또는 편안함을 느낄 수 있는 만족한 수준에까지 도달하기 위한 것이다.

넷째, 서비스 제공자가 성실하고 양질의 업무를 수행하기 위한 것이다.

다섯째, 시설의 전체적인 효율성을 높이기 위한 것이다.

여섯째, 외부의 감독기관 및 제3자에게 합리적인 답변을 가능하게 하는 것이다.

시설과 관련된 원리와 원칙은 시설보호의 기본원리, 시설운영의 기본원리, 시설운영의 원리와 원칙, 시설서비스 평가책정의 기본 이념 등이 있다. 이러한 원리와 원칙들은 시설이 지향해야 할 목적과 목표를 제시하고 있으며, 그것을 효과적으로 달성하기 위한 지침역할을 하고 있다. 따라서 사회복지시설평가의 이념과 기본원리는 시설과 관련된 원리와 원칙에 근거를 두고 있다. 외국의 사례로는 일본전국사회복지협의회가 제시한 시설평가의 원리는 서비스 평가 책정에 따라 기본 이념을 세 가지로 구분하고 있다. 첫째, 자기결정으로 시설생활자는 선택 가능한 서비스의 내용을 사전에 알고 스스로 결정하는 것에 의해 개시된 서비스를 평가하는 권리를 갖는다. 다만 어떠한 이유로 시설생활자가 스스로 결정할 수 없는 경우에는 개성을 존중한 개별적인 보호가 가족 또는 제3자에 의해 선택되어야 한다. 둘째, 잔존능력의 활용으로 서비스는 시설생활자의 잔존능력에 착안하여 자립을 원조하거나 촉진할 목적으로 제공되어야 한다. 셋째, 서비스의 계속성으로 서비스 제공에 있어서 시설생활자의 생활을 제한하는 것은 최소한으로 하고 가정적인 분위기를 중시하여야 한다. 더욱이 적절한 서비스 제공의 가능성을 늘 검토하여 시설보호와 재가보호 간 연계를 비롯하여, 보건 · 의료 · 복지의 연계를 적극적으로 추진해야 한다(오윤섭 등, 2018).

또한 평가의 원리는 평가의 목적이 무엇인가와 관련된 것으로 다음과 같이 구분할 수 있다.

첫째, 평가 역시 서비스이다. 시설평가는 예산 삭감이나 처벌 등의 권력행사를 위한 것이 아니라 시설이 좀 더 좋은 서비스를 창출할 수 있도록 최대한 도와주기 위한 것이다.

둘째, 상호작용적인 성격을 가진다. 평가받는 시설(사람)은 정확한 평가내용과 그 객관성을 충분히 납득할 수 있어야 하고 평가결과에 대해서도 동의할 수 있어야 한다.

셋째, 평가는 동등한 관계이며 협력적인 관계이다. 행정 당국과의 진정한 동반자적 관계에서 평가가 이루어지면 매우 성공적인 것이다.

넷째, 시설평가는 총체적인 성격을 지닌다. 전체적인 시설보호의 질이 다차원적인 측면에서 평가될 수 있어야 한다. 총체적으로 시설보호의 질을 측정하기 위해서는 보통 평가 항목들이 150~200개 정도 된다.

다섯째, 평가결과의 도출뿐만 아니라 평가과정도 중요하다. 평가를 수행하는 과정에서 얻게 되는 평가에 대한 새로운 인식, 개선을 위한 자조적인 노력 등이 평가항목에서 점수가 매겨지는 것보다 더 의미가 있을 수 있다. 체크리스트, 질적 평가를 통해 시설보호를 점검하고, 개선과정에서 문제에 대한 합의를 도출하게 하고 문제해결의 의지를 갖게 하는 데 매우 중요한 동기부여가 될 수 있다.

4. 평가영역과 내용

1) 사회복지시설별 평가영역과 내용

우리나라 사회복지시설평가는 「사회복지사업법」 제43조의2(시설의 평가) 및 사회복지사업법 시행규칙 제27조의2(시설의 평가)에 근거하여 사회복지시설 운영의 투명성과 효율성 향상, 이용생활인에 대한 서비스의 질 제고에 목적을 두고 사회복지시설을 대상으로 실시되는 평가를 의미하며, 1998년 사회복지사업법 개정으로 사회복지시설에 대한 평가가 의무화되면서 본격적으로 이루어지기 시작하였다. 사회복지시설평가의 법적근거는 다음과 같다. 「사회복지사업법」 제43조(시설의 평가) ① 보건복지부장관과 시·도지사는 보건복지부령으로 정하는 바에 따라 시설을 정기적으로 평가하고, 그 결과를 시설의 감독·지원 등에 반영하거나 시설거주자를 다른 시설로 보내는 등의 조치를 할 수 있다. ② 보건복지부장관이나 시·도지사는 제1항의 평가결과에 따라 시설거주자를 다른 시설로 보내는 경우에는 제38조제3항의 조치를 하여야 한다. 사회복지시설평가에 대한 추진 경과는 〈표 11-1〉과 같다.

〈표 11-1〉 사회복지시설평가 추진경과

- 1998년 8월: 사회복지사업법 개정(평가 의무화)
- 1999년~2001년: 1기 사회복지시설평가(1,060개소)
- 2002년~2004년: 2기 사회복지시설평가(1,185개소)
- 2005년~2007년: 3기 사회복지시설평가(1,297개소)
- 2008년~2010년: 4기 사회복지시설평가(1,454개소)
- 2011년~2013년: 5기 사회복지시설평가(2,190개소)
- 2014년~2016년: 6기 사회복지시설평가(3,282개소)
- 2017년~2019년: 7기 사회복지시설평가(2,751개소)
- 2020년~2022년: 8기 사회복지시설평가(1,885개소)

사회복지시설평가는 1999년 장애인복지관과 정신요양시설을 대상으로 시작되었으며, 2022년 6월 현재 제8기(2020년~2022년) 평가가 진행되어 왔다. 평가기관은 보건복지부의 위탁에 의해 1999년~2003년까지 한국보건사회연구원이 수행하였고, 2004년~2016년까지 한국사회복지협의회에서 사회복지시설평가를 주관하였다. 그리고 2017년~2019년까지 한국사회보장정보원에서 시설평가를 주관하였고, 2020년~2022년 중앙사회서비스원에서 3년 단위의 위탁사업으로 시설평가를 주관하였다.

보건복지부는 사회복지시설의 운영을 효율화하고 이용 · 생활인에 대한 서비스의 질을 제고하기 위해 1999년부터 장애인거주시설 등 10개 시설유형에 대해 3년 주기로 평가해 왔다. 1997년 사회복지관 평가 시범사업으로 시작된 사회복지시설평가제도는 2022년 25주년을 맞이했으나, 코로나19 사태가 장기화되면서 사회서비스가 축소되었고 사회복지시설평가 역시 제한적으로 진행될 수밖에 없었다. 2022년 사회복지시설평가는 중앙사회서비스원으로 평가업무가 이관되면서 코로나19 감경기준 관련 인정범위를 추가로 포함하여 시설평가가 실시되었다. 사회복지시설평가에 대한 기수별 지표개발 현황은 〈표 11-2〉와 같다.

〈표 11-2〉 사회복지시설평가 기수별 지표개발 현황

- 1기(1999년~2001년): 개별시설 평가지표 개발
- 2기(2002년~2004년): 1기 평가 시 개발 못한 일부 평가지표 추가개발
- 3기(2005년~2007년): 사회복지현장을 반영한 평가지표 완성도 제고 및 영역별 지표 확대 개발
- 4기(2008년~2010년): 이용자 · 생활인의 인권지표 강화 및 사회복지시설 서비스 최소 기준안 반영
- 5기(2011년~2013년): 전체 공통지표, 생활시설 공통지표, 이용시설 공통지표 구분 개발
- 6기(2014년~2016년): 평가지표 간소화, 현장의 평가부담 완화, 평가의 실효성 제고 중심으로 보완 및 개선
- 7기(2017년~2019년): 객관적이고 합리적인 평가지표 개발, 평가결과 환류체계 강화
- 8기(2020년~2022년): 안전 및 인권강화, 서비스 질 평가 도입, 사회복지시설정보시스템 정보 활용을 통한 시설 종사자의 부담완화 및 이용자(생활인) 삶의 질 향상

2021년도 사회복지시설평가 해당시설(사회복지관, 노인복지관, 양로시설, 한부모가족복지시설)에 공통적으로 적용되는 지표는 5개 영역 23개 항목으로 〈표 11-3〉과같이 시설 및 환경, 재정 및 조직운영, 이용자의 권리, 지역사회 관계, 시설운영전반을 측정하는 지표들로 구성되어 있다(보건복지부 · 중앙사회서비스원, 2023).

〈표 11-3〉 전체 공통지표(23개)

평가영역	평가항목
A. 시설 및 환경	A1. 편의시설의 적절성 A2. 안전관리 A3. 응급상황 및 화재예방 안전체계 구축
B. 재정 및 조직운영	B1. 사업비 비율 B2. 후원금 비율 B3. 회계의 투명성 B4. 사회적가치실현기업 구매 금액(미배점) B5. 직원충원율 B6. 직원근속율 B7. 직원 교육활동비 및 내 · 외부교육 참여시간 B8. 직원채용의 공정성 B10. 직원교육 B11. 직원복지 B12. 직원의 권리 및 인권보호
D. 이용자의 권리	D1. 비밀보장 D2. 학대예방 및 인권보장 D3. 고충처리
E. 지역사회관계	E1. 외부자원개발 E2. 자원봉사자 관리 E3. 후원금(품) 개발 및 관리
F. 시설운영전반	F1. 시설운영의 전반적 수준(시설장 인터뷰) F2. 서비스 질적 수준(직원 인터뷰) F3. 자체평가의 정확성

이용공통지표는 〈표 11-4〉에 제시한 바와 같이 재정 및 조직운영, 이용자의 권리를 측정하는 2개 영역 2개 항목으로 구성되어 있다.

〈표 11-4〉 이용공통지표(2개)

평가영역	평가항목
B. 재정 및 조직운영	B9. 시설장 및 최고중간관리자(부장)의 전문성
D. 이용자의 권리	D4.서비스 정보제공 및 이용자의 자기결정권

개별지표는 〈표 11-5〉에 제시한 바와 같이 재정 및 조직운영, 프로그램 및 서비스를 측정하는 2개 영역 11개 항목으로 구성되어 있다.

〈표 11-5〉 개별지표(11개)

평가영역	평가항목
B. 재정 및 조직운영	B13. 사회복지관 직원의 급여(보수)수준 향상을 위한 노력
C. 프로그램 및 서비스	C1-1. 사례관리 실행체계 C1-2. 사례관리 인력의 전문성 C1-3. 사례관리 수행의 전문성 C1-4. 사례관리 협력 연계 C2-1. 프로그램 기획의 전문성 C2-2. 프로그램 수행과정 C2-3. 프로그램 평가 C3-1. 지역조직화 실행체계 C3-2. 지역조직화 수행의 전문성 C3-3. 지역사회 네트워크

2) 사회복지관의 평가

현행 사회복지시설평가에서 대상시설은 평가연도 기준으로 설치·신고 된 지 3년 이상(2022년 평가 시 2018.1.1. 전 설치신고)된 노인복지관, 사회복지관 또는 설치·신고 된 지 3년 이상(2022년 평가 시 2019.1.1. 전 설치신고)된 장애인거주시설(단기포함), 장애인직업재활시설, 아동생활시설 등이다. 우리나라 사회복지시설평가는 전문가중심 평가접근법을 따르고 있으며, 시설유형에 따라 평가지표를 개발하여 자체평가, 현장평가, 이의신청 검토, 확인평가 실시, 평가결과 분석 및 공개의 일정으로 실시된다. 자체평가는 평가시설이 사회복지시설정보시스템에 자체평가서를 입력함으로써 보고서에 대한 신뢰성과 현장평가의 정확성을 검증하기 위한 과정이다. 현장평가는 공무원, 학계, 현장전문가 3인으로 구성된 평가위원이 시설을 방문하여 자체평가서를 기반으로 평가를 실시하는 과정으로 1일 1개소 기준으로 평가시간은 약 6시간이 소요된다. 이의신청 검토는 시설이 현장평가일로부터 7일 이내에 평가시스템을 통한 이의신청을 접수하면 평가팀은 평가시스템으로 이의신청에 대한 답변을 등록하며(답변은 시설로 공개되지 않음), 전문가 검토 및 평가운영실무위원회 심의 · 의결을 통한 수용여부가 결정된다. 다음은 확인평가를 실시하는 과정으로 현장평가 결과분석자료, 이의신천 추가 확인 등 종합적으로 검토 후 현장 확인이 필요한 시설을 선정하여 확인평가를 실시하며, 평가 당일 일정을 통보 후 평가자가 방문하여 확인하는 과정이다. 평가결과 분석 및 공개는 해당 지방자치단체 및 시설에 개별 통보하고, 보건복지부 누리집(http://www.mohw.go.kr 알림/공지사항), 사회복지시설정보시스템 누리집(http://www.w4c.go.kr 복지지도)을 통해 공개한다.

2022년 현재 사회복지관 현장평가 주요단계는 평가준비, 평가시행, 시설안내, 평가종료, 자료제출 5단계로 이루어진다. 단계별 실행에서 1~4단계는 평가 당일에 이루어지고, 5단계 자료제출은 평가 종료 7일 이내에 이루어지며, 평가한 시설에서 이의신청 접수 시 평가위원 이메일로 안내 메일을 발송하면 평가팀은 이의신청 내용을 확인한 후 당시 상황 등 점수근거에 대해 합의한 후 10일 이내에 평가시스템으로 답변을 등록하게 된다. 현장평가 주요단계별 세부내용은 〈표 11-6〉에 제시한 바와 같다.

〈표 11-6〉 현장평가 주요단계

- 1단계 평가 준비: 평가지침 숙지 및 인터뷰영역 평가방법 사전 협의, 현장평가 최소 7일 이전, 평가대상시설에 평가 유선 안내 및 주소 확인, 평가준비물 확인
- 2단계 평가 시행: 평가 시작 전, 인터뷰 평가영역 및 평가방법에 대한 임직원 안내, 현장 확인 지표는 사진동영상을 참고하여 평가, 평가점수 수정 시, 시스템에 수정 사유 필수 입력, 평가 종료 후, 시설장 인터뷰(시설운영의 전반적 수준) 실시, 평가 제출 및 현장평가시트 4부 출력
- 3단계 시설 안내: 현장평가 결과 안내 및 총평, 행정처분 내역 반영 안내, 지표점수 이의신청 및 평가위원 만족도 조사 작성 안내
- 4단계 평가 종료: 현장평가시트 제공, 평가수행확인서 서명날인
- 5단계 자료 제출: 팀별 우수 운영사례 선정 및 안내, 현장평가자료 취합 및 제출(공무원 위원)

2022년 기준 사회복지관 평가기준은 (A) 시설 및 환경, (B) 재정 및 조직운영, (C) 프로그램 및 서비스, (D) 이용자의 권리, (E) 지역사회 관계, (F) 시설운영 전반에 관한 영역으로 구분된다. 사회복지시설평가 후 평가결과는 ① 우수시설(상위시설 및 품질개선 시설) 인센티브 지원, ② 미흡(D, F등급) 시설 맞춤형 컨설팅 지원, ③ 영역별 C등급 이하 시설 역량강화 교육지원, ④ 평가 최초 진입 예정 시설에 대한 신규컨설팅 지원 등으로 활용된다. 코로나19 감경기준 관련 인정범위를 추가로 반영한 2022년 사회복지관 평가 유형 · 영역별 지표수 및 배점기준은 〈표 11-7〉에 제시한 바와 같다.

〈표 11-7〉 2022년도 사회복지관 평가 지역 · 영역별 지표수 및 배점

<table>
<tr><th colspan="2" rowspan="2">평가영역</th><th rowspan="2">배점(%)</th><th colspan="3">시설 유형별 지표 수(개)</th></tr>
<tr><th>구분</th><th>광역시</th><th>도(세종시 포함)</th></tr>
<tr><td colspan="2">A. 시설 및 환경</td><td>4</td><td colspan="3">3</td></tr>
<tr><td colspan="2">B. 재정 및 조직운영</td><td>30</td><td colspan="3">13</td></tr>
<tr><td rowspan="5">C. 프로그램 및 서비스</td><td>사례관리</td><td>14</td><td colspan="3">4</td></tr>
<tr><td rowspan="3">서비스제공</td><td>25</td><td>프로그램제출수</td><td>5</td><td>4</td></tr>
<tr><td>8</td><td>실지표수</td><td>3</td><td>3</td></tr>
<tr><td>6</td><td>총지표수*</td><td>15</td><td>12</td></tr>
<tr><td>조직화사업</td><td>8</td><td colspan="3">3</td></tr>
</table>

평가영역	배점(%)	시설 유형별 지표 수(개)		
		구분	광역시	도(세종시 포함)
D. 이용자의 권리	6	4		
E. 지역사회 관계	8	3		
F. 시설운영 전반	5	3		
총계	100	실지표수	36	36
		총지표수	48	45

* C. 프로그램 및 서비스 영역 총지표수=실지표수 χ 프로그램 제출 수.

3) 노인복지관의 평가

사회복지시설평가 노인복지관 평가지침에 의해 코로나19 감경기준 관련 인정범위를 추가로 반영한 2022년도 노인복지관 평가 유형 · 영역별 지표수 및 배점기준은 〈표 11-8〉에 제시한 바와 같다. 노인복지관 평가영역은 (A)시설 및 환경, (B) 재정 및 조직운영, (C) 프로그램 및 서비스, (D) 이용자의 권리, (E) 지역사회 관계, (F) 시설운영 전반에 관한 영역으로 구분된다.

〈표 11-8〉 2022년도 노인복지관 평가 유형 · 영역별 지표수 및 배점

평가영역	배점 (%)	시설 유형별 지표 수(개)			
		구분	가형	나형	다형
A. 시설 및 환경	5	4			
B. 재정 및 조직운영	26	16			
C. 프로그램 및 서비스	48	사업수	5	4	3
		실지표수	3	3	3
		총지표수*	15	12	9
D. 이용자의 권리	8	4			
E. 지역사회 관계	7	3			
F. 시설운영 전반	6	3			
총계	100	실지표수	35		
		총지표수	47	44	41

* C. 프로그램 및 서비스 영역 총지표수=실지표수 χ 프로그램 제출 수

4) 장애인거주시설의 평가

사회복지시설평가 장애인거주시설 평가지침에 의해 코로나19 감경기준 관련 인정범위를 추가로 반영한 2022년 장애인거주시설 평가 유형별 지표수 및 배점기준은 〈표 11-9〉에 제시한 바와 같다. 장애인거주시설 평가지표 유형별 평가영역은 (A)시설 및 환경, (B) 재정 및 조직운영, (C) 프로그램 및 서비스, (D) 이용자의 권리, (E) 지역사회 관계, (F) 시설운영 전반에 관한 영역으로 구분된다. 장애영유아시설 (D) 이용자의 권리 영역 중 D5. (전체공통) 서비스과정 참여 및 자기결정권은 비해당 항목이며, 〈표 11-10〉에 제시한 바와 같다.

〈표 11-9〉 2022년 장애인거주시설 평가지표 유형별 지표 수 및 배점

평가영역	배점(%)	시설 유형별 지표 수(개)		
		지체 · 지적 · 중증요양 · 시각 · 청각언어	장애영유아	공통지표
A. 시설 및 환경	10	5(25)	5(25)	3
B. 재정 및 조직운영	25	14(45)	14(45)	12
C. 프로그램 및 서비스	35	11(44)	11(44)	0
D. 이용자의 권리	15	7(32)	6(25)	6
E. 지역사회 관계	10	4(14)	4(14)	3
F. 시설운영 전반	5	3(3)	3(3)	3
총계	100	44(163)	43(156)	27
2019년~2020년	–	2(29) ↓	1(13) ↓	1 ↓

〈표 11-10〉 2022년도 장애인시설 평가지표 유형별 해당 현황

2022년도 평가지표		세부유형				
		지체 장애인 시설	지적 장애인 시설	청각 장애인 시설	장애 영유아 시설	시각 장애인 시설
A. 시설 및 환경	A1. (전체공통) 편의시설의 적절성	○	○	○	○	○
	A2. (전체공통) 안전관리	○	○	○	○	○
	A3. (전체공통) 응급상황 및 화재예방 안전체계 구축	○	○	○	○	○
	A4. 생활공간의 개별성 청결성	○	○	○	○	○
	A5. 기본시설의 충분성	○	○	○	○	○
B. 재정 및 조직운영	B1. (전체공통) 사업비	○	○	○	○	○
	B2. (전체공통) 법인전입금 및 후원금	○	○	○	○	○
	B3. (전체공통) 회계의 투명성	○	○	○	○	○
	B4. (전체공통) 사회적가치 실현기업 구매금액(배점)	○	○	○	○	○
	B5. (전체공통) 직원 충원율	○	○	○	○	○
	B6. (전체공통) 직원 근속률	○	○	○	○	○
	B7. (전체공통) 직원교육활동비 및 내·외부 교육 참여시간	○	○	○	○	○
	B8. (전체공통) 직원채용의 공정성	○	○	○	○	○
	B9. (전체공통) 시설장 및 최고중간관리자(사부국장, 부장)의 전문성	○	○	○	○	○
	B10. (전체공통) 직원교육	○	○	○	○	○
	B11. (전체공통) 직원복지	○	○	○	○	○
	B12. (전체공통) 직원의 관리 및 안전보장(배점)	○	○	○	○	○
	B13. 연간사업평가	○	○	○	○	○
	B14. 기관의 윤리성	○	○	○	○	○

<table>
<tr><th colspan="2" rowspan="2">2022년도 평가지표</th><th colspan="5">세부유형</th></tr>
<tr><th>지체 장애인 시설</th><th>지적 장애인 시설</th><th>청각 장애인 시설</th><th>장애 영유아 시설</th><th>시각 장애인 시설</th></tr>
<tr><td rowspan="11">C. 프로그램 및 서비스</td><td>C1. 이용자의 선택에 대한 적절한 지원</td><td>○</td><td>○</td><td>○</td><td>○</td><td>○</td></tr>
<tr><td>C2. 이용 종료에 대한 적절한 지원</td><td>○</td><td>○</td><td>○</td><td>○</td><td>○</td></tr>
<tr><td>C3. 가족 및 사회적 관계유지와 개선</td><td>○</td><td>○</td><td>○</td><td>○</td><td>○</td></tr>
<tr><td>C4. 이용자의 건강지원</td><td>○</td><td>○</td><td>○</td><td>○</td><td>○</td></tr>
<tr><td>C5. 이용자의 건강한 식사 지원</td><td>○</td><td>○</td><td>○</td><td>○</td><td>○</td></tr>
<tr><td>C6. 이용자 욕구 및 만족도 조사</td><td>○</td><td>○</td><td>○</td><td>○</td><td>○</td></tr>
<tr><td>C7. 개별서비스 사정의 체계성</td><td>○</td><td>○</td><td>○</td><td>○</td><td>○</td></tr>
<tr><td>C8. 개별서비스 수행의 전문성</td><td>○</td><td>○</td><td>○</td><td>○</td><td>○</td></tr>
<tr><td>C9. 이용자의 자립지원</td><td>○</td><td>○</td><td>○</td><td>○</td><td>○</td></tr>
<tr><td>C10. 특성화 사업</td><td>○</td><td>○</td><td>○</td><td>○</td><td>○</td></tr>
<tr><td>C11. 시설의 소규모화 실적</td><td>○</td><td>○</td><td>○</td><td>○</td><td>○</td></tr>
<tr><td rowspan="7">D. 이용자의 권리</td><td>D1. (전체공통) 비밀보장</td><td>○</td><td>○</td><td>○</td><td>○</td><td>○</td></tr>
<tr><td>D2. (전체공통) 학대예방 및 인권보장</td><td>○</td><td>○</td><td>○</td><td>○</td><td>○</td></tr>
<tr><td>D3. (전체공통) 고충처리</td><td>○</td><td>○</td><td>○</td><td>○</td><td>○</td></tr>
<tr><td>D4. (전체공통) 서비스 정보제공</td><td>○</td><td>○</td><td>○</td><td>○</td><td>○</td></tr>
<tr><td>D5. (전체공통) 서비스과정 참여 및 자기결정권</td><td>○</td><td>○</td><td>○</td><td>–</td><td>○</td></tr>
<tr><td>D6. (전체공통) 인권진정함 설치 · 운영</td><td>○</td><td>○</td><td>○</td><td>○</td><td>○</td></tr>
<tr><td>D7. 이용자의 자율권 및 권리행사</td><td>○</td><td>○</td><td>○</td><td>○</td><td>○</td></tr>
<tr><td rowspan="4">E. 지역사회 관계</td><td>E1. (전체공통) 외부자원개발</td><td>○</td><td>○</td><td>○</td><td>○</td><td>○</td></tr>
<tr><td>E2. (전체공통) 자원봉사자 관리</td><td>○</td><td>○</td><td>○</td><td>○</td><td>○</td></tr>
<tr><td>E3. (전체공통) 후원금(품) 사용 및 관리</td><td>○</td><td>○</td><td>○</td><td>○</td><td>○</td></tr>
<tr><td>E4. 지역사회연계</td><td>○</td><td>○</td><td>○</td><td>○</td><td>○</td></tr>
<tr><td rowspan="3">F. 시설운영 전반</td><td>F1. (전체공통) 시설운영의 전반적인 수준(시설장 인터뷰)</td><td>○</td><td>○</td><td>○</td><td>○</td><td>○</td></tr>
<tr><td>F2. (전체공통) 서비스 질적 수준(직원 인터뷰)</td><td>○</td><td>○</td><td>○</td><td>○</td><td>○</td></tr>
<tr><td>F3. (전체공통) 자체평가의 정확성</td><td>○</td><td>○</td><td>○</td><td>○</td><td>○</td></tr>
</table>

5. 사회복지시설평가의 과제와 발전방향

1990년대 후반 국가적 경제위기 하에 사회복지분야에 대한 관심과 재정지원의 중요성이 대두되었고, 사회복지서비스 공급의 양적 팽창이 이루어졌다. 또한 사회복지 욕구는 계속 증대되는데 비해 이에 대응할 자원이 제약됨에 따라 자원의 효율적 배분 및 활용이 사회적 관심사가 되었고, 이를 실천하는 사회복지시설이 얼마나 효율적으로 운영되고 있으며, 서비스의 제공정도는 어떠한지 등을 판단하기 위해 사회복지시설 평가제도가 도입되었다. 1998년 사회복지사업법의 개정에 의하여 모든 사회복지시설이 3년마다 1회 이상 평가를 받도록 법제화된 이래 1999년~2001년 기간에 제1기 사회복지시설평가가 이루어졌고, 그 이후 3년 단위로 우리나라 사회복지시설에 대한 전반적인 평가가 이루어지면서 2022년 현재 제8기 사회복지시설평가가 진행되었다.

사회복지시설평가가 전문 인력 및 예산 확보의 어려움, 평가지표의 공정성, 중앙평가와 시 · 도 평가간의 불균형성, 평가결과에 대한 일관된 기준과 형평성 문제, 평가결과 활용의 부적절성 등 많은 문제점이 제기되어 왔음에도 불구하고 사회복지시설에 미친 긍정적 영향은 매우 크다고 할 수 있다. 무엇보다도 평가를 받은 사회복지시설들이 평가기준에 근거하여 서비스 매뉴얼과 기록을 잘 유지하고 활용하여 질적 향상을 기여하였고, 시설운영을 위한 관리체계를 정비하는 등 사회복지시설의 기능 및 역할에 있어서 질적 수준 향상이 지속적으로 이루어지고 있음은 괄목할 만한 실적이라고 할 수 있다. 또한 국가정책 방향에 기준하여 개발된 평가지표에 의해 정책방향에 대한 공유가 이루어졌으며, 평가준비 및 수행과정이 관련 실무자에 대한 교육과 자문역할을 담당하였다. 나아가 사회복지시설평가 결과자료는 사회복지시설의 현주소를 객관적으로 제시함으로써 정책지원의 근거자료로 활용되고 있다.

그럼에도 불구하고 제8기에 거친 사회복지시설평가는 사회복지시설의 고유성을 반영하지 못하는 점, 사회복지시설의 설립연도, 재정도, 위치, 크기, 설립목적 등 그 기관의 고유성이 평가체계에 반영이 되지 못한다는 점, 위와 같은 고유성이 종사자의 의지와 노력으로 통제가 불가능한 경우가 많기 때문에 이러한 점들이 반영되지 못하는 평가는 타당한 평가라고 볼 수 없다는 지적도 적지 않다. 예를 들어 대도시와 지방의 격차를 인정하지 않고 획일적인 평가가 이루어진다면 평가결과에 따른 인센티브 적용이 비록 긍정적인 인센티브라고 해도 오히려 그 격차를 더욱 심화시키는 결과를 낳을 수도 있다.

또한 평가팀 간의 격차도 갈수록 심각한 문제로 부각되었다. 평가팀 간 격차문제로 인해 어떤 팀에서 평가를 받는가에 따라 평가결과에 차이가 크게 벌어지곤 했다. 촉박한 일정 속에서 평가가 진행되고, 경우에 따라서는 평가위원 대상 현장평가 교육이 충분히 이루어지지 않아서 평가팀 간의 격차문제는 예상보다 심각한 결과를 낳았다. 평가위원으로 위촉되는 학계, 공무원, 현장실무자 모두 평가에 투입되는 시간으로 인해 본업에 지장을 주게 되어 사양하는 경우가 발생하고 이러한 부담으로 평가위원 확보가 어려운 것도 현실적인 문제점으로 지적되었다.

우리나라에 사회복지시설평가가 도입된 지 20년이 넘었다. 그동안 여러 가지 변화가 있었지만, 2022년부터는 사회복지시설평가의 주관이 새롭게 설립된 중앙사회서비스원으로 변경되었다. 그동안 사회복지현장에서 제기되었던 여러 의견을 반영하여 사회복지시설평가의 발전방향을 제시하면 다음과 같다.

1) 사회복지시설평가인증제 도입

사회복지사업법에 근거하여 보건복지부에서 실시하는 사회복지시설평가에 '사회복지시설평가인증제'를 도입할 필요가 있다. 그동안 전국에 분포되어 있는 수백 개의 기관 · 시설을 대상으로 평가지표를 개발하여 평가를 진행하는 것은 평가신뢰도(evaluation reliability)를 확보하는 측면에서 적절하지 않다는 지적이 계속되어 왔다. 지난 20여 년간 축적된 평가경험과 노하우를 활용하여 학계전문가 및 현장실무자들이 팀을 구성하여 현장에 적합한 사회복지시설평가인증제를 개발 · 적용해야 한다. 그리고 그 결과를 보건복지부와 시 · 도 정책개발에 연계해야 한다.

2) 평가지표의 간소화

평가영역 및 지표수와 관련하여 시설 환경, 종사자 전문성, 프로그램 및 서비스의 질을 평가영역으로 하고, 평가지표의 수를 최대한 축소하여 평가를 진행해야 한다. 현재와 같이 40~60여 개에 이르는 많은 수의 평가지표를 가지고 전국에서 수십 개의 현장평가팀이 하루 종일 평가를 진행하는 것은 평가 진행과정에서 적절한 평가신뢰도를 확보할 수 없는 문제가 발생한다. 평가과정에서 적절한 평가신뢰도를 확보할 수 있는 방법은 가능한 현장평가팀과 평가지표의 수를 최소화하는 것이다.

3) 평가시기 조정

현장평가 시기도 조정할 필요가 있다. 이상적인 평가일정은 평가가 실시되기 3년 전에 평가지표를 개발해 현장에 제시함으로써 시설이 평가자료를 준비하는데 충분한 기간을 제공하는 것이다. 향후 평가에서는 평가지표의 개발과정을 최대한 신속히 진행하고, 개발된 평가지표는 평가실시 3년 전에는 평가대상 시설에 공개해 시설이 충분히 준비할 수 있는 여건을 조성하여야 한다.

4) 사회복지경영을 고려한 시설평가 도입

평가의 목적은 최근 강조되고 있는 복지경영(welfare management)을 고려해 시설환경의 변화를 반영하고, 고객 만족(customer satisfaction)을 중심으로 설정해야 한다. 평가의 궁극적인 목적은 사회복지서비스의 고객인 이용자에게 더욱 나은 서비스를 제공하는 것이 되어야 한다.

5) 상호협력적 평가과정 지향

모든 평가과정에서 평가 주체와 시설이 지난 3년간의 운영을 점검하고, 이를 토대로 향후 3년간의 발전을 위한 정책방안을 모색하는 상호협력의 과정이 되어야 한다. 이는 그동안 평가과정에서 문제로 제기되었던 평가단과 피평가시설 간의 이분법적인 구분이 아니라 평가단과 시설이 상호협력의 파트너십(partnership)을 형성하여 사회복지서비스의 고객인 이용자에게 더 나은 서비스 제공과 고객만족을 추구하기 위해 함께 노력해야 한다는 의미이다.

6) 평가인증전담기관 지정

보건복지부에서는 평가인증전담기관을 지정하여 평가인증의 전 과정을 총괄·기획하고, 평가인증위원단은 학계전문가와 현장실무자로 구성하여 전문적인 평가인증 관련교육과 훈련을 통해 상시 운영체계로 활용하여야 한다. 아울러 평가 사후관리를 더욱 강화해야 한다. 평가가 단순히 일회성 점수 매기기와 순위 정하기에 그치는 것이 아니라 평가 사후컨설팅 강화를 통해 실제적인 시설 운영 및 서비스 수준 향상으로 이어져야 할 것이다.

참고할 만한 정보

- 중앙사회서비스원 사회복지시설평가. http://www.w4c.go.kr/favl/index.do
- 보건복지부 사회복지시설정보시스템. https://www.w4c.go.kr/favl/intro/businessIntro.do
- 한국사회복지협의회 사회복지시설평가원. https://www.w4c.go.kr/favl/index.do
- 한국품질재단. http://www.kfq.or.kr

생각해 보기

- 2022년부터 새롭게 도입된 F영역 시설운영전반의 정성평가에 대해 시설장 및 직원의 관점에서 인터뷰 내용이 무엇인지 파악해 봅시다.
- 사회복지시설평가가 중요한 이유는 무엇인지 생각해 봅시다.
- 사회복지시설평가의 공적 복지에 대한 책임이 무엇인지 생각해 봅시다.
- 사회복지시설평가에서 현장평가의 주요단계를 설명해 봅시다.

12장

사회복지시설의 윤리경영

학습목표

1. 윤리경영을 이해하고 이를 사회복지시설에 적용해 본다.
2. 사회복지시설의 윤리경영의 중요성을 이해하고 설명할 수 있다.
3. 사회복지시설의 지속가능성에 대해 고민해 본다.

인간이 옳고 그름을 판단하는 가치체계인 윤리(Ethics)는 선악을 구분하는 특성을 바탕으로 조직과 기관을 운영하는 관리자에게 의사결정의 중요한 기제가 된다(강병노 · 김한욱, 2012). 윤리경영(Ethical Management)은 조직의 경영활동에서 도덕적 문제해결, 윤리적 의사결정, 조직구성원의 관계중시, 윤리적 행동을 통한 조직 미션 달성과 운영성과의 효과를 도모하기 위한 전반적 활동으로 이해된다(양옥경 · 최명민, 2010). 이전에 기업윤리, 경영윤리 등 협소한 개념에서 최근에는 기업의 사회적 책임, 지속가능경영 등 지역사회 전반까지를 포괄하는 광범위한 개념으로 확대되고 있다(강병노, 2016).

1. 윤리경영의 이해

1) 윤리경영의 기본원칙

(1) 개인의 존엄성 존중

이 원칙은 모든 사람의 고유한 가치와 자율성을 강조한다. 경영적 맥락에서 개인의 존엄성을 존중하는 것은 각 개인의 고유한 기여를 인정하고 친절과 배려로 대하는 것을 의미한다. 이는 괴롭힘과 차별이 없는 작업 환경을 유지하는 것을 의미한다. 그것은 또한 직원들의 자율성과 적절한 보상, 명확한 근로 기대, 그리고 합리적인 근로 시간과 같은 공정한 노동 관행에 대한 그들의 권리를 존중하는 것을 포함한다(박경규, 2010; 홍용희, 2010).

(2) 성실과 정직

성실성은 행동, 가치, 방법, 조치, 원칙 및 결과의 일관성을 의미한다. 성실성을 증명하는 조직원은 자신의 약속을 지키고 조직 가치를 준수하며 직업 윤리 기준을 반영한다. 정직은 진실하고 투명한 의사소통을 보장한다. 조직원은 성과 기대치, 피드백 및 전략적 결정 등에 대한 정확한 정보를 전달해야 한다.

(3) 책임성

조직원은 자신의 행동과 결정에 책임이 있으며, 성공 여부에 관계없이 결과에 대한 책임감을 가져야 한다. 책임은 또한 잘못을 바로잡고 실수로부터 배울 책임을 포함한다. 또한 관리자는 조직의 행동에 대한 책임을 지고 윤리적 결정과 행동을 유도해야 한다.

(4) 공정

경영의 공정성은 모든 조직원들에 대한 공정한 대우를 포함한다. 그것은 편애, 편견, 차별에서 벗어나 편견 없는 결정을 내리는 것을 의미한다. 공정성은 채용 및 선발 과정, 보상, 승진, 성과 평가, 갈등 해결 등으로 확대 적용된다. 공정성의 가까운 사촌인 정의는 특히 보상과 자원의 분배에서 공정한 결과를 보장한다(허수연 · 송은지, 2016).

(5) 투명성

투명성은 모든 커뮤니케이션과 운영에 개방적이고 정직하다는 것을 의미한다. 윤리적인 관리자는 이해관계자에게 명확하고 정확하며 시기적절한 정보를 제공한다. 투명성은 비밀이나 속임수가 비윤리적인 결과를 초래할 수 있는 의사결정 프로세스와 재무 보고에서 특히 중요하다.

2) 윤리경영의 실천

(1) 윤리적 의사결정

윤리적으로 결정을 내리는 것은 법적, 재정적 영향을 고려하는 것 이상을 포함한다. 윤리적인 관리자들은 또한 그들이 내린 결정의 도덕적 의미를 고려한다. 이것은 결정이 어떻게 그들의 가치와 일치하는지, 이해관계자들에게 미치는 잠재적인 영향, 그리고 그것이 권리와 정의를 존중하는지를 반영하는 것을 포함할 수 있다. 의사결정 과정에 다양한 관점을 포함하는 것이 중요한데, 이것은 다양한 통찰력과 도전 편향을 제공할 수 있기 때문이다. 의사결정의 과정과 근거에 대한 투명성도 윤리적 의사결정에 기여한다(강병노 · 김한욱, 2012).

(2) 윤리적 문화

윤리적 문화는 조직과 구성원들이 윤리적 문제에 어떻게 접근하는지를 특징짓는 공유된 가치, 태도, 행동을 의미한다. 관리자들은 이 문화를 형성하는 데 결정적인 역할을 한다. 관리자들은 윤리적 행동을 모델링하고, 윤리적 표준과 기대에 대한 명확한 의사소통을 제공하며, 윤리적 행동을 지원하는 정책과 절차를 선제적으로 구현할 수 있다. 여기에는 행동 강령, 윤리 교육 프로그램 및 윤리 문제를 보고하고 해결하기 위한 활동이 포함될 수 있다. 보상과 인정을 통해 윤리적 행동을 강화하는 것도 윤리적 문화를 조성하는 데 도움이 될 수 있다(최소연, 2013).

(3) 사회적 책임 이행

사회적 책임은 조직, 기업 등이 법적, 경제적 의무를 넘어 사회와 환경에 긍정적인 기여를 하는 것을 포함한다. 관리자는 조직 활동의 광범위한 영향을 고려하고 사회적, 환경적으로 지속 가능한 결정을 내리려고 노력한다. 사업이 일궈온 환경적 발자국을 개선하고, 지역 사회에 기여하며, 공급망의 공정한 노동 관행을 보장하거나, 사회적 원인을 지원하기 위해 노력할 수 있다. 사회적 책임을 구현하려면 장기적이고 전략적인 접근 방식과 즉각적인 재정적 수익을 제공하지는 않지만 사회의 전반적인 안녕과 궁극적으로 비즈니스의 명성과 지속 가능성에 기여할 수 있는 서비스에 투자하려는 의지가 필요하다.

2. 사회복지시설의 윤리경영

1) 비영리조직의 윤리경영

비영리 조직은 영리 조직과 비교하여 다른 맥락에서 운영된다. 그들의 주요 목표는 이익을 극대화하는 것이 아니라 특정 집단이나 일반 대중에게 이익이 되는 임무를 완수하는 것이다. 따라서 비영리 조직의 경영자들이 다루는 윤리적 문제들은 종종 뚜렷한 특징을 가지고 있다.

(1) 외부자금 의존

비영리조직은 개인, 기업, 재단 및 정부 기관의 기부에 의존한다. 이러한 기부는 조직의 사명과 기부자들의 의도와 일치하는 방식으로 책임감 있게 기금을 사용해야 하는 도덕적 의무를 수반한다(이민영 · 윤민화, 2015). 자금의 오용이 감지되거나, 잠재적 기부가 조직의 사명이나 가치를 훼손할 수 있는 조건을 수반한다면 윤리적 문제가 발생할 수 있다.

(2) 자원봉사자 참여

많은 비영리조직은 자원봉사자들에게 크게 의존하며 이를 증가시키기 위한 노력을 펼친다(김지혜 · 정익중, 2012). 이것은 자원봉사자의 모집, 훈련 및 대우와 관련된 독특한 윤리적 문제를 야기한다. 비영리조직의 관리자는 자원봉사자들이 공정한 대우를 받고, 그들의 권리가 존중되며, 그들의 역할이 명확하게 정의되고, 그들의 기여가 인정되도록 보장할 필요가 있다.

(3) 복잡한 이해관계자 관계

비영리조직은 종종 기부자, 자원봉사자, 직원, 이사회 구성원, 서비스 제공자 및 더 넓은 지역사회를 포함하는 광범위한 이해 관계자를 가지고 있다. 각 그룹은 서로 다른 관심사와 기대를 가질 수 있으며, 윤리경영은 이러한 다양한 관점의 균형을 유지하는 것을 포함한다.

(4) 자원의 부족

종종 빠듯한 예산과 자원으로 운영되는 비영리조직은 제한된 자원을 할당하는 방법에 대해 어려운 결정을 내려야 한다. 이러한 결정이 공정하고 투명하며 조직의 사명 및 이해관계자의 기대에 부합하도록 보장하기 위해 윤리적 고려사항이 적용된다.

비영리조직의 고유한 맥락과 윤리적 과제를 이해하는 것은 이 분야에서 효과적이고 윤리적인 관리를 위해 중요하다. 이러한 문제에 적응한 비영리조직은 더 나은 결정을 내리고, 대중의 신뢰를 증진하며, 궁극적으로 조직의 사명에 더 효과적으로 기여할 수 있다.

〈표 12-1〉 비영리조직의 윤리경영 모델체계

구분		항목	세부항목
방침		윤리방침	윤리 강령, 실천지침 제정, 기업문화 정착 등
		윤리경영 의지	윤리경영 선포, 윤리경영 네트워크 참여 등
조직 및 시스템		추진조직	윤리경영 전담조직 구축, 윤리경영 위원회 설치 등
		추진전략	윤리경영 전략 수립, 윤리경영의 경영 전략화 등
		성과관리	윤리경영 교육 시행, 윤리경영 성과평가 및 보상 등
실행프로그램	고객	고객만족	고객만족시스템 구축, 고객 의견수렴 채널 확보 등
		고객보호	제품(서비스)의 신뢰성 · 안전성 제고, 고객정보보호 등
	임직원	노사관계	노사협의회 구성 · 운영, 임직원 의견수렴 등
		인적자원관리	임직원 다양성 확보, 공정한 성과 관리 등
		보건안전	보건안전 인프라 구축, 성과 관리 등
	협력사	계약투명성	불공정거래 배제, 입찰 · 거래 과정의 투명화 등
		협력사 관계	협력사 자금 · 기술 지원, 교육 및 모니터링 등
	일반사회	사회공언	사회공헌 조직 구축, 사회공헌 프로그램 시행 등
		정보공개	정보공개체제 확립, 외부 커뮤니케이션 확대 등
	환경	환경경영	환경영영 조직 구축, 환경성과관리 등
		환경위험관리	자율규제 준수, 환경위험요인 제거 등

출처: 국가청렴위원회(2006). 공기업 윤리경영 모델.

2) 사회복지시설의 윤리경영의 중요성

사회복지기관은 재정 기반의 공공성과 인간을 원료로 한 사회복지 자체가 윤리적이고 가치 지향적이기 때문에 도덕적으로 정당화를 강하게 요구받고 있지만 실제로 실천되기는 어렵다. 사회복지 현장에서 윤리경영을 실제로 적용하기 위한 지침과 모델이 부족하지만, 윤리경영의 실천 지표를 고려할 때 사회복지시설에서도 윤리경영이 중요시되어야 한다. 그 이유는 다음과 같다.

첫째, 사회복지시설은 취약계층 중심 서비스 제공에 중점을 두고 있기 때문이다(문순영, 2010). 이는 서비스 이용자의 요구, 권리 및 선호도가 존중되고 우선순위가 지정된다는 것을 의미한다. 윤리경영을 바탕으로 사회복지시설은 서비스 이용자를 존중하며 이들과의 상호작용을 극대화하고 기밀성을 유지하며 서비스 이용자가 의사결정 과정에 참여하도록 보장한다.

둘째, 사회복지사의 직업적 특성상 윤리적 딜레마에 직면하는 경우가 많기 때문이다. 이러한 딜레마에는 기밀성, 정보에 입각한 동의, 사회복지사와 서비스 이용자 간 경계 설정, 자원 할당 및 문화적 민감성과 같은 문제가 포함될 수 있다. 윤리경영에 대한 이해는 사회복지사와 직원들이 이러한 딜레마를 윤리적인 방식으로 헤쳐 나갈 수 있는 토대를 제공한다(Manning, 1997).

셋째, 윤리경영은 사회복지시설 내에서 윤리적 위반을 예방하고 해결하기 위한 메커니즘 수립의 기반이 된다. 여기에는 명확한 윤리적 지침 및 정책의 개발과 구현, 그리고 윤리적 우려 또는 부정행위를 보고하고 해결하기 위한 규정 등이 포함된다. 이처럼 윤리경영을 통해 사회복지사와 사회복지시설은 윤리적 의무를 인식할 수 있으며 윤리적 문제를 식별 및 해결 과정을 수반할 수 있다.

넷째, 윤리경영은 사회복지시설 내외의 신뢰를 구축하는 데 기여한다. 사회복지시설이 윤리적 원칙에 입각한 운영을 보임으로써 직원, 서비스 이용자, 지역사회구성원, 기타 이해 관계자 등 간의 신뢰를 증진할 수 있다. 이러한 신뢰는 클라이언트를 유치하고, 자원을 확보하며, 외부 파트너와 긍정적인 관계를 유지하는 데 중요한 영향을 미치기에 사회복지시설의 성공과 지속가능성을 위한 윤리경영에 대한 인식은 필수적이다.

다섯째, 윤리경영은 사회복지영역이 지닌 임무 중 하나인 사회정의 실현과도 맥을 같이한다. 사회복지시설은 불평등을 해결하고 형평성을 촉진하며 사회 변화를 옹호할 책임이 있다(황성철, 1996). 윤리경영은 사회복지시설이 적극적으로 옹호 활동에 참여하고, 지역사회 조직과 협력하며, 클라이언트가 직면한 문제에 기여하는 사회적, 구조적 요인을 해결하는 기반을 제공한다. 즉, 윤리경영을 사회복지시설 운영과 통합함으로써 사회복지시설은 지역사회 내 사회복지시설의 긍정적인 영향력을 확대할 수 있으며 보다 광범위한 사회정의목표 달성에 기여할 수 있다.

사회복지시설의 윤리적 관리는 클라이언트 중심의 관리를 유지하고, 윤리적 의사결정을 촉진하며, 윤리적 위반을 방지하고, 신뢰를 구축하고, 사회정의를 옹호하는 데 매우 중요하다. 윤리적 원칙과 관행을 수용함으로써 사회복지시설은 그들의 임무를 더 잘 수행하고 그들이 함께 일하는 취약계층에 대한 책임을 이행할 수 있다.

〈표 12-2〉 기업, 공공기관, 사회복지에서 윤리경영 개념의 비교

구분	기업	공공기관	사회복지
배경	• 회계부정	• 비리, 뇌물	• 인권침해 • 횡령, 뇌물수수 • 친인척비리
철학	• 경제활동	• 공공행정	• 사회복지 • 전문적 윤리
목적	• 경쟁력 • 이윤추구	• 공공성	• 사회적 가치달성(인권, 사회정의, 복지증진) • 지역사회 및 이해관계자의 관계형성
조직	• 조직혁신	• 조직혁신	• 조직혁신
관점	• 사회적 책임성 • 윤리는 경영을 위한 도구	• 공익	• 클라이언트에 대한 책임성 • 윤리 자체가 목적
효과	• 기업 경쟁력 제고 • 사회환원적 이윤추구	• 공공기관 • 이미지 제고	• 기관 브랜드 향상 • 자원개발 • 지역사회 협력

출처: 강병노(2016). 사회복지윤리경영.

3) 사회복지시설의 윤리경영 선언

사회복지 윤리경영은 사회복지 실천현장에서 발생하는 다양한 형태의 윤리적 갈등상황에서 요구되는 규범적 기준을 사회의 윤리적 가치체계에 두는 경영방식을 뜻한다. 사회적 가치를 중요시하는 비영리 조직으로서 사회복지기관의 윤리경영은 지속 가능성, 이해관계자와의 관계 형성, 지역사회 책임, 자원의 개발과 동원에 대한 정당성, 공공성, 조직구성원과 서비스 이용자에 대한 욕구 충족, 전문가로서의 가치와 윤리를 포함하는 전문성 등의 윤리적 고려가 필수적으로 다루어져야 한다는 점을 고려해 볼 때 다른 조직보다 더 높은 수준의 윤리적 기준이 요구되고 있다.

사회복지기관이 지역사회에서 복지에 대한 중심적 역할 수행, 지역사회복지에 대한 사회적 책임 등을 감안한다면 사회복지기관의 윤리경영에는 조직, 조직구성원, 지역사회 등을 포함하는 광범위한 특성이 포함될 수 있다. 구체적인 윤리경영의 구성요소는 사명, 인권존중, 클라이언트 욕구충족, 임직원에 대한 배려, 회계윤리, 지역사회에 대한 책임 등이 있다. 한국사회복지관협회(2014)에서 선포한 사회복지관 윤리경영 선언문은 이런 내용을 잘 담아내고 있다.

사회복지관 윤리경영선언문

사회복지관은 민간사회복지의 선구자로서 빈곤구제, 가족관계증진, 자아실현, 사회문제 예방과 해결을 통해 사회통합과 보살핌과 나눔을 통한 공동체 확산을 선도해 왔다.

제도적 성숙과 변화된 개인과 지역사회는 더 이상 사회복지관의 친절과 서비스에 만족하지 않고 함께 참여, 결정하는 주체로서 사회복지관으로 하여금 최고 수준의 민주적, 윤리적, 합리적 운영을 기대하고 있다.

사회복지관은 질병, 빈곤, 가족해체 등으로 고통받는 이웃뿐만 아니라 지역주민과 지역사회의 복지를 증진하고 생명과 인권존중의 가치를 실천함으로써 더불어 함께 살아가는 행복공동체를 만들어 나갈 것을 선언한다.

하나. 사회복지관은 이용자의 비밀 보장과 자기결정권을 존중하며 성, 종교, 인종에 따른 차별을 하지 않으며 사회적 약자의 인권을 옹호하고 권리를 보호한다.(이용자 존중 및 보호)

하나. 사회복지관은 다양한 전문가 집단으로서 전문가의 자율성 보장, 직원의 전문성 향상, 상호 존중과 배려의 조직 문화 정착, 건강한 노동권 보장을 통해 자아실현을 할 수 있도록 노력한다.(전문가로서의 직원 역량 강화)

하나. 사회복지관은 자원봉사자와 후원자가 나눔을 통해 자아실현을 할 수 있도록 돕고 사회복지관 운영과 서비스 제공의 주체로서 존중한다.(자원봉사자와 후원자 존중)

하나. 사회복지관은 체계적인 지도와 수준 높은 교육을 통해 실습생의 전문적 성장을 촉진하며 부당한 요구와 대우를 하지 않는다.(실습생의 성장 촉진)

하나. 사회복지관은 보조금 및 후원금을 투명하고 가치 있게 활용하며 그 내역을 지역사회에 공개하고, 사회적 책임을 다한다.(투명경영 및 책무성)

하나. 사회복지관은 이용자, 지역주민의 욕구 충족을 위한 프로그램을 지속적으로 개발하여 최적의 전문 서비스를 제공하고, 지역사회 문제를 예방, 해결하기 위하여 지역사회와 유기적으로 소통한다.(전문 프로그램 개발 및 서비스 제공)

하나. 사회복지관은 나눔 확산과 공동선의 증진을 위해 이웃 간의 경계와 장애의 벽을 해체하며, 경제적 수준과 사회적 지위를 초월한 공동체적 가치와 삶을 공유하는 따뜻한 지역사회통합을 위해 노력한다.(지역사회통합)

하나. 사회복지관은 정부(지방자치단체)와 협력하여 법적, 사회적으로 부여된 책임과 역할 수행을 위해 최선을 다하며, 인사청탁 등 불편부당한 요구와 간섭을 단호히 거부하여 사회복지관의 자율성을 확보한다.(민관 파트너십)

출처: 웰페어뉴스(2014.02.19). 한국사회복지관협회, 사회복지관 윤리경영 선포.

3. 사회복지시설의 ESG 경영

사회복지시설은 복지서비스 공급자인 지방정부와 지역 주민을 연결하고 주민과 직접 접촉하며 사회복지를 대표하는 중요한 지역사회 구성원으로서 다양한 지역사회 주체와의 협력이 필요하다. 지역사회 협력은 지방정부, 기업, 시민사회 모두의 참여가 필요하며 이들이 사회적 책임을 다해 건강한 사회를 이루어 나갈 수 있도록 하는 중요한 실천으로서 사회복지시설은 ESG 경영의 필요성을 가진다.

지난 2015년 UN은 전 세계 193개국의 참여로 유엔 지속가능발전목표(Sustainagle Development Goals: SDGs)를 채택하였는데 전 지구가 겪고 있는 빈곤과 불평등, 기후위기 등에 공동대응하여 지속가능하지 않은 경제 및 소비 방식을 개선한다는 내용을 담고 있다. 사회복지시설의 ESG 경영은 환경을 위하고 사회적 가치를 높이는 지속가능한 발전을 위한 중요한 약속으로서 여겨지고 있다.

1) ESG 이해

ESG는 환경(Environment), 사회(Social), 지배구조(Governance)의 약칭으로, 기업과 그룹이 환경이나 미래의 세대를 해치지 않는 방식으로 지속적인 발전을 꾀할 필요성이 대두되면서 등장하였으며 최근 들어 기업을 넘어 사회복지영역에서도 주목받고 있다.

ESG는 조직과 사회 전반에 장기적인 가치를 창출할 수 있는 잠재력을 지니고 있다는 점에서 그 의의를 찾을 수 있다. ESG 요소를 우선시하는 기업 및 조직은 지속 가능한 비즈니스 관행을 수립하고, 리스크를 완화하며, 이해 관계자와의 긍정적인 관계를 구축하고, 투자를 유치할 가능성이 높다. ESG는 기업의 지속 가능성과 사회적 영향을 측정하는 세 가지 광범위한 범주를 포괄하는 포괄적인 용어이다(ESG 포털, 2023).

(1) 환경(E)

환경 요소는 기업이 환경과의 관계를 관리하는 방법과 관련이 있다. 주요 고려사항에는 기업의 에너지 사용, 폐기물 관리, 오염, 천연자원 보존 및 동물 처리가 포함된다. 또한 환경적 위험에 대한 조직의 노출과 기후 변화 정책 및 녹색 정책을 통해 그것을 완화하는 방법을 살펴보는 것을 포함한다.

(2) 사회적(S)

사회적 구성요소는 조직이 직원, 공급업체, 고객 및 회사가 운영하는 지역사회와의 관계를 관리하는 방법을 검토한다. 노동 관행, 다양성 및 포함, 직원 참여 및 건강, 데이터 보호 및 개인 정보 보호, 커뮤니티 참여 및 공급망 전반의 인권이 포함된다.

(3) 거버넌스(G)

거버넌스는 조직의 리더십 구조, 내부 통제 등을 포함한다. 주요 요인으로는 이사회 다양성, 임원 보수, 이해 상충, 주주 참여, 회계 및 세무 관행의 투명성 등이 있다.

2) ESG의 중요성

(1) 클라이언트 유입

오늘날의 클라이언트들은 ESG 문제를 점점 더 의식하고 있으며 자신의 가치에 맞는 기업과 거래하는 것을 선호한다. 강력한 ESG 관행을 가진 기업은 이러한 인식을 가진 클라이언트를 유치하고 고객 충성도를 구축하여 경쟁 우위를 제공할 수 있다.

(2) 운영 효율성

에너지 효율성, 폐기물 감소 등과 같은 많은 환경적 측면은 비용 절감 및 운영 효율성으로 이어질 수 있다. 또한 기업이 ESG 과제를 해결하는 새로운 제품, 서비스 또는 비즈니스 모델을 개발하도록 장려하여 혁신을 주도할 수 있다.

(3) 규정 준수

전 세계 많은 규제 관련 기관들은 ESG 이슈에 대한 집중도를 높이고 있다. 이에 따라 조직이 ESG 성과를 관리하고 공개하도록 하는 새로운 규정이 등장하고 있다. ESG 문제를 사전에 해결하는 기업은 이러한 규제 변화에 더 잘 대비하고 잠재적인 불이익과 가치 손상을 예방할 수 있다.

(4) 리스크 관리

ESG 요인은 리스크 관리의 필수 구성 요소로 인식되고 있다. 예를 들어, 기후 변화, 자원 고갈 또는 규제 변화와 같은 환경 문제는 비즈니스 운영과 수익성에 상당한 위험을 초래할 수 있다. 마찬가지로 노동쟁의, 데이터 침해 또는 기업 스캔들과 같은 사회적 및 거버넌스 문제는 가치 손상과 재정적 손실로 이어질 수 있다. ESG 요인을 고려하면 기업은 이러한 위험을 더 잘 식별하고 완화할 수 있다.

3) 사회복지와 ESG 경영

사회복지영역에서 ESG는 시스템 문제를 해결하고 지속 가능한 사회 변화를 촉진하는 데 중요한 역할을 한다. 비영리 단체, 정부 기관 및 지역사회 기반의 사회복지시설은 사회 정의를 촉진하고 취약한 인구를 옹호하며 전반적인 복지를 개선할 책임이 있다. ESG 원칙을 통합함으로써 사회복지시설은 조직의 사명과 가치에 따라 행동과 서비스를 조정하며 환경, 사회 및 거버넌스에 긍정적인 영향을 미칠 수 있다.

(1) 환경적 차원

기후 위기에 따른 악영향은 사회복지영역의 주 대상인 취약계층에게도 큰 피해를 입히고 있다. 예컨대, 기후 변화로 인한 극단적인 날씨 사건, 자연재해 및 환경 악화는 특히 소외된 지역사회의 이동, 생계 손실, 식량 불안정 및 건강 위험 증가로 이어질 수 있다. 따라서, 사회복지시설 역시 전 지구적 과제인 기후위기를 해결하기 위한 움직임에 동참하여야 한다.

ESG의 환경 측면에서 사회복지시설은 기후 변화 완화 및 적응과 관련된 옹호 활동에 참여할 수 있다. 에너지 및 물 절약, 폐기물 감소, 친환경 기술 채택과 같은 지속 가능한 관행을 운영 내에서 구현할 수 있다(김희연, 2022). 또한, 사회복지시설은 기후변화에 직면한 취약계층의 복지와 보호를 우선시하는 전략 수립 및 정책 개발 과정에 참여할 수 있다.

(2) 사회적 차원

ESG의 사회적 차원은 빈곤, 불평등, 교육 및 의료 접근성, 사회적 포용과 같은 문제를 해결하는 것과 관련이 있기에 사회복지영역에서 특히 중요하다는 것을 인식해야 한다. 사회적 영향을 우선시함과 동시에 사회복지시설은 포용적 프로그램을 개발하고, 소외된 지역사회를 지원하며, 다양성과 동등한 기회를 촉진한다.

이외에도 사회복지시설은 시설 내 인력과 프로그램 제공 등의 과정에 있어 포괄성, 다양성 및 동등한 기회를 우선시해야 하며, 지역사회가 직면한 사회적 과제를 해결할 수 있도록 힘쓰며 인권 증진, 취약계층 지원을 위한 지역사회와 협력하는 적극적 추진전략을 개발할 수 있다.

(3) 거버넌스 차원

사회복지조직은 지역사회 내 다양한 클라이언트, 시민, 이해관계자 등과 함께 한다는 점과 "시민사회 중심적 거버넌스는 시민사회가 성숙하고 강력한 힘을 지닌 경우에는 매우 효과적으로 작동하지만, 그러나 국가와 시민사회 간 불평등한 권력관계가 존재할 경우 다양한 주체들 간 참여와 협력보다는 새로운 갈등과 문제가 유발"될 수 있다는 점을 고려해 볼 때(주재복 등, 2011), 거버넌스 측면은 시민사회 중심적 거버넌스, 즉, 네트워크 거버넌스에 초점을 맞추는 것이 바람직할 것이다.

4. 윤리경영 성공을 위한 조건

최근에 사회복지 전문직의 지식적 토대로서 가치(values)와 윤리적 미션(mission)에 대한 관심이 증대되고 있다. 전문직의 가치와 윤리에 대한 이런 경향은 실천적으로 복지기관 윤리경영에 대한 교육과 기관 운영으로서의 윤리경영적 관리를 강조하고 있다. 복지기관의 사명과 목표달성을 위해 조직의 윤리성 제고를 위한 시스템 도입의 필요성은 사회복지 윤리경영 선도사업으로 발전하게 되었다(한국사회복지사협회, 2009).

전문직으로서 사회복지의 윤리적 실천은 다양하게 연구되고 있고 관련 지표도 개발되어 휴먼서비스 조직에서 윤리적 실천 지식과 기술의 구체화, 조직의 성과달성, 책임성 증진, 사업에 윤리적 반영 등을 할 경우에 적용되기도 한다. 예를 들면, 미국대학병원의 윤리위원회는 2002년 의료사회복지사의 윤리적 실천과 관련된 연구에서 윤리평가 지표(Social Work Ethics Audits in Health Settings)를 분석하여 윤리경영의 실태와 현황을 보고하여 윤리경영에서 의료사회복지사가 환자 인권과 병원의 경영에 중요한 역할을 하도록 하고 있다.

1) 윤리경영 영역별 성공조건

윤리경영의 성공은 조직의 운영과 결부되어 있다. 조직차원에서 보면 CEO, 인프라, 프로그램, 조직, 성과, 평가, 지역사회관계 영역별로 고려할 수 있다. CEO에게는 CEO의 강력한 실천의지, 인프라에서는 실천을 위한 인프라 구축, 프로그램에서는 실천 프로그램 개발과 관리, 조직에서는 지속적인 윤리근육 단련, 성과를 위해서는 성과에 대한 확고한 믿음 함양, 평가에서는 모니터링 수행 및 평가 강화, 지역사회관계에서는 협력회사의 동참 유도가 주요 성공조건이 된다.

핵심적으로 조직에서 윤리경영 성공을 위해 필요한 것은 경영에서의 리더십이다. 리더십의 요건 중 특히 투명성(Transparency), 정직성(Honesty), 일관성(Consistency)은 윤리경영의 필수 조건이 된다(서울과학종합대학원, 2009).

〈표 12-3〉 윤리경영 성공을 위한 조건

분야	조건	프로그램
CEO	CEO의 강력한 실천의지	• CEO의 윤리경영 선포식 • CI 발표
인프라	실천을 위한 인프라 구축	• 윤리강령 제정 • 임직원 행동지침 수립 • 추진전담부서와 인력 확충
프로그램	실천 프로그램 개발과 관리	• 월별 윤리경영 중점 프로그램 • 임직원 실천 프로그램
조직	지속적인 윤리 근육 단련	• 사내 직원 교육 • 대학교 산학협력 윤리경영 교육 • 윤리 경영 아이디어 공모전
성과	성과에 대한 확고한 믿음 함양	• 윤리경영성과에 대한 보고 • 기업신용평가지표에 반영
평가	모니터링 수행 및 평가 강화	• 윤리경영 연구개발, 모니터링 • 자가진단 평가지표 개발 • 윤리경영 신고와 내부제안제도
지역사회 관계	협력회사의 동참 유도	• 협력회사 동참 확약서 • 지역사회 관련 기관과 간담회

출처: 강병노(2016). 사회복지윤리경영. 재구성.

2) 사회복지시설이 윤리적인 조직이 되는 방법

사회복지시설에서 윤리경영이 이루어지기 위해서는 무엇보다도 윤리적인 조직으로 만드는 것이 중요하다. 윤리경영 성공을 위한 조건을 토대로 사회복지시설의 윤리적인 조직화 방법은 다음과 같다(최소연, 2013; 강병노, 2016).

우선, 최고관리자의 윤리적 리더십을 촉진하기 위한 실효성 있는 방향이 설정되어야 할 것이다. 대부분 소규모로 이루어진 사회복지조직은 리더십의 파급효과가 다른 조직에 비해 크고 직접적이지만 사회복지현장의 리더십에 관한 논의는 사회복지행정론이나 사회복지사 보수교육 등에서 일부 윤리적인 요소로 다루어지면서 미시적 실천 측면으로 치우쳐 있다. 앞으로 윤리적 조직으로서 사회복지조직이 기능하기 위해서는 사회복지사를 대상으로 하는 다양한 교육과정에서 리더십의 요소로 윤리경영, 윤리적 리더십을 포함해야 할 것이다.

둘째, 사회복지조직의 윤리경영 확산이 요구된다. 한국사회복지사협회의 시범사업이 2007년 시행되었으나 확산되지 못하고 각 개별 사회복지조직 단위로 윤리경영에 참여하고 있는 상황이다. 윤리경영을 통해 조직 구성원의 윤리 근육을 단련하고 지역사회 내외부 이해관계자와의 협력과 각종 부당함에 대한 대응 장치로서 사회복지시설의 윤리경영 참여가 이루어져야 한다. 이로써 조직 내외부적으로 윤리적인 풍토를 조성하고, 투명하고 책임성 있는 시설 이미지를 구축할 수 있을 것이다.

셋째, 사회복지시설의 환경적 특성을 고려하여 윤리적 풍토를 조성해야 한다. 조직의 구성원이 긍정적인 태도로 조직과 지역사회와 함께하기 위해서는 윤리적 리더십을 통한 조직 운영이 필요하다. 외적 보상체계가 다른 직무에 비해 열악한 사회복지조직은 사회적 책임성을 지향하는 윤리적인 풍토를 조성하여 구성원의 헌신을 이끌고 직무만족도를 높일 수 있어야 한다. 그래야만 책임경영이 이루어질 수 있기 때문이다. 타 조직에 비해 높은 수준의 윤리적 기준을 요구받고 있음에도 구성원이 부정적인 조직 태도를 보이는 경우 조직에 속한 구성원의 근속이 어려워지므로 직원들이 우리 조직이 윤리적인 책임성을 지향하는 윤리적 풍토가 조성되어 책임경영을 하고 있다고 인식하는 것은 매우 중요하다.

넷째, 지역사회 협력과 파트너십이 중요한 사회복지조직이 윤리적인 경영을 하기 위해서는 외부 이해관계자가 윤리적인 지향에 동참할 수 있어야 한다. 사회복지조직의 내부적인 노력만으로는 한계가 있을 수 있으므로 시설의 윤리경영에 대한 비전을 외부에 알리고 외부 이해관계자의 동참을 이끌어 내야 한다. 필요하다면, 윤리경영에 대한 인식개선 노력을 기울이고 개인과 지역사회가 모두 참여할 수 있는 사회복지시설의 조직윤리를 만들어 나가야 할 것이다.

마지막으로 사회복지사의 전문성과 윤리적 교육이 필요하다. 사회복지조직에서 사회복지사의 전문성과 경력을 증진시키기 위해 윤리풍토를 정착시키고 발전시킬 수 있는 효율적인 조직 관리 전략이 적극적으로 모색되어야 할 것이다. 또한 사회복지조직의 개별적 특성에 맞는 윤리교육 프로그램 및 경력몰입을 증진시킬 수 있는 경력개발 프로그램의 개발이 필요하다(최상훈 · 김정아 · 권경자, 2011).

참고할 만한 정보

- 경기복지재단 홈페이지. http://ggwf.gg.go.kr
- 한국사회복지사협회 사회복지사 윤리강령. https://www.welfare.net/welfare/cm/cntnts/cntntsView.do?mi=1036&cntntsId=1044
- 웰페어뉴스. http://www.welfarenews.net
- ESG 포털. https://esg.krx.co.kr

생각해 보기

- 사회복지시설의 윤리경영과 ESG 경영 사례를 찾아 토론해본다.
- 내가 사회복지시설의 CEO라면 어떤 실천 가치를 바탕으로 어떻게 시설을 운영하고 싶은지 설계해본다.

13장

사회복지조직의 경영혁신

학습목표

1. 미래 사회복지 환경의 변화에 대해 이해하고 설명할 수 있다.
2. 사회복지조직의 혁신과 미래과제를 이해하고 설명할 수 있다.
3. 사회복지조직의 경영혁신을 이해하고 설명할 수 있다.

1. 미래 사회복지 환경의 변화

미래 사회복지 환경의 변화를 탐구하기 위해 사회복지를 둘러싼 환경의 변화로 복지 바우처, 사회적 경제, 영리기관, 사회공헌사업으로 사회서비스를 제공하는 영리기업의 확대 및 다원화에 대해 살펴보고자 한다. 또한 사회복지조직의 환경 변화, 사회복지에 영향을 미치는 미래변화에 대해 사회, 기술, 경제, 환경, 그리고 정치영역으로 구분하여 살펴보았다.

1) 사회복지를 둘러싼 환경의 변화

우리나라 복지환경의 변화는 초저출산 추세의 지속과 고령화에 따른 급격한 인구구조의 변화, 국내 경제여건 악화로 인한 청년실업 증가, 노인빈곤 문제 등으로 크게 바뀌고 있다. 특히 2001년 이후 합계출산율 1.3명 이하의 초저출산 추세가 지속됨으로써 생산인구가 감소하고 있다. 저출산 · 고령화, 실업률 증가와 청년실업, 사회적 양극화, 부와 빈곤의 대물림, 코로나19와 같은 신종감염병 대유행 등 신사회적 위험의 등장과 심화는 사회적 수요를 더욱 확대할 뿐만 아니라 새로운 종류의 사회적 수요를 양산하고 있다. 이러한 사회적 수요에 대응하여 정부는 사회서비스를 빠르게 확대해 왔다. 사회서비스는 개인 또는 사회 전체의 복지 증진 및 삶의 질 제고를 위해 사회적으로 제공하는 서비스로서 사회복지, 보건의료, 교육, 문화, 주거, 고용, 환경 등을 폭넓게 포함하고 있다. 이처럼 다양한 분야에서 증가하고 있는 사회서비스 수요에 대응하여 우리나라는 단기간에 빠른 확대를 위한 방안으로 전통적으로 사회서비스 제공을 전적으로 책임져 왔던 사회복지기관 및 시설 외에도 사회서비스 제공기관, 사회적 경제조직, 요양시설과 같이 영리를 추구하는 사회서비스 제공시설, 사회공헌사업으로 사회서비스를 제공하는 영리기업들을 사회서비스 제공주체로 확대 및 다원화해 왔다.

우리나라 생애주기별 사회서비스 제공영역은 〈표 13-1〉에 제시한 바와 같이 저출산 극복, 고령사회 대비 등 인구위기 대응서비스, 임신 · 출산 지원부터 노후 · 임종 · 장례까지 전 생애주기를 포괄하며 소득보장으로 채울 수 없는 복합적 욕구에 대한 지원을 포함하고 있다.

〈표 13-1〉 생애주기별 사회서비스 제공 영역

임신 · 출산	영 · 유아	아동 · 청소년	중 · 고령	노인	죽음
• 난임지원 • 고위험 임산부 지원 • 산모, 신생아 건강관리	• 보육서비스 • 아이돌보미	• 지역아동센터 • 드림스타트 • 방과후돌봄 • 놀이문화 • 심리상담 • 영양, 신체 활동	• 사회서비스 일자리(장애인, 자활 등) • 노후설계지원 • 운동 등 건강 관리	• 장기요양 • 노인돌봄 • 치매돌봄 • 노인일자리 • 지역통합돌봄 • 노인건강관리	• 호스피스 • 장례

이러한 사회서비스는 지역사회 기반(community based)으로 지역주민의 욕구를 반영하고, 이용자에게 선택권을 부여하여 복지분야에 '소비자 주도권(consumer driven)'이라는 새로운 개념을 도입하였으며, 인적자원개발(social investment)을 위한 사회투자적 성격을 띠고 있다. 또한 사회서비스는 〈표 13-2〉에 제시한 바와 같이 전통적 사회복지서비스와는 달리 다양한 차이점을 갖고 있다.

〈표 13-2〉 사회복지서비스 / 사회서비스

	사회복지서비스	사회서비스
공급주체	국가	제3섹터(지역사회 기반)
대상	수급자 등 빈곤층에 한정	서민 · 중산층까지 확대
서비스 내용	기본적 생활보장서비스	기본적 생활보장 이외에 일상생활 지원 · 인적자원 확충 등 다양한 서비스
재정지원방식	공급자 지원	수요자 지원
비용부담	전액 국비 지원	본인 일부 부담
품질관리	국가(일방적)	국가, 지방자치단체, 제공기관

사회복지 환경의 변화에 대한 이해로 전통적 사회복지서비스를 제공하는 사회복지기관 및 시설 외에 최근 국가정책으로 증대되고 있는 복지 바우처, 사회적 경제, 영리조직, 사회공헌사업에 대해 살펴보고자 한다.

첫째, 바우처(voucher)는 국가가 복지대상자에게 직접 현금이나 서비스, 물품을 제공하는 대신 정해진 이용처에서 서비스(또는 물품)로 교환할 수 있는 이용권을 제공하는 것을 말한다. 국민행복카드로 이용할 수 있는 국가바우처사업은 [그림 13-1]과 같다.

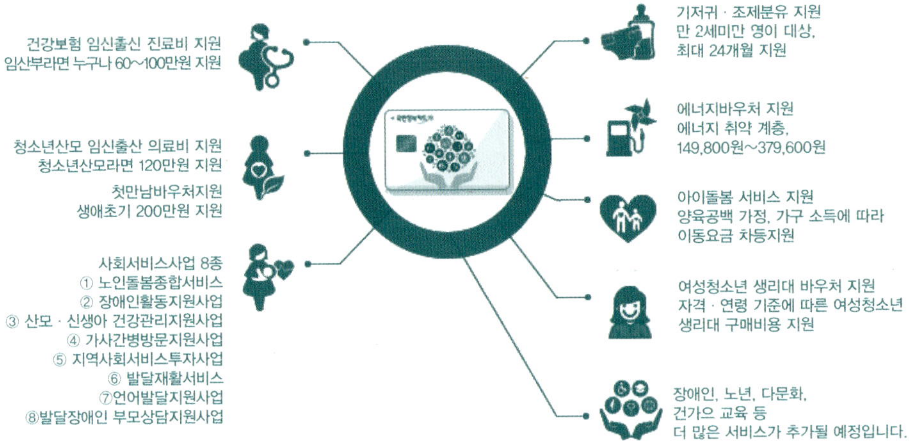

[그림 13-1] 국가바우처사업

둘째, 사회적 경제란 사회구성원 공동의 삶의 질과 복리수준의 향상 등 공공의 이익과 사회적 가치의 실현을 위하여 협력과 호혜를 바탕으로 생산 · 교환 · 분배 및 소비가 이루어지는 경제시스템을 말한다. 또한 삶의 질 증진, 빈곤, 소외극복 등 공공의 이익이라는 사회적 가치 실현을 위해 협력과 호혜를 바탕으로 사회적 경제 조직들의 생산, 교환, 분배, 소비가 이루어지는 경제시스템을 의미한다. 국가 · 시대별로 사회적 경제에 대한 정의는 다양하지만 공통적으로 구성원의 참여를 바탕으로 국가와 시장의 경계에서 사회적 가치를 추구하는 민간의 경제활동을 의미한다.

지역사회의 문제해결이라는 목적을 가진 사회적 경제 조직은 최근 사회서비스에서의 공급자로 자주 거론되고 있다. 2021년 현재 우리나라의 사회적 경제 조직 현황을 살펴보면, 사회적기업 3,215개, 협동조합 22,132개, 마을기업 1,697개, 자활기업 997개이며, 대표적인 사회적 경제 4대 조직유형으로 사회적기업, 협동조합, 마을기업, 자활기업을 살펴보면 〈표 13-3〉과 같다.

〈표 13-3〉 사회적 경제 4대 조직유형

	 사회적기업	 협동조합	 마을기업	 자활기업
근거법령	사회적기업육성법	협동조합기본법	도시재생 활성화 및 지원에 관한 특별법	국민기초생활보장법
사업주관	고용노동부	기획재정부	행정자치부	보건복지부
정의	취약계층에게 사회서비스/일자리를 제공하거나 지역사회에 공헌함으로써 사회적 목적을 추구하는 기업	조합원 공동의 목표를 위해 자발적으로 모여 민주적으로 운영하는 사업체	마을주민이 주도적으로 지역자원을 활용하여 수익사업을 통해 지역문제를 해결하고 일자리를 창출하는 마을단위의 기업	자립의지가 있는 수급자/저소득층 주민들이 공동사업자 형태로 협력하여 탈빈곤을 위한 사업을 운영하는 기업

다음으로 사회적 경제에 주목하고 있는 이유를 살펴보고자 한다. 전 세계적으로 빈부격차 · 고용불안 · 고령화 등이 진행되면서 저성장 · 저고용으로 경제구조가 변화하고 있다. 사회적 경제는 시장경제의 효율성을 살리면서 양질의 일자리를 창출하고, 실업 · 빈곤 등 경제 · 사회 문제를 극복하고 양극화를 완화할 수 있는 새로운 해결책으로 주목받고 있다. 유럽 등 선진국은 오랜 시민사회의 전통을 기반으로 적극적인 사회적 경제 정책을 추진해 고용 · 복지 등 경제의 중요한 축

으로 만들어 공공부문과 시장경제 부문을 보완하고 있다. 2009년 EU는 사회적 경제 개념인식 · 법적조치 권고 등 48개 항목의 '사회적 경제에 관한 결의문'을 채택했다. 영국, 프랑스, 이탈리아, 캐나다의 퀘벡주 등에서는 사회적 경제 관련 법률을 제정하고 직 · 간접적인 지원제도를 통해 다양한 형태의 사회적 경제기업의 활동을 보장하고 있다. 영국, 이탈리아, 미국 등에서는 민간투자로 공공사업을 시행한 후 사회적 성과를 달성했을 때 약정에 따른 투자금 회수와 수익상환을 보장하는 사회성과 채권을 비롯한 사회투자기금, 사회적금융기관 등 사회적 금융 육성을 통해 금융접근성을 높여 자생력을 높이고 있다.

우리나라에서도 사회적 경제가 '새로운 일자리의 보고'로서 일자리 창출, 양극화 완화와 사회통합에 기여할 수 있도록 적극 활성화하고 있다. 지속가능한 생태계 구축과 신속한 확산을 위해 인프라 확충과 진출분야 확대 등 두 갈래 전략(two-track)을 추진하면서 10개 분야의 88개 정책과제를 선정했다. 금융접근성을 높이고, 판로확대를 지원하고, 인력을 양성하는 통합지원체계 구축을 정책기조로 삼고 있으며, 소셜 벤처, 주거환경, 사회서비스, 문화예술, 가맹사업(프랜차이즈), 지역기반 연계 분야 등 사회적 경제 파급효과가 큰 분야를 집중 육성하는 사회적 경제 저변 확대를 정책방향으로 설정했다.

셋째, 요양시설과 같이 사회서비스를 제공하는 영리조직의 확대도 사회복지 환경 변화에 많은 영향을 미치고 있다. 현대국가는 그 내용이나 정도에 차이가 있으나 모두 복지국가를 표방하고 있다. 대부분의 국가에서는 경제발전과 보건의료의 발달로 인한 평균수명의 연장, 자녀에 대한 가치관의 변화, 보육 및 교육문제 등으로 출산율이 급격히 저하되면서 인구구조의 급속한 고령화 문제에 직면하고 있으며, 이러한 사회변화에 따른 새로운 복지수요를 충족하기 위해 장기요양보장제도를 도입하게 되었다. 즉, 노화 등에 따라 거동이 불편한 사람에 대하여 신체활동이나 일상가사활동을 지속적으로 지원해 주는 문제가 사회적 이슈로 부각되었기 때문이다. 특히, 고령화의 진전과 함께 핵가족화, 여성의 경제활동참여가 증가하면서 종래 가족의 부담으로 인식되던 장기요양문제가 이제 더 이상 개인이나 가계의 부담으로 머물지 않고 이에 대한 사회적 · 국가적 책무가 강조되고 있다.

이와 같은 사회환경 변화에 대처하기 위해서 이미 선진 각국에서는 사회보험방식 및 조세방식으로 그 재원을 마련하여 장기요양보장제도를 도입 · 운영하고 있다. 우리나라도 2008년 7월 1일부터 노인장기요양보험제도를 실시하여 그간 가족의 몫으로 남겨져 있던 치매, 중풍 등 노인에 대한 요양문제가 이제 국가와 사회가 공동으로 사회연대원리에 의해 해결할 수 있게 되었다. 2021년 기준 노인요양시설은 4,057개소로 2008년 대비 204.6% 증가하였고, 노인요양공동생활가정 1,764개소로 2008년 대비 318.0% 증가하였으며, 재가노인복지시설은 9,984개소로 2008년 대비 334.5% 증가하였다. 이와 같이 2008년도 노인장기요양보험제도의 시행 이후 노인의료복지시설의 수가 큰 폭으로 증가하였으며, 치매노인을 위한 전문화된 장기요양 인프라 구축을 위해 치매전담형 장기요양기관(노인요양시설 내 치매전담실, 치매전담형 노인요양공동생활가정, 주야간보호시설 내 치매전담실)을 도입하였다. 향후 고령화로 인한 노인인구의 증가에 따라 정부는 장기요양보험의 중장기 계획에 의거 가족과 함께할 수 있는 재가서비스의 활성화 및 균형적인 인프라 구축방향을 마련할 계획으로 요양시설과 같은 영리조직은 계속해서 확충될 전망이다.

마지막으로 사회공헌사업을 통해 사회서비스를 제공하는 영리기업들을 사회서비스 제공주체로 확대하고 있는 추세이다. 사회공헌이란 기업이 사회에 갖는 책임활동의 한 형태로서 재정적 지원(현금기부)과 비재정적 지원(현물기부, 자원봉사활동, 시설지원 등) 등 다양한 기업의 자산과 핵심역량을 사회에 투자하여 사회적 가치를 창출하고 지역사회의 역량을 강화하는 동시에 지속가능한 발전을 도모하는 사회참여 및 투자활동을 의미한다. 최근 들어서 사회양극화, 저출산 및 고령화, 실업률 상승으로 인한 각종 사회문제가 심각해지고 사회적 욕구들이 다양해지면서 국가 복지증진을 위한 노력의 일환으로 민간부문의 참여와 역할에 대한 기대가 증대되고 있다. 이에 민간부문의 대표적인 복지공급 주체인 기업들이 사회문제에 대한 책임의식 확대와 경영전략의 일환으로 사회공헌활동에 적극적으로 참여하면서 사회공헌에 대한 관심 또한 높아지고 있다.

사회공헌사업은 주로 기업 및 기업재단에서 사회공헌활동을 적극적으로 하고 있는 것으로 알려져 있으나, 사회공헌이 점차적으로 활성화되고 사회공헌의 필요성에 대한 인식이 사회 각계각층으로 확산됨에 따라 공공기관, 금융기관, 교육기관, 의료기관, 민간기관 등에서의 참여도가 늘어나고 있는 추세이다. 사회공헌활동 초기에는 기업들이 단순한 기부의 수준에 머무르는 지원이 주를 이루었으나, 점차 기업의 사회적 가치 창출에 대한 다양한 이해관계자들의 요구와 기대가 확산되는 가운데 기업의 참여방법 및 활동 또한 다양화되고 있다. 예를 들면, 기업 임직원들의 자원봉사활동을 통한 직접 참여라든지, NGO 및 정부와의 파트너십을 통한 사회공헌활동 전개와 같이 일회적인 이벤트성 사업이 아닌 사회공헌의 진정성을 높이고자 하는 노력들이 펼쳐지고 있다.

지원분야 또한 장학사업에 치중하던 초기와는 달리 현재에는 사회복지, 의료복지, 학술연구, 환경보호, 국제교류, 긴급재난 등 그 폭이 확대되었으며, 미술관, 박물관, 문화공연 등을 지원하는 메세나(mecenat) 활동까지 활발한 모습을 띠고 있다. 기업이 단순히 시혜적 차원으로 사회공헌에 접근하기보다는 기업을 대표하는 사회공헌활동을 통해 기업의 가치 및 이미지를 제고하는 등 전략적 사회공헌활동을 추진하고 있다. 세계화와 다국적 기업의 등장으로 글로벌 사회공헌이 증가 추세에 있으며, 사회적 책임에 대한 요구가 다각화되어 사회공헌을 비롯한 인권, 노동, 환경 등 전 분야로 논의가 확산되고 있다. 더불어 기업의 사회적 책임에 대한 국제적 기준 마련과 지속가능보고서 발간 등의 글로벌 트렌드가 국내에도 반영되어 사회공헌 평가지표 개발 및 환경적, 사회적 보고서를 발행하는 등 이에 대해 민감하게 대응하고 있다.

국내 기업의 사회공헌활동은 교육사업, 의료 · 보건, 문화 · 예술, 기부, 자원봉사, 기타 활동 등으로 분류되며 〈표 13-4〉와 같다.

〈표 13-4〉 국내 기업의 사회공헌활동 현황

영역별	유형	사례
교육관련	교육실시	• 현대자동차(키즈오토파크: 어린이대상 교통안전 체험 교육장 운영) • KT(소외이웃 정보화 교육: 저소득층 청소년 및 소년소녀 가장에게 정보화 교육 실시) • 대구은행(금융교육프로그램: 지역 청소년들에게 금융의 중요성 교육 실시)
	장학금 지원	• 삼성전기(꿈나무 육성 장학 사업: 결손가정 아이들을 대상으로 경제적 자립을 지원하는 멘토링 장학사업 실시) • 현대모비스(교통사고 유자녀 돕기 장학 사업: 교통사고 유자녀 및 중증장애아들에게 장학금 지원)
	학교 및 도서관 등 교육시설 건립	• 현대제철(어린이도서관 지원 사업) • 삼성전자(희망 소학교 건립 사업: 중국정부와 희망공정 프로그램의 일환으로 빈곤지역에 소학교 건립사업 전개)
	학술대회 지원	• 호남석유화학(화학 탐구 프론티어 페스티벌: 미래 화학산업분야 우수인재 발굴을 위해 고등학생 대상으로 개최) • 아모레퍼시픽(여성과학상 시상식)
의료 · 보건 활동	헌혈캠페인	• 현대자동차&기아자동차(헌혈의 날 지정: 현대자동차와 기아자동차는 매년 3월을 헌혈봉사의 날로 정하고 그룹차원에서 대대적인 헌혈 참여)
	특정 의료지원사업	• LG생활건강(선천성 안면기형 성형수술 지원: 서울대학병원과 함께 자사제품인 화장품 오휘의 수익금 일부를 선천성 안면기형 어린이들의 성형수술 및 입원비 지원) • 삼성SDI(함께하는 사랑의 빛: 소외계층 대상으로 무료 개안사업 실시) • 포스코(서울대 의료진이 진행하는 외국인노동자 무료진료와 해외 안면기형 아동 무료수술 지원)
	보건캠페인	• KT&G(청소년 흡연 예방 캠페인) • 풀무원 홀딩스(굿바이 캠페인: 아토피 피부염이 있는 어린이들에게 바른 식생활의 중요성을 알리고 실천을 지원) • 아모레퍼시픽(핑크리본 캠페인: 유방건강재단 설립을 통해 유방암 예방에 대한 홍보)

영역별	유형	사례
문화 · 예술 활동	문화예술 지원	• 삼성전자(초록 동요제: 동요 세미나, 심포지엄, 해외 동요대회 개최 등을 통해 동요 보급화에 노력) • CJ(시네마 디지털 서울영화제: 아시아의 역량 있는 예비 영화 인재를 발굴 · 육성하기 위해 영화제 개최) • 대구은행(사랑 나눔 음악회: 대구 및 경북 소년소녀가장을 위한 음악회 개최) • 한화케미칼(전국 장애인 도예 공모전)
	공연장 및 미술관 운영	• 한국전력(한전아트센터 운영) • KT&G(상상아트홀 운영) • 아모레퍼시픽(오설록 티 뮤지엄 운영)
	스포츠행사 지원	• 제일모직(전국 시각장애인 탁구대회 개최) • 삼성전기(전국 장애인 배드민턴대회 개최)
기부활동	기부금 및 현물 지원	• LG전자(우수리 기금 운영: 국내 임직원 95%가 급여 중 사회공헌기금으로 기부하는 우수리 기금 운영) • CJ(도너스 캠프 운영: 공부방 또는 지역아동센터 선생님들이 현장에서 필요한 교육제안서를 올리고 개인기부자가 선택해 후원하면 CJ 나눔재단이 기부자의 후원금과 동일한 금액을 기부하는 방식인 온라인기부시스템)
	자선모금행사 개최	• 하이닉스(하이닉스 뷰티풀데이 개최: '아름다운가게'와 함께 전 임직원을 대상으로 나눔 바자회 개최) • 대한항공(하늘사랑 바자회 개최: 객실 승무원 고니회와 승우회 회원들이 동료들에게 기증받은 물품과 각국을 다니며 수집한 기념품 등을 팔아 불우이웃을 돕는 이색나눔장터 운영) • LG화학(불우이웃돕기 사랑 나눔 바자회: 독거노인, 지체장애인 등 어려운 이웃들을 위한 지속적인 지원, 연 2회 개최)
자원봉사 활동	체계적이고 조직적인 자원봉사 활동 운영	• 삼성물산(매년 사회봉사활동에 대한 시상) • SK텔레콤(자원봉사활동 정보관리시스템 운영으로 활동결과 평가 및 시상) • 하이닉스(외부초청인사 나눔강연, 우수봉사단 포상, 우수사례 공유) • SK에너지(Time-released 제도) • 아모레퍼시픽(ABC 나눔 마일리지 인증제도) • 현대자동차(세 잎 크로버 찾기 사업)

앞에서 제시한 다양한 사회공헌활동들이 기업의 자원을 사회에 환원하는 형태였다면, 최근에는 지역사회 자체에 수익을 발생시킬 수 있는 사회적 기업을 설립하는 형태로 사회공헌활동이 진화하고 있다. 사회적 기업의 대표적인 사례로 SK텔레콤의 "행복을 나누는 도시락센터"를 들 수 있다. SK텔레콤은 저소득층을 고용해 결식아동과 독거노인에게 무료급식을 제공하는 '행복 나누는 도시락 센터'를 운영하고 있는데 이를 통해 소외계층에게 일회성 도움을 주는 것이 아니라 일자리 제공을 통해 사회에서 자립해 나갈 수 있도록 지원하고 있다. 행복 나누는 도시락 센터는 'SK 행복나눔재단'이 운영을 맡고 SK텔레콤이 시설 자금과 운영비를 제공하며, 정부는 사회적일자리사업에 따른 인건비를 지원하고 지방자치단체는 결식아동급식을 위탁하면서 비용을 지급하고 있다.

이와 같이 복지 바우처, 사회적 경제, 영리조직과 사회공헌사업에 사회서비스 제공을 허용하는 방식으로 사회서비스 제공주체를 다원화한 것은 정부가 큰 부담 없이 단기간 내에 사회서비스를 다양화하고 증대시키는 것을 가능하게 하였다. 반면 경쟁을 통해 서비스 질이 향상될 것이라는 기대와는 달리 사회서비스 제공주체들의 이윤추구, 정부통제의 어려움 등으로 오히려 서비스의 질이 저하되면서 새로운 문제가 야기되고 있다.

더불어 이와 같은 사회서비스 영역의 급격한 확대는 대체로 비영리조직이 서비스 제공의 역할을 수행하면서 비영리 영역의 확대를 가져왔고, 정부의 부담을 최소화하면서 사회서비스를 확대하기 위한 방안으로서, 다른 한편으로는 시민의식의 성숙에 따라 사회문제를 자발적이고 주도적으로 해결하려는 시민사회의 움직임으로서 비영리 영역의 전 세계적 확대라는 흐름에 편승해 왔다. 이러한 비영리조직의 확대 및 다원화는 각 조직 유형의 특성을 반영한 행정 및 관리방식의 정교화를 요구하게 되었다. 여기에 범국가적 사회복지예산의 증가와 지속적으로 발생하는 복지사각지대 문제는 사회복지 전달체계와 제공조직들의 효과적 · 효율적 경영의 사회적 책임이라는 검증에 대한 압력을 증가시키고 있다.

사회복지예산은 고용, 공적연금, 기초생활보장, 노동, 노인, 보훈, 사회복지일반, 아동 · 보육, 여성 · 가족 · 청소년, 주택, 취약계층지원 등 12개 부문으로 나뉘어서 관리되고 있다. 이러한 사회복지예산이 지속적으로 증가해 왔음에도 불구하고 사회서비스 제공 조직도 그 수가 빠르게 증가하면서 자원 확보를 위한 치열한 경쟁대열에 들어서게 되었다. 이는 사회복지조직을 비롯한 비영리조직에서 기부 · 후원자개발, 모금, 프로포절 작성 등 자원 확보를 위한 노력과 이용자(user) 확보 및 유지를 위한 전략이 요구되었다는 것을 의미한다. 즉, 현대 사회복지조직들이 운영과 관리에 있어서 정부나 지방자치단체를 대신하는 서비스전달 역할을 수행하면서 정부로부터 당연하게 보조금을 지원받고 클라이언트에게 시혜적으로 제공해 온 역사적 배경하에서 지금까지 간과해왔던 조직관리 및 복지경영 전략을 새롭게 도입하거나 정교화해야 하는 전환점에 서 있다(최상미 · 김아래미, 2020).

2) 사회복지조직의 환경 변화

모든 사회복지조직은 변화하는 사회환경에 따라 지속적으로 변화하고 혁신해야 한다. 사회복지조직에서 변화는 계속될 수밖에 없으며, 지속적으로 변화하는 사회경제적, 정치적 환경에 맞춰서 조직의 미래발전가능성을 모색해야 한다. 최근 사회복지조직의 환경 변화에 영향을 미치는 가장 큰 요인 중 하나는 4차 산업혁명이다. 4차 산업혁명에서 가장 대표적인 기술들은 인공지능, 사물인터넷, 무인운송수단, 로봇 등이라고 할 수 있다. 4차 산업혁명은 사회복지서비스 분야에도 상당한 변화를 가져오고 있다. 사회복지서비스를 제공하는 조직이 소셜미디어, 보조기 기술, 웨어러블 기술, IOT, 온라인서비스, 가상현실 등 새로운 기술을 이용할 수 있게 만들고 있다. 이에 따라 사회복지서비스를 필요로 하는 서비스 이용자들을 돕는 방식도 변화하고 있는데, 온라인상담, 화상회의, 웹 기반 개입프로그램, 온라인 사회연계망, 휴대전화 앱 등 새로운 방식의 서비스 제공이 늘어날 것으로 예상된다(이봉주 · 이선우 · 신창환, 2022).

4차 산업혁명 기술들은 [그림 13-2]에 제시한 것처럼 사회복지분야의 다양한 방면에 활용될 수 있다 기술의 개발 수준과 법 · 제도적 허용에 따라 대중화 시점은 다를 수 있으나, 자율주행 자동차는 아동, 노인, 임산부, 장애인 등의 이동 제약을 해소해 줄 수 있고, 로봇은 각각의 역할을 가진 다양한 형태로 존재하며 청소, 실버 케어, 아동 돌봄 등의 역할을 수행하게 될 것이다. 또한 앰뷸런스 드론은 심장제세동기를 목적지까지 빠르게 이동하여 생명을 구할 수 있을 것이며, 스마트원격교육, 헬스케어시스템은 사람들의 교육과 건강관리에서의 차별을 없애 줄 것이다.

그리고 이러한 기술들은 팔, 다리 등에 장애가 있는 사람에게 좀 더 편안한 삶을 제공할 수 있게 될 것이다. 또한 이상적으로 생각하는 복지사각지대를 없애기 위해서는 모든 사물들이 초연결된 상황에서 사람의 개입 없이 시스템차원에서 대응하는 미래까지도 생각해 볼 수 있다. 사회복지서비스 제공인력이 부족한 현 상황에서 이러한 기술들의 협조는 반가운 일이다. 상상에서만 가능하던 이런 일들은 4차 산업혁명시대에서 이미 현실화되고 있거나, 멀지 않은 미래에 가능할 것으로 기대하고 있다.

	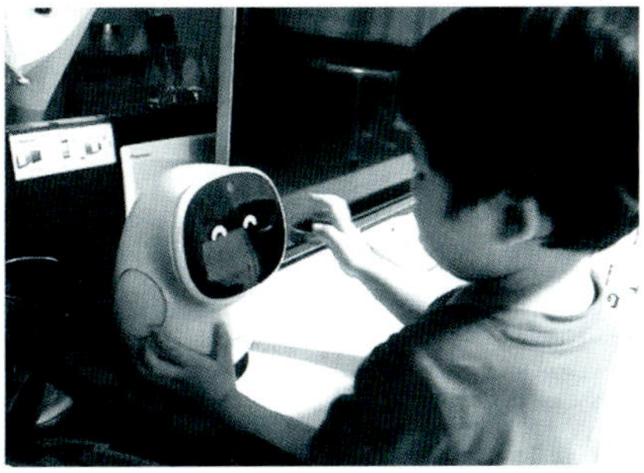
1. 자율주행 자동차	2. 아이돌봄 로봇

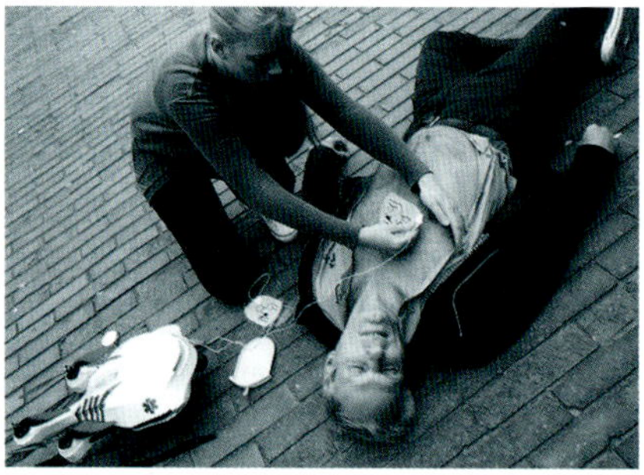

3. 앰뷸런스 드론

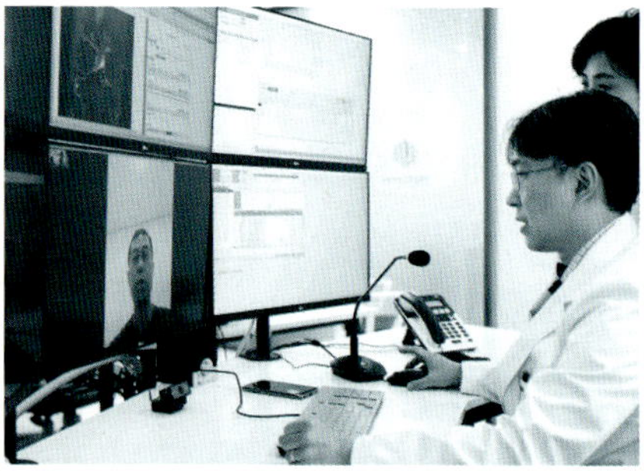

4. 원격진료

5. 사물인터넷 의족

6. 스마트원격 교육

[그림 13-2] 4차 산업혁명 기술들

이처럼 과학기술은 아주 빠르게 발전하고 있고, 우리는 이 기술에 맞춰 잘 적응해서 살아가고 있다. 그렇지만 이러한 4차 산업혁명 기술들이 사회복지분야에 어떤 혜택을 줄 것인지, 또한 기술의 일반화와 활용에 있어서 사각지대가 발생할 가능성에 주목할 필요가 있다. 한편으로 사회복지전문가들은 익숙하지 않은 새로운 방식을 받아들여야 하는 부담이 증가하겠지만, 다른 한편으로는 사회복지서비스 제공능력을 향상시킬 수 있는 기회도 증가하게 될 것이다. 미국사회복지사협회(NASW)에서는 사회복지사가 대안방식의 서비스를 제공하는데 사용된 기술의 변화에 대해 지속적으로 배워야 한다고 제안하였다. 이처럼 사회복지조직을 둘러싼 환경의 변화는 불가피하며, 사회복지조직은 변화가 미칠 영향의 크기가 상상하기 어려울 정도이기 때문에 각 분야별로 세심하고 체계적인 대응책이 마련되어야 할 것이다.

인공지능(artificial intelligence)으로 대표될 수 있는 4차 산업혁명 신기술은 전통적인 노동의 수요와 공급에 질적인 변화를 예고하고 있다. 일상성 · 전문성 중심에서 융합 · 유연성 · 창의성 · 다양성 중심으로, 생산 · 공급 · 근로 중심에서 소비 · 수요 · 여가 및 사회참여 중심으로, 물질 · 자원 · 소유 중심에서 정보 · 관계 · 공유 중심으로 바뀌게 된다. 인공지능으로 인한 인간의 일상성 · 전문성 대체에 따른 노동시장 영역별 일자리 양극화, 비정형 일자리 증가와 양극화로 인한 소득창출 기회 제한과 개인별 소득 양극화, 소유경제에서 공유경제로의 전환에 따른 자본주의 생산 · 분배 · 소비체계의 변화, 평균수명과 건강수명 연장에 따른 근로가능 연령의 획기적 증가 등 이전까지는 직면한 적이 없는 새로운 사회적 위험요인에 직면하게 된다. 이는 사회적 가치의 변화를 의미하는 것으로, 지속가능한 사회를 위한 사회복지 패러다임의 변화도 요구되고 있다.

우리나라에서는 2015년부터 민관이 협업하여 빅데이터(big data)와 인공지능(AI)에 기반한 복지사각지대 발굴시스템을 가동하고 있다. 인공지능과 빅데이터를 활용하여 복지정책 수급률, 예산집행 비율 등 다양한 변화인지에 기초한 선정기준 자동조정과 실시간 분석이 이뤄지고 정책목표 달성 및 효율적인 집행지원 시스템 구축도 가능해졌다. 실시간 기본 소득파악 및 정보연계를 통한 사회보험 사각지대 해소와 공공부조 운영체계 혁신 등 현재 시행되고 있는 사회복지체계에서 놓치고 있는 부분들도 보완해 나갈 수 있게 되었다. 또한 위험을 예측하고, 그 자료를 사회복지 공무원과 사례관리 전문가 등 발굴대상 전문가에게 제공함으로써 기존의 '신청하는 복지서비스'에서 '찾아가는 복지서비스'로의 이행이 이루어지게 되는 것이다. 4차 산업혁명이 가져다 줄 지능정보사회가 기계 · 기술이 아닌 사람이 중심이 될 수 있도록 사회적 신뢰기반의 사회안전망 구축이 필요하다.

사회복지에 영향을 미치는 미래변화는 사회, 기술, 경제, 환경, 그리고 정치 영역으로 구분할 수 있다. 사회영역의 사회복지환경 변화에서 주목할 유력미래

(probable futures)로 분류되는 내용들로 정년퇴직 연령 상승, 다양한 가족의 합법화가 있다. 정년퇴직 연령의 상승은 소득보장제도와 노인복지분야에 직접적인 영향을 줄 것이며, 혼인과 혈연중심의 가족이 아닌 새로운 가족의 본격적 출현은 사회복지급여 구조에 대한 압력으로 작용할 가능성이 높다.

기술영역의 환경변화는 사회복지에 직접적인 영향을 미칠 것으로 예상되는 유력미래 이벤트는 없다고 할 수 있다. 다만, 양자컴퓨터 상용화와 인공지능 활용의 활성화는 복지급여 관리와 복지관련 데이터 처리능력을 높이는 것이며, 이는 사회복지전달체계 개선에 기여할 수 있다. 경제영역의 환경변화가 사회복지에 미치는 영향이 매우 클 것으로 예측된다. 가장 큰 영향을 미칠 수 있는 경제영역의 이벤트는 저성장 체제의 고착화와 기업 간 격차 확대를 들 수 있다. 이러한 이벤트가 지속적으로 발생하고 경향성이 강화되는 경우에 소득보장제도를 중심으로 사회복지제도의 수요 증가와 동시에 복지재정에 부정적 영향을 초래하여 복지제도의 지속가능성에 위협요인이 될 수 있기 때문이다. 경제영역에서 사회복지에 미치는 영향이 클 것으로 예상되는 또 다른 이벤트는 불안정 일자리 증가와 고용형태 다변화이다. 고용안정성 저하와 일자리 격차의 증가, 그리고 새로운 고용형태가 확대되는 것은 임금소득과 고용을 기반으로 하는 사회보험제도를 위축시키게 되며, 사회복지제도의 사각지대를 확대하는 결과를 초래하기 때문이다.

경제영역과 더불어 사회복지에 많은 영향을 줄 것으로 예상되는 영역은 환경영역의 미래 변화이다. 환경영역의 유력미래 중에서 주목해야 할 이벤트는 자연재해, 기후변화로 인한 질병, 환경오염의 심각성 증가, 그리고 팬데믹의 발생 등이다. 이러한 이벤트는 질병 치료와 예방을 목적으로 하는 보건의료제도의 급격한 수요 증가로 연계된다. 동시에 현재의 보건의료 자원과 전달체계, 그리고 공공부문의 보건의료체계에 대한 근본적 구조개혁을 요구하는 압력으로 작용할 것이다. 정치영역의 미래 환경변화는 사회복지에 직접적인 영향이 크지 않을 것으로 예측된다. 현재 상황에서 노인과 청년의 정치적 영향력이 상당하며, 따라서 추가적인 영향력 확대는 쉽지 않을 것이다. 다만 여성의 정치적 영향력은 현재보다 확대될 것이며, 이는 양성평등 이슈와 여성복지제도의 확대를 요구하는 압력으로 작용할 것이다.

2. 사회복지조직의 혁신과 미래과제

최근 사회복지조직이 혁신을 요구받고 있는 내외적 환경변화와 혁신방안을 도입 및 운영하기 위해 필요한 향후 과제에 대해 살펴보고자 한다. 현대사회는 혁신의 시대이다. 기업을 포함하여 주로 민간 및 영리영역에서 조직과 기관의 생존을 위한 필수조건으로 끊임없이 도입되어 온 각종 혁신의 시도들은 현재 정부와 학교, 종교기관, 시민단체에 이르기까지 비영리조직에도 일상적인 운영원리로 자리 잡은 것으로 보인다.

이와 같이 다양한 조직운영의 원리로 자리 잡은 혁신은 최근 들어 문화의 혁신, 심지어 인성의 혁신으로까지 확산되고 있다. 우리나라 민간과 공공을 아우르며 사회복지 관련분야에서 다양한 서비스가 소비되고 다른 한편으로는 제공되는 현장이라고 할 수 있는 사회복지조직에게 혁신이라는 주제는 이제 낯설지가 않다. 사회복지조직의 혁신이라는 주제는 오랜 시간에 걸쳐 논의되어 왔을 뿐만 아니라 이를 위한 다양한 시도들이 이미 진행되어 왔으며 지금과 같이 혁신의 물결이 넘치는 상황에서는 다소 진부해 보이기까지 한다. 조직혁신이라는 주제가 진부하게 느껴지는 현재의 상황은 다소 역설적이라고 할 수 있지만, 그럼에도 불구하고 사회복지시설 안팎으로 진행되고 있는 복지제도 및 시설운영 환경의 급속한 변화는 사회복지조직의 혁신을 여전히 유효한 명제이자 피하기 어려운 당위로 만들고 있다.

2000년대 이후 내외적 환경변화에 따른 사회복지조직의 혁신방안을 도입 및 운영하기 위해 필요한 향후 과제를 살펴보면 다음과 같다.

첫째, 지방정부의 역할이 강화되고 있다는 점이다. 지방정부는 지역주민의 욕구를 충족하기 위해 중앙정부로부터 예산확보와 함께 민간자원을 개발하고, 이러한 서비스를 적절하게 조정 · 연계하여 활용할 수 있는 중요한 단위이다. 중앙정부는 지방정부가 지역사회의 복지욕구에 우선적으로 대응 가능하도록 지방재원을 증가시켜 왔다. 그럼에도 불구하고 지방으로 이양된 시설운영비와 대응교부금 성격을 가지는 사회복지분야의 국고보조사업으로 인해 지방정부는 재정적 부담에 직면하고 있다.

둘째, 민간위탁이 증가하고 있다는 점을 들 수 있다. 우리나라는 국고보조금을 통해 지원되는 사회복지시설의 설치와 운영이 법적으로 민간위탁 형태로 운영하고 있다. 여기에 장기요양서비스제도의 도입으로 개인에게까지 허용되고 있어서 다양한 공급주체, 공급주체 간 경쟁이 심화되고 있다. 따라서 경영목표 추진달성도에 대한 지속적이고 체계적인 모니터링을 전략수단으로 강구해야 하며, 효율적인 성과중심의 조직분위기를 만들어 내야만 한다.

셋째, 성과관리를 강조하고 있다는 점이다. 경영학에서 발전된 가장 대표적인 신공공관리주의 전략을 적용한 성과관리제도는 책임을 전제로 하고, 성과측정은 일반적으로 책임을 증가시키는 것이다. 그동안 휴먼서비스를 제공하는 비영리사회복지조직에 있어 성과관리는 매우 제한적인 형태로 논의되어 왔으나, 사회복지분야에도 이러한 성과중심평가를 도입하였다. 또한 복지 바우처와 같은 재정지원방식 변화와 노인장기요양보험 도입 등의 정책 환경변화는 사회서비스 공급기관의 확대를 야기하였으며, 기존의 비영리사회복지조직의 관습적인 경영을 더욱 어렵게 하였다. 따라서 사회복지조직도 수직적 관리-감독체계에서 상호협조의 수평적 방식으로 성격이 변화되어야 하며, 사회복지영역에서의 정책결정과 정책집행의 일관성을 확보해 나가야 한다.

넷째, 4차 산업혁명으로 변화하고 있다는 점이다. 앞에서 언급한 바와 같이 2000년대 기술적 환경에서 출현하여 2010년 이후 본격화된 모바일 인터넷, 인공지능, 사물 인터넷 등과 함께 발전한 4차 산업혁명에서는 사물인터넷과 인공지능 기술로 컴퓨터가 기계와 데이터를 주고받으면서 인간의 개입 없이도 스스로 상호작용하는 체계로 작동하고 있다. 따라서 사회복지조직에서도 초연결사회, 공동체 관심, 공유경제 활성화와 비영리조직 경영에 디지털기술을 활용할 수 있어야 한다.

다섯째, 복지주체가 다양화되고 있다는 점이다. 사회복지서비스의 공급주체는 재원의 출처와 공급조직 형태에 따라 다양한데, 복지국가의 사회시장과 자본주의 사회의 경제시장으로 구분할 수 있다. 정부에 의한 직접적인 급여의 이전, 조세비용을 통한 간접적 이전 등이 복지국가의 사회시장이었다면, 가족과 동료의 비공식적 지지, 비영리조직, 사회적 경제조직, 영리조직 등과 같은 사적영역과 기업에 의해 생산 · 분배되는 재화와 서비스 등은 자본주의 사회의 경제시장이다. 이렇게 복지주체가 다양화되면서 사회복지경영자들은 사회복지실천과 경영의 결합인 사회적기업가정신에 많은 관심을 갖게 되었다. 사회복지환경 변화로 인해 복지경영을 지향해야 하는 행정가는 사회적 경제조직에서 사회복지의 발전가능성을 보게 되었고, 사회복지조직이 사회적 경제조직의 형태를 갖게 될 가능성이 점점 늘어나고 있다. 특히 사회서비스 영역에서의 급격한 변화로 사회복지조직은 기존의 비영리조직에서 벗어나 비영리조직에 기업영역을 결합시킬 수 있는 방법을 적극적으로 모색하게 되었다. 이미 사회복지분야에서도 돌봄서비스 제공기관, 장애인직업재활시설을 중심으로 고용노동부에서 주관하는 사회적기업 인증기관이 증가하는 추세이다. 또한 지역아동센터, 주야간보호센터 등이 사회적협동조합 인증을 받는 등 사회적 경제조직이 사회복지분야에 자리를 잡게 되었다.

3. 사회복지조직의 경영혁신

기업경영과 마찬가지로 사회복지경영도 비영리조직이지만 효율성과 효과성의 입장에서 '경제적 가치의 조직'이며, 동시에 '공통의 목적을 향해 결합된 인간 공동사회'로써 경영관리는 업무관리와 인간관리의 이중체계라는 특성을 갖게 된다. 사회복지는 이러한 종합적 관리를 경영직능의 수직적 분화와 수평적 분화를 통해 수행한다고 볼 수 있다(김성철, 2018). 복지와 경영의 만남(복지경영)은 경영의 효율성(기술중심적)과 복지의 효과성(행태중심적)을 최적으로 조합하였을 때 가장 이상적이라고 할 수 있다. 사회복지기관 및 시설의 복지경영은 경영선진화를 통하여 사회복지의 높은 효과성을 시스템적으로 보장하는 것이다. 사회복지분야에서 필요한 경영선진화란 사회복지의 핵심가치를 보호하면서 투명·윤리경영 그리고 고객만족경영의 성과를 보이는(데이터에 의한) 지표로 측정하고 관리하며 사회서비스품질을 지속적으로 개선하는 것으로 볼 수 있다.

최근 강조되고 있는 복지경영 패러다임은 급변하는 복지정책 환경과 이에 대응하는 복지주체들의 역할과 책임, 체계에 관한 것을 의미한다. 사회복지조직은 단순히 복지서비스의 욕구 증가에 대응하기 위한 혁신이 필요한 것을 넘어서 전문적이고 효율적인 서비스 개발과 제공을 위한 노력이 필요한 시기이다. 또한 외부적 환경변화에 대한 대응적 노력과 함께 수반되어야 할 것은 내부환경과 하부시스템을 구성하는 과업과 개인에 대한 조정이 필요하다.

우리나라 사회복지조직의 지속가능경영과 복지경영을 실현하기 위한 혁신전략을 살펴보면 다음과 같다.

첫째, 비영리조직인 사회복지조직 역시 영리조직의 기본 운영마인드를 전제로 한 실천경영 수행이 필요하다. 즉, 비영리조직인 사회복지조직의 운영 역시 '전략적 경영(strategic management)'에서 출발해야 한다. 전략적 경영은 경영 환경의 기본적인 속성을 경쟁으로 정의하고, 이 경쟁에서 생존하기 위한 경영계획과 실천의 중요성을 강조한 경영기법이다. 전략적 경영의 요체는 제한된 자원을 효율적으로 활용하여 최대한의 효과를 창출하는 데 있다. 고객을 확보하기 위하여 경쟁해 온 영리기관에서 뿐만 아니라 공공부문에서도 한정된 공적자금의 배분을 놓고 경쟁이 가속화됨에 따라 대부분의 경영환경에서도 전략적 경영기법에 주목하는 추세이다. 따라서 비영리조직인 사회복지조직도 전략적 경영기법을 도입할 필요가 있으며, 진정한 복지실현을 위해서 전문적인 기관 운영, 지속적인 자원개발, 효율적인 기관 운영, 감동적인 복지서비스 제공, 실리적인 복지실현 등을 제고해야 한다.

둘째, 복지기관별 경영전략의 다각화가 필요하다. 최근 우리나라는 바우처 제도 등과 같은 영리적 요소가 도입되면서 기존에 복지서비스를 제공해 오던 운영기관에도 상호경쟁과 경영효율성을 높여야 하는 요인이 발생하였다. 따라서 복지서비스를 담당하고 있는 민간위탁기관 및 민영기관 등은 각각의 유형에 부합하는 경영전략을 마련한 필요가 있다. 또한 정부에서는 예산낭비를 막고 복지서비스의 질적 향상을 유도하며, 사회복지조직의 지속경영이 가능하도록 민간위탁기관 및 민영기관에 대해 경영전략을 강조하는 평가시스템을 운영 · 지원할 필요가 있다.

셋째, 현재 우리나라 사회복지조직들은 복지(복지마인드)와 경영(성과주의와 수익창출이라는 경영마인드)이라는 두 가지 측면의 지식과 마인드를 요구받고 있다. 따라서 모든 사회복지실천가들에게 복지경영과 효율화에 대한 이해와 정보를 제공할 수 있는 복지경영교육을 도입 · 강화할 필요가 있다. 모든 조직에서 경영자의 경영능력은 수요창출, 심도 있는 프로그램 운영 및 원가수익효율에 상당한 영향을 미친다. 이러한 점에서 수익모델이 정부예산에 의존하고 있는 대부분의 사회복지관련 기관 및 시설은 경영자의 능력이 저하되는 경우 뿐만 과도한 비용 상승으로 비효율을 낳게 되어 결국 예산낭비를 초래하는 부작용이 발생할 수 있다.

넷째, 가치창출형 新복지패러다임으로써 복지경영생태계 구축이 필요하다. 복지경영생태계는 복지경영의 개념을 보다 구체적으로 제시한 것으로, 국가는 복지경영생태계의 토양(인프라)과 기초환경(공공전달체계, 복지서비스 표준)을 제공하며, 기업은 복지경영생태계에서 지역사회와 협력하여 공유가치창출(creating shared value: CSV) 변화를 위한 플레이어가 되어야 한다. 이러한 복지경영생태계를 기반으로 지역경제를 발전시키고 지역주민 의 삶의 질 개선에 노력함으로써 시장 확대와 새로운 수요를 창출할 수 있다. 사회복지기관 및 시설은 기업에 널리 보급되어 있는 품질분임조 활동을 도입함으로써 지역사회 우수 기업체들과의 교류를 확대하고 동반성장의 관계를 강화할 필요가 있다(경기복지재단, 2012).

참고할 만한 정보

- COOP 협동조합 https://www.coop.go.kr/home/index.do#first
- 한국사회적기업진흥원 https://www.socialenterprise.or.kr/index.do
- 한국자활복지개발원 https://www.kdissw.or.kr/menu.es?mid=a10601050000
- 행정안전부 https://www.mois.go.kr/frt/sub/a06/b06/village/screen.do

생각해 보기

- 미래 사회복지를 둘러싼 환경의 변화를 구체적으로 파악해 봅시다.
- 사회복지와 4차 산업혁명은 어떤 관계를 갖고 있는지 생각해 봅시다.
- 사회복지조직의 혁신과 미래과제를 각 분야별로 구분하여 논의해 봅시다.
- 협동조합, 사회적기업과 같은 사회적 경제 생태계가 향후 복지사회에 미칠 영향에 대해 생각해 봅시다.

참고문헌

참고문헌

강병노·김한욱(2012). 지역사회에서 사회복지 윤리경영 모델개발을 위한 질적사례연구. 한국사회복지행정학, 14(3), 105-139.

강병노(2016). 사회복지윤리경영. 경기도: 정민사.

강진령·이종연·유형근·손현동(2009). 상담자 윤리. 경기도: 양서원.

강철희(2003). 성공하는 비영리조직의 핵심경영과제 : 조직미션, 전략적 기획, 서비스 마케팅에 대한 실천적 접근, 반포종합사회복지관 2003년도 사회복지실천 기획세미나 자료집.

강철희·이상철·정상원(2009). 사회복지사가 지각한 절차공정성이 정서적 조직몰입에 미치는 영향에 관한 연구: 복리후생제도 시행수준(fringe benefit coverage)에 따른 조절효과를 중심으로. 한국사회복지행정학, 11(1), 91-121.

경기복지재단(2011). 사회복지시설 경영컨설팅 매뉴얼 개발 및 사업보고서.

경기복지재단(2012). 복지경영연구 -가치창출형 新복지패러다임을 중심으로.

고경환·김보영·강지원(2020). 복지경영의 이론적 논의와 과제. 한국보건사회연구원.

교육과학기술부(2009). 사례중심 보고서 작성법.

국가청렴위원회(2006). 공기업 윤리경영 모델.

권지성·이미림(2009). 사회복지조직 관리자의 갈등관리전략에 관한 질적 사례연구. 한국사회복지행정학, 11(3), 215-246.

김동철·서영우(2008). 경영전략 수립 방법론. 시그마인사이트컴.

김동환(2008). 노인복지상담의 현황과 전망. 복지상담연구, 3(1), 55-72.

김명수·공병천(2009). 정책평가론. 서울: 대영문화사.

김성철(2018). 사회복지경영학. 경기도: 창지사.

김신복·강성남(2013). 기획론. 서울: 한국방송통신대학교출판부.

김언수(2002). TOP을 위한 전략경영 2.2 - 전략수립과 실행, 내용과 과정. 서울: 博英社.

김영란(2014). 한국의 사회적 위험 변화와 가족위험. 가족과문화, 26(2), 151-188.

김영종(1994). 사회복지조직들의 지역사회자원 활용에 영향을 미치는 요인들에 대한 분석. 한국사회복지학, 23, 51-73.

김융일·양옥경(2011). 사회복지 수퍼비전론. 경기도: 양서원.

김은희·유영미(2019). 진성리더십이 사회복지조직문화에 미치는 영향: 조직변화몰입과 조직변화저항의 매개효과를 중심으로. 지방정부연구, 23(2), 175-202.

김인숙·우국희(2002). 사회복지사가 인식하는 임파워먼트의 의미에 관한 질적 연구-한국에서 임파워먼트 실천은 가능한가?. 한국사회복지학, 49, 34-61.

김정헌(2010). 자원봉사활동의 지속성에 미치는 영향 요인 분석: 대구 시민을 중심으로. 지방정부연구, 14(3), 117-138.

김지혜·정익중(2012). 기부행동과 자원봉사활동은 중복적 보완관계인가? 보충적 대체관계인가?. 한국사회복지학, 64(2), 133-158.

김철회·조만형·김용훈(2006). 정부부처에 대한 BSC 적용사례와 시사점: 비판적 검토를 중심으로. 한국사회와 행정연구, 16(4), 69-88.

김춘경·이수연·이윤주·정종진·최웅용(2010). 상담의 이론과 실제. 서울: 학지사.

김현진·이순희·유옥현·김학실(2021). 사회복지행정론. 경기도: 공동체.

김희연(2022). 복지영역의 ESG 경영을 위한 탐색적 연구: 종합사회복지관을 사례로. 한국거버넌스학회보, 29(3), 77-194.

노동형(2005). 프로들의 기획노트. 서울: 청년정신.

류기형·류영미·박병현(2009). 지역사회복지서비스 네트워크 활성화에 관한 연구: 부산광역시 동구지역을 중심으로. 한국사회복지행정학, 11(3), 1-30.

문순영(2010). 사회적 기업 대표자 및 경영책임자의 특성과 정체성에 관한 연구: 대구·경북지역의 사회복지단체에서 전환된 기관들을 중심으로. 한국사회복지행정학, 12(3), 112-149.

문영주(2007). 사회복지사의 조직몰입에 관한 연구: 조직공정성, 직무만족을 중심으로. 한국사회복지행정학, 9(1), 53-81.

박경규(2010). 윤리경영의 본질에 관한 철학적, 역사적 접근. 윤리경영연구, 12(2), 1-15.

박영국(2009). 사회복지사의 직무만족, 직무성과, 조직몰입이 조직시민행동에 미치는 영향. 한국행정논집, 21(2), 539-566.

박용순·송진영·권성애(2012). 사회복지시설운영론. 서울: 창지사.

박은하(2013). 새로운 사회적 위험에 대응하는 복지국가 변화 연구: 퍼지셋 이상형 분석을 통한 OECD 국가 경험(1990-2009)을 중심으로. 한국사회복지조사연구, 36, 179-204.

박태영(2000). 지역복지 추진을 위한 사회복지협의회와 사회복지관 역할. 사회복지개발연구, 6(2), 187-217.

변미리(2011). 사회통합을 위한 지역공동체 역량 강화. 정책리포트, 103, 1-18.

보건복지부(2023). 사회복지법인 관리안내.

보건복지부 사회복지시설정보시스템(2023). 사회복지시설현황.

보건복지부·중앙사회서비스원(2023). 2022년 사회복지시설평가 사회복지관 평가지침.

보건복지부, 한국사회복지사협회(2018). 사회복지현장실습 매뉴얼.

보고서 품질향상 연구팀(2007). 대통령 보고서. 서울: 위즈덤하우스.

서울과학종합대학원(2009). 재미있는 윤리경영 이야기. IWELL.

서울복지재단(2008). 경영실무도움서. 미션과 비전세우기.

성규탁(1990). 사회복지행정론. 서울: 법문사.

심재영(2002). 비영리조직경영론. 서울: 한국방송통신대학교출판부.

심재호(2000). 지역복지네트워크 구축에 관한 연구: 주민자치센터와 사회복지관을 중심으로. 한국사회복지행정학, (3), 151-168.

양옥경·최명민(2010). 사회복지기관 윤리경영 자가점검지표 개발에 관한 연구. 한국사회복지행정학, 12(2), 43-77.

염성수·이도희(2019). 21세기 '복지경영'을 생각해보다!: Q방법론을 활용하여. 한국경영교육학회, 34(3), 303-324.

오윤섭·이아영·강지원·고경표(2018). 사회복지시설 평가제도 개선방안 연구. 한국보건사회연구원 연구보고서 2018-45.

우혜숙·박주월·구재관(2020). 사회복지시설운영론. 경기도: 공동체.

이기영·임혁(2008). 서비스 질과 클라이언트 만족도가 정신보건사회복지서비스 성과에 미치는 영향. 정신건강과 사회복지, 28, 175-203.

이민영·윤민화(2015). 비영리조직 모금실무자의 윤리적 갈등에 관한 질적연구. 한국사회복지행정학, 17(2), 247-275.

이봉주·이선우·신창환(2022). 사회복지행정론. 서울: 학지사.

이상도(2003). 비영리기관(NPO)로서 판암사회복지관의 조직분석. 성공회대학교 NGO대학원 석사학위논문.

이상우(2018). 사회혁신 주체로서 사회복지조직의 가능성 모색: 사례분석을 통한 시사점 도출. 한국사회복지행정학, 20(4), 57-86.

이재선(2012). 한국사회복지현장의 복지경영과 효율화에 관한 연구. 복지경영학연구, 1, 55-89.

이정서·이훈희·황정은(2012). 사회복지사의 감성자본이 소진, 조직몰입에 미치는 영향: 서울과 경기지역 사회복지사를 중심으로. 한국사회복지행정학, 14(3), 79-103.

이종필(2010). 보고서 잘쓰는 노하우 총정리. 공주대학교.

임정기(2019). 사회복지사는 누구이며 무슨 일을 하는가?-사회복지사가 말하는 사회복지사의 정체성. 한국사회복지행정학, 21(2), 53-88.

전선영(2005). 사회복지 가치를 매개로 한 사회복지 교육과 옹호 태도 및 전략의 인과관계 분석. 한국사회복지학, 57(4), 35-65.

정세정·김기태·류진아·김태완·강예은·이영수·이관후(2021). 사회배제 대응을 위한 새로운 복지국가 체제 개발. 한국보건사회연구원.

조우현(2009). 사회복지법인 회계제도의 실태와 개선방안에 관한 연구. 공주대학교대학원 석사학위논문.

주재복·조석주·김필두·박해육·하동현(2011). 지방자치단체의 협력적 거버넌스 재설계 방안. 한국지방행정연구원.

진관훈(2012). 지방정부의 사회적 자본 증대 방안 연구. 지방정부연구, 16(3), 395-412.

초의수(2008). 지역사회복지협의체의 운영 실태와 네트워크 영향요인에 대한 연구. 지방정부연구, 11(4), 265-290.

최상미·김아래미(2020). 사회복지행정론. 서울: 학지사.

최상훈·김정아·권경자(2011). 사회복지사가 지각하는 윤리풍토가 경력몰입에 미치는 영향. 사회복지연구, 42(1), 55-82.

최소연(2013). 사회복지시설의 조직윤리에 관한 연구: 윤리적 리더십, 조직윤리풍토, 조직유효성의 관계. 한국사회복지행정학, 15(4), 313-344.

최일섭(1989). 지역사회복지론. 서울대학교출판부.

최홍기(2009). 한국과 일본의 사회복지시설평가 특성 비교 연구 -OECD 공공관리 평가체계를 중심으로. 사회복지정책. 36(1), 381-411.

충북과학문화거점센터(2022). 충북 과학문화와 CSR 실행방안 연구.

한국사회복지사협회(2009). 사회복지윤리경영 인증지표 개발 연구.

한성수(2012). 복지경영의 신조류. 경영컨설팅연구, 12(3), 315-330.

허수연·송은지(2016). 사회복지조직의 윤리경영과 절차공정성에 대한 인식이 조직원의 일탈적 과업행동에 미치는 영향: 개인-조직 적합성의 매개효과를 중심으로. 한국사회복지행정학 ,18(1), 137-163.

현외성·김용환·박선애·임성혜·장유미·문정란·이은정·강환세·강성도·곽인철·마은경(2014). 사회복지시설운영론. 경기도: 공동체.

홍기용(2012). 복지와 경영의 융합 및 복지경영학의 발전과제. 복지경영학연구, 1, 5-30.

홍선미·하경희(2009). 지역사회 네트워크 중심 통합 사례관리에 대한 탐색적 연구: 안산 통합서비스 네트워크를 중심으로. 한국사회복지행정학, 11(1), 29-61.

홍용희(2010). 기업의 사회적 책임과 한국의 기업윤리. 윤리연구, 79, 21-52.

황성철(1996). 사회사업가의 윤리적 갈등과 의사결정에 관한 연구-의료사회사업가의 윤리적 갈등상황에 대한 반응과 의사결정을 중심으로. 한국사회복지학, 29, 218-240.

황주희·김진희·김회성·이한나·김용득·김은정·황정윤(2022). 포스트 코로나시대 장애인을 위한 지역사회 기반 돌봄서비스의 진단과 과제. 세종: 한국보건사회연구원.

황호찬(2001). 비영리단체/비정부기구의 전략경영과 기금 개발. 서울: 예영 커뮤니케이션

Agranoff, R. (2004). *Leveraging networks: A guide for public managers working across organizations. Collaboration: Using networks and partnerships*, IBM Endowment for The Business of Goverment, 61–102.

Barker, R. L. (1987). The Social Work Dictionary. NASW, Silver Spring, MD.

Baumol, W. J. (1968). Entrepreneurship in Economic Theory. *The American Economic Review, 58*(2), 64–71.

Beck, U. (1986). *Risikogesellschaft: Auf Dem Weg in EineAndere Moderne*. Suhrkamp Verlag.

Chadwick, G. (1971). *A System View of Planning*. Oxford: Pergamon Press.

Davidoff, P., & Reiner, T. A. (1962). A Choice Theory of Planning. *Journal of the American Institute of Planner, 28*(2), 103–115.

Dror, Y. (1963). The Planning Process: A Facet Design. *International Review of Administrative Sciences, 29*(1), 91 101.

Drucker, P. F. (1985). *Innovation and Entrepreneurship: Practice and Principles*. HarperBusiness.

Drucker, P. F. (1990). *Managing the Nonprofit Organization: Principles and Practices*. Harper Collins Publishers.

Drucker, P. F. (2003). 비영리 단체의 경영[Managing the non-profit organization]. (현영하 역). 한국경제신문사. (원저 1990년 출판)

Eliadis, F. P., Furubo J. E., & Jacob, S. (2011). *Evaluation: Seeking Truth Or Power?*. Transaction Publishers, New Brunswick, New Jersey.

EU(2021). Commission presents Action Plan to boost the social economy and create jobs, European Commision.

Faludi, A. (1973). *Planning Theory*. Oxford: Pergamon Press.

Flynn, P., & Hodgkinson, V. A. (eds.) (2001). *Measuring the Impact of the Nonprofit Sector*. New York: Kluwer Academic/Plenum Publishers.

Foong, L. M. (2007). Understanding of SWOT ANALYIS [online]. Available online from http/ article.tqmcasestudies.com/free-tqm-ebook/swot-analysis.pdf. [Access on 29 November 2011].

Fratiglioni. L., Paillard-Borg. S., & Winblad. B.(2004). An active and socially integrated lifestyle in late life might protect against dementia. Lancet Nerology. 343-353.

Gürel, E., & Tat, M. (2017). SWOT Analysis: A Theoretical Review. *Journal of International Social Research,10*(51), 994–1006.

Koontz, C., & O'Donnell, C. (1959). *Principles of Management: An Analysis of Managerical Functions*. N.Y.: McGrqu-Hill Book. Co.

Manning, S. S. (1997). The Social Worker as Moral Citizen: Ethics in Action. *Social Work, 42*(3), 223–230.

Merriam, C. E. (1941). *The National Resources Planning Board*. in George B. Galloway & Associates, Planning for America, N.Y.: Henry Holt & Co.

Meyer, J. W., & Rowan, B. (1997). Institutionalized Organizations: Formal Structure as Myth and Ceremony. *American Journal of Sociology, 83*(2), 279–319.

Newman. W. H. (1963). Administrative Action : The Techniques of Organization and Management, Prentice–Hall.

Oster, S. (1995). *Strategic Management for Nonprofit Organizations: Theory and Cases*. New York: Oxford University Press.

Paul, R. N. (2005). 정부와 공공부문 BSC: 성과관리체계 구축 방법론[Balanced scorecard step–by–step for government and nonprofit agencies]. (삼일PwC컨설팅 역). 서울: 시그마인사이트컴. (원저 2003년 출판)

Porter, M. E., & Kramer, R. M. (2011). *Creating Shared Value: How to reinvent capitialism-and unleash a wave of innovation and growth*. Harvard Business Review

Rossi. P. H., Lipsey, M. W. & Freeman, H. E. (2004). *Evaluation: A Systematic Approach*. SAGE Publications.

Sarasvathy, S. D. (2001). Causation and Effectuation: Toward a Theoretical Shift from Economic Inevitability to Entrepreneurial Contingency. *Academy of Management Review, 26*(2), 243–263.

Schein, E. H. (2010). *Organizational culture and leadership*(Vol. 2). John Wiley & Sons.

Schumpeter, J. A. (1934). *The Theory of Econimic Development: An Inquiry into Profits, Capital, Credit, Interest, and Business Cycle*. Harvard University Press.

Shane, S., & Venkataraman, S. (2000). The Promise of Entrepreneurship as a Field of Research. *Academy of Management Review, 25*(1), 217–226.

Stone, D. C. (1939). *The Management of Municipal Public Works*. Chicago: Public Administration Service.

Waterston. A. (1969). Development planning: lessons of experience. World Bank Country Economic Reports. Johns Hopkins Press.

Welch, J., & Welch, S. (2015). 잭 웰치의 마지막 강의[The real–life MBA]. (강주현 역). 서울: 알프레드. (원저 2015년 출판)

기사 및 이미지 출처

나라사랑신문(2020.05.11). 이제는 일상생활의 실험실(리빙랩, Living Lab)을 실현할 시기다. 사물인터넷 의족 사진. https://www.narasarang.kr/news/articleView.html?idxno=2743에서 인출

동아일보(2018.09.29). "만화 보고싶어!" 중국서 '아기 돌보미' AI 로봇 뜬다. 아이돌봄 로봇 사진. https://www.donga.com/news/Inter/article/all/20180929/92192829/1에서 인출

미래에셋증권 매거진(2022.04.13). 자율주행, 자동차 산업을 이끌다. 자율주행 자동차 사진. https://www.openads.co.kr/content/contentDetail?contsId=8106에서 인출

웰페어뉴스(2014.02.19). 한국사회복지관협회, 사회복지관 윤리경영 선포. http://www.welfarenews.net/news/articleView.html?idxno=42887에서 인출

정보통신신문(2021.05.27). 서울교육청 3만8606개 교육 공간 무선AP 구축. 스마트 원격 교육 사진. https://www.koit.co.kr/news/articleView.html?idxno=84807에서 인출

중앙인사위원회(2008). MISSION & VISION. https://slidesplayer.org/slide/16154538/에서 인출

재정용어사전(2023). 예산. https://lofin.mois.go.kr/portal/bbs/bbsListPage.do?bbsCd=FSL1002&code=fsl&leftCd=6&subCd=&searchWd=%EC%98%88%EC%82%B0에서 2023년 07월 01일 인출.

청년의사(2020.11.02). 원격의료를 넘어 '버추얼케어' 실현에 나선 명지병원. 원격진료 사진. http://www.docdocdoc.co.kr/news/articleView.html?idxno=2004362에서 인출

한국사회적기업진흥원(2022). 2022년 소셜벤처 경연대회 브로슈어. https://www.socialenterprise.or.kr/download/2022SVC.pdf에서 인출

Bizion(2014.11.03). 응급 환자의 생명을 신속하게 구해내는 '앰뷸런스 드론'. 앰뷸런스 드론 사진. http://www.bizion.com/bbs/board.php?bo_table=gear&wr_id=759에서 인출

참고 사이트

사회서비스 포털 www.ssis.go.kr

한국사회적기업진흥원 www.socialenterprise.or.kr

ESG포털 https://esg.krx.co.kr

kjs20370 블로그 https://blog.naver.com/kjs20370.

저자소개

길태영 Kil, Taeyoung taeyoung@joongbu.ac.kr

대전대학교에서 사회복지학 박사학위를 취득했고, 현재 중부대학교 보건복지학부 사회복지학전공 교수로 재직 중이다. 사회복지실천, 노인복지, 죽음교육, 노인놀이치료와 동물매개치료의 융복합연구, 질적연구방법론 등의 분야에 관심을 갖고 연구하고 있다.

이상도 Lee, Sangdo sdlee@ut.ac.kr

대전대학교에서 사회복지학 박사학위를 취득했고, 현재 국립한국교통대학교 복지·경영학과 교수로 재직 중이다. 지역사회복지, 사회복지실천, 사회복지행정, 프로그램 개발과 평가 등의 분야에 관심을 갖고 있으며 특히 디지털 기반의 복지기술을 개발을 연구하고 있다.

김현진 Kim, Hyunjin kimhyunjin@cjau.ac.kr

청주대학교에서 사회복지학 박사학위를 취득했고, 현재 청주대학교 사회복지학과 교수로 재직 중이다. 지역사회복지, 사회복지행정, 사회복지경영, 프로그램 개발과 평가, 사례관리론 등의 분야에 관심을 갖고 연구하고 있다.

사회복지경영론

초판 1쇄 인쇄 2023년 8월 25일
초판 1쇄 발행 2023년 9월 1일

지 은 이 | 길태영 · 이상도 · 김현진
펴 낸 이 | 김기섭
책임편집 | 오선율
펴 낸 곳 | www.changjisa.com
08589 서울시 금천구 가산디지털 1로 83 파트너스타워 1차 9층
전화 (02) 719-2211~3
팩스 (02) 701-9386
등 록 | 1977년 4월 28일 · 제1-421호

ISBN 978-89-426-1836-1 (93330)

값 22,000원